거시구조
Macrostructres

: 담화, 상호작용, 인지에서의 총체적 구조에 관한 상호 학제적 연구

: An Interdisciplinary Study of Global Structures in Discourse, Interaction, and Cognition

거시언어학 8

담화·텍스트·화용 연구

거시구조

담화, 상호작용, 인지에서의 총체적 구조에 관한 상호 학제적 연구

테넌 반 데이크(Teun A. van Dijk) 지음
서종훈 옮김

Macrostructures: An Interdisciplinary Study of Global Structures

경진출판

일러두기

1. 이 책의 원전은 van Dijk, T. A.(1980), 『Macrostructures: An Interdisciplinary Study of Global Structures in Discourse, Interaction and Cognition』(Hillsdale, NJ: Lawrence Erlbaum)이다.
2. 외국어 인명 표기는 각국의 이름에 대한 발음을 들을 수 있는 누리집을 이용하였다. 주로 누리집 https://ko.forvo.com이나 구글 검색을 활용하여 소리가 나는 대로 적도록 하였다.
3. 원전에서 ';', ':' 등은 삭제하고 연속되는 문장으로 설명하거나, '가령', '즉' 등의 용어를 사용하여 자세한 설명을 계속하거나, 예를 드는 방식으로 바꾸어 사용하였다.

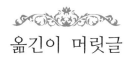

옮긴이 머릿글

1.

역자는 국어의 문단(paragraph)이라는 단위에 오랜 시간 관심을 가져왔다. 교육 현장에 재직하면서 학습자들이 문단이라는 단위를 언어 사용 과정에서 제대로 활용하고 있지 못하다는 것을 알게 되었고, 이러한 문제점을 다양한 언어 사용 및 담화 이론과 접목시켜 현장 논문으로 구성해 왔다. 이런 과정에서 문단이라는 단위가 텍스트의 거시 구조와 직접적인 관련성이 있을 것으로 보았다.

이러한 관심은 자연스럽게 텍스트언어학의 여러 부면을 살펴볼 수 있는 계기가 되었고, 이 과정에서 거시구조가 지니는 인지 과정상의 중요성에 대해 알게 되었다. 하지만 거시구조가 지니는 추상적인 측면 때문에 쉽사리 그것의 전체 면모를 파악하기가 쉽지 않았다. 이런 이해의 막연함과 어려움이 『Macrosturctures』를 직접 우리말로 옮겨보아야겠다는 시발점이 되었다.

막상 이 책을 우리말로 번역해야겠다고 결심하고 실행에 옮겼지만 다양한 학문 분야를 자유자재로 넘나드는 저자의 역량에 주눅이 들어 번역을 계속할 수 있을지 끊임없는 회의감이 들었다. 이렇게 책을 옮기는 도중에 그치기를 여러 차례 거듭한 끝에 겨우 초벌 번역에 이르게 되었다. 하지만 초벌 결과를 두고도 책 전체의 내용을 파악하기가 어려워 거듭해서 읽어야 하는 괴로움이 따랐다.

책을 우리말로 옮겨나가는 과정에서 이따금씩 얻게 되는 앎에 대한 각성 과정이 없었더라면 오랜 시간을 지속하지 못했을 것이다. 그 동안에 이 책에서 얻은 지식을 몇 편의 논문으로 펴내기도 하였다. 거시구조가 지니는 이론적 측면이 언어 사용과 관련하여 다양하게 응용될 수 있음을 확인하는 계기가 되었다.

2.

텍스트언어학에서 주요하게 다루어지는 거시구조는 일정한 정보 처리 과정에 획득되는 일종의 의미 구성물이다. 이 과정에 복잡한 인지 처리 과정이 수반되고, 이를 통해 일정한 의미 구조가 형성된다. 이러한 구조는 일정한 의미 위계를 통해 구체화되어 드러날 수 있는데, 이러한 의미 위계는 명제(proposition)라는 심리적 단위가 사용된 층위(layer)라는 위계 개념으로 도출될 수 있다.

층위는 거시구조를 부각시키기 위해 사용되는 개념으로, 미시구조와 거시구조 그리고 상위구조로 구분될 수 있다. 아울러 이러한 층위 개념은 거시구조가 지니는 의미 구조상의 위계성과 역동성을 부각시키기 위해서도 사용될 수 있는데, 이런 과정에서 층위는 끊임없는 회귀(recursive) 과정을 수반한다. 따라서 거시구조의 층위는 때에 따라서 상대적으로 부각될 수 있다.

거시구조를 드러내는 데 주로 사용되는 기본 단위는 명제이다. 이는 심리적 사고 과정의 최소 단위로 참과 거짓을 구분할 수 있는 일종의 절(clause) 수준의 최소 진술 단위라고 할 수 있다. 하지만 이러한 명제만으로는 위계를 구성하고, 끊임없는 반복 과정을 통해 의미를 구현하는 거시구조의 역동성을 드러낼 수 없다.

따라서 여기에서 사실(FACT)의 개념이 동원된다. 이는 일정한 심리적 처리 과정을 겪고 난 이후에 부각되는 명제의 심리적 처리 과정의 결과이다. 아울러 이러한 명제들이 서로 어떤 관련을 맺고 있는지를 일정한 구조도를 통해 드러낼 수 있는 유효한 장치라고 할 수 있다. 즉, 사실(FACT)의 개념은 단순히 실제의 속성이 아닌 실제에 해당하는 우리의 인지적 처리 과정이 결과물로 상태·사건·과정 혹은 행위에 대한 인지적 표상이다.

거시구조는 주제·화제·요약·결론·핵심 등과 같이 주요한 의미를 부각시키기 위해 사용되는 구조이다. 하지만 구조라는 용어가 지니는 구체성은 부각되지 않는다. 자칫 혼란을 줄 수 있는 부분인데, 거시구조는 일반적·추상적 의미 단위라고 할 수 있다. 이러한 거시구조 아래에는 구체적·특징적인 미시구조가 바탕을 이룬다. 따라서 미시구조는 일정한 거시규칙의 적용을 통해 거시구조로 부각된다.

상위구조는 일종의 관습적·형식적 구조이다. 복잡한 정보 처리의 결과를 통해 부각되는 인지 구성물이라기보다는 문화적·사회적 성격을 띠는 구조라고 할 수 있다. 다만 이러한 상위구조가 거시구조를 형성하는 데 일정하게 기여하는 부분이 있기 때문에 서로가 관련될 수 있다. 하지만 상위구조는 의미 단위라기보다는 형식 단위이기 때문에 주로 텍스트의 수사적 형태와 관련된다고 할 수 있다.

이 책은 거시구조가 지니는 이론적 측면을 텍스트에 국한해서 진술하고 있지 않다. 대화, 행위, 화행, 나아가 다양한 인지적 측면에까지 두루 적용하고 그 타당성을 논의하고 있다. 책 전체는 총 6개의 장으로 구성된다. 거시구조의 개념에서부터 다양한 인지적 측면에서의 거시구조의 작용까지를 두루 다루고 있다.

1장은 거시구조의 직관적 개념과 그것의 표상 형식을 다룬다. 거시구조는 주로 문장이나 그 이하의 지엽적인 미시구조를 조직하는 상위 층위의 의미적이거나 개념적인 구조이다. 이는 담화 이론에서 화제, 주제 혹은 요점과 같은 총체적 의미의 다양한 개념을 설명하기 위해 사용되며, 아울러 의미 연결(coherence)의 직관적 개념을 설명하는 데도 필요하다.

거시구조를 표상하기 위해서 명제(proposition)라는 심리적 단위가 사용되며, 나아가 이러한 명제들이 실제 세계와 대응하여 형성되는 일종의 인지 구성의 결과인 사실(FACT)이라는 개념이 표상 방식으로 활용된다. 사실은 그것에 관련된 참여자들 간의 기능적 관계를 표상하는데, 여기에서는 동작주·피동작주·목표·대상·수혜주·도구와 같은 범주 집합이 요구된다.

2장은 담화의 미시구조로부터 거시구조를 형성해가는 거시규칙, 이른바 요약규칙에 대한 이론과 실제를 다룬다. 미시구조는 낱말, 구, 절, 문장, 문장 연결 등에서 처리되거나 기술되는 구조를 말한다. 즉 실제적이고 직접적으로 표현된 담화의 구조이다. 거시구조는 주제나 화제를 직접적으로 가리키는 낱말이나 문장들에 의해 직접 드러나기도 하지만, 요약이나 바꿔쓰기의 방법 등을 통해 드러난다.

이 과정에 삭제·일반화·구성이라는 거시규칙이 적용될 수 있다. 삭제는 관련 없는 세부 사항들을 삭제하는 약한 삭제와 지엽적으로만 관련되는 세부 사항들을 삭제하는 강한 삭제로 구분될 수 있으며, 약한 삭제는 선택으로도 지칭된다. 일반화는 개념적으로 더 일반적이고 상위 의미로의 통합을, 구성은 각본이나 틀에 기반한 일종의 행위 연속체의 통합이라고 할 수 있다.

3장은 상위구조(superstructures)를 다룬다. 거시구조가 총체적인 의미에 대한 것이라면 상위구조는 총체적 형식에 관한 구조라고 할 수 있다. 거시구조의 상위구조에 대한 관계는 일종의 의미론에 대응되는 통사론의 관계라고도 할 수 있다. 따라서 상위구조는 텍스트나 담화의 형식 구조, 이른바 수사 구조라고 할 수 있다. 여기에서는 서사·논증·학술논문·신문기사 등에 부각되는 상위구조를 실증적으로 다루고 있다.

거시구조와 상위구조는 일정한 제약 관계에 있다고 할 수 있다. 즉 상위구조의 형식적 틀은 거시구조의 의미를 때로는 규정하거나 한정할 수 있다. 가령 상위구조 범주는 기능적 속성을 지니는데, 거시구조는 이러한 범주의 빈자리를 채우는 역할을 한다. 하지만 때로는 거시구조가 이러한 상위구조의 범주를 넘어서기도 한다는 점에서 보완 관계에 있다고 할 수 있다.

4장은 행위와 상호작용에서의 거시구조와 관련된다. 이 장은 이른바 말과 행위의 문제인 화행을 본격적으로 다루는 5장으로 가기 위한 앞선 장들과의 일종의 징검다리 역할을 한다. 즉 말과 행위의 문제가 본격적으로 결합되는 다루어지는 화행론으로 가기 위해 행위의 본질이 무엇인지를 앞선 담화의 장들과 구별해서 개별과 상호작용으로 구분해서 심층적으로 다룬다.

여기에서는 행위 연속체도 문장 연속체와 매우 유사하게 지엽적이거나 총체적으로 의미 연결된다고 상정한다. 즉 행위에서도 일종의 총체적 행위가 상정될 수 있는데, 이는 행위 연속체나 상호 작용 연속체에서 서로 복잡하게 얽혀 결합된 지엽적 행위들이 일정한 거시규칙의 적용으로 총체적 행위로 부각되어 드러날 수 있기 때문이다.

5장은 말과 행위가 겹치는 화용론의 영역에서 거시구조의 실제성을 논의한다. 여기에서 주된 논의 대상인 화행은 일반적으로 사회적 상호작용의 중요한 조직자로, 모든 종류의 사회적 관계가 화용적 맥락을 유형화한다. 화행은 실제로 의사소통 상황에서 몇 가지 함께 묶이는 단위로 받아들여지며, 문장 연속체와 마찬가지로 의미 연결될 것으로 기대된다.

화행 연속체는 전체로서 하나의 총체적 화행으로 받아들여질 수 있는데, 이는 결국 화용적 거시구조가 화행 연속체에 관여되고 있다는 점과 관련된다. 즉 연속되는 화행 연속체도 참여자 상호간에 긴밀하게 협조하거나 협력해야 하는 주된 화행이 내재하고, 이를 중심으로 화행의 주된 거시구조가 구성되어 나올 수 있다고 할 수 있다.

6장은 인지구조 전반을 거시구조와 관련시켜 다룬다. 인지 모형은 거시해석이 실제로 어떻게 수행되는지, 어떤 과정과 국면이 수반되는지, 거시구조의 어떤 표상이 기억되고, 그것이 미시구조의 처리에 영향을 주는지를 구체화해야만 한다. 이는 기억의 속성, 산출 전략, 추론, 지식의 활용, 저장, 처리 한계, 회상, 재생산 등의 다양한 인지 과정에 관여된다.

특히 기억을 단기기억과 장기기억으로 구분하고, 거시구조가 이 두 기억과 관련하여 어떻게 이해·산출되는지를 논의한다. 거시구조가 미시구조를 중심으로 구성된 의미론적 단위임을 가정한다면, 이는 단기기억과 장기기억에 걸쳐 있다고 할 수 있다. 직관적으로는 미시구조는 단기기억, 거시구조와 상위구조는 장기기억에 둘 수도 있겠지만, 텍스트나 담화 처리에서 임시저장고인 단기기억에서의 의미론적 단서가 맥락상의 주요한 인식의 초점이 될 수 있기 때문이다.

거시구조의 인지 양상 연구에 관하여 가장 중요한 역사적 배경은 게슈탈트 이론이다. 전체를 부분의 합 이상으로 바라볼 수 있는 역량이야말로 인간을 인간다운 차원의 존재로 부각시키는 중요한 인지적 측면이라고 할 수 있다. 이런 면에서 거시구조의 인지적 측면은 여러 종류의 복잡한 정보 처리에 필수적인 과정임을 넘어서, 인간만이 지닐 수 있는 유일무이한 인지적 역량이라고도 할 수 있다.

3.

이 책은 인공지능시대에 인문학이 나가야 할 바에 대해 시사하는 바가 크다고 하겠다. 특히 지식이 중요하고, 이러한 지식을 어떻게 활용할지의 문제는 이러한 인공지능 시대에 필수적으로 해결해야 하는 난해한 문제이기도 하다. 거시구조는 이러한 문제를 푸는 데 일정 부분 기여하는 바가 있다고 할 수 있다.

다양한 학문 분야가 이 책에서는 교차하고 있다. 저자는 언어학·심리학·사회학·철학·논리학·수사학·인지과학 등 이른바 다양한 학제 간 융합의 모습을 거시구조를 중심으로 잘 실천하고 있다. 이런 다양한 학문 분야에 지식이 없거나 얕은 역자로서는 가히 저자의 학문적 역량이 부럽기만 하다. 아울러 이 책이 가지고 있는 핵심적 내용을 잘 뒤쳐내었는지 두렵기도 하다.

대학에 재직하면서 이 책을 본격적으로 번역하기 시작했다. 그간 많은 시간이 흘러갔지만, 정작 이 책을 옮기는 데 집중한 시간은 그렇게 길지 못했던 것 같다. 아쉬움이 많이 남는다. 많은 시간을 너그러운 마음으로 인내해 주신 양정섭 이사님께 고맙고 죄송하다는 말을 전한다. 아울러 이 책의 추천 글을 써 주신 배재대학교의 이성만 선생님께도 감사의 말씀을 전한다.

원래 이 책은 역자의 지도교수이신 김지홍 선생님께서 추천해 주신 것이었다. 학위 받고 지금까지도 선생님께 많은 은혜를 입고 살고 있다. 열심히 공부해서 좋은 연구 결과로 찾아뵈어야 하는데, 그저 부끄럽고 송구하기만 하다.

대학에 자리 잡은 지 벌써 10년이 다 되어 간다. 10년이면 강산도 변한다는데, 정작 그 긴 시간 무엇에 집중했는지 스스로에게 반문해 보고 싶다. 자책과 후회로 많은 시간을 보내 버린 것은 아닌지 아쉬움도 남는다. 연구자로서의 삶이 무엇인지를 다시 한 번 돌아보면서 이 책의 출간을 새 출발의 기회로 삼고자 한다.

2017년 11월
옮긴이 서종훈

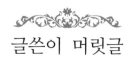

글쓴이 머릿글

　‘총체적’ 단위와 구조의 다양한 개념들은 인문학과 사회과학의 몇 몇 분야에서 중요한 역할을 한다. 예를 들면 담화의 언어 이론에서 ‘화제’·‘주제’·‘요점’ 혹은 ‘결론’과 같은 용어들은 명확한 기술을 요구 한다. 마찬가지로 대화 분석에서는 대화의 ‘핵심’이 무엇인지가 설명 되어야 한다. 사회 맥락의 상호작용 분석과 관련된 미시사회학에서 이는 행위와 상호작용이 ‘총체적 행위’의 관점에서 몇몇 ‘층위’로 해석 될 수 있다는 사실을 설명하기 위한 것과 관련되는 것으로 보인다. 결론적으로 담화와 상호작용의(예로, 산출·이해·기억에서의 저장) 처리 는 복잡한 정보의 총체적 구조 없이는 적절하게 설명될 수 없다는 점 이 인지심리학과 인공지능 영역에서 밝혀져 왔다.

　이 책에서 이러한 다양한 총체적 구조들은 거시구조의 관점으로 설 명된다. 거시구조는 담화·상호작용, 그리고 그것의 인지 처리 과정의 ‘지엽적’ 미시구조를 조직하는 상위 층위의 의미적이거나 개념적인 구조이다. 거시구조는 이른바 상위구조로 불리는 도식적 지향 속성에 가까운 다른 총체 구조들과는 구별된다. 즉 상위구조는 거시구조적 ‘내용’의 총체적 ‘형식’이다.

　이 책에서 개괄된 거시구조의 이론은 읽기 능력 이론, 텍스트 문법, 담화의 일반 이론, 화용론, 그리고 담화 처리의 인지심리학 영역에서 지난 10년 간 이루어져 온 연구조사 결과이다. 이 연구조사는 많은 논문과 책에서 발표되어 왔다. 거시구조의 이론은 처음에는 담화, 이후 에는 화행의 연속체와 상호작용에서도 점진적으로 발전되었다.[1] 하지만 이들 연구의 화제는 더 체계적이고, 학제적이며, 그리고 더 상세한 방식으로 거시구조 개념을 연구하는 것을 막았다. 따라서 우리는 다시 시작하기로 했고, 개별적인 세부 전공 논문에서 거시구조에 관한 다양한 생각들을 더욱더 발전시켜 나가기로 하였다. 하지만 이 이론은 아직 걸음마 단계에 있으므로 개략적인 개요 정도만을 제시한다. 가령 어떤 면에서는 더욱더 명시적일 수 있지만 다른 한편으로는 오히려 추측에 근거한 견해만을 드러낼 수 있다. 더 많은 경험적 연구가 사회학과 인지심리학 영역에서 총체적 구조의 속성과 역할을 평가하기 위해 필요하다. 이 책에서는 담화의 특별한 유형에서 거시구조의 더 상세한 분석을 제공하기보다는 거시구조 이론의 일반적이지만 비형식적인 개요, 그리고 여기에 수반된 다양한 개념과 문제들을 밝혀왔다. 우리는 이러한 방법으로 거시구조의 개념이 복잡한 정보 처리와 상위 층위 해석의 설명에 연관된 몇몇 분야에서 관련된다는 것을 밝힐 수 있기를 바란다. 더욱이 '총체적 의미'의 층위에서 담화와 (내적) 행위의 구조와 처리에 수반된 기본적인 원리들은 본질적으로 동일하다. 거시구조가 담화와 상호작용에 대해 각각 언어학과 사회학에서 추상적으로 연구될 수 있지만, 그것의 기본적인 '해석적' 혹은 '개념적' 속성은 광범위한 인지적 분석을 요구한다. 복잡한 정보의 이해·조직·정리에 요구되는 거시구조의 경험적 필요성이 가장 명확하게 드러난 지점이 바로 여기이다. 이것이 없다면 이해, 기억 표상, 인출, 회상뿐만 아니라, 복잡한 상호작용 연속체와 담화의 계획과 실행도 가능하지 않을 것이다.

'거시구조'가 비교적 최근[2] 용어이지만 유사한 개념들은 앞서 언급

---

1) 거시구조 이론에 관한 단편들은 특히 나에 의해 1972, 1973b, 1976b, 1977a·b·e·f·g, 1978e의 책과 논문들에서 연구되어 왔다. 거시구조에 관한 나의 애초 견해는 최근 몇 년 간에 수정되어 왔다. 주요한 차이들 중의 하나는 의미적, 그리고 통사적 거시구조 간의 차이에 있어 왔다. 후자는 '상위구조'라는 개념하에 이 책에서 연구된다.

2) 내가 알기로 독일 언어학자 맨프레드 비얼비쉬(Manfred Bierwisch, 1965)에 의해 만들어져 왔던 이 용어의 첫 번째 사용은 문헌학 이론에서 나의 개념 전개에 그 기원이 있다. 그렇지만 그는 그것에 의해 이 책에서 '상위구조'라고 불리는 이야기의 총체적 구조를 가리켰다. 내가 알기로 심리학에서 '거시구조'라는 용어가 처음으로 출판되어 사용된

된 다양한 분야에서 사용되어 왔다. '화제'나 '줄거리'(이야기나 극의)와 같은 개념들은 고전 시학과 수사학에서 이미 존재해 왔고, '주제'에 관한 연구는 읽기 능력 분야에서 항상 주요한 관심사였다. 현대 언어학에서 이 개념은 담화의 의미 구조, 이른바 텍스트 문법에 더 많은 주의가 주어지자마자 설명될 수 있었다. 거시구조 개념을 가지고 모형, 컴퓨터 프로그램, 그리고 실험이 현재 진행되고 있는 인지심리학과 인공지능에도 같은 점이 적용된다. 물론 심리학의 역사에서, 특히 게슈탈트 전통에서도 유사한 개념들이 사용되어 왔다. 이 책은 어떤 의미에서 게슈탈트 심리학에 관한 개념들의 일부, 즉 전체적 구조들과 그것의 세부적 속성들에 관한 개념의 이론적 재형성에 초점을 두고 있다. 하지만 책 한 권의 한계는 '총체적' 구조의 개념에 관한 역사적 분석을 제공하는 것이 불가능하다는 데 있다. 이러한 연구는 몇몇 분야에서 그것 자체에 대하여 한 권의 책을 요구하므로 이 책에서는 이 개념에 대해 더 최근의 쓰임새만 언급할 것이다.[3]

특히 인지심리학과 인공지능에서 다르지만 관련 있는 많은 개념들이(예를 들면 도식·틀·각본·시나리오) 최근 문헌에서 논의되어 왔다. 이 개념들은 사회와 인지 이론 두 영역에서 응용되었는데, 종종 관습적으로 결정된 지식의 세분화된 조직으로 받아들여졌다. 그것들은 거시구조의 형성이나 이해에 중요하지만, 처리 과정과 표상에서 더 높은 층위 구조인 거시구조와 혼동되어서는 안 되는 것으로 보인다. 지식이 모든 인지 처리 과정에서 기본적으로 중요하지만, 우리는 담화와

것은 바우어(Bower, 1974), 킨취(Kintsch, 1974)에 의해 이루어져왔다. 그럼에도 불구하고 유사한 개념들은 상이한 용어들하에서 더 앞서 논의되어 왔다(6장, 주석 2, 300쪽을 보라).

3) 거시구조에 관한 다른 연구는 이 책에서 광범위하게 논의되지도 언급되지도 않을 것이다. 관련 저자들의 이름과 연구는 주석에서만 언급될 것이다. 왜냐하면 이 책은 조사가 목적이 아니기 때문에, 우리는 (또한 심미적 이유에 대해) 일련의 이름과 연도로 이 책을 혼란스럽게 만들지 않을 것이다. 다른 조사들로부터 빌려온 모든 용어, 개념, 그리고 이론적 통찰은 주석에 밝힌다. 또한 이 책에서 논의에 간접적으로 관련된 간략한 논평만이 허용된다.

행위의 산출과 이해를 결정하는 결정적인 다른 인지적 요인들이(즉 다양한 동기 구조, 의견, 태도, 가치, 규준, 과제, 그리고 흥미) 있을 것이라고 논의해 왔다. 어떤 맥락에서 산출이나 이해의 실제적 과정을 결정하고, 지식과 이들 다른 요인들을 구성하는 복잡한 심적 상태는 인지적 집합이라는 용어하에서 간략하게 연구된다. 거시구조의 관점에서 설명되고, 행위의 산출과 일반적인 행위 담화, 그리고 특별한 이야기의 이해에 특별히 관련되는 또 다른 개념이 계획이다. 이 문단에서 언급된 대다수의 개념은 인공지능과 인지나 사회심리학에서 광범위하게 받아들여져 왔다. 하지만 이 개념들의 다양한 사용과 응용을 논의하거나 그것들이 기능하는 각 이론을 비판적으로 개관하는 것은 불가능하다. 우리 얼개의 시각에서 형성된 짧은 정의와 차이를 제외하고 독자는 이 개념들에 관한 더 상세한 분석은 주석에서 언급된 연구들을 참조하면 된다.

이 이론의 표상은 체계적이지만 틀에 얽매이지 않는다. 2장에서는 거시규칙과 거시구조의 형식적 속성들에 관한 간략한 논의를 제외하고는 수반된 의미적 구조를 위해 논리적 형식주의를 전개하려고 시도하지 않았다. 그 이유는 대략 다음과 같다. 첫째, 이러한 형식주의는 수반된 분야들에서 특별한 경험이나 지식이 없는 독자들에게 어려울 수 있다. 둘째, 의미론적 구조의 형식적 분석에 관한 현재의 논리적 제안의 복잡성으로 더 긴 담화의 실제적 의미 분석이 가능하지 않을 수 있다. 셋째, 수많은 종류의 자연언어와 행위의 의미적 속성들은 어떤 형식 언어에서는 아직 적절하게 다루어질 수 없다. 마지막으로, 이 이론은 형식화를 보장하기에는 아직 충분하지 않다. 이 책에서 사용된 일부 의미적 개념들의 형식적 분석을 위해 독자는 철학적 논리에서의 현재의 연구를, 그리고 우리의 일부 다른 연구를 참조하면 된다. 대안의 명시적인 표시법과 표상을 위해 우리는 인공지능에서 통용되는 연구를 참조한다.[4]

이 책이 학제 간 통합을 지향하지만, 언어학자에 의해 쓰여 왔음이 강조되어야 한다. 이것은 복잡한 정보 처리를 이루는 근원적인 상호작용과 인지 처리의 기술이 때때로 언어적 편견을 지닐 수 있음을 의미한다. 동일한 이유로, 사회학자들과 심리학자들은 내가 그들 각 분야에서 이론과 문제들에 관한 최근의 진척을 부분적으로만 알고 있다고 분명하게 여길 것이다. 그들은 거시구조 이론의 관계가 사회적, 인지적 모형에서 무엇인지를 결정해야만 하며, 이 모형들의 얼개에서 이론의 더 나은 발전과 검증은 그들의 과제에서 명확해질 것이다.

또한 이 책의 담화·상호작용·인지에서 거시구조의 체계적인 설명은 일정한 반복을 요구하는데, 유사한 원리들이 각 영역들에 작용하고 있기 때문이다. 이 구성의 장점은 책의 각 장들이 꽤 독립적으로 읽힐 수 있는 정도로 자족적이라는 점에 있다. 이 책은 학제 간의 독서 대중을 위한 것이지, 각 분야의 전문가들만을 위해 쓰이지 않았다. 이는 불필요한 중복이 왜 적절하게 보이는지에 관한 더 나은 이유가 된다. 동일한 이유로 각 장에서는 이들 각 분야에서 사용된 주요한 이론적 개념을 설명할(간략하지만 적절한 방식에서는 가능하지 않은) 수 있다. 이것은 이 책이 언어심리학과 사회과학에서 복잡한 정보 처리 문제에 관한 입문서로 사용될 수 있음을 의미한다.

우리는 이 책이 현재 '인지과학'이라는 이름 아래 공통적으로 포함되는 인문학과 사회과학 분야에서 새로운 학제 간 발전에 기여할 것이라고 희망한다. 이런 방식으로 담화언어학에서의 발전이 인지심리학·인공지능·사회심리학·사회학에서의 발전과 연계될 것이고, 이런 상호작용은 이론 형성에 있어 상호 발전을 이끌어 낼 수 있을 것이다. 담화·상호작용·인지와 같은 중요한 영역들에서의 학제 간 협력은 필수불가결하다.

---

4) 우리의 조사가 틀에 얽매이지 않도록 이 문단에 주어진 이유들 이외에 우리는 또한 의도적으로 언어학과 심리학의 영역에서 단지 상징적 약어, 일종의 형식주의를 사용함으로써 더 많은 이론적 탐구의 상황을 제공하려는 전통과 단절하기를 한다. 그렇지만 이것이 체계적이고 명시적이지 않아야 한다는 것을 의미하는 것은 아니다.

감사의 말

거시구조 이론의 전개는 직·간접적으로 다른 이들의 도움이 없었다면 불가능했을 것이다. 특히 주석에서는 이 이론의 어떤 부분들에 관한 필수불가결한 연구를 언급한다. 특히 이론적으로, 실험적으로 담화 이해에서 거시구조의 인지적 속성을 함께 연구해 온 월터 킨취(Walter Kintsch)에게 많은 빚을 졌다. 그의 협력이 없었다면, 총체적 해석에 인지적 기초의 중요한 역할을 부여하는 것이 불가능했을 것이다. 더 간접적으로 이것은 최근에 담화 이해의 인지적 과정을 연구해 온 다른 심리학자들에게도 해당된다. 특히 쥬스 브루커(Joost Breuker), 니코 프리지다(Nico Frijda), 마르딘 덴 유와엘(Martijn den Uyl), 그리고 헤라 반 우스텐도르프(Herre van Oostendorp)를 포함한 암스테르담 대학의 일군의 심리학자들과의 논의에서 많은 도움을 받았다. 그들은 모두 담화 이해와 인지 학습 영역에서 최근까지 연구해 오고 있다. 마지막으로 최근 10년 간 문법과 담화의 더 일반적인 이론의 구성에 종종 매우 비판적으로 도움을 주었던 모든 이들에게 감사를 전하고 싶다. 이 책의 처음에 제시된 바와 같이 거시구조의 개념은 발전되어 왔다. 거시구조의 바로 그 '존재'에 관한 애초의 회의론이 여기에서 제안된 경험적 사실, 논의, 그리고 이론적 고찰과 이러한 총체적 구조에 관한 다른 연구 이후에 인정될 수 없는 것으로 판명되기를 바란다.

암스테르담 대학교
일반 문헌 연구학과 담화 연구 부문
1978년 여름~1979년 겨울

테넌 반 데이크(TEUN A. VAN DIJK)

목차

옮긴이 머릿글 5
글쓴이 머릿글 12

제1장 거시구조의 개념 21
　1.1. 거시구조의 직관적 개념 ···························· 21
　1.2. 거시구조의 이론적 개념에 대하여 ················ 32
　1.3. 의미론적 (거시)구조의 표상 형식에 관한 문제들 ············· 41

제2장 담화에서의 거시구조 55
　2.1. 들머리 ··· 55
　2.2. 담화의 미시구조 ······························· 59
　2.3. 주제, 화제, 그리고 담화의 총체적 의미 ··········· 74
　2.4. 거시규칙 ·· 83
　2.5. 거시분석의 예 ·································· 89
　2.6. 거시규칙의 형식적 속성 ······················· 121
　2.7. 거시구조의 속성 ······························ 134
　2.8. 담화 기술의 완성도와 층위 ··················· 144
　2.9. 문장 화제 대 담화 화제 ······················ 148
　2.10. 거시구조와 문법 ····························· 155

제3장 거시구조와 상위구조 167
　3.1. 상위구조 ·· 167
　3.2. 몇몇 상위구조 유형 ··························· 174
　3.3. 거시구조에 대한 상위구조의 제약 ·············· 186

3.4. 결론과 남은 문제 ·· 194

제4장 행위와 상호작용에서의 거시구조 ········· 201

4.1. 들머리: 목표와 문제 ······································ 201
4.2. 행위의 구조 ·· 205
4.3. 행위 연속체 ·· 208
4.4. 상호작용과 상호작용 연속체 ······························ 217
4.5. (내적) 행위의 거시구조 ···································· 219
4.6. (내적) 행위에서 거시구조의 기능 ·························· 240
4.7. 총체적 상호작용의 기술 ···································· 244
4.8. 사회적 상호작용에서의 거시구조 ·························· 245
4.9. 마무리와 남은 문제 ······································ 258

제5장 화용적 거시구조 ········· 261

5.1. 들머리: 화용론의 목적과 문제 ···························· 261
5.2. 화행 연속체 ·· 269
5.3. 거시 화행 ·· 274
5.4. 화용적 상위구조 ·· 290

제6장 거시구조와 인지 ········· 295

6.1. 거시구조의 인지적 기반 ···································· 295
6.2. 지엽적 담화 이해 ·· 299
6.3. 총체적 담화 이해 ·· 312
6.4. 상위구조의 이해 ·· 324
6.5. 기억에서 담화의 표상 ···································· 328
6.6. 담화 이해에서 지식의 역할: 도식, 틀, 각본 등 ·············· 333
6.7. 담화 이해에서 인지 집합 ·································· 352
6.8. 담화 이해에서 관련성 부여 ································ 361
6.9. 장기기억에서 담화 이해와 인지적 변화
    : 학습, 의견, 그리고 태도 변화 ·························· 366

6.10. 기억에서 담화 정보의 인출, 재산출, 그리고 재구성 …… 375

6.11. 상호작용과 화행의 이해 및 처리 과정 ………………… 381

6.12. 복잡한 (내적) 행위 계획하기와 실행하기 ……………… 393

6.13. 담화 산출 ……………………………………………… 405

6.14. 다른 인지 영역에서의 거시구조 ……………………… 412

6.15. 마무리 ……………………………………………… 418

참고문헌 ……… 423

찾아보기 ……… 439

추천의 글

  : 반 데이크의 저서 『거시구조』의 학문사적 의의 [이성만] ……… 444

지은이 및 옮긴이 소개 ……… 447

제1장 거시구조의 개념

1.1. 거시구조의 직관적 개념

1.1.1. 이 책의 목표는 인문학과 사회과학의 몇몇 분야에서 중요한 역할을 하는 이른바 총체적 구조의 체계적 분석을 제공하는 것이다. 다수의 상이한 용어들이 다양한 종류의 총체적 구조들을 지칭하기 위해 사용되어 왔다. 다음 장들에서 담화, (내적) 행위, 인지 연구와 관련된 총체적 구조 개념의 구체화가 시도될 것이다. 먼저 총체적 구조의 해석, 범주, 의사소통에서 사회 참여자들인 언어 사용자들로부터 다루어지는 직관적 개념과 용어를 살펴볼 필요가 있다. 총체적 구조의 이론에 관한 경험적 목표의 하나는 사람들이 그것에 대해 이야기하거나 다른 종류의 메타 행동으로 그와 같은 구조들에 관한 그들의 자각을 어떻게 드러내는지를 기술하는 것에 있다. 물론 이것은 관련된 기본적 인지 과정과 표상이 항상 '의식적'이라는 것을 의미하는 것은 아니므로 총체적 구조의 인지적 실제에 관한 많은 경험적 증거는 더 간접적인 방식들로 평가될 수 있다. 그럼에도 불구하고 사회 참여자

들이 그들의 인지와 사회적 실제를 해석하고 범주화하는 방식들에 드러난 명시적인 지표들을 고려하거나 심지어 그것들로부터 시작하는 사회과학에서의 분명한 발전이 있다.1) 처음에 사회과학자들은 이런 종류의 직관, 그들 자신과 그들의 사회적 보조 참여자들, 그것이 표현되는 방식들에 단지 접근할 것이다.

이 책에서 따라야 하는 더 일반적인 방법론적 원리가 있는데 그것은 위에서 지적된 하나와 관련된다. 더 구체적인 총체적 구조의 언어학적 혹은 사회학적 개념이 무엇이든 간에, 그것이 인지적 토대를 지니고 있다고 가정해야 한다. 따라서 언어 사용과 행위는 독립적인 이론들로 설명될 수 있지만, 이 이론들은 결국 언어 사용자들과 사회 참여자들이 어떻게 그들의 담화와 상호작용을 지각하고, 해석하고, 알고, 기억하고, 평가하고, 계획하고, 산출하는지 등의 이론에 기초할 것이다. 즉 사회적 행위는—의사소통상의 입말 상호작용—사회적 "실제"에 관한 해석과 표상으로 결정된다. 이후의 장들은 총체적 구조가 사회적 상황으로부터 이런 종류의 매우 복잡한 인지적 원리들을 처리하는 방식에 작용하는 고도의 기본적인 인지 원리들의 결과라는 점을 보여준다.

총체적 구조의 연구에 관한 이러한 기본적인 인지적 접근은 적합한 조건을 갖추어야 한다. 복잡한 정보 처리에 수반한 기본적인 원리들이 인지적 속성을 띰에도 불구하고, 동시에 언어 사용과 상호작용은 그것의 사회적 속성들에 관한 설명을 요구한다. 따라서 수반된 인지적 과정과 표상들은 개인에 따라 자의적으로 변하기보다는 유기체의 신경생리학적 속성들의 기능에 따라 인지가 발달하는 것과 유사하게, 사회적 상호작용과 사회적 구조의 우리 지식에 의해 차례로 결정된다.

---

1) 여기에서 우리는 '인지사회학'이나 '소집단 관찰 해석 방법론'(Cicourel, 1973; Garfinkel, 1967; Mehan & Wood, 1975를 보라)이라 불리는 사회학에서의 방향을 고려한다. 일반적으로, 우리는 베르거(Berger)와 루커만(Luckmann, 1967), 필립스(Phillips, 1971)에 의해 처음 시작된 사회학 방법론에서 새로운 전개 국면을 참조할 것이다. 거기에서 사회학 자료의 해석적 속성이 논의된다.

그러므로 언어 사용과 상호작용의 기초를 이야기할 때 우리는 이 영역에서 해석과 표상이 본질적으로 관습적[2]이라는 사실을 설명하기 위해 사회적 인지의 개념을 사용할 것이다. 즉 여기에서 다루는 범주와 규칙은 모든 종류의 의사소통 상호작용과 협력의 제약 아래 전개된다. 우리는 대다수 사회적 상황에서 거의 모든 참여자들이 유사한 범주와 규칙을 사용한다는 믿음을 정당화해 왔고, 이러한 믿음은 심지어 우리의 인지적 과정과 표상을 표준화하는 데 사용될 것이다.[3] 행위와 상호작용에서의 총체적 구조 분석을 다룬 4장에서 사회적 인지의 이들 속성으로 되돌아간다. 여기에서 핵심은 총체적 구조는 인지적으로 기초를 이루지만, 수반된 인지적 원리는 사회적 제약 아래에서 전개된다는 점이다—심지어 그것이 명백하다면, 이러한 사회적 제약은 인지적 전개에서 기능적 역할을 하기 위해 인지적 해석과 표상을 반복적으로 요구한다.

1.1.2. 이런 방법론적 원리들을 염두에 두고, '총체적 구조'의 개념에 관한 직관적 이해와 자연언어의 관점에서 이러한 구조들을 나타내는 방법들을 상세하게 설명하려고 시도할 수 있다.

무엇보다 총체적 구조에 관한 직관적 개념은 상대적이다. 이른바 지

---

2) 여기에 사용된 '관습'이라는 개념은 루이스(Lewis, 1968)의 의미로 기술적 개념을 의미한다.

3) 물론 이 통찰은 새로운 것이 아니라, 사회학(예로, Berger & Luckmann, 1967에서 논의된 바와 같이, 사회 구조의 '객관적인' 것과 '주관적인' 것 간의 관련성을 보라)과 사회심리학(예로, 사회화에서의 '사회적 학습'의 다양한 속성들)에서 잘 알려져 있다. 하지만 여기에서 나는 기본적인 인지적 기제들의 전개 국면과 기능화가 적절한지에 대해 말하려 하며, 이런 의미에서 인지심리학은 '사회적으로' 거의 지향되는 바가 매우 적으며, 즉 그것의 주요 범주가(이를 우리는 '정보 처리'라고 부른다) 결핍되어 보이는 것으로 믿는다. 소련 심리학에서의 어떤 방향들과 같이, 다른 지향점들은 인지적 전개 국면과 기능화의(Leont'ev, 1972; Vygostky, 1962를 보라) 사회적, 그리고 사회경제적('물질적') 요인들로서 행위를 강조해 오고 있다. 나중에 보게 되듯이, 지식 표상(틀, 각본)에 관한 최근 작업은 정보 처리의 이 사회적 양상을 인식하지만, 실제로 이 기반을 조사하지는 않는데, 이에 대해 우리는 일상의 소집단 관찰 해석 방법론적 연구를 참조해야 한다. 그것은 우리가 연구조사의 이들 다양한 방향의 통합을 선호한다는 논평으로부터 분명해진다.

엽적 구조라고 부르는 것으로부터 그것들을 구별함으로써 우리는 이러한 구조들에 대해 파악하고, 해석하고 이야기한다. 이 구별의 가장 명백한 명시는 전체 대 부분의 개념적인 대조로 드러나며, 지각4)으로부터 담화와 상호작용까지 대다수의 인지적 행위에 사용된다. 즉 수많은 대상이나 현상을 어떤 종류의 인지적 통일체로서의 '전체'로 살피고, 다루고, 해석하고 혹은 사용할 수 있다. 이들 전체는 다양한 '구성원들', '부분들', '부문들' 혹은 '요소들'을 포함한다. 따라서 총체적 구조를 일종의 전체적 구조라 할 수 있고, 부분들·구성원들 등은 그것을 '형성하고', '조직하고', '이루고', '구성한다'라고 말할 수 있다. 그리하여 전체로서의 직관적인 '통일체'는 시·공간적 연속성, 인지적 관련성(예로, 의미 연결), 외부적으로 그것의 차별성, 다른 (전체) 대상에 관한 대체성의 관점에서 결정될 수 있다. 유사하게, 한 부분은 다른 대상의 한 대상, 속성 등으로 관찰·해석·사용될 수 있는데, 심지어 그것은 그 자체로, 그리고 동일한 전체 대상의 다른 부분과 관련해서 온전하게 확인되기도 한다. 더 나아가 부분과 전체의 다양한 속성에 관한 분석 없이도, 우리는 직관적으로 여기에서 부분 - 전체 관계를 더 이상 기본적인 인지 개념으로 분석될 수 없는 근원적인 것으로 가정한다. 이 관계는 살펴온 바와 같이 그것 자체로 원소-집합, 일원-집단, 혹은 부분-전체의 다양한 방식으로 드러난다. 총체와 지엽적 구조 간의 차이도 또 다른 직관적 차원을 따라 이해될 수 있어야 하며, 즉 그런 관점에서 우리는 그것들의 부분과 전체 간에 만들어지는 대상이나 현상을 접할 뿐만 아니라 동시에 그 차이는 이러한 대상들에 관한 우리의 인지적 조작에 투영될 수 있다. 따라서 그 대상에 대해 지니는 '관점'에 의존하면서 부분이나 전체를 살피고, 관찰하고, 주의를 모으고, 고려할 수 있다.

---

4) 언어와 연결된 전체와 부분의 개념적 양상에 대해서는 밀러와 존슨-레어드(Miller & Johnson-Laird, 1976, 47ff, 그리고 이곳저곳)에 의한 최근의 논의를 보라. 이 지각적, 그리고 더 '일반적'인 개념들은 의미론적 거시구조의 위계적 개념에 연결된다.

지엽적·총체적 차이에 대해서 이 관점의 차원을 드러내는 한 방법은 지각과 인지적 거리에서 드러난다. 우리는 대상을 가까이서 볼 때보다는 멀리 떨어져서 볼 때 대상을 전체로서 보려는 경향이 있다. 세부 요소의 직관적 개념이 여기에서 역할을 한다. 즉 전체의 부분들은 우리가 그 대상에 더 밀착하여 살필 때 세부 요소들로 구별되지만 더 거리를 두는 관점에서는 개별 세부 요소들이 더 이상 지각되지 않는다. 후자의 경우 그 대상의 더 큰 부분들이나 윤곽들만이 보일 수 있다.

증위의 관점에서 이 직관적 차이를 형성하는 데 약간의 상이한 방법이 있다. 어떤 거리로부터 어떤 대상을 살피고, 해석하고, 초점을 모으는 것 등을 말하는 대신에, 우리는 더 개별적이거나 구체적, 그리고 더 일반적이거나 추상적인 각각의 다양한 증위에 대해 이것 모두를 수행한다고 말할 수도 있다. 이런 경우에 더 낮고 구체적인 증위의 세부 요소들은 더 높고 추상적인 증위에서 '무시된다'고 말해질 수 있다. 총체적인 것과 지엽적인 구조 간의 이 특별한 직관적 차이로부터, 우리는 우선 이 구조들 간의 관계가 어떤 인지적 작용의 형태, 한편으로는 일반화나 추상화, 다른 한편으로는 개별화나 구체화의 형태를 취할 수 있다고 본다. 인지적 정보 처리에서 총체·지엽의 차이를 설명하는 다양한 직관적 방법들로부터, 우리는 나중에 주요한 출발 지점으로서 이 증위의 개념을 가져올 것이다. 이 전략에 관한 한 가지 이유는 사회 과학과 철학적 바탕에 증위의 개념이 이론적으로 잘 수립되어 있다는 점에 있다. 즉 대상들 '보기'의 직관적 수준과 유사하게, 우리는 기술 증위의 이론적 개념을 얻는다. 또한 과학적 담화뿐만 아니라, 일상의 담화에 대해서도 기술의 상이한 증위들을 말할 수 있음을 발견할 것이다.

지금까지 논의된 다른 개념들과 관련하여, 결론적으로 관련성의 차원에 바탕을 둔 중요한 직관적 차이를 얻었다. 이 경우에 부분이나 더 낮은 세부 요소들, 더 구체적인 증위들은 관련성이나 중요성의 더 낮은 정도의 개념에 관련되지만 더 큰 부분들과 전체는 더 일반적인 층위에서 관련성이나 중요성의 더 높은 정도와 관련된다. 따라서 세부 요소들은 요약될 수 있는데, 그것은 더 높은 층위에서 덜 중요하기 때문이다. '결정적'이거나 '중심적'과 같은 다른 개념은 그런 경우에 더 일반적이고 중요한 층위들을 한정하기 위해 사용될 수 있다.

1.1.3. 지엽적 대 총체적 차이라는 이 다양한 직관적 표현들을 이 책에서 관심을 두고 있는 다양한 영역들로부터의 예들을 통해 더 구체화해 보자. 일반적 영역은 인지 영역인데, 특히 복잡한 정보 처리 영역이다. 인지의 복잡한 정보 처리에 모두 연결된 더 구체적인 영역들은 한편으로는 언어 사용과 담화, 다른 한편으로는 행위와 상호작용이다.[5] 이 최종적 두 영역의 선택은 자의적이지 않다. 첫째, 그것들은 인간 유기체의 두 가지 기본적인 인지적 기능을 드러낸다. 둘째, 언어와 담화는 본질적으로 사회적 행위와 상호작용에 연결된다. 즉 우리는 말하거나 쓸 때에 일종의 사회적 행위, 즉 화행을 달성하는데, 이는 사회적 상호작용에 중요한 역할을 한다. 둘 다 복잡한 정보 처리가 수반되며, 이러한 정보 처리는 지엽적인 구조와 총체적 구조 간의 이론적·인지적 차이가 없이는 불가능하다는 점이 가정될 것이다.

　무엇보다 언어 사용은 발화에서 그 자체를 드러내며, 우리는 대상의 유형들로 어떤 자연언어의 담화나 텍스트를 해석한다. 한 화자 이상이 이러한 발화의 산출에 관여된다면, 이를 격식 대화나 비격식 대화라고 한다. 담화의 이론적 분석은 2장의 목표이다. 여기에서 관심을 두고 있는 것은 언어 사용자들이 암시적이고 명시적으로 담화의 지엽적 구조와 총체적 구조 간을 구별한다는 사실에 있다. 한편으로 그들은 말해진 것의 세부 요소들을 말하며, 다른 한편으로 그들은 담화나 그

---

5) 개념들에 대해 여기에서 다소 직관적으로 사용된 관련 참조물들은 각 장에 주어진다. 이하에서 사용된 다른 개념들에도 같은 점이 적용된다.

것의 더 큰 부분을 전체로서 유형화하기 위해 주제·화제·요점·결론·핵심과 같은 개념을 사용한다. 따라서 낱말과 문장들은 담화의 부분들로, 주제와 화제는 전체의 속성으로 간주된다. 사람들은 주제나 화제와 같은 것에 대해 이야기하는 동시에 담화의 세부 요소들은 "난 그가 말한 것을 정확하게 기억하지 못하지만, 결론은(그의 핵심) …였다"와 같이 더 일반적인 층위의 설명에서 무시되거나 추상화된다고 넌지시 드러낸다. 동시에 이 개념들은 관련성이나 중요성과 직관적으로 연합되는데, 핵심은 말해진 것의 더 관련되고, 중요하고, 중심적이고, 현저하거나 결정적인 양상이다.

일상 발화에서 담화의 총체적 속성을 드러내기 위해 사용된 개념들인 예들에서 우리는 이 개념들이 담화의 의미나 내용에는 주요하게 관련되지만, 표현의 문체, 담화 부분들의 배열 등에는 관련되지 않는다는 것을 관찰할 수 있다. 이는 이런 종류의 개념이 의미적 용어들에서, 즉 우리가 의미론적 총체 구조에 대해 이야기하는 것들을 다른 종류의 총체 구조와 구별하기 위해 명확히 해야 함을 의미한다. 우리가 이 책을 통해 (의미론적) 거시구조 관점에서 명확하게 하려는 바가 이런 구조의 유형이다.

1.1.4. 이 의미적 총체 구조들과 더불어 우리는 더 도식적 속성을 지니는 담화나 대화의 총체적 속성을 드러내기 위해 용어들을 사용한다. 이런 경우에 그것은 총체적 의미라기보다는 관련된 총체적 도식이며, 도식은 담화의 총체적 의미를 다른 구조에 지정하거나 할당하기 위해 사용될 수 있다. 개괄·구성·순서 그리고 줄거리와 같은 개념들은 이와 같은 경우에 사용된다. 이런 일종의 도식 구조는 범주적 유형이(즉 문장이 통사적 범주로부터 구성되듯이, 관습적 범주의 관점에서 구성된다) 될 수 있다. 이러한 도식적 총체 구조의 예들은 이야기의 서술 구조, 강의 논증구조, 혹은 심리학 논문의 특수한 도식 순서화이다. 이 모든 사례에서 도입·장소·배경·전개·결말과 같은 어떤 관련 범주들

을 나타내기 위해 직관적인 용어들도 사용한다. '주제'·'화제' 혹은 '요점'과 같은 개념들이 사용되는 총체적 의미 구조로부터 담화의 총체적 '형식'과 관련되는 도식적 총체 구조를 구별하기 위해서 상위구조6)라는 특별한 이론적 용어를 사용한다. 3장에서 이들 두 종류의(즉 의미론적 거시구조와 도식적 상위구조 간) 총체적 구조 간의 다양한 연결의 수립을 시도할 것이다.

1.1.5. 발화는 담화의 발현일 뿐만 아니라, 화행으로서 사회적 행위의 발현으로 연구될 수 있다. 이는 독백과 대화 양 영역에서 화행의 연속을 포함한다. 또한 이 층위에서 화용론 영역의 대상이 된다. 이는 지엽적 구조와 총체적 구조 간의 구별을 위해 의미가 있다. 지엽적 구조는 개별적 화행과 그것의 연결에 관련되지만 총체적 구조는 전체로서의 화행 연속체와 관련된다. 또한 여기에서 우리는 어떤 총체적 의미보다는 총체적 화행을 가리킴에도 불구하고, 말해졌던 것이나 오히려 수행된 것의 핵심이나 결론과 같은 직관적인 용어들을 사용한다. 따라서 요구에 따른 발언을 지엽적으로 수행할 수 있지만, 전체적 (가능한 상이한) 발화 행위의 연속체로서 요구·주장 혹은 위협의(예로, 요구 편지, 강의 혹은 유괴범 편지에서) 발화 행위를 총체적으로 성취할 수도 있다. 즉, 이 화용 층위 분석에서 총체적 구조는 발화의 총체적 기능에 관련된다. 언어 사용자들은 이러한 총체적 화용 구조에 대해 직관을 가지고 있으므로 구체적으로 대화에서 전체로서의 화자의 발화 행위가 총

---

6) 이 용어는 '의미적'과 '통사적' 총체 구조 간의 차이를 명확하게 드러내기 위해 선택되어 왔는데, 종종 도식과 유사 개념들의 논의에서 혼란이 있어 왔다. 더욱이 '상위 구조'라는 용어는 현재 언어학과 심리학에서 사용되지 않고 있다. 언어 순수주의자들에게 '상부구조(hyperstructures)'라는 그리스어 형태는 '거시구조'에 관한 상대어로서 선호되기도 했지만, '상부구조'라는 용어는 문장 수준을 넘는(Palek, 1968) (통사적) 구조를 설명하기 위해 언어학자들에게만 거의 사용되어 왔다. 그럼에도 불구하고 우리의 더 앞선 작업에서 종종 의미론적 거시구조와 통사적 상위 구조를 혼동해 왔다. 이런 매우 혼란스러운 용어를 피하기 위해, 우리는 종종 도식들에 다른 유형들과의 혼돈이 개입되지 않는다면, 일종의 특별한 상위 구조를 드러내기 위해 도식의 더 일반적인 개념을 사용할 것이다.

체적 요구나 위협으로서 말이 되고 요약되고 혹은 기능함을 알 수 있다. 다시 말해 우리는 그가 본질적으로 했던 바가 어떤 것을 약속했었다고 말할 때, 세부 요소들을 무시하고 발화의 가장 관련 있고 중요한 양상만을 강조한다.

1.1.6. 화행과 총체적 화행의 개념을 통해서 우리는 일반적으로 행위와 상호작용에서 지엽적 구조와 총체적 구조 간에 사회적 참여자들에 의해 만들어진 유사한 직관적 차이를 살펴볼 수 있다. 그 차이는 한편으로는 행위의 연속체를 파악하고, 전체로서 그 연속체가 어떤 속성들을 지녔는지를 결정할 경우에만 타당하다. 이는 더 높은 순위 행위들의 모든 예들에서, 즉 행위들이 전체로서 다른 행위들의 연속체를 수행함으로써 수행되는 경우이다. 수많은 사회적 행위들이 이런 종류인데, 기차 타기, 식당에서 음식 먹기, 혹은 물건 사기와 같은 것이다. 이러한 정형화된 사회적 일화들은 틀이나 각본의 관점에서 이후에 분석될 것이다. 본질적으로 사회적이지 않은 총체적 행위도 있는데, (홀로) 아침 먹기, 목욕하기, 혹은 누군가의 차 수리하기와 같은 것이다. 여기에서 논의의 본질은 사회적 참여자들이 하나의 총체적 행위로서 복잡한 행위들의 연속체를 다룰 수 있다는 것이다. 즉 그들은 이러한 행위에 대해 이야기하고, 하나의 행위로서 연속체를 해석한다. 총체적 상호작용에 대해서도 같은 점이 적용된다. 대화는 그것 자체로 딱 들어맞는 사례인데, 언쟁·말싸움·면담·모임과 같은 다른 종류의 대화에 대해서도 같은 점이 언급될 수 있다. 비언어적 행위들에는 식탁을 함께 옮기거나 카드를 움직이는 것에서부터 놀이를 함께 하는 것이 있다. 참여자들이 실행된 총체적 행위에 대해 가지고 있는 직관은 "너는 지금 뭐하고 있니?", "네가 의도하는 것은 뭐니?", "그 개념은 무엇일까?"와 같은 질문으로 제시된다. 관찰자는 실행된 실제 지엽적 행위가 무엇인지 살피고 이해하는 것이 당연하지만, 그것이 구성 요소인 총체적 행위에 대해 알기를 원한다.

우리는 앞서 논의되었던 행위들에서 지엽적 대 총체적 차이에 관한 몇몇 직관적 양상들에 대해 매우 분명하게 주목한다. 즉 지엽적 행위들은 총체적 행위들의 구성 요소들이거나 부분이며, 총체적 행위들은 통일된 전체로서 기능하는데, 더 높은 층위 연속체와 같은 것은 다른 총체적 행위들과 조건적으로 관련될 수 있고, 구성 요소 행위들은 총체적 행위보다 덜 중요하거나 더 구체적이다. 보기, 해석, 기술 층위의 차이는 특히 지엽적 행위와 총체적 행위를 이야기하기 원할 때 중요한 역할을 한다. 필요에 의해 어떤 순간에 실행된 것이 구체적 층위에서의 지엽적 행위이고, 이는 그와 같은 순간에 관찰자가 실제로 살피고 해석하는 것이다. 하지만 동시에 또 다른 총체적 행위가 이전과 이후의 행위들로만 수행될 수 있고, 그런 다음 그 시점에 수행된 전체 연속체는 해석적으로 고려될 수 있다. 즉 총체적 행위는 해석의 층위들을(혹은 거리) 바꿀 때에만 해석될 수 있다. 동시에 이후에 전체 연속체를 평가할 때와 그것을 총체적 행위로 부여할 때도 같은 점이 적용된다.

복잡한 (내적) 행위의 총체적 속성에 관한 가치 있는 지표들도 계획·의도·목표 혹은 목적과 같은 행위들을 정의할 때 필요한 다양한 인지적 용어들로부터 나온다. 이 용어들의 더 자세한 의미는 우리가 그것을 사용한 것처럼 이후에 명확해진다. 하지만 여기에서 흥미로운 것은 계획과 같은 용어, 예로, 청사진·착상·도식·기획·과제 혹은 개요와 같은 용어들도 역시 복잡한 미래 행위들을 준비하는 데 사용될 수 있다는 점이다. 이 준비하기는 일반적으로 총체적이 될 것인데, 실행된 행위 연속체를 구체화하는 각본이나 시나리오에 상반되는, 즉 총체적 목표, 그리고 아마 주요한 행위들, 전략들, 그리고 결과들을 구체화한다.

사회적 참여자들은 실제로 행위의 산출(계획들)과 관찰, 그리고 해석에서 행위의 총체적 조직에 관한 직관적 생각을 가지고 있다고 잠정적으로 결론 내릴 수 있다. 그들은 층위 차이를 만들어 낼 수 있고, 하나의 총체적 행위로서 행위의 연속체를 파악할 수 있다.

1.1.7. 담화와 상호작용에서 지엽적 구조와 총체적 구조 간의 차이에 관한 다양한 예들로부터 이미 그 차이가 명확한 인지적 기반을 지니고 있음을 살펴 왔다. 부분이나 전체를 살피기, 상이한 관점 지니기, 층위 간 차별화하기, 일반화하기나 추상화하기, 그리고 다소 관련되거나 중요한 것들 발견하기는 분명한 인지적 작용들이다. 주제나 화제의 표상에도 같은 점이 적용되는데, 이는 의미적으로 드러나며 도식이나 계획의 표상과 실행에도 마찬가지이다.

총체적 구조의 개념은 더 일반적이며, 말한 바와 같이 복잡한 정보 처리의 어떤 속성들을 설명한다. 이 책에서 상세하게 다루지 못한 인지적 기능들에(예로, 지각과 시각, 사고하기, 문제 해결하기, 그리고 결정하기에서) 대해서도 총체적 조직이 필수적이다. 사실상 우리는 앞서 논의된 일부 예들이 이 기능들, 특히 시각(심상)으로부터 빌려 온 은유를 활용한다고 살펴 왔다. 유사한 과정이 개체들의(예로, 가구나 장난감) 모음, 사건들의 연속, 혹은 이미지들의 연속에 관한 관찰에 수반된다. 하나의 개체나 (총체적) 이미지를 단순히 살피는 대신, 통일체로서 더 복잡한 전체를 받아들일 수 있다. 이런 방식으로 사건들의 연속에 관한 관찰은 '사고'의 실례로 해석될 수 있다. 행위들의 연속체에 관한 일종의 유사한 총체적 해석을 앞서 살펴 왔다. 이런 사례들에서 속성들, 개별 지엽적 사건들, 혹은 개체들은 총체적 사건, 총체적 개체나 전체로서의 이미지 연속체의(예로, 영화) 총체적 개요와 관련해서 무시되고, 요약되기에 시각적인 세부 요소로 간주된다.

모두 복잡한 정보 처리 과정의 형태들인 사고하기, 문제 해결하기, 결정하기의 영역에 대해서도 지엽 대 총체적 차이가 직관적으로 잘 알려져 있다. 특히 행위들에 대해, 우리는 사고·문제·결정에서 주요한 목표로 맞추어진 그 과정에서 더 높은 층위나 주요한 단계들에만 관계된 총체적 개념·기획·계획 혹은 전략을 알고 있다. 과정이 꽤 복잡해짐에 따라서 더 이상 능동적으로 기억할 수 없으므로 연속체의 모든 세부 요소들을 계획할 수 없게 된다. 결과적으로 우리는 개략적인 생각이나 계획을 수립해야 한다. 유사하게, 이 총체적 사고들, 개념들, 혹은 계획들은 문제 해결 과제와 결정 중요도의 실제적 행위 연속체의 실행에서 통제 정보로 사용될 것이다. 즉 계획을 따르거나 그러지 않을 수 있으며, 사건들이 계획하기와 기획하기에 따라 일어나거나 일어나지 않을 수 있다.

1.1.8. 직관적인 용어들, 개념들, 그리고 지식의 예들로부터 우리는 상이한 인지적 기능을 가지게 되며, 특히 언어 사용, 담화, 그리고 행위에 대해 복잡한 정보 처리에서 '지엽적 대 총체적' 차이가 매우 유용하다고 결론 내릴 수 있다. 하지만 관찰로부터 연구조사의 적절한 목적에 관한 결론을 이제 내려야 한다. 지엽 대 총체의 차이가 그것 자체로 수많은 상이한 방식으로 명백하게 드러나는 것을 살펴 왔으므로 각 영역의 개념 간에 깊이 있는 유사성을 보여주는 것이 매우 추상적이었음을 분석할 필요가 있다. 이는 일반적인 이론적 개념을 수립해야 하고, 그것의 경험적 기초를 조사해야 함을 의미한다.

  각 영역에 수반된 통용되는 생각·문제·현상 등이 이 이론적 개념의 관점에서 더 잘 설명될 수 있고 설명되어야 하는지, 그리고 그 개념이 언어적·사회적·인지적 이론에서의 다른 개념들과 어떻게 연결될 수 있는지를 보여줄 필요도 있다. 이 새로운 이론적 개념의 역할을 구체화할 수 있어야만 그것은 유용하게 드러날 수 있다.

1.2. 거시구조의 이론적 개념에 대하여

1.2.1. 1.1절에서 논의된 '총체적 구조'의 다양한 개념을 더 명확하게 하는 것이 이 책의 목적이다. 이를 위해서 거시구조의 이론적 개념을 도입했다. 이를테면 총체적 구조가 담화·상호작용·인지에서 변화하는 경험적 속성들이 있지만 우리는 거시구조의 더 추상적 개념으로

그것에 관한 공통의 기반을 제공하려고 한다. 이는 담화·상호작용·인지의 거시구조에 관해 이야기한다면 이 영역들 각각에 관한 이론적 얼개가 필요할 것임을 의미한다. 공통의 추상적 개념도 다양한 이 영역들에서 총체적 구조의 구체적 양상들을 평가하는 데 필요하다. 따라서 문법, 인지 과정 모형, 그리고 사회적 상호작용 이론은 '근원적인' 거시구조에 관한 상이한 종류를 명시적으로 설명해야 할 것이다. 이는 상이한 이론들에 관한 거시구조의 추상적 개념이 이러한 경험적 속성을 지닐 수 없음을 의미하는 것은 아니다. 반대로 총체적 구조의 직관적 개념에 관한 조사에서 그것 대다수가 인지적 기반을 드러냄을 관찰해 왔다. 거시구조의 개념은 이론적 개념이지만, 심리적으로 '실제적' 상관성을 가지고 있다고 가정되는데, 이는 경험적으로 평가되어야 한다. 즉 인지 층위에서 복잡한 정보 처리는 개념적 표상에서 거시작용과 거시구조의 관점에서 설명된다. 인지 모형에 대해서는 전형적으로 그와 같은 작용이 어떻게 적용되는지, 그리고 거시구조가 어떻게 형성되고, 전환되고, 기억에 저장되고, 인출되고, (재)산출되는지에 관한 더 나은 분석이 있어야 한다. 또한 인지 모형은 거시구조가 시각·언어·사고·행위와 같은 다양한 영역들에서 복잡한 정보를 어떻게 조직하는지 구체화해야만 한다. 결론적으로 인지 모형은 거시구조와 거시작용이 지식·신념·의견·태도·희망·요구·과제·목표·가치·규범과 같은 다른 인지 요인들에 의해 어떻게 영향을 받는지를 구체화해야 한다.

담화 이론에서 거시구조의 개념은 더 제한된 기능을 가진다. 그것은 화제·주제 혹은 요점과 같은 총체적 의미의 다양한 개념을 설명하기 위해 사용된다. 이것은 담화에서 거시구조가 의미적 대상임을 함의한다. 명시적 의미론의 원리에 따르면 이것은 어떤 일종의 규칙이 단어와 문장의(즉 지엽적 구조) 의미를 의미론적 거시구조에 관련시키기 위해 형성되어야 한다는 것을 의미한다. 다음으로, 담화 이론에서 거시구조는 의미 연결의 직관적 개념을 설명하는 데 필요하다. 가령 담화는 지엽적 층위에서뿐만(예로, 문장들 간의 쌍 연결들) 아니라, 총체적 층위에서도 의미 연결된다. 이러한 총체적 의미, 총체적 관계, 화제, 혹은 주제와 같은 개념들은 밀접하게 관련되고 거시구조는 이들 관계를 명시적으로 드러내는 데 필요하다. 결론적으로 언어 사용과 담화는 거시구조 분석이 필요한 모든 종류의 속성들을 가지고 있다. 우선, 언어 사용자들은 담화를 추상화하거나 요약할 수 있다. 직관적으로 이러한 요약은 총체적 의미이거나 요약된 담화의 주요 화제를 표현하는 담화이다. 결과적으로 두 담화 간의 요약 관계는 거시구조의 관점에서도 형성될 수 있다. 주제 문장, 제목 및 하위 제목, 결론, 그리고 핵심어와 같은 담화 그 자체의 요약하기 속성의 모든 종류에 대해서도 같은 점이 적용된다.

의미론적 거시구조와 도식적 상위구조 간의 명시적 연결에 관한 수립도 담화 이론에서 중요하다. 따라서 우리는 이야기의 총체적 내용이 서술 도식과 어떻게 관련되며, 거시구조에 제약을 가하는 무엇이 이러한 도식에 의해 결정되고, 혹은 이러한 도식이 차례로 '고정된' 거시구조로부터 어떻게 전개될 수 있는지를 알기 원한다. 결론적으로 담화에서의 거시구조가 상이한 담화 유형과 상이한 의미 구조 유형에서도 어떻게 다른지 조사해야만 한다. 즉 직관적으로 말하면, 우리는 이야기 서술에서 더 중요하거나 주제와 관련되는 것이 경찰 보고서나 심리학 논문에서는 그럴 수 없음을 안다.

앞서 살펴보았듯이, 거시구조 층위에서 담화 처리의 다양한 인지 양상인 산출, 읽기와 이해, 기억에서의 저장·인출·산출, 그리고 텍스트 정보의 회상과 재인지에 대해 설명할 수 있는 것이 인지 모형이다. 담화 이론과 담화 처리의 인지 모형에서 충분하게 요약적이고 의미적인 거시구조의 개념을 사용함으로써, 우리는 담화 구조의 다른 설명들 간에 필요한 학제 간 의미 연결을 수립하기를 희망한다.

결론적으로 사회적 상호작용 이론에서의 거시구조는 사회 참여자들이 행위를 지엽적이고 총체적으로 계획하고 살피고, 해석하고, 기억한다는 사실을 설명하기 위해 요구된다. 무엇보다 언어적 의사소통 상호작용에서, 이것은 화행 연속체에 의해 수행된 총체적 화행을 설명하기 위해 화용적 거시구조를 이야기해야 함을 의미한다. 하지만 일반적인 상호작용 이론에서 더 중요한 것은 사회적 맥락, 상호작용 틀, 규칙, 관습, 규범, 그리고 기능이나 역할처럼 참여자들의 다양한 범주와 같은 여러 종류의 사회적 구조가 총체적 행위와 연결될 수 있으며, 항상 개별적인 지엽적 행위와 연결될 수 있는 것은 아니라는 사실이다. 따라서 학교 교사들은 말하기를 총체적으로만 가르칠 의무가 있는데, 가령 학교라는 상황에서 그들에 의해 수행된 수많은 개별적인 행위들이 그렇게 가르치기 활동들일 필요는 없는 것이다. 상호작용의 거시구조는 미래와 현재 행위 연속체에 관한 총체적 계획과 통제를 허용할 뿐만 아니라, 그것의 의미 연결과 사회적 맥락에서의 적절한 기능을 보장한다. 이 모든 것은 행위의 계획하기와 해석, 그리고 상호작용이 설명되는 인지적 기반을 요구한다. 행위는 담화와 같이 내재적인(개념적인) 대상이므로, '의미'를 관찰 가능한 동작들의 기반에 지정한다. 즉 관찰 가능한 발화를 의미에 지정하듯이, 동일한 방식으로 행위를 사람에게 기인하는 것으로 돌린다. 이러한 의도·목적·결정과 같은 개념들이 여기에 수반되는데, 물론 이들은 적절한 인지 모형이 공들여 구성되어야 하는 인지적 속성을 가지고 있다. 행위의 거시구조가 그것의 특별한 사회적 역할을 하게 되는 것도 인지를 통해서이다.

소수의 사례로부터 거시구조의 이론적 개념이 중요한 기술적, 설명적 역할을 할 수 있는 수많은 현상이 있음이 분명하다. 하지만 이러한 학제 간 설명을 더욱더 일관되게 하기 위해서는 우선 거시구조가 조금 더 정확하게 전제되는 다양한 속성들을 체계화하고 구성하도록 해야 한다. 연속된 장들에서 담화·인지, 그리고 상호작용의 각 이론과 모형에 대해 이를 구체화한다.

1.2.2. 우리는 '총체적' 개념들 각각의 직관적 사용으로부터 거시구

조 관점에서 더 명시적이 되는 어떤 것만을 선택하고 체계화한다. 따라서 이 개념들의 더 현저한 속성 중의 하나는 총체적 구조의 의미적 속성으로 드러나며, 이러한 구조의 개념적·인지적 기반과 밀접하게 연결된다. 여기서는 거시구조의 이론적 개념을 이러한 의미적이거나 개념적 구조에 제한한다. 이는 그 개념이 정보 처리 영역에만 관련됨을 의미한다. 이러한 나무·얼굴 혹은 강과 같은 모든 종류의 자연적 대상물이 거시구조에 지정되기보다는, 그것들은 단지 외부 자극이 되는 시각적 정보 처리의 과정이 될 것이다. 따라서 부분과 전체의 관계는 거시구조 관계의 직접적인 표현으로서 받아들여지지 않는다. 반대로 언어 및 행위처럼 본질적으로 정보에 관련되는 모든 대상과 과정은 인지적 과정과 표상에서뿐만 아니라, 거시구조의 관점에서 분석될 수 있다. 하지만 우리는 정보 처리 영역에서 오직 앞서 제안된 의미적이거나 개념적 양상만을 취한다. 예를 들어 이는 모든 종류의 구조적 정보가 그런 거시구조 분석을 받아들일 수 없을 것임을 의미한다. 그러므로 한 문장이 통사적 범주로부터 구성된다는 사실이 '총체적 문장 구조'가 일종의 거시구조로 받아들여진다는 것을 의미하는 것은 아니다.

이는 '통사적' 층위에서 총체적 속성을 지니며, 그리고 '더 하위의' 혹은 더 '세부적인' 층위에서 지엽적 구조로부터 구별될 수 있는 구조를 우리가 가질 수 없음을 의미하는 것은 아니다. 우리는 이야기나 심리학 논문의 전반적인 도식의 예를 제공해 왔다. 하지만 이러한 전반적인 구조의 상이한 속성과 역할이 주어지면, 그것에 관한 구체적인 개념인 도식적 상위구조를 사용한다. 거시구조와 상위구조 간의 결정적인 차이의 하나는 전자는 의미적이고 후자는 도식적이거나 '구조적'이라는 데 있다. 그뿐만 아니라 거시구조는 반드시 어떤 종류의 복잡한 정보 처리를 드러내지만 상위구조는 더 관습적 속성을 지닌다.

거시구조의 구체적 개념 수립에서 고려하고 싶은 또 하나의 제약이 이미 몇 차례 복잡한 정보 처리에서 그것의 관련성으로 표현됐다. 그러므로 하나의 단일하고 기본적 행위의 계획이나 해석뿐만 아니라, 한 단어, 구나 절의 의미, 이들에 수반된 다양한 인지 과정, 그리고 다른 비교적 간단한 인지기능인 대상 재인지와 같은 것은 거시구조 분석을 요구하지 않는다. 거시구조는 특별하거나 유일하게 담화, 대화, 행위 연속, 복잡한 사고하기와 문제 해결하기, 장면과 일화들에 관한 복잡한 시각이나 그것의 표상, 조직 과제들, 학습하기, 태도 형성과 전환, 그리고 그것의 인지적 관계와 같은 복잡하고 다원적인 정보에 이론적으로 관련된다. 비교적 단순하고, 그리고 더 복잡한 정보 간의 차이는 완만하지만, 거시구조가 관련되는(예로, 단기기억 용량의 제약들) 곳을 가리키는 것으로 보이는 정보 처리의 경험적 속성들이 있다. 개략적으로 말하자면 낱말, 구, 절, 단일 행위, 단일 개체 등은 단기기억에 의해 처리될 수 있는 구조적 속성을 바탕으로 모두 해석되지만, 정보가 단기기억의 저장과 처리 용량을 넘어서기 시작하면 그것을 '복잡하다'고 부른다. 복잡한 정보에 대해서는 장기기억에서 더 나은 조직과 표상이 필요하게 된다. 이 인지 처리 과정을 6장에서 상세하게 다루는데, 우리는 단순한 정보와 복잡한 정보 간의 차이의 경험적 기초가 무엇인지를 잠정적으로만 제시하려고 한다.

이전에 총체적 구조의 개념은 상대적이고, 그것은 지엽적 구조와 같이 어떤 개념과 관련해서 정의되어 왔음이 지적됐다. 이는 거시구조의 이론적 개념에도 동일하게 적용된다. 그러므로 복잡한 정보의 전체 의미 구조는 다른 (의미) 구조와(즉 어휘, 구, 절, 그리고 단일 행위와 같은 더 '단순하거나', '지엽적인' 층위) 관련되어 정의될 수 있다. 실제적인 이유들로 인해 우리는 이런 지엽적 정보의 종류를 (의미적) 미시구조라는 용어로 사용할 것이다. 이러한 개념의 중요성은 그것 없이는 담화, 인지, 그리고 상호작용의 미시구조에 관한 총체적 의미구조인 거시구조가 무엇인지를 구별할 수 없다는 점에 있다. 즉 상이한 담화나 상호작용 연속체에 대해서 정보의 '동일한' 유형이 전체로서 그것의 의미적 역할에 의존하면서 미시구조나 거시구조에 기능할 수 있다.

앞서 거시구조와 미시구조 간의 이론적 차이와 밀접한 직관적 개념은 층위라는 용어에 기초했음이 주장되어 왔다. 이런 이유로 동일 층위에서는(예로, 부분, 부문, 분절 대 전체의 관점에서, 그러나 기술·처리·해석·계획하기 등의 상이한 층위의 관점에서) 어떤 일종의 복잡한 의미 정보에 대해 거시정보와 미시 정보 간의 차이를 구별하지 못한다. 거시구조는 의미적 정보와 정보 처리의 더 높은 혹은 추상적 층위를 특징짓는다. 이후에 거시구조의 상대적 속성은 몇몇 거시구조 층위를 가질 가능성을 요구하는 것으로 드러난다.

상이한 '더 높은' 층위에서 거시구조 표상하기의 개념은 총체적 정보가 실제 현상으로부터 개념적으로 '더 확대됨'에 따라 다양한 직관적 개념들을 통합한다. '동일한 사실들'은 더 폭넓어짐에 따라 더 일반적이거나 추상적 관점으로부터 표상된다. 따라서 거시구조는 더 구체적 미시층위에서 표상된 복잡한 정보로부터 무엇이 더 주요하고, 관련되고, 일반적인 정보인지를 표상한다. 기술과 표상 층위의 개념 모두 담화·인지 그리고 행위에서 중요한 역할을 하는 것으로 드러난다.

결론적으로 복잡한 정보에서 거시구조와 미시구조를 구별하기 위한 층위 접근은 중요한 이론적 다음 단계로 옮겨가는 것을 가능하도록 하였다. 상이한 층위들은 독립적이지 않고 체계적으로 관련되므로 미시구조와 거시구조의 각 층위를 연결시키기 위해 규칙·작용·형성, 혹은 다른 대응 규칙들을 명확히 하는 것이 필요하다. 더 앞서 이런 종류의 관계가 어떤 명시적 의미 유형에 필요함을 관찰해 왔다. 특히 거시구조가 미시구조로부터 유도되거나 추론될 수 있음을 보여야 한다.

1.2.3. 여전히 잠정적이지만 우리는 '거시구조'의 개념에 의해 드러내고자 하는 바에 대해 더 정확한 생각을 가지게 되었으며, 이는 이후에 다루어지게 되는 다양한 영역과 현상들의 거시구조를 구체화하도록 해 준다. 또한 상정된 거시구조가 복잡한 정보 처리 과정에서 지니게 되는 것으로 여겨지는 다양한 기능들을 철저하게 밝혀야 한다.

거시구조의 첫 번째 기능은 복잡한 (미시) 정보를 조직화하는 것이다. 그것이 없다면, 우리는 지엽적 층위에서 정보 통일체 간에 다수의 연결 고리들만 가질 뿐이지, 그것의 적절한 의미와 기능을 가진 더 큰 의미덩이를 형성할 수 없다. 더 높은 기술 층위에서 미시층위의 단위를 거시구조 단위에 부여했을 때처럼 미시층위에서 그 단위들 모두가 어떻게 '함께 포함되는지'를 평가할 수단이 없다. 이런 일종의 의미 조직의 특별하고 중요한 경우가 (총체적) 의미 연결인데, 거시구조로 인해 담화, 대화, 그리고 행위 연속체들은 의미 연결된 전체로서 계획되고 이해되므로 하나의 단위로서 다른 유사한 개체들로부터 그와 같이 확인되고 구별된다. 거시구조로 형성된 의미 연결의 개념이 없다면, 하나의 담화를 연속된 담화와 구별하는 것이 불가능하거나 하나의 행위 연속체를 다른 행위 연속체와 구별하는 것도 불가능하다. 물론 이 모든 것은 중요한 인지적 함의를 지니는데, 담화, 일화 행위 연속체들로부터의 복잡한 정보는 거시구조 정보에 의해 기억에 조직화될 수 있다는 점이다. 이런 일종의 기억속의 총체적 조직이 없다면 인출, 그리고 복잡한 정보의 사용은 상상도 할 수 없다.

이 점에서 복잡한 정보의 삭제라는 거시구조의 두 번째 주요한 기능을 언급할 수 있다. 만약 복잡한 정보에 관한 계획, 해석이나 표상을 조직화하는 것이 가능하다면 이 조직화된 정보를 유효하게 조작할 수 있는 방법도 필요하다. 모든 인지적 작용에 대해 이것은 복잡한 정보의 삭제를 요구한다. 이와 같이 거시구조는 이 삭제된 정보의 표상이다. 우리는 거시구조가 복잡한 정보 단위로부터 더 중요하고, 관련되고, 요약적이고, 일반적인 정보를 특징지어야 한다고 살펴 왔다. 이것은 미시 정보가 '무시되기' 때문에 가능하므로 우리의 과제는 거시규칙이라고 부르는 다양한 삭제 규칙의 관점에서 미시층위와 거시층위들 간의 관계를 한정짓는 데 있다.

거시구조의 조직 및 삭제 기능은 많은 관련 기능을 지닐 것이다. 복잡한 정보의 기억이 이런 방식으로 유효해질 수 있으므로 개개인은 매우 다양한 과제들을 성취하기 위해 전략적으로 적절한 방식하에서 회상, 재인지, 묻고 답하기, 문제 해결하기, 요약하기, 바꿔쓰기 등을 통해 복잡한 정보의 조각들을 인출할 수 있다. 즉 의미 정보를 조직하고 삭제해 온 거시구조는 이러한 정보의 적절한 사용을 가능하게 한다. 그것은 미시 정보의 인출 단서 역할을 할 뿐만 아니라, 여러 사례들에서 총체적 정보만이 연속적인 과제들에 요구된다. 담화를 요약하거나 어떤 복잡한 사건이나 행위의 기술을 제공하기를 원할 때 가장 중요한 정보만을 제공할 필요가 있다. 그러므로 인지, 의사소통, 상호작용에서 복잡한 정보의 빠르고 유효한 처리는 거시구조 층위에서 주요하게 일어난다. 이는 이해의 과정뿐만 아니라, 매우 복잡한 과제의 산출·계획·통제·실행에도 관련된다.

거시구조의 조직 및 삭제 기능이 처리 모형의 기본임에도 불구하고, 거시구조는 본질적으로 의미론적 기능을 가졌다는 것을 간과해서는 안 된다. 그것은 더 낮은 층위 의미로부터 유도된 더 높은 층위나 총체적 의미를 나타낸다. 이 유도 과정은 새로운 의미의 구성을(즉 개별적 구성 부분들의 속성이 아닌 의미) 수반할 수 있다. 따라서 거시구조는 그것의 결정적인 기능으로서 복잡한 정보 이해에 추가적인 방식을 더하게 된다.

이 각 기능들이 인지 모형에서 더 구체화될 필요가 있지만, 복잡한 의미 정보 처리가 이러한 기능을 지닌 거시구조의 개념이 없이는 불가능하다고 잠정적으로 결론 내릴 수 있다. 이 주제를 담화 분석과 복잡한 행위, 그리고 이런 종류의 행위와 관련된 인지 과정의 분석에서 상세하게 기술한다. 복잡한 정보 처리의 일반적 이론에의 기여를 제외하고, 거시구조의 개념은 의미 연결, 주제화, 관계 할당, 그리고 총체적 계획 및 해석과 같은 수많은 담화와 상호작용의 기술과 설명에서 역할을 하는 것으로 드러난다.

1.3. 의미론적 (거시)구조의 표상 형식에 관한 문제들

1.3.1. 의미론적 거시구조의 명확한 기술은 형식 언어로 제시될 수 있어야 한다. 언어학('형식 문법')과 철학에서 가장 폭넓게 사용된 형식 언어는 술어 계산과 그것의 변항들이다(예로, 현재 양상 논리학에 사용되는). 이 술어 계산의 단순화된 형식은 심리학에서 개념 구조와 모든 종류의 도식적 표상을 드러내는 데 사용되어 왔다.

거시구조 이론의 명시성이 이런 종류의 형식 표상에 의해 분명하게 향상되고, 언어학과 심리학에서의 이론 형성의 상태가 형식화에 매우 크게 의존하다는 것이 알려져 있지만, 우리는 이 이론을 다소간 비형식적으로 지속해 왔다. 하지만 이는 그것의 표상이 체계적이지 않을 것임을 의미하는 것은 아니다. 용어, 규칙, 그리고 원리는 가능한 정확하게 정의되지만 의미론적(거시적) 구조는 그것 자체로 거의 영어의 분명한 변이에서 표상된다.

이 결정에 관한 일부 이유들은 머릿글에서 주어졌다. 한편, 형식화—그 용어의 엄격한 의미에서—는 가능하고 유용하다는 점 이전에 다소 체계적인 이론을 필요로 한다. 다른 한편으로, 현재의 논리 언어는 의미적 표상을 드러내기 위해서는 여전히 완벽함과는 거리가 있다.[7]

---

7) 여기에서는 자연언어에 그것들 자체의 신뢰를 부여하기 위한 지나치게 수많은 논리적 접근법들이 있다. 이 영역에서의 조사들은 대개 형식 (논리) 의미론으로부터 왔으며, 의미 구조의 설명에 초점을 맞추어 왔다. 이 접근에 대해서는 힌틱카(Hintikka), 슈페(Suppes), 그리고 모라브씩(Moravcsik, 1973)과 키난(Keenan, 1975a)를 보라. '범주 문법'의 관점에서 자연언어 통사론의 형식화를 수반하는 더 복잡한 체계도 몬테규(Montague)와 그의 후학들에(Cresswell, 1973; Montague, 1974) 의해 고안되어 왔다.
　　후자의 체계에서 통사의 명시적인 범주적 표상들은 내포적 논리학의 관점에서 주어진 의미적 해석과 연결된다. 현재 이 체계는 자연언어에 관한 아마도 가장 명시적인 모형이지만, 그것의 극단적인 복잡성은(그리고 그것의 실제적인 단편적인 속성) 홑문장 기술에서의 적용만을 허용한다.
　　어떤 담화 구조의 형식적 표상에 대해서는 반 데이크(van Dijk, 1973a, 1977a)와 2장에 주어진 참고문헌을 참고할 수 있다. 종종 심리학과 인공지능에서 오히려 단순화된 종류의 논리적 형식주의가 담화 처리 모형들과(Frederiksen, 1975a; Kintsch, 1974) 지각 의미론(Millier & Johnson-Laird, 1976)의 추론과 추리에 관한 문헌에서 발견된다. 술어 논리 모형들도 다른 분야들에서 잘 알려져 있기 때문에, 원자 명제들에 관한 우리의 왜냐하면 그것의 복잡성은 일반적으로 그것의 적절성과 함께 증가하기 때문에 전체 텍스트의 형식 표상은 그 순간에 거의 실행될 수 없다.

유사한 언급이 표상의 다른 명시적 체계에(예로, 인공지능에 사용된 것들) 대해 있을 수 있다. 이들은 단지 반(半)형식적이 되는 추가적인 문제를 지니는데, 그것은 해석 규칙의 정확한 체계는(의미론) 고사하고 명시적인 통사를 가지고 있지도 못하다. 더욱이 민감한 많은 의미론적 구조가 이 표상의 도식적이거나 그물짜임의 유형들에서 설명될 수 없다.8)

이 책은 다양한 분야에서 학습자들에게 읽힐 수 있고, 자연언어가 그렇듯이 그것의 유효성이 현재의 몇몇 분야에만 연결되기보다는 일반적이면서 형식 표상에 대해 꽤 신속하게 전환할 수 있도록 수용되어야 한다. 그렇지만 그것은 어떤 지점들에서 의미론적 구조에 대해 매우 간략하게 속기화된 표식에 의해 풍부해진다.

미시층위와 거시층위 모두에서 텍스트, 행위, 그리고 인지를 한정하는 의미론적 구조는 명제의 관점에서 주어진다. 몇몇 분야에서 폭넓게 받아들여져 오고 있는 기본적인 의미론적 구조 단위로서 이 명제의 선택은 여기에서 동기화되어 더 나아가지 않는다. 명제 표상의 체계 이외에 의미론적 표상의 더 복잡한 단위도 사용할 것인데, 그것은 사실들(FACTS)이다. 이후에 보듯이, 사실들은 계층적 구조를 명제들의 집합에 부여한 개념적 단위로 받아들여진다. 더욱이 사실들은 절이나 문장과 같은 표현 단위들에 부합하는 의미 단위이다.

단순화된 표식은 대개 이들 표상 체계에 의존한다.
8) 이런 종류의 표상에 관한 비판적 논의는 우드(Woods, 1975)를 보라. 다양한 표식 체계들 가운데, 때때로 형식적으로 동등하게, 우리는 특히 라 졸라(La Jolla) 그룹과(Norman & Rumelhart, 1975) 예일(Yale) 그룹의(Schank & Abelson, 1977, 그리고 여기에 주어진 다른 문헌들) 것들을 언급할 수 있다. 컴퓨터 실행을 위해 주요하게 고안된 때때로 매우 복잡한 체계의 이들 다양한 형식적·경험적(언어적) 어려움을 여기에서 자세하게 설명하는 것은 불가능하다. 하지만 이 체계들의 문제점은 종종 그것들이 단순한 담화 유형의 명시적 (컴퓨터) 처리 과정에서 지니는 명확한 성공에 의해 상쇄된다. 더욱이 사실들의 우리 표상에서 드러나는 이 체계들에 어떤 기본적인 일반 속성들이 있다.

1.3.2. 의미론적 구조의 명제 표상은 연속된 명제들 간이나 표상의 다른 더 큰 단위들 간의 관계 분석뿐만 아니라, 명제들의 내적 구조 분석을 요구한다. 그것은 책 한 권 분량의 처리를 요구하기 때문에 이들의 어느 것도 여기에서 설명될 수 없다. 이는 형식 문법 과제들 중의 하나이므로 우리는 명제들의 주요한 구조적 속성들을 간략하게 요약하고 이 속성들에 관한 간략한 표식을 소개한다.

명제의 중심 요소는 n-자리 술어이다. 우리는 이 술어들을 대개 명사나 동사인 영어의 이탤릭체 표기로 간략하게 나타낸다. 술어는 일반적으로 속성(한 자리 술어)이나 개별 개체의 관계로 해석된다.[9] 이 개별 개체들은 명제의 개별 논항들에 의해 표시된다. 이 논항들은 순서가 매겨진다. 간략한 표식 체계에서, 그것은 사랑하다(존, 셀리아), 주다(피터, 책, 라우라)와 같이 괄호에 의해 사용되며 술어 표현을 따른다. 다양한 이유로 적절한 이름이나 항수 문자와 같은(x_1, x_2, ⋯ y_1, y_2, ⋯; 혹은 a, b, c⋯) 항수들(이름들)이 일반적인 논항들에서의 대명사와 명제들 간 표현의 지시적 동일체를 표상할 수 있다. 또한 소년과 같은 자연언어의 지시하기 표현은 사실상 소년(x_1)과 같이 술어를 수반한다. 이는 몇몇 명제들을 표현하는 문장들이 [소년(x_1)] 그리고 [사랑하다(셀리아, x_1)]와 같이 더 높은 순서나 최소한 접속사가 구성된 복잡한 명제들 관점에서의 표상을 요구한다는 것을 의미한다. 이 접속사들에 대해서는 영어 표현들을 간략하게 이용한다(왜냐하면 논리적 접속사들은 간접적이고 부분적으로만 이들을 연결하기 때문이다).[10]

논항들 간의 관계는 다양한 기능적 유형들이 되는데, 즉 이 논항들은

---

9) 여기에서 사용된 '해석'의 개념은 지시적이거나 외연적 해석인데, 이는 어떤 실세계에서의 지시체들이나 지시의 표현들을 연결한다. 표현들에 관한 '의미'의 부여는 우리가 언어학과 심리학으로부터 그것을 알고 있듯이, 이른바 '내포적' 해석이라고 불린다. 결론적으로 말하자면, 외연적 해석은 내포적 해석에 의존하는데, 한 표현이 무엇을 지시하는지를 알기 위해서 그것이 무엇을 의미하는지를 알아야 한다. 이들 (형식적) 의미론적 개념의 더 충실한 분석을 위해서는 각주 7에 주어진 참고문헌을 보라.

10) 형식적, 자연적 접속사의 속성에 관한 논의와 더 많은 참고문헌은 반 데이크(van Dijk, 1977a, b)를 보라.

술어와 관련하여 상이한 기능을 지닌다. 그것들은 언어적 격 문법과 기능 문법, 그리고 인공지능에서의 독립 체계에서 기술된 바와 같이 동작주·피동작주·도구·근원·목표 등이 된다.[11] 어떤 논리적 형식 언어에서 이 기능들에 관한 표준적인 표상 형식이 없으므로 명제들 그것 자체에서보다 오히려 연속되는 더 복잡한 사실 표상 체계에서 이들은 다양한 기능을 표상한다. 이는 우리가 사용하는 명제들은 원자 유형이라는 점을 의미하는데, 그것들은 사실들의 가장 기본적인 속성만을 표시한다. 이는 한 명제 내에서 표상되기보다는 복합 명제나 사실 내에서 표상되는 형용사나 부사의 표상에도 같은 점이 적용된다.

논항과 술어에 덧붙여, 한 명제는 전체로서의 그 명제를 수정하면서 하나나 그 이상의 양상 범주도 구성한다. 명백한 명제 수식의 하나는 시제인데, 예에서와 같이 사랑하다(love) 이후에 형태소 *s*만 주어져 표상된다. 대신, PRES[사랑하다(x_1, x_2)]와 같이 쓴다. 동일 사례가 다른 시제와 복합 시제에서도 성립한다. 다른 양상의 예는 ~이 필요하다(it is necessary that), ~이 가능하다(it is possible that), ~이 알려져 있다(and it is known that)와 같다. 논항들이 이 양상들을(예로, 존은 that…를 안다) 수반하면, 이는 술어로서 재차 표상된다. 이런 사례에서, 명제들은 명제들 내에 PRES[알다(존, p_1)]와 같이 포함되는데, p_1는 다른(원자) 명제이다. 앞서도 언급된 적이 있는데, 복합/복잡 명제들은 수반된 기능적 관계가 더 잘 표현되었듯이 사실들의 관점에서도 설명될 수 있다.

명제들에 관한 이 소수의 표지들과 극도로 단순화된 표식 체계는 결코 적절하지 않다. 하지만 이 책은 의미론적 표상 이론을 제시할

---

11) 이른바 격 문법은 필모어(Fillmore, 1968)의 작업에서 특히 시초가 되어 왔다. 또한 앤더슨(Anderson, 1971), 하게와 페토피(Heger & Petofi, 1977)를 보라. 의미론과 통사론 모두에서 기능적 범주를 가진 관련 기능 문법은 딕(Dik, 1978)에 의해 정교화되어 왔다. 심리학과 인공지능에서 몇몇 표상 체계들은 격문법과 할러데이(Halliday)의 기능(체계) 문법에(Halliday, 1967) 의해 자극받아 왔는데, 위노가드(Winogard, 1972)를 보라. 쉥크(Schank)의 개념적 의존 체계도 격과 같은 개념들에 의존한다(Schank, 1972; Schank & Abelson, 1977).

수는 없는데, 즉 명제들의 주요한 속성들만이 우리의 논의와 관련되기 때문이다.

결론적으로 명제 형식은 미시와 거시구조 모두에 적용됨을 주목해야 한다. 즉 그것은 일반적으로 의미론적이거나 개념적 정보를 표상하므로 우리는 거시구조의 '내용들'에 관한, 그것의 전체적인 조직만을 위한 별개의 표상 체계를 필요로 하지 않는다.

1.3.3. 우리가 자연언어에서 표현하고 다양한 개념적 과정과 표상에서 다루려는 의미의 기본적인 구성소들, 즉 '원자적 술어들'을 수립하기 위한 시도들이 언어와 인공지능 영역의 의미에 관한 분석에서부터 있어 왔다.[12] 이 구성소들은 일반적으로 시·공간적 좌표, 움직임, 인과 관계, 마음의 상태, 그리고 의사소통과 같은 물리적이고 생물심리학적인 세상의 근원적 지각과 이해의 기본적인 양상을 드러낸다. 이들 시도의 실제적인 성공이 무엇이든 간에, 제안된 어떤 체계도 자연언어의 모든 구성 의미들이 이런 방식에서 분석될 수 있음이 기술되지 않는 한 의미적으로 적절하지 않았다는 점이 강조되어야 한다. 주요한 문제들 중의 하나는 원자적 술어의 관점에서 부분적으로 표상된 술어들 간에 존재하는 의미론적 차이의 표상이다. 상이한 종류의 말하기, 먹기, 혹은 여행하기 간의 수많은 의미 차이가 존재하며, 물론 이들의 차이는 분석되어야 한다.

우리는 미시 의미론적 분석과 같은 시도는 하지 않을 것이다. 왜냐하면 첫째, 이 책의 목적이 단어와 문장의 의미 분석이 아니며, 둘째, 이 시점에서의 시도가 특별한 목적을 위해 필요하며, 셋째, 더 중요하게 낱말 의미의 이해가 항상 더 확장된 분석을 요구한다는 점이 의심스럽기 때문이다.

---

12) 의미의 기본적인 구성소들에 관한 분석의 최근 논의는 리욘(Lyons, 1977)을 보라. 인공지능에서 성분 분석은 쉥크(Schank, 1972, 1975; 또한 Schank & Abelson, 1977을 보라)에 의해 널리 알려져 왔다.

언어 사용자가 수많은 사례에서 더 기본적인 요소들로 의미를 분석할 수 있거나 분석하는 것은 분명하지만, 이는 그들이 이러한 복합어 의미를 다룰 수 있다는 것을 의미하는 것은 아니다. 또한 그들의 개념 체계는 이러한 (복합어) 낱말 의미의 표상을 수반하는데, 그렇지 않으면 그들은 낱말과 구를 이해할 수 없다.[13] 더 나은 분석은 (필요하다면) 세상에 관한 그들의 지식으로부터 나오지만, 이런 수많은 지식이 실제로 낱말·구·문장 혹은 담화의 이해에서 어떻게 처리되는지를 평가하는 문제가 남는다. 우리는 이 책에서 이 중요한 인지적 문제에 대해 유연한 입장을 취한다. 즉 거시구조 관점에서 담화와 행위의 이해가 더 기본적인 의미론적 구성 요소들에서의 추가적인 의미 분석을 요구하면 임시 방편으로 현존하는 (영어) 술어들의 관점에서 이 구성 요소들을 특별하게 세분화한다. 물론 이 접근은 이론적으로 부적절하지만, 실제적 목적을 위해 그것은 행해져야 한다. 특히 그 시점에 필수적이 될 수 있는 원자 술어들을 위해 형식적 표상체계를 발전시키는 것은 의미가 없다. 여하튼 거시구조에 관한 이론적 분석은 이 문제에 달려 있지 않다. 이는 언어학과 인지심리학, 혹은 인공지능에서 원자적 술어들에 관한 체계를 수립하기 위한 시도가 중요하지 않거나 더 추구되지 않아야 한다는 것을 의미하지는 않는다.

1.3.4. 사실들(FACTS). 일반적으로 이해·행위·기억에서 중요한 역할을 하는 낱말·문장·담화 혹은 개념 구조의 의미를 표상하기 위해서는 단순한 명제 형식이 표상의 추가적 유형으로부터 풍부해져야 한다. 명제 분석, 특히 어떤 기존의 술어 논리 언어의 관점에서 형식화된 것은 의미의 어떤 양상만을 설명할 수 있다. 명제는 어떤 상황에서(즉 어떤 시점이나 어떤 기간에서의 가능 세계) 무엇이 참이고 거짓인지의 양

---

13) 킨취(Kintsch, 1974)에서 언어 사용자들이 더 기본적인 구성소들로 의미를 항상 분석하는 것은 아니라는 주장에 관한 몇몇 실험적 증거들이 있다.

상을 표상한다. 한 명제와 같은 술어들은 개체들이나 그것들 간의 관계를 표상한다. 하지만 전형적인 명제 형식은 명제들이 문장과 담화로 표현되기 때문에 그들 간의 정확한 관계와 형식 논항들 간의 기능적 관계에 대해서는 설명할 수 없다. 이들의 관련성은 자연언어 문장에서 논항들의 배열이 논리 형식에서의 논항들의 배열에 대응될 수 있다는 무언의 가정하에 일반적으로 논항 연속의 배열에 의해서만 표상된다. 물론 이러한 접근은 논항들이 문장에서 지니게 되는 다양한 '역할들(역)'이 철저하게 무시되기 때문에 적절하지 못하다.

언어학에서 문법의 통사, 그리고/또는 의미론에서는 낱말 배열, 격 어미, 전치사, 그리고 특별한 형태소에 의해 표현된 이런 종류의 기능적 범주를 더하기 위한 시도가 있었다.[14] 의미론에 관한 술어 논리 접근에서 그것의 기능적 관계에 관한 논항 자리의 이름표 달기가 시도되어 왔다. 이러한 접근은 다양한 형태로 인지심리학과 인공지능에서 대체되어 왔다.

하지만 어떤 완벽하고 형식적으로 적절한 기능적 범주('격')의 체계가 이 시점에서는 존재하지는 않는다. 그리고 수많은 이론적·경험적 문제와 적절한 범주의 선택 문제가 그것의 결합 규칙에 남아 있다. 여전히 이러한 기능적 분석은 언어학과 개념적 처리와 표상의 모형에 모두 필요하다는 것은 분명하다. 우리 자신의 체계를 발전시키기 위한 노력이 없이는 이러한 기능적 관계의 표상에 관한 보통의 형식만을 수립할 것이다. 하지만 어떤 더 나은 예비적 지표가 이러한 표상 형식의 이유에 요구된다.

우리는 앞서 수반된 개체들과 그것의 속성 및 관계의 어떤 상황에서 '격은 무엇이다'라는 어떤 양상을 명제가 표상할 수 있다는 점에 주목하였다. 하지만 일반적으로 (기본적인) 상황이나 상태, 사건이나 행위라고 부르는 것에 일치하는 인지적 구성 단위를 수립하는 중요한

---

14) 각주 11에 주어진 참고문헌들을 보라.

직관적 방법이 있다. 담화와 행위의 지각 및 이해에서는 실제나 표상된 실제를 사실들이라고 종종 부르는 덩이들로 나눈다. 이러한 사실들은 '마리는 아프다'나 '피터는 그의 개를 부르고 있다'와 같이 오히려 단순하지만, 사실들은 '그 행복한 소년은 그의 차 뒷좌석에서 금발 소녀의 볼에 **뽀뽀**를 하고 있다'와 같이 더 복잡할 수 있고, 여전히 더 복잡한 사실들일 수 있다. 사실의 복잡성은 사건이나 행위 그 자체, 혹은 전체로서 그 사실을 적용하는 더 많은 양상들의 영역 모두에서 더 많은 참여자, 더 많은 수식어들이 있을수록 증가한다. 종종 우리는 이러한 사실의 시각적 표상을 지니게 된다. 여전히 더 중요한 것은 자연언어에서 이러한 사실들의 비자의적인 표상인데, 가령 우리는 일반적으로 하나의 사실을 표상하기 위해 하나의 절을(혹은 단문) 사용한다. 더 많은 절을 사용하면 그 사실은 복잡해지는데, 사실들은 어떤 사실이 또 다른 사실에 '내포되는' 곳에서, 예를 들면 다양한 조건절이나 '복잡한 사실들'을 구성하는 절에 의해 다른 사실들과 연결된다.

하지만 사실들은 단순히 실제의 속성이 아니라, 실제에 관한 우리의 보기, 해석하기, 표상하기 방법의 결과이다. 앞서 주어진 뽀뽀하는 장면의 예에서, 우리는 그 소년은 행복했고, 그 소녀는 금발이었고, 혹은 그 소년과 소녀는 차의 뒷좌석에 앉아 있었다는 사실을 쉽게 구분할 수 있다. 이 구분은 담화에서 상이한 절이나 문장으로 표상되며 동시에 상이한 화행에(즉 둘이나 그 이상의 발언) 의해서 표상된다. 이런 경우에 화자는 청자에게 그는 하나 혹은 복잡한 사실을 표상하기보다는 사실들의 연속체나 결합을 표상한다고 신호를 보낸다. 물론 이 상이한 사실들에 관한 더 확장된 처리는 재차 한 사실의 표상에서 와해된다.

현재 우리는 개념적 표상들이 명제의 관점에서 주어질 뿐만 아니라, 사실 표상들을 포함한다고 가정한다. 이러한 인지적 사실 표상들은 실세계의 지식 상관물로부터 그것을 구별하기 위해 이른바 사실들로 불린다.[15] 따라서 사실(FACT)은 하나의 상태, 사건, 과정이나 행위의 인지적 표상이다. 그것은 일반적으로 삽입절을 가진 단문, 절이나 복문으로 표현된다. 거기에서 삽입절은 주절의 기능을 한다. 후자의 경우에도 복합적인 사실들의 존재를 인정해야 한다.

전체 장면, 일화, 담화나 영화의 표상은 사실 연속체를 구성한다. 사실 연속체는 2장에서 상세하게 살펴볼 바와 같이, 접속되며 의미 연결된다. 이는 다른 것들 가운데 각 사실은 조건적으로 또 하나의 사실과 연관된다는 것을 의미한다. 또한 더 총체적 층위에서 사실 연속체는 의미 연결됨이 분명하다(예로, 동일한 참여자나 총체적 행위와 사건을 수반한다). 이 점에서 거시구조는 중요한 역할을 하는 것으로 보인다.

문장들의 사실 표상에 대해 언급된 것은 거시구조에서의 사실 표상에도 언급될 수 있다. 즉 실제와 담화의 모든 영역에서 총체적 사건과 행위의 이해와 표상에 대해 설명하기 위해 거시사실들에 대해 말할 수 있다.

어떤 개념적 구조도 사실이 아니다. 사실은 앞서 상세하게 다루었던 다수의 조건들과 부합한다. 우선적으로 한 사실은 사실에 관련된 참여자들 간의 기능적 관계를 표상한다. 그러므로 동작주·피동작주·목표·대상·수혜주 혹은 도구와 같이 일반적 범주들과 같은 참여자들의 범주 집합을 필요로 한다. 앞서 지적된 바와 같이, 우리는 이 범주들의 목록 길이나 실제 혹은 문장 '속에' 포함되는 근본적 역할의 표상에 관한 각각의 적절성에 대해 이론화하지 못한다. 또한 참여자의 주요 범주에 덧붙여서 한 행위가 사건의 특별한 종류이고, 한 사건이 처리의 특별한 '개념'임에도 불구하고 구성소로 각각 받아들여진 상태·사건·행위 그리고 과정의 중심 범주들을 필요로 한다. 결론적으로 상태·사건·행위·과정은 '어딘가에서', 즉 가능 세계(세계)에서, 어떤 순간이나

---

15) 사실의 개념은 여기에서 이해된 바와 같이 반 데이크(van Dijk, 1978b)의 논의에서 예비적으로 주어졌었다. 유사한 인지적 개념(예로, '사건')은 처리 단위의 어떤 형식으로 이전에 사용되었다(예로, Bransford & Franks, 1972; Frederiksen, 1977). 우리의 논의로부터 그것은 사실의 이론적 개념이 이들 다른 개념들과 다름에도 불구하고 명백해졌다.

시간에(시간), 그리고 어떤 장소·경로(공간) 등에서 발생한다. 결론적으로 각각의 범주는 하나나 그 이상의 수식어들을 가지게 된다. 이들은 때때로 내포된 사실들이다(예로, 그것은 어떤 사건이 또 하나의 사건이 발생했을 시에 발생하거나 참여자들 중의 하나가 그것과 관련된 행위에 의해 확인되었을 때 지적된다).

이전부터 관찰해 온 뽀뽀하는 장면에 관한 근접한 표상은 〈그림 1.1〉과 같다. 이 표상이 상이한 방식으로 주어졌고 다른 범주들이나 술어들이 사용되지만, 그것은 사실들의 조직적 중요성에 관한 깊은 인상을 주는데, 이 보통의 복잡한 사실은 최소한 11개의 원자 명제들과 몇몇의 표현되지 않은 명제들을(실제 세계 등) 조직한다. 우리는 사실도 도식적 구조를 가진다고 보며, 이 도식적 구조가 인지적으로 관련되며, 어떤 종류의 이해나 표상 행위에 사용된다고 가정한다. 수많은 (명제적이거나 시각적) 정보를 얻게 되며, 즉시 이 정보를 표준 형식(즉 사실들)에 부합하게끔 조직하려고 시도한다. 6장에서 사실들의 인지적 양상으로 돌아갈 것이다.

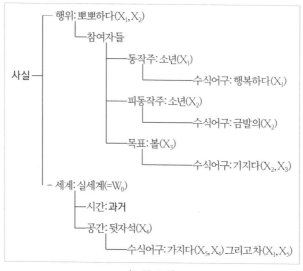

〈그림 1.1〉

이론적 층위에서 사실의 개념이 사건이나 문장의 명제 표상에서 접해 왔던 수많은 의미적 문제들을 해결하지만, 형식적으로 말하자면 도표식 표상이 임시방편이라는 점을 깨달을 필요가 있다. 이 도표가 형식 의미론적 언어의 '표현'이라면, 그것의 각 마디와 연결 선, 그리고 각 범주는 형식 의미론적 해석을 요구한다. 개체와 피동작주 간, 목표와 도착지 간, 도구나 동작주 간 등의 정확한 차이를 알아야 할 필요가 있다. 이러한 의미론은 유용하지 않은데, 우리가 한 가지를 제공하지 않았기 때문이다. 오히려 잠정적인 기능적 범주뿐만 아니라, 사실들과 관련해 원자 명제들의 직관적 도식으로 작업해야 한다.

사실 도식의 부분들은 복문으로부터 분석해 온 원자 명제들로 채워진다. 그것들은 이른바 사실의 다양한 내용이지만 사실 도식 그 자체는 실제의 구조나 부분의 다소 변치 않는 표상을 드러낸다. 이 차이는 다른 표상 층위에도(예로, 통사) 잘 알려져 있는데, 한편으로 문장, 다른 한편으로는 실제 낱말과 구의 범주 구조에 관련된다. 따라서 사실 구조는 의미론적 표상 언어의 '통사적' 얼개이다.

그것이 복잡한 명제에서(예로, 논항 딱지들을 가진) 사실과 같은 구조를 표상하는 것이 원칙적으로 가능하다고 해도, 우리는 직관적으로 더 만족할 만한 도식 표상을 선호한다. 명제적 표상은 사실들의 기능적 관계와 다른 속성들에 관한 형식 의미론의 결여 때문에 형식적으로 더 적절하지 않다는 점에 주목해야 한다.

덧붙여 사실들의 더 충실한 인지적 양상과 담화에서의 역할, 그리고 행위 처리는 이후에 논의하게 되며 심층적인 철학적 견해가 여기에서 요구된다. 사실들은 여기서 사실들이라고 부르는 세계 내 개체들의 인지적 표상이다. 그리고 이를 절이나 문장의 지시물로 다룬다.16) '사실'

---

16) 이 지점에서 우리의 이론은 전형적인 문장의 지표가 진리값인(참, 거짓, 그리고 종종 불확실한) 형식 의미론으로부터 벗어난다. 우리 견해에서 문장뿐만 아니라, 언어의 모든 표현은 가능 세계들의(즉 개인들) 어떤 속성들, 그것의 속성과 관계, 또한 이러한 속성들이나 관계를(즉 사실들) 지닌 개체들에 의해 형식화된 단위를 부여해야 한다. 우리는 명제들이나 문장들의 속성이 되는 '참', 그리고 '거짓'을 고려한다. 문장은 어떤

의 직관적 개념에 관한 일반적 개념은 실세계에서 사실이나 진리치의 존재를 함의한다. 하지만 이것이 사실의 개념을 사용하는 방식은 아니다. 다른 가능 세계들도 사실들로 구성되며, 이 사실들은 우리 자신의 가능 세계 유형의 사실들에 유사하거나 그렇지 않을 수 있다. 여기에 수반된 추가적인 철학적 문제는 이 책에서 논의되지 않는다. 하지만 이는 시·공간적으로 결정된 기존 세계의 '구체적인' 사실들과 단순히 개념적인 추상물이고, 그리고 어떤 세계에서 실제화, 혹은 구체화되거나 될 수 없는 사실개념들 간을 구별해야 함을 의미하고 있음이 상기되어야 한다.[17] 사실 도식에서, 이는 사실개념이 이들 범주의 최종 빈자리에서 개체들, 세계·공간·시간 등의 변수들로 표상된다는 것을 의미한다. 물리적·생물학적 혹은 다른 법률들, 규칙들이나 원리들과 같은 기본적인 원리에 의존하면서 사실개념은 실제 세계나 그와 유사한 세계에서, 혹은 가상 세계(예로, "식탁이 노래한다")의 다른 유형에서 실제화된다. 또한 사실개념들 대신에 가능 사실들을 말할 수 있다. 그러므로 불가능한 사실은 어떤 가능 세계에서("그 독신 남자는 미국 소녀와 결혼한다") 실제화될 수 없는 사실이다.

하나의 사실, 그리고 한 사실로서 그것의 인지적 표상은 그것의 가능 세계의 속성들에 덧붙여 한 사건의 관점에서도 규정된다. 사실들은 가능 세계의 요소들이 아니라 가능 세계를 규정하는데, 그것은 가능 세계의 어떤 한 시점에서 일어난 하나의 사건이지 사실이 아니다('그 사실은 다섯 시에 일어났지만'으로 말할 수 없고, '그는 그 사실을 진술하였고, 의심하였고 등'과 같이 말할 수 있다). 사실들에 관한 이 이론의 추가

세상 W_i, 발화 C_i와 관련해서 그것이 W_i에서의 사실을 부여한다면 참이라 불릴 수 있다. 담화 분석에서 사실의 이 개념에 관한 사용에 대해서는 반 데이크(van Dijk, 1977a)를 보라. 의미적 이론의 이 양상에 관한 언어적, 철학적, 논리적 세부 요소들은 여기에 주어지지 않는다. 다른 관점에 대해서는 프라이어(Prior, 1971)을 보라.

17) '사실 개념', 그리고 '가능 사실'과 같은 개념의 사용은 몬테규(Montague, 1974)에 의해 개괄된 형식 의미 이론에서 '개체적 개념', '가능한 개체'의 개념을 따른다. 또한 레셔 (Rescher, 1976a)의 최근 논의와 거기에 주어진 충실한 참고문헌들을 보라. 이 용어의 철학적 의미에서의 개념은 주석 9에서 간략하게 언급된 내포의 개념과 연결된다.

적인 철학적 함의는 여기에서 논의되지 않는다.18)

1.3.5. 의미나 개념적 구조들에 관한 가능 표상들의 분석 이후에, 그것들이 담화·인지 그리고 상호작용을 유형화하듯이, 이 다양한 영역들에서 거시구조의 속성에 관한 더 상세한 분석을 진행해 나갈 것이다. 이 장에서는 '총체적 구조'의 개념에 관한 잠정적인 직관적 분석과 의미론적 거시구조 관점에서 이러한 총체적 구조의 이론적 구성에 관한 한계 설정에서의 일차적 근사치를 제시해 왔다.

　행위와 담화의 의미적 표상에서 다수의 더 구체화된 요소들은 각 장들에서 전개될 것이다. 담화와 행위, 그리고 그것의 거시구조를 설명하기 위해 요구되는 의미와 지식 표상의 다른 양상들은 틀이나 각본, 접속과 의미 연결 제약, 거시규칙의 형식, 그리고 행위와 상호작용에 관한 추가적인 분석에도 그대로 적용된다. 앞서 행위들은 사실 도식의 관점에서만 분석되었지만, 그것의 '기초적인' 심적 계획·목표·목적·동기 혹은 결정과 같은 주목을 요구하는 더 많은 양상들이 관련된다. 마찬가지로 이 장에서는 화용론의 더 구체적인 속성들을 제공하는 데 소홀했다(특별한 맥락에서 화행은 문장이나 문장 연속체의 발화 사용에 의해 수행된다는 것을 설명하기 위함). 그렇지만 수많은 의미론과 사실들의 형식은 기초적인 화용 구조에 의존한다는 점은 분명하다. 3장에서 더 특별한 문제로 돌아갈 것이다. 우리는 담화와 상호작용 간의 관련성의 요구뿐만 아니라, 담화 그 자체의 처리와 표상에서 화용론

---

18) 여기에서 논쟁 중인 차이인 사실들(Tatsachen)과 사건들(Sachverhalte; 일의 상태들) 간은 비트겐슈타인(Wittgenstein, 1921)에 의해 논의된 것이다. 의미론에서 동일한 차이가 바취와 베네먼(Bartsch & Vennemann, 1972)에 의해 구성되어 왔다. 하지만 현재 이들 개념과 그것들 차이에 관한 어떤 실제적인 명시적 이론도 쓸모 있지 못하다. 그 차이의 어떤 인지적 함의가 6장에서 논의되며, 현재 논문으로 준비 중이다. 여기에서는 우리가 사실들이나 사건들로 취급한 것이 어떤 인지적 구성물의 실제 세계 투영물이라는 점이 반복되어야 한다. 즉 동일한 물리적 실제는 상이한 사실들로 해석될 수 있다. 철학적으로, 명제와 사실들은 모두 '논리적 구성물이고', 부여된 첫 번째 것이 언어(의미), 두 번째가 '세계(들)'이다.

의 중요성을 강조하는데, 특히 생략에 주목한다. 현재 담화 이해를 위해 존재하는 가장 최신 모형들은 전적으로 화용적 구성 요소를 무시하는데, 이는 담화와 담화 처리에 부적절하거나 가장 편협한 설명을 유도한다.

제2장 담화에서의 거시구조

2.1. 들머리

2.1.1. 1장에서 거시구조를 명시적으로 언급하고 의식적으로 사용하고 표현함으로써 자연언어 담화에서 그것이 다양한 방식으로 드러난다는 것을 살폈다. 이 장에서는 담화 거시구조의 체계적 분석을 제공한다. 거시구조가 의미적이라고 가정해 왔기 때문에 이 분석은 자연언어에서 총체적 구조의 의미론에 관한 기여로 의도된다. 한편으로 이는 거시구조들 간의 관계가 무엇인지, 다른 한편으로 문장과 연속체(즉 미시구조)의 의미 구조들 간의 관계가 무엇인지를 구체화할 필요가 있음을 의미한다. 그런 다음 이 장에서는 미시구조와 더불어 거시구조와 관련된 다양한 규칙을 형성한다. 담화 '미시층위' 분석의 간략한 요약을(즉 선조적 연결과 의미 연결로서의 이러한 현상은) 제시함에도 불구하고, 우리는 충실한 텍스트 문법이나 담화의 이론을 제공할 수 없다. 우리 스스로를 이러한 문법의 거시의미론에 한정시켜야 하며, 미시구조가 어떻게 결정되고, 그리고 거시구조에 의해 어떻게 결정되

는지를 구체화해야만 한다.

이 장의 주제는 담화가 미시층위 단독으로는 충실하게 설명될 수 없다는 것에 있다. 의미론적 거시구조의 층위가 없다면, 담화 '총체적 의미'의 다양한 속성에 대해 설명할 수 없다. 동시에 거시구조 해석도 문장 해석과 미시층위에서 지엽적 의미 연결의 수립에 필요한 조건이다. 결론적으로 거시요소는 담화의 언어 의미에 관한 적절한 부분이며 담화 처리의 심리적 모형에 관한 요소만은 아니라는 점이 제기된다.

2.1.2. 의미론적 거시구조 분석의 언어적·문법적 관계를 보여주기 위해서 우리는 거시구조가 담화 각 문장들의 '표면적 구조'에서 다소 직접적으로 드러날 수 있는 다양한 방식들도 분석한다. 1장에서 보았듯이 주제·화제·결론 혹은 요점과 같은 낱말들은 담화의 의미 구조를 가리키기 위해 사용된다. 마찬가지로 거시구조는 담화에서 주제(화제) 낱말들이나 문장들에 의해 그것 자체로 드러난다. 결론적으로 거시구조를 나타내기 위한 몇 가지 다른 방법들이 있다(예로, 요약, 짧은 바꿔쓰기, 그리고 결말에 의해). 몇몇 문법적 현상은 의미론적 거시구조를 가정함이 없이는 적절하게 기술될 수 없다. 하지만 거시구조의 중요한 표면적 문법 양상들은 그것의 결정적 토대 역할을 '반영'하는 데에만 있다(즉 담화에서 총체적 의미와 총체적 의미 연결을 수립하기 위해). 이 장에서 초점을 두는 것은 거시구조가 명백하게 드러날 수 있는 모든 방법들에 관한 철저한 기술에 있는 것이 아니라, 기본적인 의미론적 속성들에 관한 것이다.

2.1.3. 우리는 담화에서 거시구조가 의미론적 총체 구조로 받아들여짐을 규정해 왔다. 하지만 더 앞서 담화는 다른 종류의 총체 구조들도 (예로, 도식적 상위구조) 사용될 수 있음이 명백해졌다. 오히려 일반적 관점에서 3장의 상위구조에 주의를 모으는데, 주로 거시구조는 이러한 상위구조에 의존할 수 있기 때문이다. 그러므로 이 장에서 이루어

진 관찰들은 유형화한 상위구조의 도식들과 담화 유형들의 변이들로부터 오히려 잠정적으로 일반적·추상적으로 남아 있음이 분명하다.

2.1.4. 의미론적 거시구조와 화용적 거시구조 간의 연결에도 같은 점이 적용된다. 일반 언어에서의 담화는 사회적 행위로서 기능하는 문법적 개체일 뿐만 아니라, 동시에 발화도 된다(즉 화행으로서). 담화 문장들의 연속 발화에 의해 표현된 화행 연속체는 거시 화행으로서 총체적 층위에서 조직될 수도 있다. 즉 담화는 의미나 도식 관점보다는 오히려 행위, 상호작용의 관점에서, 특히 화행과 화용적 맥락에서 그것들이 적절한지 혹은 그렇지 않은지가 설명되어야 총체적 거시구조를 드러낼 수 있다. 문장 연속체, 화행 연속체, 그런 다음 의미론적 거시구조, 화용적 거시구조는 밀접하게 연결된다. 가령 총체적 화행도 총체적 '내용', 주제 혹은 화제를 가져야 한다. 거시구조의 (내적) 행위 연구에 관한 매력적이고 필수적인 연결로서의 화용 구조를 5장에서 분석할 것이므로 여기서는 담화의 다양한 화용적 속성들과 수행된 화용적 맥락과 총체적 화행으로부터 나온 의미론적 거시구조들에 관한 구체적인 제약들은 무시한다.

2.1.5. 이 장에서의 분석은 거의 언어적 속성을 지니는데, 즉 우리는 거시구조와 담화의 적절한 인지적 양상으로부터 기억의 제약, 저장고의 용량, 해석과 인출 전략, 형태 계획과 같은 처리의 다양한 종류와 국면을 이끌어 낸다. 일반적으로 담화는 이해의 실제 과정에서 이러한 의미를 '부여받는' 대신에, 하나의 관습적 의미를 '지니는' 것처럼 생각된다. 물론 이는 이론적 추상 개념이며 거시구조가 실제로 이해와 산출 시에 어떻게 이해되고, 형성되고, 혹은 실행되는지에 관한 이론은 그와 같지 않다. 수반된 인지적 원리들이 화행, 상호작용, 그리고 지각, 사고하기, 문제 해결하기와 같은 다른 인지기능들에 대해 작용하는 것과 똑같지 않더라도 매우 유사할 것이기 때문에 6장에서 담화

처리의 이 인지 양상들을 모두 논의할 것이다.

의미론적 거시구조, 그런 것들이 있다면 문법은 고사하고, 언어학 연구의 주 대상이 아니라고 주장하는 언어학자들이 있다.[1] 언어 사용 자들이 그들이 유지하는 바를 '총체적으로' 해석한다면 이는 인지 작용의 관점에서 설명되어야 한다. 우리는 언어학자들이 이 제한된 개념을 공유하지 않는 중요한 이유를 알고 있다. 거시구조는 틀림없이 인지적 기초를 지니지만, 문법도 그 문제에 관해서는 마찬가지이다. 일반적으로 낱말과 문장도 그렇다. 예로, 모든 사례에서 세계 지식, 전략, 과정 등이 수반된다. 반대로 담화에서 거시구조도 의미론적 규칙을 기반으로 해석되어야 한다. 즉 언어학이나 심지어 문법적 의미론 내에서 담화의 총체적 의미를 연구하지 않는 특별한 이유는 없다. 앞서 주장했듯이, 수많은 문장과 연속체의 의미론적 양상은 의미론적 거시구조가 없이는 적절하게 설명될 수 없다. 결론적으로 의미론적 거시구조는 표면 구조에서도 드러나는데, 그것은 언어학과 문법에서의 현상을 다루는 데 결정적인 범주가 된다. 그러므로 이 장은 더 추상적인 거시구조의 언어적·의미론적 분석에서 시작하며, 이후에 이 분석의 다양한 인지적 함의로 돌아온다. 하지만 이 언어적 접근은 충분히 독립적이지 않다. 가령 우리는 복잡한 정보의 인지 처리 모형과 다소 직접적으로 관련이 있는 그와 같은 방식으로 의미론적 거시구조와 거시규칙을 형성하려고 노력해 왔다. 이러한 모형은 다수의 중요한 추가적인 원리와 과정을 형성해야만 할 것이다. 이런 방식에서, 이 장은 담화의 인지적 이해에 관한 더 긴 장의 이론적 부분으로서 우선

---

1) 문법에서 거시구조의 개념에 관한 비판적 논의를 위해서는 데스칼과 마갈리트(Dascal & Margalit, 1974), 그리고 Projektgruppe Textlinguistik(1974)에서의 반 데이크(van Dijk, 1972)의 다른 서평들을 보라. 또한 메트징(Metzing, 1977)을 보라. 더 앞선 비판은 주로 거시구조 이론에 대한 최초의 매우 시험적이고 비형식적인 공식에 반하여 추구되었다는 점에 주목해야 한다. 더 명시적인 거시규칙은 이 장에서 그것들이 형식화되는 것처럼 인지적 처리 모형의 주요한 얼개 속에서(van Dijk, 1978e를 보라) 대략 1974년에 전개되었다.

적으로 기능할 것이다.

이러한 접근이 어떤 결점들을 지닐 수 있지만, 우리는 그것을 학제 간 연구에 관한 가장 충실한 접근이라고 생각한다. 가령 현상이나 문제의 각 양상들에 관한 적절한 모형이나 이론을 형성하기 위해 노력하지만 각 영역들에서의 일반적인 조직·개념·원리들은 그와 같은 방식에서 유사하거나 쉽게 연결될 수 있다.

2.2. 담화의 미시구조

2.2.1. 우리는 지엽적이거나 짧은 범위 층위(즉 낱말들·구들·절들·문장들, 그리고 문장들 간 연결)에서 처리되거나 기술되는 모든 구조를 담화의 미시구조 아래에서 이해한다. 즉 미시구조는 실제적이고 직접적으로 '표현된' 담화의 구조이다. 하지만 최소한의 분명한 인지적 유효성이 있음에도 불구하고 이 용어를 이론적 용어로서가 아니라, 실제적인 집합적 용어로 사용한다. 여기서 사용하는 이론적 용어들은 문장과 문장들의 연속체이다. 첫 번째 용어는 전형적인 문법에서 잘 알려져 있으며, 두 번째 용어는 이른바 텍스트 문법[2]이라고 불리는 영역에서 주요하게 도입되어 왔다. 텍스트 문법은 고립된 문장들의 기술에 제한되기보다는 전체로서의 담화와 대화를 특징짓는 문장 층위나 구조

---

2) 텍스트 문법에 관한 문헌은 풍부하므로 우리는 몇몇 서적만을 제시한다. 독자들을 위한 더 많은 참고문헌이 발견될 수 있는 곳은 다음과 같다. 반 데이크(van Dijk, 1972, 1977a), 반 데이크와 페토피(van Dijk & Petofi, 1977), 페토피와 레이셔(Petofi & Rieser, 1973), 그라임스(Grimes, 1975), 웨리츠(Werlich, 1976), 그리고 드렉슬러(Dressler, 1977, 1978). 버스케(Buske, 텍스트 언어학 논문집, Hamburg), 그루터(de Gruyter, 텍스트 이론에 관한 연구조사, Berlin), 그리고 아블렉스(Ablex, 담화 처리: 연구조사와 이론에서의 진보, Norwood, N. J.), 그리고 두 학제 간 간행물, 담화 처리(Ablex, 1978), 그리고 텍스트(Mouton, 1980)에 의해 출판된 텍스트 문법과 담화 이론에 관한 연속 간행물이 있다. 텍스트 언어학에 관한 초기 참고문헌(Dressler & Schmidt, 1973)은 몇 백편의 목록을 기록하고 있다. 텍스트 문법의 도입에 대해서는 할러데이와 핫산(Halliday & Hasan, 1976), 드렉슬러와 드 보그란데(Dressler & de Beaugrande, 1980)을 보라.

를 넘어서는 구조를 설명한다. 텍스트에 의해 우리는 담화의 추상적인 기반 구조를 이해한다. 따라서 담화는 관찰되는 개념이지만 텍스트는 이론적 개념이다. 담화는 원칙적으로 언어 공동체에서 수용될 수 있는 문장과 텍스트 구조를 정상적으로 드러내야 하지만, 이는 담화가 문장과 텍스트 구조를 실제로 항상 가지고 있음을 의미하는 것은 아니다. 언어 사용과 인지 처리에 대해 이야기한다면, '텍스트' 대신에 '담화'라는 용어를 사용하게 되며, 이는 자연언어 담화의 추상적인 문법적 재구성에만 사용된다. 사실 문장 개념의 경우에도 유사한 차이가 있는데, 이는 이론적 용어나 관찰 용어로 애매하게 사용된다. 이 장에서는 달리 표시되지 않는 한, '문장'이라는 용어를 이론적 용어로만 사용한다. 연속체의 개념에도 유사한 경우가 적용되는데, 이는 문장의 n-순서로 배열된 것이다. 텍스트 문법의 가장 특수한 과제 중의 하나는 문장들의 연속적 배열을 결정하는 규칙이 문법적인지 아닌지를 구체화하는 것이다. 즉 텍스트 문법은 구체적인 배열 관계의 속성이 무엇인지를 가리킬 수 있어야 한다. 이 분석은 앞서 보았듯이 지엽적 층위와 총체적 층위 모두에서 일어난다. 이 절에서는 간략하게나마 미시구조 층위에서의 텍스트 기술에 관심을 둔다.

2.2.2. 여기에서 우리는 개별 문장 구조들이 아닌 담화에 관심을 가져왔기 때문에 개별 문장구조들에 관한 언급은 매우 소략할 것이다.[3] 무엇보다도 모든 문장들은 어떤 통사 구조들의 표현인데, 복합문장과 문장 연속체들 간에 명확한 의미적 차이가 있음에도 불구하고, 직접적으로 문장들의 의미적 차이를 발견하기란 쉽지 않다. 그렇지만 1장의 결론에서 문장들은 사실의 인지적 개념에 당연히 일치한다고 주장되

---

3) 우리는 다음 절들에서 사용되는 각 문법적 개념들에 관한 작업을 위해 세분화된 참고문헌들을 제공하지 않는다. 독자는 설명과 예, 그리고 더 많은 참고문헌을 위해서 현재의 언어학적 도입을 참고하는 것이 요구된다. 이들 절에서는 통사 구조에 관한 어떤 예와 분석도 주어지지 않는데, 우선 그것들은 이 장의 범위 밖이며, 둘째, 이 장의 도입 절들이 지나치게 길어지기 때문이다.

어 왔다. 이 통사의 의미적 기초 구조와 문장의 형태적 표면 구조와 더불어 문장과 문장 경계에 관한 화용적 제약도 있다.

통사 구조는 범주 문법적으로 분석된다. 즉 낱말과 구는 그것들이 귀속되는 다양한 통사 범주에 따라(명사·명사구 등) 더 복잡한 구조로 연결된다. 이 범주 문법적 분석은 위계적인데, 상위 범주들은 하위 범주들로 추가적으로 분석될 수 있다. 결론적으로 계층적 통사 구조들은 문장들의 실제적인 연속 배열로 연결되며, 이는 형태 음소적 구조로 표현된다.

특히 담화 관계와 거시구조를 이끌어 내기 위해 필요로 하는 것들은 주로 의미적이다. 따라서 문장의 통사적, 형태음소적, 혹은 '표면' 구조들로부터 이들을 더 끌어내며, 그것의 의미적이거나 '기본적' 구조에 주의를 모은다.

문장 의미론은 문장의 텍스트 연속체 의미론과 많은 공통점을 가지고 있다.4) 특히, 범주 문법적으로 분석된 문장들은 의미적으로 해석되는데, 즉 각 표현들(낱말, 구 등)과 그것들의(범주 문법적) 구조는 의미를 부여한다. 가령 해석 규칙은, 첫째, 문장 의미는 그 부분들 의미의 함수이고, 둘째, 문장 의미의 구조는 통사적 구조의 함수로 분명하게 규정된다. 의미는—언어적 문법에서—언어의 어휘부에서 구체화된 바와 같이, 각 낱말들은 종종 그 언어의 구와 연합된다. 의미적 해석 규칙은 전체 문장의 의미가 '잘 형성되었는지' 혹은 그 문장이 유의미한지 여부에 상관없이 낱말들의 의미와 의미 구조들을 바탕으로 연산된다.

이런 종류의 의미 해석은 언어학에서 표현들이 해석 규칙들로 내포적 의미가 부여되기 때문에 일반적인 종류로 내포적이라 불린다. 하지만 논리와 철학의 영향 아래, 이러한 내포적으로 해석된 문장들도 외

---

4) (언어학적) 의미론의 가장 완벽한 현재의 조사연구는 리온(Lyons, 1977)이다. 독자는 더 충실한 논의와 이 절에 사용된 용어의 설명을 위해서는 이 책을 참고하면 된다. 우리의 의미적 접근은 논리적 (형식적) 의미론에 의해 자극받아 왔다(참고문헌을 위해서는 1장 41쪽 주석 7을 보라).

연적 해석이 부여된다. 그 경우에 표현은(어떤 의미를 가진) 실제의 어떤 양상과 관련된다(즉 이 표현들의 지시물이나 외연). 따라서 상이한 범주 문법적 표현은 상이한 의미적(지시적) 유형으로서(예로, 개체로서의 명사구나 용어들, 개체들의 속성이나 관계로서의 동사들) 해석된다. 이러한 지시적 부여는 전형적인 논리적 의미론과는 달리, 그것의 내포와 의미를 거쳐서 진행된다고 강조되어 왔다. 사실, 이러한 내포와 의미는 심지어 다양한 지시물의 유형들에 의해 현실화되는 개념 '범위'의 구체화로서 개략적으로 기술된다. 따라서 의미나 내포는 개념적 추상물로 어휘부나 의미적 규칙에 의해 자연언어의 표현과 관습적으로 연합된다. 좀 더 형식적인 관점에서 우리는 내포가 분명 다른 논항들의(예로, 질문에서의 가능 세계, 다음을 보라) 값이 외연에 부여되는 함수라고 말한다. 따라서 내포 '목록'은 그것의 외연 값으로서 실제 가능 세계나 다른 가능 세계들—혹은 상황들에서 모든 실제 목록들을 가지는 개념 함수이다. 그런데 엄격히 말하자면 심지어 이 실제 개별 목록들이 시·공간적으로, 물리적으로 '유일한' 것은 아님을 주목해야 한다. '동일한' 목록은 바뀔 수 있고, 한층 더 강력한 이유로 '동일한' 사람도 바뀔 수 있다. 따라서 이론적으로 우리가 심지어 지시하거나, 고려하거나, 인지적으로 표상한 '동일한' 개체들은 역시 상수함수이고, 값으로서 변화하는 물리적·생리학적 혹은 생물학적 속성들을 지니는 개념들이다. 인지 이론에서 이 '개념적' 속성도 개체로서 논리·철학·언어학의 경우에서보다 더 자연적 개념이다.

2.2.3. 문장 연속체의 의미 구조를 분석하고자 한다면, 개별 낱말들과 구들 간의 해석과 관련성에 더 이상 관계하기보다는 전체 질과 문장 층위에서 이들 해석을 결합하는 내포적·외연적 단위들을 필요로 하므로 내포적 단위, 즉 절이나 문장의 의미는 명제로, 그리고 외연적 단위는 사실이 될 수 있다. 이전부터 하나의 명제는 하나의 가능 사실로 받아들여졌고, 상이한 실제 세계들에서 값으로서의 실제 사실들을

지닌다고 살펴 왔다. 하나의 사실은 어떤 실제 세계에서 하나의 사건·행위·상태 혹은 과정이므로 가능 세계는 사실들의 집합이다. 반대로, 하나의 명제나 가능 사실은 가능 세계의 집합인데, 즉 이들 세계의 집합에서 명제는 값을('참이다') 가진다. 한 명제는 만약에 그것이 그 세계의 한 사실을 나타낸다면, 세계와 관련해서 참이 된다고(혹은 더 일반적으로 만족된다고) 말할 수 있다. 하지만 참은 일반적으로 현대 철학 논리학의 바깥에서 우리 '자신의' 실제 세계에서의 사실들에 부여되는 개념이다. 더욱이 그것은 종종 명제가 아닌 문장과 심지어 발화되거나 주장된 문장들로 사용되므로 담화의미론에서는 잠정적으로 그 개념을 피하고 만족과 지시의 더 일반적인 개념을 사용한다. 이는 주장이 아닌 약속이나 위협으로서 사용되는 명령법, 의문법, 직설법 문장의 표시를 말할 수 있도록 해 준다.

복문과 문장 연속체 모두 명제의 연속체를 드러낸다. 텍스트의 전체 문장 연속체에 의해 드러나는 명제의 연속체는 텍스트 기반5)이라 불린다. 더 앞서 구체화된 바와 같이, 텍스트 의미론은 텍스트 기반이 의미 있고 만족스럽고, 그리고 그렇지 않은지를 구체화해야 하는데, 즉 각각이 의미 있게 지속될 수 있기 위해서는 어떤 속성 명제들이 있어야 하는지, 혹은 명제들이 서로 어떻게 연결될 수 있는지를 상세하게 다룬 조건들이 형성되어야만 한다. 일반적으로 텍스트 의미론의 과제는 의미 연결6)의 개념을 정의하는 것이다. 반면 이 장 이후에 텍스트 기반의 총체적 의미 연결을 정의하는 거시구조가 구체화될 것이다. 지금은 텍스트 기반의 지엽적 의미 연결을(즉 그것들이 드러내는 명제들과 사실들 간의 다양한 관계) 살펴야 한다. 문장들과 문장 연결의 의미적 연구에 수반된 현상과 문제들은 매우 복잡한데, 수반된 것들

---

5) '텍스트 기반'이라는 용어는 페토피(Petofi, 1971)에 의해 처음 사용되었고, 지금은 담화의 인지 모형에서도 사용되고 있다(Kintsch, 1974; Kintsch & van Dijk, 1978).
6) 담화의미론과 '접속', '의미 연결'과 같은 개념들은 반 데이크(van Dijk, 1977a)에서 더 상세하게 논의된다.

의 주요한 특징에 대해 몇몇 실마리를 제공하는 것만이 가능하다.

2.2.4. 문장이 의미가 있는지의 여부를 말하는 가장 간단한 방법은 그것이 드러내는 명제가 상상할 수 있는 사실을 지시할 수 있는지의 여부를 고려하는 것이다. 분명한 목적을 위해 우리의 상상은 물리생물학적 세계에서 발견한 종류의 사실들에 제약된다. 이런 경우에, 그 꽃은 두통을 앓고 있다 혹은 물에 녹은 나의 누이와 같은 문장들은 최소한 글자 뜻 그대로 받아들여졌을 때 의미가 없다. 하지만 우리의 상상은 다른 종류의 가능 세계들을 구성한다고도 잘 알려져 있는데, 거기에서는 물리적이고 생물학적 법칙들이 실제 세계가 구성 요소인 세계 집합에서의 그것들과는 (다소) 다르다. 이는 문장의 유의미성이 세계 의존적임을 의미하는 것이다. 즉 최소한 한 문장이 하나의 사실을 가리키는 한 상황을 상상할 수 있다면 그 문장은 의미가 있다. 언어에 관한 의미론적 해석은 획득해야 하는 이러한 상황과 사실, 가령 이들이 유의미하게 되기 위한 문장의 만족 (혹은 특별히 참) 조건들에 대해 만족됨에 분명한 조건들을 구체화한다.

문장들의 연속체로 고려된 텍스트의 유의미성을 구체화하기 위해 동일한 접근이 수용될 수 있다. 이러한 한 연속체가 어떤 세계와 상황에서 상상할 수 있는 사실들의 연속체를(배열된 집합) 가리킨다면 사실들은 상태·사건·행위·과정으로서 그것들 자체를 드러내기 때문에 그 텍스트는 의미가 있다. 이는 명제들의(혹은 그것들을 표현하는 문장들) 텍스트 연속체가 사건·행위·과정 그리고/혹은 일들의 상태에 대해 가능하거나 실제적인 연속체를 지시함을 의미한다. 이러한 연속체는 일반적으로 사건과 행위를 이야기할 때 과정으로 불린다. 즉 텍스트가 가능 세계의 집합에 대해 특히 의미가 있을 때 우리의 의미론이 텍스트에 대해 분명하고 상세하게 설명되기 원한다면, 사건의 과정과 일들의 상태가 이들 세계에서 얻을 수 있는 조건들을 세분화해야만 한다.

따라서 사건과 행위의 과정에 대해 일련의 사건과 행위들이 서로 이어지고 배열되는 것을 말할 수 있어야 한다. 이런 사례에 수반된 기본적인 관계가 조건 관계이다. 한 사건이나 행위가 다른 사건이나 행위의 조건이 된다고 말한다. 이 조건 관계는 상이한 종류가 되며, 이를 조건의 강도들이라 부른다. 가장 약한 조건은 적합성이나 양립 가능성으로, 한 사건은 다른 사건을 가능하게 하거나 다른 사실이 발생하도록 한다. 개연성의 관계는 더 강력한데, 한 사건은 다른 사건을 발생하게끔 한다. 가장 강력한 것은 다양한 종류의 필연성으로, 한 사건은 다른 사건을 물리학적·생물학적·심리학적 등으로 필요하게 만든다. 사건 과정의 의미론적 관점에서, 이는 한 사건으로부터 나온 최소한 하나, 다수, 혹은 모든 가능 사건들의 과정들이 다른 사건으로 이어진다는 것을 의미한다. 따라서 수영하기는 적어도 익사 사건이라는 하나의 가능한 과정을, 자러 가는 것은 대개 잠에 푹 빠져 있는 것을 이끌어 내고, 머리 관통은 반드시(거의) 죽음으로 귀결되는데, 적어도 가능 세계에서는 그렇다. 이후에 이 설명이 행위의 과정에 대해 어떻게 구체화되며 사건 과정의 구체적인 사례가 되는지 살펴본다.

우리가 말한 바와 같이, 텍스트가 사건의 과정을 표상하기 때문에 그것의 유의미성은 이러한 사건 과정에 유지되는 적절한 조건 관계에 달려 있다. 이런 의미에서 유의미한 텍스트는 의미 연결된다고 불린다. 이후에 의미 연결의 추가적 조건관계를 다루는데, 이 시점에서 텍스트 연속체의 문장들은 조건화되어 접속된 사건의 가능 과정에 관한 각 사건들을 지시한다는 것은 분명하다. 그것들이 드러내는 사실들이 조건적으로 관련된다면 두 문장이나 명제들은 연결된다.

(1) 존은 계단에서 넘어졌다. 그의 팔이 부러졌다.
(2) 존은 팔이 부러졌는데, 왜냐하면 그 계단에서 넘어졌기 때문이다.
(3) 나무가 우리 집에 쓰러졌다. 지붕이 파괴되었다.
(4) 우리 집의 지붕이 파괴되었는데, 왜냐하면 나무가 그것에 쓰러졌기 때문이다.

사건들 간의 관계는 명제들의 연속체를 모두 드러내는 문장의 연속체나 복문에 의해 표상된다. 또한 그 사실 관계가 (2)와 (4)에서 접속사에(예로, 왜냐하면 ~때문에) 의해 표현되거나 문장들의 단순한 선조적 대등성을 제외하고는 명시적으로 드러나는 것이 없다는 것을 관찰할 수 있다. 아울러 절이나 문장의 배열은 항상 사실 배열과 일치하는 것이 아니라는 점에 주목해야 하는데, (2)와 (4)에서 종속절은 더 앞선 사실을 가리킨다. 유사하게, (1)과 (3)의 순서를 바꾼다면, 또한 두 가지 조건화된 관련 사실들을 가리키지만 동시에 '뒤바뀐' 순서는 일정한 기능을 가리키게 되므로(즉 그것의 설명) 설명 문장은 접속사가 없이도 후치사에 표현될 수 있다. 문장들 간의 이 기능 관계는 부분적으로 화용적인데 이후에 논의된다. 표준적인 문장 배열은 의미적으로 조건법과 접속사에 의해 명시되지 않는 한 사실들의 시간적 배열을 따른다.

사건들에 대해 명시화되었던 것은 상태와 사건들 간의 관계에도 적용될 수 있다. 엄격하게 물리적 의미에서 사건들만 사건들을 조건화할 수(원인 등) 있으며, 언어적, 인지적으로 사건들에 관한 가능한 조건들로 상태를 받아들일 수도 있다.

(5) 존은 아팠다. 그는 의사를 불렀다.
(6) 매우 더웠다. 그 꽃들은 시들었다.

물론 (5)에서 존의 아픔은 의사를 부르게 된 이유가 되며, 이는 결정과 같은 몇몇 심적 사건을 수반한다. 마찬가지로 (6)에서 그것은 꽃의 일반적인 생물학적 과정을 방해하는 온도에서 차이가 있다. 그러나 인지와 언어 모두에서 이러한 '구성 요소 사건들'을 이끌어 내며, 단지 어떤 사건에 관한 조건으로서 결정적인 상태나 상황을 드러낼 수 있다. 엄격히 말해 상태는 사건의 결과나 결말이 되지만, 상태가 사건에 의해 조건화되는 것처럼 보이는 곳에도 같은 점이 적용된다.

조건 관계는 '후방'과 '전방'에 모두 작용한다. 한편으로는 한 사건이 또 다른 사건을 야기한다고, 다른 한편으로는 한 사건이 또 다른 사건의 결과이거나 또 다른 사건으로 야기된다고 말할 수 있다. 따라서 조건 관계들과 동일하게 가능하고, 개연적이고, 그리고 필수적인 결과 관계가 있을 수 있다. 충분한 물을 가지고 있다는 것은 꽃들이 성장하는 데 필수 조건이 되지만 침대로 가는 것은 잠드는 데 가능하거나 개연적인 조건일 뿐이다. 그것 자체로는 침대로 가는 사건의 개연성 있는 결과일 뿐이다. 사실들 간의 어느 쪽이든 연결 강도에 의존하면서 아홉 가지 종류의 가능한 관련성을 얻는다.

텍스트는 사건들의 과정을 표상할 뿐만 아니라, 이제까지 보아온 바와 같이 상태들에 관한 것도 될 수 있다. 종종 이런 종류의 상태 기술은 사건 기술의 한 부분이 되는데, 이 상태 기술은 (5)와 (6)에서 같이 사건이나 행위의 처음, 중간, 혹은 최종 상태(결과)의 구체화로서만 관련된다. 이는 이야기와 같은 행위들에 대해 우선시되는 텍스트의 사례인데, 개체·상태 등에 관한 기술을 어떤 종류의 사건이나 행위들이 가능한지를 알기 위해서도 필수적이다. 아울러 이들은 이러한 인과적이거나 다른 조건들의 관점에서는 얼개화될 수 없기 때문에 이는 상태 기술에 관한 의미 있는 조건들이 필요함을 의미한다. 다시 한 번 이러한 기술의 의미 연결은 표상된 사실의 (우리의 인지) 의존하는데, 즉 우리는 문장들에 관한 배열과 선택에서 어떤 사실의 순서화에 관한 머릿속 그림을 그리려고 노력할 것이다. 개략적으로 말하자면, 가장 먼저 상태 기술의 의미 연결은 원칙적으로 사건 기술에 관한 사례와 같이 가능 세계와 상태에 관한 동일성을 요구한다. 둘째, 그 기술은 동일하거나 관련 있는 개체들이 관여하는 사실들에 관한 것이어야 하며, 이후에 나누어서 다루게 되는 조건이어야 한다. 마지막으로, 제공된 기술적 사실들은 전체로서 일반 – 특수, 전체 – 부분, 매체 – 내용과 같이 다수의 배열 범주에 따라 관련되어야 한다.

(7) 방안에 큰 탁자가 있다. 그 탁자 위에는 큰 꽃병이 있다. 그 꽃병에는

붉은 장미가 있었다…

상태 기술에 관한 정확한 규칙은 여전히 분명하지 않지만, 순서화
에는 약간의 자유가 있다.—심지어 문체상으로 다양함에도—상태 기
술이 자의적이지 않다는 점은 명백하다.

(8) 구석에 어떤 맥주가 있다. 그것은 유리잔에 있고, 아래에 갈색 탁자가
    있다…

동일한 방식으로 사실들 간의 조건 관계들에 대해 지각과 (직관적)
해석에 따라 사건들을 표상해 왔듯이, 일반적으로 상태 기술은 장면들
의 지각과 이해의 기본적인 과정과 관련된다. 둘째, 화용론적 관점에서
화자는 청자의 적절한 장면 표상을 이끌어 내기 위한 기술을 제공하
려고 노력할 것이라는 점을 상기해야 한다. 일반적으로 이는 처음에
오는 더 중요하거나 총체적인 사실들인 배경, 상황, 혹은 주요 개체들
과 이후에 더 구체화된 속성들을 수반한다. 관련성 부여나 초점의 구체
적인 관계는 앞서 간략하게 언급한 기능적 관계뿐만(설명, 도입, 수정
등) 아니라 순서화를 바꾸기도 한다.
  잠정적으로 텍스트의 유의미성은 사건이나 장면들의 과정을 구성
하는 사실들 간의 조건 연결 관계에 기반한다고 결론내릴 수 있다.
하지만 명제들 간의 다른 (기능적) 관계뿐만 아니라, 문장이나 절의
실제적인 배열은 화용적이거나 언어 사용의 인지적 제약에 의존한다.

2.2.5. 상태와 사건 기술은 개체들을(예로, 사물이나 사람) 수반한다. 유
사하게, 그것은 개체들의 속성과 그것들 간의 관계를 수반한다. 일반적
으로 텍스트는 연속적으로 변화하는 속성들과 이른바 담화 지시체들이
라 불리는 개체들의 한정된 수의 관계들에 관한 것이다. 텍스트의 지
시물이 되는 사건이나 행위의 과정들은 연결되어야만 하고, 또한 그

것은 각 사실들의 개체들 간 관련성이 있음을 따른다. 잘 알려진 관련성이 동일성인데, 그것은 일반적으로 정관사를 가진 대명사나 명사구에 의해 표현된다. 절과 문장 경계를 넘는 공지시 표현들의 연구는 담화의 첫 번째 언어 분석으로 부각되어 왔다. 지금까지 우리는 지시적 동일성이 텍스트의 의미 연결의 단순한 한 양상이라고 보았다. 즉 그것은 부여된 사실들이 연결되기만 하면 된다.

(9) 좋은 날이었다. 우리는 연못에 수영하러 갔다.
(10) 우리는 수영하기 위해 연못에 갔다. 어제 우리는 오후 5시에 언어학 수업을 들었다.

여전히, 수많은 사례에서 연결된 사실들은 관련 개체들을 수반하므로 담화 의미 연결은 일반적으로 내적 사실들의 속성에도 기반한다. 동일성뿐만 아니라 소유, 시·공간적 관계, 부분-전체 관계와 같은 개체들 간의 다른 관계들이 있다.

술어들도 종종 관련된다(예로, 동일한 속성들이나 관계들이 상이한 개체들로 진술될 때). 관계들은 일반적 속성들/관계들 간, 그리고 '여행하기' 및 '기차타기'와 같이 더 구체적인 사례들 간에 수립될 때에도 같은 점이 적용된다. 하지만 그 경우에 관련되는 바와 같이 고립된 술어가 아니라, 가령 나의 여행은 다른 이의 기차 타기와는 독립적인 것과 같이 개체를 포함한 전체 명제임을 주목해야 한다.

결론적으로 사실들의 연속체를 지시하는 명제들의 연속체는 양상의 다양한 의미 연결 조건들을 고려해야 한다. 장소·시간·가능세계 등은 동일하거나 연결되는 것으로 요구될 수 있으며, 연결된 동일한 조동사 '범위'하에서 문장들을 요구하는 통사적 '서법'(믿다, 원하다 등)에도 같은 점이 적용된다. 그렇지 않으면 장면·세계·상황 등의 전환이 요구된다. 이러한 전환은 자의적이지 않은데, 가령 우리는 누군가 실제 세계에서 꿈꾸고 있다는 사실을 통해서만 꿈의 세계에 이를 수 있다.

2.2.6. 원칙적으로 텍스트 기반이 장면이나 사건들의 과정을 가리키지만, 이는 그것들을 표상하는 텍스트에 의해 표현되는 실제 사실과 명제들 간의 일대일의 관계가 있음을 의미하는 것은 아니다. 일반적으로 텍스트의 명제 연속체는 완벽하지 못하다. 이 완벽성의 정도는 인지적, 화용적, 사회적 요인들에 의존한다. 예를 들어 가장 먼저 주장하기 위해서는 화자가 이미 알고 있다고 믿는 명제들을 표현할 필요는 없다. 둘째, 사건들의 어떤 장면이나 과정을 특징짓는 모든 사실들을 언급하는 것은 거의 관련이 없다. 가령 우리는 청자가 흥미가 있을 수 있다고 가정하는 것들만 표현하므로 텍스트는 인지적, 화용적 제약에 의존하면서 완벽함의 다양한 정도를 지닌다.

수반된 중요한 인지적 요인들 중의 하나는 지식이다.[7] 따라서 연속적인 절이나 문장들이 앞서 기술된 방식에서 조건적으로 관련되지 않는 사실들을 지시한다는 것은 당연하다. 이는 주로 드러난 장면이나 사건의 과정은 실제 담화와는 독립적으로, 그의 세계에 관한 일반 지식이나 의사소통 상황에(화자와 그의 속성들 등) 관한 더 특별한 지식으로 인해 청자에게 알려진 다수의 속성들을 보여주기 때문이다. 언어의 어휘부에 표상된 바와 같은 관습적 지식을 제외하고, 엄격한 언어적 의미론은 의미 연결된 해석을 산출하기 위한 텍스트 기반의 '누락된 연결들'을 도저히 구체화할 수 없다. 이는 최소한 담화에 관한 의미론의 부분이 접속과 의미 연결을 수립하는 데 수반되는 일종의 지식들을 구체화하는 인지적 모형에서 다루어질 수 있음을 의미한다. 이것이 진실임에도 불구하고, 우리는 문법과 인지적 모형 간을 뚜렷하게 구분하지 못한다. 틀림없이 이해와 기억의 각 처리 과정에서 지식에 관한 실제적인 이해와 적용은 인지적 모형에 남게 되지만, 이론적으로

---

7) 텍스트 해석에서 세상 지식의 역할이 항상 인식되어 왔지만, 우리는 세상 지식의 표상과 사용에 관한 모형뿐만 아니라, 그것의 결정적인 중요성은 담화에 관한 인공지능 연구에서 우선적으로 드러나고 있음을 기억해야 한다(Charniak, 1972; Schank & Abelson, 1977). 이는 6장에서 다룬다.

(언어적) 의미론이 의미 연결을 수립하기 위해 어떤 종류의 추상적인 지식이 수반되어야 하는지에 대해 구체화하는 것은 당연하다. 이는 전통적인 어휘의 형식은 지식이 명제의 관점에서도 표상되며 그렇게 하는 데는 어떤 형식적 어려움도 없기 때문에 추상적 세상 지식 이론으로 확대되어야 함을 의미한다.[8] 이른바 의미론적 모형들이라 불리는 것에 대해 언어의 문장들과 연속체를 단순히 해석하는 대신에 가능 세계와 개체들의 집합 등을 포함하면서, 우리는 화자/청자들의 지식을 포함하는 지식의 집합도 설명할 수 있어야 한다.[9] 이 해석 규칙은 명제 p와 q가 직접적으로 연결될 수 없다면, 세 번째(혹은 그 이상의) 명제 r이 p와 q를 간접적으로 연결하기 위해 지식 집합으로부터 받아들여질 수 있도록 구체화되어야 한다는 것이다.

(11) 나는 급하게 정거장으로 갔다. 하지만 그 기차는 이미 출발해 버렸다.

이 경우에 해석은 일반적으로 역에 기차가 있고, 이들이 분명 고정된 시간에 출발한다는 점을 구체화하는 최소한의 지식이 요구된다.
이러한 지식 집합에 관한 문법적 관계는 두 번째 절에서 명사구 그 기차에서의 정관사 사용에서 이미 드러난다. 표면적 의미 연결 표지는 하나나 그 이상의 명제들이 텍스트 기반 그 자체에서 암시적으로 남게 됨을 가리키는 것으로 보인다. 또한 이런 종류의 세상 지식은 텍스트 의미 연결의 수립뿐만 아니라, 문장이나 절의 해석에도 요구됨을 주목해야 한다. 즉 (11)의 두 번째 문장이 의미가 있음을 알기 위해서는 기차들이 (역으로부터) 어떤 시각에 출발하는 속성을 가지고 있는 개체

---

8) 이는 텍스트 문법에서 특별하게 페토피(Petofi, 1976; Petofi & Bredemeier, 1978)의 최근 연구의 목표가 되어 왔다.
9) 여기에 사용된 '모형'의 개념은 형식 의미론의(또한 '모형 이론'이라 불렸던) 그것이다. 이러한 모형은 표현의 해석 기반과(예로, 가능한 세계와 그것의 내적 구성소) 어떤 해석 기능을 구성하는 요소들의 n-차원이다. 의미론적 모형의 이 개념에 관한 소개는 휴즈와 크레스웰(Hughes & Cresswell, 1968)을 보라.

라는 것을 알아야 한다. 언어 사용자가 이 지식을 어떻게 구성하고, 사용하거나 전환하는지는 인지심리학과 인공지능에 관한 문제이다. 이는 6장에서 살핀다.

담화 이해에 결정적인 역할과 텍스트 의미론에서의 의미 연결의 수립과 같은 역할을 하는 지식은 개체들에만 관계하는 것이 아니라, 그것들의 속성과 관계에도 관련된다. 우리는 전체 장면, 일화, 과정, 혹은 사건들의 유사한 관습적 지식도 가지고 있다. 이러한 지식은 종종 도식·각본·틀·시나리오의 관점에서 기술된다.10) 선조적 텍스트 해석에 중요한 것은 이 지식 틀로부터의 명제들이 의미 연결의 수립에 실현될 수 있고, 동시에 전체로서의 텍스트 명제들의 연속체가 조직화되는 것인데, 이는 잘 알려진 일화나 사건의 과정을 가리키기 때문이다. 이 지점에서 텍스트의 미시구조 조직은 거시구조 조직에 연결된다.

2.2.7. 이 절에 제시된 지엽적 층위에서의 텍스트 구조의 주요한 의미적 속성들에 관한 간략한 조사는 기본적인 원리들만을 언급할 수 있다. 사실, '실제적' 언어 연구는 통사 구조가 의미 구조와 같이 관습적으로 해석되는 것을 구체화하고, 명제들이 복문이나 연속체에 의해 결합되고 표현되는 아래에서의 세부적인 조건들을 형식화하며, 앞서 논의된 다양한 종류의 의미 연결 관계들을 드러내는 형태 음소적이고 통사적인 수단들을 열거하라 등과 같이 우리가 중단해 왔던 곳에서 시작한다. ~때문에(because), 그래서(so)와 같은 몇몇 접속사들만이 언급되어 왔지만 사실상 연결은 수많은 다른 접속사들에 의해 표현되며, 이런 과정이 잘 이루어지기 위해서는 정확한 의미적·화용적 해석이 요구된다. 더욱이 우리는 앞서 다룬 지시체들 관계에 덧붙여 문장이나 절들 간에 기능적 관계가 존재한다는 점을 구체화하지 못하고 남겨왔다. 한 문장은 다른 문장의 구체화나 일반화로 사용되고, 설명을 제

---

10) 이 개념은 앞서 언급된 인공지능의 연구에 기인하는데, 6장에서 더 상세히 논의된다.

공하며, 도입 등의 관계를 제공하는데, 이는 4장에서 발화 행위 간의 관계에 대해 이야기할 때 다시 접하게 된다.[11] 앞서 제시되어 왔듯이 텍스트는 완벽하지 않지만, 우리는 텍스트 본문의 관계적 완벽성을 결정하는 다양한 조건들을 무시해 왔다. 즉 어떤 사실들이나 일화들이 중요하거나 관련성이 있게 되면 좀 더 정확한 기술 층위와 완벽성으로 나아간다. 이 구체화된 층위 기술의 명확한 속성들은 다음 2.8.절에서 다루어진다. 다음으로, 의미론적 정보는 텍스트의 절과 문장을 넘어서 다양하게 분포한다. 즉 앞선 도입의 텍스트 조건이나 발화 참여자들의 이전 지식의 인지적 조건에 따라 문장이나 연속체가 '~에 대하여'의 관련 개념이 무엇인지를 함께 정의하면서 문장에 관한 화제와 논평을 구분한다. '대하여성'에 관한 이 개념의 어떤 양상은 거시구조의 관점에서 분명하게 드러난다. 텍스트의 모든 종류의 전제된 현상들에도 같은 점이 적용된다. 또한 전제는 앞선 도입과 지식들이 명사가 아니라, 충실한 명제들임에도 불구하고 '새로운' 명제들이 연결되어 수반된다. 문장 구조, 관계절, 또한(also), 심지어(even)와 같은 단어의 사용, 혹은 어떤 관사들은 텍스트 기반의 이들 전제 구조에 의존한다. 유사하게, 텍스트의 다양한 분포 현상에 덧붙여, 우리는 화자의 견해와 관점에 따라 의미론적 정보를 드러내는 상이한 방식을 가지고 있다. 즉 그는 그의 실제 관점이나 그 사실들의 발생 시점에 (다른) 참여자들의 관점으로부터 사실들을 기술하거나 이들 관점을 섞거나 구체화하지 않고(불투명한) 남겨둔다.

결론적으로 적절한 언어적 의미론은 명시적인 해석 규칙과 해석에 관련되는 일종의 추상적인 세계 구조가(개체와 속성 등의 유형들) 무엇인지를 구체화하는 모형 이론을 필요로 한다. 이 모든 것이 이 절에서는 거시구조에 초점을 모을 수 있도록 무시된다.

---

11) 담화에서 문장 간 이 기능 관계의 첫 번째 직관적인 접근에 대해서는 그라임스(Grimes, 1975)를 보라.

2.3. 주제, 화제, 그리고 담화의 총체적 의미

2.3.1. 텍스트의 의미는 문장과 문장 연결의 층위에서 단독으로 적절하게 기술되기보다는 더 총체적인 층위들에서 구체화되어야 한다는 것이 이 장의 주요한 논제이다. 예를 들어 전체로서의 텍스트의 의미나 그것의 더 큰 부분들로서 의미가 그것의 개별적인 문장들의 의미를 연산한 직접적인 결과가 된다면 이러한 논의는 사소한 것이 된다. 이러한 총체적 층위에서의 사소한 텍스트 의미의 해결은 위에서 언급된 연결 조건에 따라 텍스트 기반을 단순하게 수립하는 어떤 모형이 된다. 텍스트는 텍스트 기반이 사실 간의 조건 관계와 세계 지식으로부터 삽입된 명제가 적절하게 접속된다면 의미 연결이 될 것이다. 하지만 이것이 총체적 텍스트 의미 연결의 필요조건임에도 불구하고, 분명 그것만으로 충분한 것은 아니다.

일반적인 조건 관계와 심지어 참여자 동일성 확인과 같은 다른 지엽적 의미 연결 관계를 드러내는 '텍스트'를 가져옴으로써 이 점을 쉽게 기술할 수 있다. 그러나 다음과 같은 발화는 직관적인 관점에서는 수용될 수 있는 담화가 아니다.

(12) 존은 아팠으며, 그는 의사를 불렀다. 하지만 의사는 그의 아내가 그와 함께 극장에 가기를 원했기 때문에 올 수 없었다. 오셀로가 공연되고 있었고, 그녀는 놓칠 수 없다고 생각했는데, 왜냐하면 셰익스피어는 몇 안 되는 극작가 중의 한 사람이기 때문이다…

우리는 참여자들이 잠시나마 동일함을 유지할 수 있다는 점 등에서 각 사실이 다음 사실에 관한 조건이(원인이나 이유) 될 수 있다고 이해한다. 그러나 아무래도 전체적으로 이 단편은 의미 연결이 되지 않는다. 위 텍스트는 한 화제에서 다른 화제까지의 사실 간의 선조적인 인접 짝의 관계를 제외하고는 어떤 지향도 없이 넘어가 버렸다. 누군가 우리에게 이러한 이야기를 해 준다면, 우리는 존의 병에 관한 그의 처음 화제를 상기하면서 셰익스피어가 그것과 무슨 관계가 있는지 물을 것이다. 우리는 대화에서 이 이야기의 핵심이 무엇이냐고 물을 수 있다. 즉 전체로서의 (12)는 의미적 조직의 매우 중요한 층위를(즉 하나의 총체적으로 타당한 주제나 화제) 누락하고 있다.[12] 두 번째 문장 이후에 청자나 독자는 존과 그의 아픔, 의사의 행위에 관한 발언들이 지속될 것이라고 기대할 것이다. 즉 그 담화가 직관적으로 주제나 화제라고 부르는, 의미상으로는 '치료'에 대해 조직된다고 기관한다. 이 경우에 주제나 화제는 '존'의 질병이 된다. 담화 화제라고 부르게 되는(혹은 특히 그것이 대화의 화제를 조직할 때) 화제는 총체적 의미의 속성이나 그 단편의 총체적 지식체가 되어야만 의미론적 구조의 관점에서 명확해진다. 여기에 수반된 그 구조는 의미론적 거시구조로 연이어서 논의된다. 텍스트나 텍스트 본문에 요구되는 화제는 그 텍스트를 총체적으로 의미 연결되게 유지한다. 그것은 살펴온 바와 같이, 담화 처리의 인지적 양상을 고려할 때 담화의 산출이나 이해를 조정하는 일반적인 제약이다. 의미론에서 그것은 의미론적 기술의 더 나아간 층위와 동시에 텍스트 각 문장의 해석과 추가적 의미 연결의 수립에 대해 제약이 되는 총체적 의미론적 구조를 지정하는 것을 필요로 함을 의미한다.

2.3.2. 여기에서의 문제는 다음과 같다. 즉 의미론적 (거시)구조의 관점에서 직관적으로 텍스트의 화제나 주제라고 부르는 텍스트의 일련의 의미 속성들을 어떻게 기술할 수 있을까? 이러한 한 화제를 전달하는 텍스트의 명제들이 연속적으로 상이함에도 불구하고, 텍스트 단편의 화제가 동일하게 지속된다는 것은 무엇을 의미하는 것일까? 문장의

---

12) 담화에서 '주제'라는 개념도 케이 존스(Kay Jones, 1977)에 의해 더 자세하게 연구되어 왔다. 여기에서 '화제'라는 개념은 '(문장) 화제'와 혼동해서는 안 된다(이는 문장들의 의미적 기술에서 기능적 범주인데[즉 한 문장의 의미적 요소들이 부여되는—대략—(청자에게 알려지기) 전에 텍스트나 맥락에서 도입되어 온 범주], 2.7.7절을 보라). 화제의 두 가지 개념 간 차이에 관한 논의에 대해서는 반 데이크(van Dijk, 1977g)를 보라.

연속체가 이 문장들 간의 의미적 관계에 의한 것이 아니라면, 총체적 층위에서도 의미 연결된다는 것은 무엇을 의미하는 것일까? 그리고 몇몇 의미적 기술의 층위들이 수반된다면, 이 층위들을 어떻게 관련 시킬까?

담화 화제의 개념을 명확하게 하기 위해 우리는 한 단계씩 나아가는데, 매우 단순한 텍스트를 시작으로 이후에는 더 길고, 복잡하고, 상이한 담화 유형들에 관한 조사로 옮겨 간다.

우리는 텍스트 본문에 관한 화제의 개념이 일종의 의미론적 불변성을 수반하는 것처럼 보인다고 살펴 왔다. 즉 본문의 화제에 대해 혹은 이후에 논의하는 바와 같이, 이러한 본문에 관한 몇몇 대안의 화제들을 이야기한다. 이는 이 화제가 각 문장과 본문 연결의 각 문장에 유사하게 적용된다는 것을 의미한다. 동시에 화제의 의미론적 불변성은 텍스트 연속체의 연속적인 문장들이(혹은 명제들) 공유되는 의미론적 속성과 관련이 있음을 관찰해 왔다. 앞선 텍스트 단편의 첫 번째 두 문장을 가져와 보자.

(13) 존은 아팠다. 그는 의사를 불렀다.

2.2.절에서 이 연속체는 지시된 사실들이 조건적으로 관련되기 때문이라고 이해해 왔기 때문에 선조적으로 의미 연결된다. 즉 첫 번째 문장에 지시된 사실은 두 번째 문장에 의해 지시된 사실에(행위) 관한 일반적인 조건이다(이유). 하지만 더 나아가서 두 문장이 의미적 불변성이나 동일성을 수반하는 데 있어 공통적인 것은 무엇인가? 표면적 구조에서 드러나는 명백한 동일성은 오직 지시적인 것이다. 즉 존과 그는 참여자가 되는 개인을 가리킨다(즉 각각 두 사실에서 경험주와 동작주). 전체적으로 (13)이라는 연속체는 실제로 어떤 의미에서는 존에 관한 것이라고 말할 수 있다. 사실상 존과 그는 문법적으로 동시에 각 문장의 주어이며, 또한 각 문장의 문장 화제를 나타낸다. 즉 그들은

새로운 정보가 수반되는 점을 진술하기 위해 도입되거나 재진술되는 개념 단위로 받아들여지는 그 문장의 의미론적 구조의 부분을 표현한다.

그러나 '존'이 두 문장의 화제이거나 심지어 '존'이 그 연속체의 화제라고 말하지만, 우리는 전체 담화의 화제로 '존'을 인정하기를 주저한다. 그럼에도 불구하고 '존'이 두 문장의 공통된 개념이고, 존이 그것들에 관한 공통의 지시체라는 것은 분명한 사실이다. 결과적으로 내포적, 외연적으로 그 문장들이 '존'이나 개인인 존에 관한 것이지, 그 개념이나 개인이 그 텍스트의 충실한 주제를 구성할 수 있는 것은 아니라고 직관적으로 말할 수 있다. 텍스트 (13)은 단순히 존에 관한 자의적인 이야기로 사용된 것이 아니라, 존이 어떤 상태인가를 기술하기 위한 목적을 지니고 있다. 따라서 '존'에 관한 개념이 최소한 이 텍스트 화제의 흥미로운 후보가 되지만, 그것으로 충분하지는 않다.

(12)의 논의에서 직관적으로 그 텍스트의 도입이 존의 '질병'에 관한 것이었다고 진술해 왔다. 이는 (12)와 (13)의 첫 번째 문장에 대해서 완벽할 정도로 분명하다. 즉 그것은 명시적으로 언급된 사건들의 상태이다. 하지만 이는 두 번째 문장에 대해서는 다른 사람인 의사와 존의 어떤 행위(호출)를 지시하기 때문에 명백하지 않다. 세계에 관한 우리의 지식은 첫 번째 문장에 의해 기술된 상태가 두 번째 문장에 의해 기술된 행위가 완수될 동안에도 여전히 존재한다는 것을 말해준다. 더욱이 존의 질병은 두 번째 사실에 관한 단순한 배경 사실이 아니라, 의사 호출이 질병의 일반적인 구성 요소나 결과라는 것이다. 따라서 첫 번째 문장은 두 번째 문장의 보통의 구성 요소를 구체화하는 다소 일반적인 상황이나 조건을 기술한다. 하지만 이런 경우에 '존이 아프다'는 명제는 여전히 유지된다. 실제로 우리는 직관적으로 '존이 아프다'나 '존의 질병'과 같은 텍스트의 화제에 관한 의문에 답할 수 있다. 즉 우리는 잠정적으로 이 예에 대해서 그 텍스트의 문장들을 '지속시키는' 명제가 있다고 입증해 왔고, 이런 경우에 이 명제는 텍스트 그 자체에 표현될 수 있다. 말하자면, 첫 번째 문장이 화제나 주제 문장에

해당된다.

그 의사가 그를 진찰하고, 특별한 진단을 내리고, 어떤 약을 처방하고, 존은 약을 먹고 결과적으로 점점 나아진다와(혹은 그렇지 않거나) 같이 구체화됨으로써 우리는 텍스트 (13)을 지속할 수 있다. 이런 경우에 전체 텍스트는 여전히 '존의 질병'에 관한 것이 된다. 그러므로 문장들의 텍스트 연속체는 전체로서 사건의 상황이나 과정을 기술하는 명제적 공통분모를 가지게 되며, 이러한 구성 문장들은 이 전체 일화의 일반적인 구성 요소 행위들을 나타낸다. 또한 '존'이 그 연속체의 완전한 화제라기보다는 그 화제의 부분이 된다고 결론내릴 수 있다 (즉 각 문장에 기술되고, '총체적' 명제에 의해 표상된 총체적 사실의 경험주나 동작주). 이러한 총체적 명제를 이른바 거시명제라고 부른다. 텍스트 명제들의 연속체로부터 거시명제를 유도할 수 있는 원칙 구성에 관한 관찰을 일반화하기 전에, 다음의 예들을 살펴보자. (13)에서 기술된 것과 매우 유사한 상황이다.

(14) 매우 늦었다. 하지만 존슨 여사는 그녀 남편이 아프다고 전화를 걸었다. 그래서 그 의사는 그가 잠자리에 들기 전에 그를 살피러 가야만 했었다.

일반적인 상황은 동일하지만, 지금은 의사의 관점에서 기술된다. 즉 그 의사는 두 번째 문장의 주어이며 그 문장 절의 연속적 화제도 드러낸다. 직관적으로 이 본문이 첫 번째 문장이 앞선 예와 반대로 사실의 동작주나 문장 화제인 주어로서 '의사'를 드러내지 못하지만 그 의사에 관한 것이라고 말할 수 있다. 하지만 이 텍스트 단편의 직관적인 화제는 단순히 '의사'라기보다는 오히려 '그 의사는 늦게 방문하였다'이다. 이 텍스트만으로 질병이 가능한 극적인 결과를 가져오는 현저한 사실이 되지 않는 한, '존슨 씨의 질병'이 화제가 된다고 결론내릴 수 없다. 최소한 그 텍스트가 그 의사의 관점으로부터 기술된 것을 가져

왔다면, 방문이 일상적인 일이기 때문에 가장 눈에 띄는 것은 늦은 방문이 된다. 하지만 앞선 예와 같이 동일한 현상을 포착하는데, 즉 늦은 방문은 그와 같이 기술되지만, 이 시점에서는 텍스트에 의해 지시된 첫 번째 사실은 이러한 늦은 방문에 관한 일반적인 조건들이 된다. 사실 그 의사는 "나는 그 날 밤늦게 방문했다"라고 말함으로써 동일한 사건을 기술할 수 있다. 그것에 의해서 그는 전체로서 그 일화를 기술하며, 동시에 (14)와 같이 텍스트를 요약한다. 이후에 화제 명제들이 실제로 요약 형태로 표현되며 이러한 요약은 텍스트의 총체적 의미 연결에 관한 훌륭한 경험적 평가가 됨을 살필 것이다. 현재의 예에서 우리는 다시 그 텍스트의 각 문장들이 거시명제가 총체적 표상이 되는 그 일화의 연속적인 사실들을 가리킴을 관찰한다. 이는 각 사실이 총체적 일화의 조건적 구성 요소로서 관습적으로나 전형적으로 관련되기 때문에 가능하다. 상황이 덜 명확한 단순한 예를 가져와 보자.

(15) 존은 아팠다. 그는 그 모임에 가지 못했다.

여기에서는 다시 '존'이 두 문장의 구성 요소 사실들을 의미하는 총체적 일화를 표상하는 어떤 거시명제의 개념적 부분이 된다고 기대할 수 있다. 그러나 이 짧은 텍스트로부터 화제가 '존의 질병'이나 '존의 그 모임에의 불참'이 될 수 있을지는 명확하지 않다. 직관적으로 이 텍스트가 존과 그의 병에 대해 지속적으로 이야기하면 첫 번째 명제를 화제로, 그리고 텍스트가 그 모임에서의 사건을 지속적으로 드러낸다면 두 번째 명제를 화제로 삼게 된다. 그 모임이 두 번째 문장에서 한정되고 있고 문장 화제이기 때문에, '모임'이 대화에서 앞서 도입되었다고 가정한다. 그 이후에 존이 그의 병 때문에 그 모임에 가지 않았다고 단언될 수 있다. 이러한 기술하에 존의 그 모임에의 부재가 화제가 되며, 첫 번째 문장은 이 부재의 조건을 기술하게 된다. 하지만 이런 경우에 이 조건은 존이 생에 처음으로 팔이 부러졌다와 같이 정형화될 필요는 없다. 이 사실은 그 텍스트의 주요한 초점이 모임이 되는 한, 그의 그 모임에서의 부재에 관한 기술은 관련이 없다. 총체적으로 말하자면 이는 어떤 사실들이 어떤 관점으로부터 기술된 일화에서의 다른 사실보다 덜 관련되거나 어떤 사실의 조건이나 결과들만이 다른 사실에 관련되는 경우일 수 있다. 가령 사실들의 결과는 오직 모임 일화의 기술에만 관련된다. 그 경우에 "존은 그 모임에 갈 수 없었다"라고 말함으로써 동일한 총체적 일들의 상태를 기술하게 되며, 그렇게 함으로써 더 총체적 기술 층위에서 관련이 없기 때문에 그 행위의 이유나 원인을 남겨둔다.

이 소수의 예로부터 잠정적으로 거시명제에 의해 표상된 화제는 전체로서 사건들의 상태나 과정을 가리킨다고 결론내릴 수 있다. 이러한 보통의 구성 요소 사실들이나 관련 없는 조건들이(혹은 구성 요소들이나 결과들) 더 총체적 층위에서 표상될 필요는 없다. 첫 번째 경우에 사실들은 총체적 일화에 관한 우리 지식을 통해 관습적으로나 전형적으로 관련되며, 두 번째 경우에는 그것들은 관련 없는 세부 사항들이 된다. 다음의 예에서 이 관련성의 개념에 대해 정의하려고 노력할 것이다. 그 모임의 총체적 기술에 관한 존의 질병에의 무관함은, 말한 바와 같이 총체적 층위에서 유지된다. 지엽적으로 존의 질병은 그의 부재에 관한 조건이 되므로 그 모임의 상태를 간접적으로 구체화한다(즉 존이 거기에 없다는 사실). 하지만 무관함은 다음과 같이 어떤 세부 사항이 지엽적 연결에서 심지어 관련이 없는 경우처럼 여전히 더 분명할 수 있다.

(16) 그 모임은 아주 오랜 시간 지속되었다. 바깥에는 눈이 내리고 있었다.
(17) 그 모임은 아주 오랜 시간 지속되었다. 회장의 대머리가 탁자 위의 등불 위로 반짝였다.
(18) 한 소년이 자전거를 타고 왔다. 그의 바지는 비 때문에 젖어 있었다. 그녀는 그에게 가장 가까운 경찰서가 어디에 있는지를 물었다.

이 예들에서는 다양한 종류의 세부 사항이 발견된다. (16)에서 첫 번째 문장의 화제는 정관사와 그 모임이 지속되었다(그리고 오래 시간 지속되고 있었다)는 전제 조건 때문에 '모임'이 되며, 분명하게 그 연속체 주제의 부분이 된다. 그 경우에 바깥에 눈이 온다는 지시는 구성 요소, 보통의 조건, 결과 등으로(그 모임이 지속적인 눈으로 인한 비상사태에 관한 것이 아니라면) 그 모임과는 주제상으로 전혀 관련이 없다. 오히려 우리는 여기에서 일종의 그 모임에 참여한 이의 생각이나 관찰을 암시적으로 언급하는(이 부분에서는 언급되지 않았다) 기술적이거나 묘사적 세부 요소를 접한다. 그러므로 이 세부 요소는 기껏해야 진행되는 총체적 사건의 배경의 속성에(즉 날씨 묘사) 지나지 않는다. '무엇이 일어났는지'의 어떤 묘사에서는 이후에 그 모임을 묘사하게 될 때 바깥에 눈이 내리는 지시사항은 관련이 없다. (17)에서 세부 요소가 그 모임의 중요한 참여자인 회장의 외양에 관한 묘사임에도 불구하고 이 점이 동일하게 적용된다. 여전히, 세부 요소의 기술은 그 모임에 어떤 식으로도 영향이 없음을 드러내는 것으로 보이는데, 그것은 보통의 구성 요소, 조건, 결과가 아니다. 그것은 관찰 속성 때문에, 그 이야기 단편의 '진실'에 관한 모호한 개념을 드러내는 기술적 세부 요소가 된다. 이러한 세부 요소는 그 모임에 관한 사무적인 보고서라기보다는 오히려 짧은 이야기나 소설에 드러난다(예로, 어떤 '분위기'를 드러내기 위해).

(18)의 두 번째 문장도 다른 문장의 해석에 관련이 없는 명제를 제시하는데, 즉 단순히 그 소년의 출현만이 관련이 있다(즉 어떤 행위를 성취하기 위한 조건으로). 그가 자전거를 타고 있고, 그의 바지가 젖어 있었다는 사실은 묘사적 세부 요소들이며, (17)에서와 마찬가지로 참여자의 관찰을 신호하는 데 사용될 수 있다.

즉 텍스트는 다른 명제들과 관련하여 해석될 수 있지만 오히려 사건들의 정상적이거나 필수적인 양상이 결코 기술되지 않는, 인과적 관찰에(예로, 사실주의적 기술의 정도를 향상시키기 위해) 있는 명제들을 드러낼 수 있다. 이러한 사건들이나 상태들은 배경 세부 사항, 참여자들의 묘사나 일반적으로 주변 문장들의 해석에 관한 전환 없이도 원칙적으로 생략될 수 있는 이 모든 사실이 될 수 있다. 물론 탐정 이야기나 문학 작품과 같은 특별한 경우는 세부 사항들이 때때로 이야기의 후반에 관련되는 것으로 드러난다. 하지만 이러한 담화 유형의 구체적인 기능은 다른 종류의 묘사나 이야기에서 언급한 세부 사항들이 관련이 없다는 사실에 기초한다. 지엽적이거나 총체적 관계의 개념은 상대적 해석과 조건화의 개념과 연결될 수 있는데, 비관련 세부 사항들은 다른 문장들의 해석을 결정하지 못하며, 정상적이거나 가능한 조건, 구성 요소 또는 기술된 다른 사실들의 결과나 전체로서 본문의 총체적인 사실이 아닌 것들이다.

지난 몇 가지 예에서 우리는 더 이상 각 명제보다는 오히려 총체적 사실의 부분이 되는 다소 관련이 있으며 중요하거나 구성 요소가 되는 사실들을 지정하는 명제들로부터 각 담화 단편에 대해 거시명제, 즉 화제를 이끌어낸다. 그 화제는 기술의 세부 사항들로 인해 전환되지 않으며, 그 화제를 '전달하는' 문장들의 해석을 바꾸지 않는다. 더 이상 (16)과 같은 경우에 공통의 의미적 분모에 대해 이야기할 수 없지만 다른 경우에는 참여자 동일성이 지엽적 의미 연결만을 결정한다. 다른 한편, 예들의 다른 범주 측면에서 각 명제가 총체적 화제를 예시하는 담화와 더 앞선 (13)의 예들에서와 같이 문장의 공통된 연속체가 아닌 담화들을 보게 된다.

(19) 존은 팽이를 가지고 놀고 있었다. 마리는 모래성을 쌓고 있었고, 슈는 비누 거품을 불고 있었다.

이 예에서, 각 문장은 조건적으로 연결되거나 각 구성 요소가 되는 사건들을 지시하지 않는다. 또한 이 연속체는 전형적인 텍스트 기반을 드러내지도 않는다. 하지만 직관적으로 추상화의 더 높은 층위에서 세 가지 사건을 포함하는 명제를 구성할 수 있다(예로, 그 아이들은 놀고 있었다). 이런 종류의 텍스트 기반과 그것의 화제 간의 연결 속성은 각 문장이 '아이는 놀고 있다'와 같은 명제를 함의한다는 사실에 있다. 즉 화제의 거시명제는 텍스트에 표현된 더 구체적 명제들에 관한 일반화로 개체들은 집합 논항으로 묶이며, 그 술어는 더 구체적인 술어들의 일반화가 된다.

2.4. 거시규칙

2.4.1. 이 상이한 예들을 기초로 우리는 현재 텍스트 명제들을 텍스트 단편의 총체적 화제를 정의하는 데 사용되는 거시명제와 연결짓는 더 일반적인 규칙으로 구성하고자 한다. 먼저 이 규칙들은 일종의 의미론적 유도나 추론 규칙으로 미시구조로부터 거시구조를 이끌어 낸다. 이런 종류의 유도에서 의미 정보가 '없어지므로', 어떤 면에서는 축소적임을 예에서 살펴 왔다. 다음으로 이 규칙은 어떤 요소들이 새로운, 더 복잡한 정보 단위들에 결합하도록 하므로 구성적인 속성도 지니고 있다. 마지막으로 이 규칙은 명제들의 (하위) 연속체를 하나의 거시명제에 연결하는 것에 합치게 되는데, 이는 조직적인 양상을 보여주는 것이다. 이런 속성들을 지니고, 텍스트 기반이나 이들의 단편을 거시명제들에 연결하는 의미론적 규칙은 이른바 거시규칙이라고 불린다.

이 절에서는 우선 이 규칙들을 다소 형식에 얽매이지 않게 구성하려고 노력하며, 그런 다음 그것의 속성은 더 명시적으로 구체화된다.

가장 단순하면서도 동시에 가장 일반적인 거시규칙은 삭제이다. 그것은 담화에서 다른 명제들의 해석에 관련이 없는 텍스트 기반의 모든 명제들을 삭제하고 담화의 거시명제에 의해 드러난 더 총체적 사실의 일반적 속성들로서 포함될 수 있는 사실들은 가리키지 않는다. 이 삭제 거시규칙의 형식화는 정보가 추론 작용으로부터 귀결되는 것이 아니라, 오히려 그 작용에서 정보가 없어진 상태가 기술된다는 점에서 다소 소극적이다. 그러면 더 적극적인 의미에서 동일한 규칙은 선택 규칙으로 받아들여지는데, 이는 텍스트 기반에서 다른 명제들의 해석 조건이 되는 모든 명제를 선택하는 것이다. 우리는 이후에 이 규칙이 공식적으로 작동하는 것을 발견한다. 가령, 이 규칙은 조건이 만족되면 적용되는데, 이는 이 규칙이 텍스트 기반의 추가적인 의미론적 정보를 '발견한다'는 것을 함의한다. 물론 경험적으로 적절한 인지 모형에서는 그렇지 않은데, 여기에서 형식화된 규칙들은 담화의 총체적 해석에서 언어 사용에 의해 적용되는 규칙이 아니라, 언어적 의미론의 추상적 추론 규칙이다. 이 첫 번째 삭제/선택 규칙의 예는 (16)~(18)에서 발견될 수 있다. 이 규칙은 이른바 '관련 없는 세부 사항들'이라 불리는 모든 종류에 작용하는데, 즉 세부 사항들이 주제나 화제의 구성에 기여하지 못한다는 것이다.

두 번째 거시규칙은 첫 번째 거시규칙의 단지 더 강력한 변이형이다. (15)에서 본 바와 같이, 우리는 때때로 텍스트 기반이 엄격하게 지엽적 범위 내에서 그 텍스트 기반의 다른 명제, 일반적으로 앞서거나 연속되는 것에 의해 지시되는 다른 사실의 조건, 구성 요소나 결과가 되는 사실들을 지시하는 명제들을 특징지을 수 있다는 점을 발견한다. 이는 지엽적 연결은 별개로 그 명제가 더 총체적 층위에서 사건들의 연속체를 조건화하지 못한다는 것을 의미하는데, 가령 어떤 다른 명제들도 그 명제와 관련해서 해석되지 않는다. 이런 경우에 우리는 강한 삭제에 대해 이야기하지만, 반면에 첫 번째 규칙은 약한 삭제라고 불릴 수 있다. 이 첫 번째 규칙은 관련 없는 세부 사항들을, 두 번째 규칙은 지엽적으로 관련되는 세부 사항을 삭제한다. 같은 경우가 이 규칙의 적극적(선택) 형식에도 적용된다. 강한 삭제 규칙과 약한 삭제(혹은 선택) 규칙 간의 차이를 말하는 대신에, 우리는 일반적으로 지엽적으로 관련 있는 세부 사항은 거시구조의 첫 번째 층위에 반영될 수 있고, 그것이 더 이상 관련 범주를 만족시키지 못하는 더 높은 층위에서는 삭제될 수 있기 때문에 하나의 삭제 규칙만을 사용할 수 있거나 사용한다.

세 번째 거시규칙은 일반화이다. 이는 (19)의 예에 적용된다. 이 경우에는 총체적으로 관련 없는 명제들이 단순히 삭제되는 것이 아니라, 개념적으로 더 일반적인 명제를 구성하는 것으로 각 문장에서의 의미적 세부 사항들이 추상화된다. 각 개별 참여자들은 집단으로 분류될 수 있지만 각 명제의 술어들은 공통분모하에 지시된 속성이나 관계의 최상위 집합을 가리키면서 함의된다. 도출된 거시명제는 참여자들과 그들 속성 간의 변이가 무시되는 사실이나 상황을 드러낸다. 도출된 거시명제가 너무 일반적이 되는 것을 피하고, 전체 연속체의 더 구체적인 의미를 표상하지 않도록, 우리는 이 규칙이 최소 가능 일반화를(예로, 각각 인접한 최상위 집합이나 술어나 개체들의 가장 작은 무리 지음에 의해) 수반하도록 규정한다. 우리는 삭제와 일반화 규칙에서는 도출된 거시명제에서 정보가 생략된다는 것을 안다. 하지만 첫 번째 경우는 단순히 전체 명제가 버려지지만, 두 번째 경우에는 추상화로 인해 술어의 의미 구성 요소가 버려진다.

네 번째 규칙은 구성이다. 이 규칙에서 명제들은 이른바 총체적 사실을 의미하는 명제에 의해 공동의 연속체로 미시명제들을 대체함으로써 통합된다. (13)에서와 같이 미시명제들은 총체적 사실의 정상적 구성 요소들, 조건들, 결과들을 가리킨다. 이 경우에 명제들의 공동 연속체는 거시명제를 한정한다. 이 거시명제는 전형적인 사건의 연속체, 어떤 속성들과 사실들이 일반적으로 그것과 연합되어 관습적으로 잘 알려진 일화를 가리킨다. 이후에 이런 종류의 지식에 관한 속성을 그것이 인지적으로 틀이나 각본에서 조직되는 것으로 좀 더 상세하게 조사할 것이다.

구성 규칙은 (13)에서와 같이 거시명제가 텍스트에 그것 자체로 표현된 경우는 삭제 규칙의 모습을 지닌다. 하지만 이는 꼭 그럴 필요는 없다. 실제로 구성 규칙의 특별한 속성은 새로운 명제가 텍스트의 각 명제들에 의해 기술된 복잡한 사건들을 가리키기 위해 새로운 술어를 수반하면서 구성된다는 점에 있다. 이런 경우에, 지엽적 명제들은 텍스트에서 당연히 다른 지엽적 명제의 해석과 관련된다. 따라서 공항 가기와 예약하기와 같은 모든 세부 사항이 수반된 총체적으로 복잡한 행위를 표상하기 위한 거시명제로 '나는 뉴욕 행 비행기를 탔다'라는 명제를 구성할 수 있다. 하지만 이들 중 어떤 사실은(예로, 탑승권 수령하기) 나중에 어떤 항공기 회사에서 탑승권을 준다는 사실과 연관이 있으므로 이러한 명제들은 순서상으로 관련은 되지만, 그 명제가 그것 자체로 거시명제와 동일한 이후 명제의 해석을 결정하지 못하면 총체적 층위에서는 관련이 없게 된다. 총체적 명제는 총체적 사건에 대해 관습적으로 익숙한 양상들을, 즉 지식 틀에서 발생하는 명제들을 기반으로만 구성될 수 있다. 당신이 떠날 때 공항에서 옛 친구와의 만남과 같은 관습적으로 익숙하지 않은 명제들을 포함하는 텍스트 연속체는 이 규칙으로 다루어질 수 없다. 또한 그 경우에 이러한 명제들이 거시명제도 되거나(예로, 그것들이 구성 규칙이나 다른 규칙으로 '삭제되지' 않는다는 단순한 사실에 의해), 단순히 내 비행기 여행의 세부 사항들을 의미하기도 한다. 그런 다음 삭제나 일반화에 의해 주의 깊게 다루어질 것이다.

명제들을 거시층위에 직접적으로 수용함으로써 '본래대로' 남겨두는 규칙도 필요하다. 이 경우에 영 규칙을 적용하는데, 이는 미시층위에서 발생하는 동일 명제가 거시층위에서도 나온다. 영 규칙은 특히 미시구조와 거시구조가 동시에 발생하는 모든 종류의 (매우) 짧은 담화에만(특히 한 문장 담화) 중요한데, 이런 경우에 말해진 모든 것은 "집에 와!"와 같은 단순한 배열에서와 같이 동등하게 관련되거나 중요하다. 영 규칙은 선택 규칙의 변이형임을 알 수 있다.

2.4.2. 거시규칙을 더 정확히 규정하기 전에, 담화 의미의 축소와 조직에서 그것들의 역할에 관한 좀 더 추가적이고 직관적인 관찰이 필요하다. 명제들의 연속체는 하나나 그 이상의 거시규칙에 종속되며,

이러한 명제들의 연속체는 〈그림 2.1〉에서와 같이 또 다른 층위에서 거시명제에 대응된다. 여기에서 텍스트 미시구조의 10개 명제는 세 개의 거시구조에 대응되며, 우리는 이를 대문자로 지시한다. 양쪽 연속체는 선적으로 배열된다. 하지만 거시규칙은 명제 입력이 허용되면 반복적으로도 작용하는데, 첫 번째 거시층위의 거시명제들은 두 번째 거시층위에서 더 총체적 거시명제를 산출하면서 다시 삭제, 일반화, 혹은 구성에 의해 처리된다. 이는 텍스트의 '하나'나 '그' 거시명제에 대해 말하기보다는 각 거시명제의 층위를 구체화해야 함을 의미한다. 하지만 (상이한) 명제의 의한 대용은 거시규칙이 한 명제 이상에 적용되는 경우에만 의미가 있다는 제약이 따른다. 이 제약은 하나의 거시명제에 규칙들을 재적용하려고 시도하지 않음으로써 구체적 정보를 잃는 것을 피할 수 있음을 의미한다. 즉 '나는 뉴욕행 비행기를 탔다'와 같은 명제는 '나는 무엇을 했다'와 관련해 일반화되지 않는다. 거시규칙의 적용은 앞서 상세하게 드러났듯이, 정보를 줄이고 조직화해야 하지만 확실한 상한선이 있다.

거시규칙 적용의 또 다른 중요한 모습은 삭제를 제일 먼저 적용한 다음에 다른 규칙을 적용해야 하는지, 구성을 제일 먼저 적용한 다음에 삭제 규칙과 일반화 규칙을 적용해야 하는지의 규칙의 순서에 관한 적용상의 문제이다. 추가적인 분석 이전에, 이 질문은 답변하기가 어

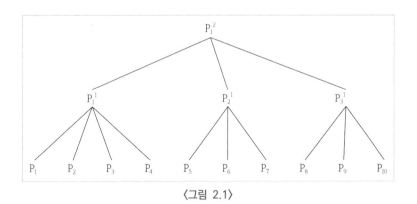

〈그림 2.1〉

렵다. 하지만 이론적으로 다음과 같이 말할 수 있는데, (강한) 삭제 규칙을 적용한다면, 구성 규칙이 작용하는 데 필요한 어떤 구성적 세부 요소들을(예로, '기차 타기'라는 화제의 연속체로부터 '기차역까지 걷기'를 삭제한다면, 구성 규칙을 적용하는 데 충분한 정보를 갖지 못하게 된다) 잃을 수 있다. 그러므로 우선 연속된 명제들이 총체적 사실을 구성하는 사실들의 표상으로서 함께 받아들여질 수 있는지를 살피기 위해 구성 규칙을 적용한다. 남겨진 명제들은 지엽적으로나 총체적으로 관련 없는 사실들을 표상한다면 삭제될 수 있다. 구성 규칙이 적용되지 않는다면, 우선 일반화 규칙을 적용하고 삭제/선택 규칙을 적용한다. 이후에 이들 삭제/선택 규칙이 순서화되는지, 그리고 어떻게 순서화되는지에 대해서도 살필 것이다. 하지만 재차 이론적으로 그것은 지엽적으로 관련 있는 세부 요소가 삭제되기 전에 관련 없는 세부 요소들이 삭제되는 것처럼 보인다. 6장에서 보는 바와 같이, 언어 사용자가 담화의 나머지 부분에 접근하지 못하는 경우를 다루는 한 인지 모형에서 이 규칙의 순서는 상이하다는 것에 주목해야 한다.

다음으로 거시규칙은 세상 지식으로부터 명제들의 삽입으로 의미 연결된 텍스트 기반에 적용될 수 있음이 가정된다. 만약 이것이 사례가 안 된다면, (형식적) 거시규칙에 관한 정보 입력은 충분하지 못한 것이 된다.

그런 다음 일반화와 구성 규칙에서 '새로운' 총체 정보가 더 높은 층위의 술어로 형성되어야 하는 문제에 직면한다. 형식적으로, 인지적으로 거시명제와 화제는 실제로 더 총체적인 개념들이 존재할 때에만 구성될 수 있다고 가정된다. 이는 틀이나 각본에 의해 우리 지식에 표상된 전형적인 일화에도 동일하게 적용되는데, 구성 규칙이 이들에도 작용하며 어떤 관습적인 더 높은 순위의 개념이 일화를 조직하지 못한다면 이 규칙은 적용될 수 없다. 이 의미론적 형식화에서 자연언어의 낱말들이 아닌 개념들의 존재에 대해 이야기하고 있음을 주목해야 한다. 그것은 더 높은 층위의 개념과 거시명제는 어떤 자연언어에서 직접적으로 표현될 수 없는 경우이다.

결론적으로 말하자면 거시규칙은 현실과 유리되어 형성되었음이 강조되어야 한다. 예로, 앞서 사용된 관련성의 개념은 일반적이고 객관적인 개념이 아니라 지식·신념·과제·목표, 언어 사용자의 흥미와 같은 모든 종류의 맥락 요인에 의존한다. 그러므로 거시구조의 인지 모형에서, 우리는 언어 사용자들이 심지어 정상적인 의사소통 상황에서 이 거시해석들이 다소간 비슷한 동일 텍스트에 대해 상이한 거시구조 표상에 도달할 수 있다는 사실을 설명해야만 한다. 형식적으로 말하자면, 이는 거시규칙의 적용이 텍스트의 관련 정보가 무엇인지를 미리 결정하는 조정 도식에 의존한다는 것을 의미한다. 이 도식들은 의사소통 맥락의 속성이며 언어 사용자들의 담화 처리를 결정하기 때문에 6장에서 논의한다.

2.5. 거시분석의 예

2.5.1. 지금까지 몇몇 단순한 예들을 기반으로 미시구조를 거시구조에 관련시키는 몇몇 거시규칙을 형식에 얽매이지 않고 형성해 왔다. 거시규칙의 구체적인 제약들에 대해서도 몇몇 이론들을 만들어 왔다. 하지만 우리의 가설을 검증하기 위해 상이한 종류의 텍스트들에 관한 다수의 분석이 이루어져야 한다. 텍스트에서 거시구조의 분석과 이러한 구조들이 미시구조로부터 유도되는 방식에 관한 분석은 단지 거시분석이라고 불린다. 다소 형식적으로 명시적인 분석을 만들 수 있기 전에, 우리는 앞서 구체화된 거시규칙을 이용하면서 우선 그것들이 적절한지, 더 나은 규칙들이 그것들이 적용되는 순서에 필요한지, 그리고 다른 어떤 제약들이 그것에 작용하는지를 알기 위해 몇몇 더 반(半)직관적 분석을 필요로 한다.

거시구조에 관한 가설이 옳다면, 모든 있음직한 의미 연결 담화 유형들에 적용될 수 있다. 하지만 거시구조는 추상적 의미 개념이다. 실제 담화에서(예로, 일상 대화나 시) 그것이 전혀 없거나 단편적인 거시구조만 있을 수 있다. 경험적인 주장은 오직 일반적이면서도 관습적으로 담화가 총체적으로 의미 연결된다는 점에 있다. 거시구조가 없는 특별한 담화의 실제적인 수용 가능성이나 오히려 수용이 이 가정에 관한 반례라기보다는, 비문법적 문장의 수용이 통사적 구조를 가진 문장에 관한 반례이다. 거시규칙들이 다양한 종류의 담화에서 다양한 방식으로 작용하는지도 이 규칙들이 충분하게 일반화되는지 알기 위해 살펴져야 한다. 우리는 이런 경우에 다양한 담화 유형을 넘어서 구체적인 제약이나 다른 변이들이 있는지의 여부도 살필 수 있다.

2.5.2. 우리는 복잡한 이야기들로(예로, 범죄 소설의 단편들) 분석을 시작한다. 이 선택의 이점은 이러한 담화가 비교적 맥락 독립적이라는 것에 있다. 앞서 거시구조의 인지적 형성이 지식에 의존할 뿐만 아니라, 종종 흥미·과제·태도 혹은 신념에 의존하는 것으로 가정해 왔다. 또한 이들은 일반적으로 이야기 이해와 일상 대화, 신문 텍스트와 같은 실제적인 의사소통 맥락에서 더 구체적인 방식으로 역할을 한다. 더욱이 이야기는 대개 인간의 행위와 사회적 상호작용에 관한 것인데, 이는 지식 얼개의 중요성 및 계획과 목적의 역할 때문에 수반된 총체적 구조를 설명하기 위한 추가적인 방식들을 제공한다. 3장에서 우리는 이러한 이야기의 총체적 의미 양상들이 추가적으로 이야기 서술의 도식적이거나 상위구조적 양상에 더 관련된다는 점을 발견할 것이다. 결론적으로 이야기 분석이 4장에서 다루어지는 화제인 (상호) 행위의 거시분석에 밀접하게 연관된다는 것을 살펴볼 것이다.

2.5.3. 우리는 제임스 하들리 체이스(James Hadley Chase)의 『예기치 않은 곤경에 처하다(Tiger by the Tail)』(1966)라는 범죄 이야기의 첫 번째 부분으로 분석을 시작한다.

(20)

(a) 그의 앞을 걸어가고 있는 여름 드레스를 입은 키가 크고 날씬한 금발 여성이 켄 홀란드(Ken Holland)의 눈을 사로잡았다.

(b) 그는 그녀가 걸을 때의 우아한 자태를 유심히 보았다.

(c) 그는 재빨리 눈동자를 움직였다.

(d) 그는 앤(Ann)을 처음 만났을 때 이후로 이와 같이 여자를 쳐다본 적이 없었다.

(e) 그는 스스로에게 뭐가 문제였을까 되물었다.

(f) 나는 파커(Parker)만큼이나 타락되고 있었다.

(g) 그는 재차 금발 미녀를 쳐다보았다.

(h) 그가 생각하기에 그녀와의 저녁 외출은 환상적이었다.

(i) 파커(Parker)는 항상 모르는 것이 약이라고 말하였다.

(j) 그건 진실이다.

(k) 앤(Ann)은 결코 몰랐다.

(l) 결국 다른 결혼한 남자들도 그것을 했다.

(m) 그는 왜 안 될까?

(n) 그러나 그 소녀가 길을 건너가고 그의 시야에서 사라졌을 때, 그는 앤(Ann)으로부터 아침에 받았던 그 편지를 떠올리기 위해 노력하였다.

(o) 그녀는 5주 동안 줄곧 떨어져 있었고, 그녀는 엄마가 전혀 좋아지지 않았음을 쓰려고 했다. 그녀는 돌아올 때 아무 생각이 없었다.

이 부분은 상당히 전형적인데, '감각적이지만', '분별없는' 매춘부들에 의해 지배되고 유혹받는 (다소 약한) 남자들의 성적인 망상이나 좌절에 관한 일반적인 체이스(Chase)의 주제가 이어진다. 이 이야기에서 우리 '영웅'(Ken Holland)은 아내의 부재중에 은행 동료의(Parker) 조언에 따라 수많은 머뭇거림 이후에, 그가 보기 위해 갔던 한 소녀의 살인에 관련된다. 이 마지막 문장은 그 소설의 주요한 거시구조의 일부를 드러내며, 첫 번째 부분의 분석에 대해 일반적인 '주제 환경'을 제공한다. 명확하게 이 이야기의 첫 번째 장에 관한 명시적인 분석은 요약 문장이 이 이야기 발단에 관한 총체적 화제의 적절한 표출이 된다는 점을 증명하게 된다. 하지만 앞서 이야기했듯이, 이 단계에서의 분석은 비형식적이고 설명적이다.

우리는 연속된 (a)에서 (o)까지의 문장에 관한 거시규칙의 적용을 논의한다. 또한 추상적 의미론적 모형에서 거시규칙은 텍스트에서 그 이상의 정보에 접근해야 하기 때문에 필요할 때마다 우리 스스로에게 이 정보를 제공한다. 이런 경우에 수반된 거시원리들이 동일함에도 불구하고 인지 모형은 다소 차이가 나게 됨을 알게 된다. 예로, 이것을 바로 첫 번째 문장에서 보게 된다. 독자는 금발 소녀가 이 이야기에서 (주요한) 인물이므로 첫 번째 (주요한) 거시명제의 부분이라는 가설을 세우게 된다. 하지만 이는 그렇지 않다. 그 소녀는 단순히 여기에 등장 하며, 켄 홀란드(KH)라는 주인공만이 더 일반적인 상황임을 예증하기 위한 사실에서의 인물로 도입된다. 이 양상을 설명하기 위해 여기에 어떤 종류의 거시규칙이 적용되는지를 간략하게 살펴본다.

문장 (a)는 일반화와 삭제 규칙의 적용을 모두 고려해 넣는다. 여름 드레스는 더 이상 언급되지 않을 것이며, 여기에서 더 이상 관련되지 않으므로 그것을 표현한 구는 삭제된다. 첫 번째 구에 의해 표현된 명제들은 '아름다운 소녀'로(다음에서 보듯이 최소한 어떤 평가 체계에서) 일반화될 수 있다. '걷는다'라는 개념은 다음 문장을 해석하는 데 관련 되므로 약한 삭제에 의해 제거되지 않지만, (b)에서의 '우아한 움직임' 과 함께 강한 삭제와 일반화('아름다운 소녀')에 의해 제거되어야만 한다. '눈을 사로잡다', '유심히 보다', '보고 있다', '눈동자를 움직였다', 그 리고 '다시 보았다'와 같은 서술은 '보았다'라는 일반화로 귀결된다.

여기에서 언급된 첫 번째 흥미로운 점은 우리가 명시적으로 표현된 명제들을 기반으로 거시정보를 수립할 뿐만 아니라, 총체적 사실 도 식의 범주를 채우는 정보를 제공하려고 노력한다는 것이다. 이런 경 우에 우리는 구체적으로 그 사건들이 여름 혹은 따뜻한 도시에서('여름 드레스'에 의해) 일어나며, 그 사건들이 애초에 그 거리에서('걷고 있는', (n)에 의해 확인된) 발생한다는 배경 범주에 대해 추론할 수 있다. 따라서 우선 'KH는 거리에서 예쁜 소녀를 보다'라는 거시명제가 성립될 수 있다.

문장 (c)는 앞선 행위에(쳐다보지 않기) 관한 인내와 그것에 관한(암시적 사고 표상에 의해) 자극을 언급함으로써, 즉 앤(Ann) 혹은 오히려 그가 결혼한 사실 때문에 소녀를 쳐다본다는 것에 익숙하지 않다는 화제의 (순간적인) 단절을 가져온다. 이런 이유는 (e)와 (f)에서 자기비판에 의해 뒷받침된다. 이는 매개된 사고이지만, '소녀를 쳐다보다'라는 주제가 재진술되는 (g)와 (h)에서 드러난다. 그렇다면 (c)에서 (e)까지의 요지는 'KH는 (확실한) 도덕적 감정을 가지고 있다'와 유사한 것이 된다. 이는 다음과 같은 흥미로운 의문을 제기한다. 물론 이 영웅의 세부적인 사고 요소들은 총체적으로 관련이 없으므로 (c), (d), (e)에서 삭제된다. 하지만 이들 문장에 의해 전달된 일반적인 정보는 KH의 성격에 관한 것이다. 즉 총체적 행위를 구성하거나 관련 없는 행위들을 삭제할 뿐만 아니라, 그 인물의 성격에서 총체적 속성을 구성하기 위해서도 그것들을 사용함으로써 인물들의 어떤 행위로부터 일반화로 추상화할 수 있다. 이는 KH는 아름다운 여성들을 좋아한다와 같이 첫 번째 문장에도 동일하게 적용되는데, 여기에서 '양심의 가책'이라는 주제가 이것에 추가되며, 이는 (확고한) 윤리적 태도에 관한 더 일반적인 인물 속성의 부분이 된다. 여기에서 오히려 일반화의 구체적인 유형을 가지게 되는데, 이를 해석이나 평가라고 부른다. 따라서 해석은 인물들의 어떤 총체적 심상이나 개성의 속성을 그들의 각 행위에 연결하는 거시규칙이다. 이 소설을 통해, 더 총체적인 특징의 지시나 표현으로서 등장인물들의 관련 있거나 없는 행위들을 파악하게 된다. 총체적 특징은 당연히 거시구조의 한 부분이 된다. 구체적으로 예에서 총체적 속성은 KH가 '규범에 어긋나는 행동하기'의 여부에 망설이고 있음과 같이 전체 첫째 장을 지배한다. 문장 (i)에서부터 (m)까지는

KH의 심적 논증에 관한 기술인데, 다른 소녀와 함께 나갈 뿐만 아니라, 이 머뭇거림의 표현으로서 총체적으로 해석될 필요가 없기 때문에 삭제되거나 일반화되어야 한다. 문장 (n)은 첫 번째 사건에서(거리에서 소녀 쳐다보기) 다음의 총체적 사실로(즉 KH의 상황, 그의 아내의 부재, 그리고 이런 부재에 관한 그의 감정적 반응) 변화한다. 이런 경우에, 심적 상태는 개인 상황의 일반적인 구성 요소이며, 편지를 받은 것은 부재하고 있는 근친의 일반적인 구성 요소이다. 이 부재에 관한 이유는(엄마가 아프다) 일반적인 조건이므로 '아내의 부재'에 관한 총체적 주제로 통합될 수 있다.

또한 이 부분의 총체적 해석에서 중요한 것은 익숙한 사회적 틀(즉 '不貞')의 사례이다. 이러한 틀에서 한 무리의 인물들(아내, 남편, 제3의 인물), 일련의 유형적인 사건들과 행위들, 그리고 다수의 관습들을 구성한다. 소녀들을 보는 것, 그들과 만남을 원하는 것, 그리고 양심의 가책은 이 (전형적인) 틀의 유형적인 사실들이다. 동시에 이 틀은 주요한 인물의 총체적 목적들에 관한 배경을(즉 소녀와의 만남에 의해 좌절의 상황을 전환시키려는 목표를 실현하는 것, 이는 KH에 의해 결국 계획될 것이다) 제공한다. 사실상 이 구절은 이 계획과 목표에 깔려 있는 동기의 첫 번째 구성 요소를 제공하며, 이러한 동기를 이끌어 내기 위한 최초의 상태에(좌절의) 관한 일반적인 속성을 드러내는데, 이러한 것은 다시 기본적인 욕구(사회적 관계, 성, 사랑 등)·희망·선호 등에 기초한다. 이 동기들은 소녀와의 만남을 위한 '일반적인' 조건이며, 그것은 더 일반적인 층위에서 구성에 의해 더 통합된다.

이 논의로부터 거시분석이 몇몇 층위에서 발생한다고 결론내릴 수 있다. 즉 관련 없는 세부 요소들을 삭제하고, 총체적 행위들을 일반화하고 구성하지만, 동시에 사건들의 배경, 관련된 인물들의 성격, 예시된 사회적 틀 등에 대해서는 추론할 수 있다. 즉 거시규칙들은 단순히 주어진 정보의 삭제에 의해 작용하는 것이 아니라, 보통 역동적으로 새롭고 더 총체적인 또 다른 층위에서 정보를 구성하려고 시도된다.

이는 사실로 조직화된 명제들을 거시사실로 조직화된 거시명제들에 대응시킴으로써 이루어진다. 또한 이 규칙은 거시구조적 사건이나 행위에서의 인물들이 있는 이야기에서 그 인물들을 고립시키며, 거시 행위를 구성하며, 인물들에 관한 수식 어구를(즉 그들의 일반적인 성격) 구성하며, 마지막에는 시간·공간·배경, 그리고 분위기와 같은 일반적인 상황을 결정한다. 다음으로 거시사실은 알려진 사회적 틀에서 한 사실의 구체화로서 받아들여지며, 이는 총체적 목표 전략, 가능 계획, 그리고 등장인물들의 일반적인 선호를 제공한다. 앞선 예의 거시적 사실은 다음과 같다. 즉, 'X는 좌절감을 느낀다'의 구체적인 예시가 되는 'KH는 좌절감을 느낀다'는 'KH는 매춘부와 만난다'와 같은 더 확장된 거시사실들에 대해 '규범에 어긋나는 행동하기'라는 사회적 틀 내에서의 일반적인 조건이다.

이 몇 개의 예들로부터 우선 거시구조의 유도가 상당 부분 사회문화적으로 결정된다는 것을 볼 수 있다. 가령 어떤 행위들과 사건들이 주어진다면, 그것은 제한적으로 현재 총체적 사건이나 행위라고 간주하는 것의 사회적 틀, 문화적 규준과 가치에 의존한다. 물론 이야기 등장인물들의 총체적 개성의 속성들에 대해 추론하면 이것을 명확하게 볼 수 있으므로 이런 경우에 우리는 KH가 종종 일반적인 죄책감과 관련하여 전형적인 남성의 거리에서의 품행에 동반되는 전통적인 결혼 윤리관을 가지고 있다고 판단한다. 이러한 것은 우리가 표상된 성격을 구성하는 것으로부터 총체적 요소들이 될 수 있는데, 매우 흡사한 방식에서 우리는 다른 이들의 행위로부터 추론함으로써 일상의 상호작용에서 행위할 수 있다. 행위와 사건 도식에 대해 일반적인 지식을 가지는 것과 같은 유사한 방식으로 우리는 일반적인 성격 도식을 가지게 되며, 이는 상호작용하는 이들의 다양한 행위 유형, 품행, 그리고 외모 등을 조직한다. 앞선 예에서 우리는 다소 불안하지만 여전히 그의 아내를 사랑하므로 그의 불만에 못이기는 것을 주저하는 KH와 다른 한편으로 그가(혹은 그의 동료가) 어떻게 하면 전형적인 비밀 조건으로(모르는 것이 약이다) 그 소녀와 함께 나갈지를 생각하는 그의 동료 파커(Parker) 간의 전형적인 차이만을 발견해 왔다. 여기에서 이러한 성격 도식이 무엇과 같은지의 문제는 무시한다. 논의에서 중요한 것은 그것만이 인물의 총체적 성격이나 '유형'을 구성하도록 해준다는 사실이며, 이는 주어진(표상된) 사회적 맥락에서 이야기 등장인물들의 다양한 행위를 이해·평가·조직·기대·예측하는 데 중요하다는 점이다.

일반적인 행위 틀에 덧붙여 현재 우리는 복잡한 성격 도식들을 가지고 있으며, 이 두 경우에는 텍스트에서 심지어 매우 빈약한 말로 드러나 있지만 진행되고 있는 개연적인 총체적 사건, 인물들의 성격, 사회적 맥락, 관련되는 틀 등을 표상하는 좀 더 복잡한 총체적 구조를 구성할 수 있다. 관련된 어떤 추론은 다소 감지하기 힘들며 독자의 특별한 지식·신념·태도·가치·기준에 의존한다. 여성 독자와 특별한 여성주의자는 분명히 남성 우월주의자와는 다른 방식으로 본문을 읽을 수 있다. 이 미시층위와 거시층위의 모든 영역의 이해에서 매우 중요한 인지적 구성 요소는 거시구조 정보의 심리적 양상이 다루어지는 6장에서 설명될 것이다. 지식·신념·태도·과제·흥미·가치·기준과 같은 거시정보의 구성을 개별적으로 결정하는 다양한 맥락 요소들은 이른바 언어 사용자의 인지적 집합이라고 부른다. 이 인지적 집합은 각각의 순간과 상이한 텍스트에서 서로 다른 독자/청자에게 차별적이다. 따라서 이 장에서는 언어 사용자들 간의 수많은 인지적 차이를 추상화하며, 이는 처리, 기억 한계, 이해 전략으로부터 이끌어내 온 바와 같은 방식에서 동일 텍스트의 상이한 거시구조를 부분적으로 유도할 수 있다. 우리는 사실들의 연속체를 구성하면서 단지 명제들의 연속체를 가져오며, 필요하다면 추상적인 틀이나 다른 세계 지식으로부터의 명제 연속체도 가져온다. 즉 형식적으로 말하자면, 인지적 집합은 단지 명제들의 집합이다. 이 마지막 문장에서 '집합'의 첫 번째 개념은 '취향'이나 실제 상황, '상태'와 같은 것을 의미한다. 반면에 두 번째 개념은 수학 집합 이론으로부터 나온 것이다. 이후에 인지적 집합의 심리적 양상으로 돌아올 것이다.

결론적으로 앞서 비형식적으로 분석된 이야기 부분의 첫 번째 층위의 거시명제를 제시하는 것으로 이 의견들을 요약해 보자.

(21)

(a) KH는 거리에서 아름다운 소녀를 보고 있다[일반화에 의해 (a), (b), (g), (h)로부터].

(b) 그는 결혼했기 때문에 그것에 대해 죄책감을 가지고 있다[구성에 의해 (c), (d), (e), (f)로부터].

(c) 그는 그의 아내가 부재중이기 때문에(그녀의 아픈 엄마를 보기 위해 몇 주 동안) 좌절감을 느낀다[구성에 의해 (n), (o), 그리고 이어지는 단편으로부터].

거시규칙 적용의 두 번째 차례에서 좌절감을 느끼고 있는 남성의 일반적인 구성 요소로서 (21, a)를 가져올 수 있으므로 이야기 주인공의 일반적인 태도에서 그것을 삭제하거나 일반화한다(즉 결국 매춘부와 만나게 될 조건). 어떤 사회적 틀이 주어진다면, 우리는 심지어 (21, b)를 KH가 결혼했다는 정보를 고려하면서 이 행위의 일반적인 결과로서 받아들인다. 하지만 그의 성격과 다른 소녀와 함께 외출하고자 하는 그의 오랜 머뭇거림을 이해하기 위해서 어떻게든 분명한 결혼 틀로부터 (21, b)를 추론할 필요가 있다. 즉 이 이야기의 후반에 연속적 (거시)명제들의 해석에 일반적인 조건이나 전제가 되는 이 거시명제들을 삭제하거나 일반화하지 않는다. (21, c)의 첫 번째 수준에서의 아내의 부재에 관한 이유가 단지 KH의 장모를 가리키면서 명제를 조직하게 된다. 더 거시층위에서는 KH 아내의 부재만 관련되는데, 일반적인 조건은 삭제될 수 있다. 거시규칙의 결과로 다수의 원자명제가 아니라, 사실들이라고 불리는 명제들의 도식들을 가지게 되었음을 (21)로부터 살피게 된다. 즉 거리에서 아름다운 소녀를 보는 것은 하나의 사실일 뿐 그것에 관한 죄책감과 아내의 부재로 인한 좌절감은 두 가지 이상의 사실이다. 그러므로 명제들에 대해서만 거시규칙을 적용하는 것이 아니라, 동시에 거시사실들에 거시명제들을 조직화한다. 이 소설의 발단 부분인 기술 층위에서는 여전히 미시층위에서 표상되는 것들과 밀접하게 관련되는 사실들이 있다. 의미론적 구조가 더 복잡해지면, 더 높은 층위의 사실들을(예로, 'KH는 매춘부와 만나고 있다'는 이 책의 다수 페이지의 명제들을 조직화한다) 필요로 한다.

이 본문으로부터 구성된 거시사실들에서, 이렇게 하는 것에 관한 충분한 정보를 갖게 되면 주인공의 총체적 수식어를 지적할 수 있다. 유사하게, 여름이거나 따뜻한 도시, 그리고 몇몇 이후의 장면들이 은행, KH의 집이나 매춘부의 집에서 일어난다는 점이 더해진다. 이 층위에서 수식어 구는 관련 인물들의 (거시) 행위로부터 추론되어 평가된다. 동일한 방식으로 구성 규칙을 기반으로 일반적인 지식 틀을 세분화함에 따라, 현재 특별한 평가를 결정하는 태도·기준·가치를 구체화하게 된다. 즉 담화의 모든 (거시, 미시) 이해는 언어 사용자의 인지적 집합에 관련된다.

또한 예에 관한 분석으로부터 가능한 거시규칙들의 적용 순서화에 대해 어떤 결론을 내릴 수 있다. 관련 없는 지엽적 세부 요소는 우선 약한 삭제에 의해 다루어진다. 일반화는 인물들의 수많은 행위나 속성들을 종합하고 이들을 충분하게 추상화 층위에서 표상시킨다. 구성 규칙은 연속체의 주요한 조건적이고 구성 요소가 되는 사건들, 상태들, 행위들을 포착해서 총체적 행위·성격·환경을 산출한다. 마지막으로 강한 삭제는 지엽적으로 관련되지만 총체적으로 더 이상 관련되지 않는 정보를(예로, 특별한 소녀를 쳐다보는 것) 다룬다. 강한 삭제는 마지막에 오는 것으로 예상될 수 있다. 가령, 우리는 더 앞서(87쪽) 가정해 왔는데, 사실상 그것은 더 높은 층위들에서 단지 삭제일 수 있다. 향후의 논의는 이 순서가 더 일반적인 속성을 가지는지의 여부를 보여주게 될 것이다.

마지막으로 구성 규칙이 총체적 사실들을 산출하면서 명제들과 사실들에 작용하며, 상이한 종류의 총체적 정보에 귀결된다고 결론내릴 수 있다.

(a) 총체적 환경
    (i) 상황, 장소, 시간/시대
    (ii) 분위기, 날씨 등
(b) 총체적 상태 기술
    (i) 인물, 성격; 심적/감정적 상황
    (ii) 사건들과 행위들에 관한 일반적인 조건
    (iii) 사건과 행위에 수반된 개체들
(c) 총체적 사건
    (i) 총체적 (내적) 행위와 그들의 목적/목표, 계획들
    (ii) 총체적 과정과 사건들
(d) (a)~(c)의 총체적 수식어구와 평가

2.5.4. 거시규칙이 충분하게 일반적인 속성을 지니고 있는지의 여부를 살피기 위해 다른 담화의 유형에도 이를 적용해야 한다. 앞서 복잡한 이야기의 부분에 관한 분석에서 이를 적용해 왔다. 수반된 특별한 이야기 서술 양상은(즉 기본적인 이야기 서술의 상위구조) 3장에서 다루어질 것이다. 하지만 다른 담화 유형들에서 이 규칙은 다른 종류의 의미론적 정보와 특수한 상위구조의 제약 아래에서도 적용되는 사례일 수 있다. 우리 예에서의 인물들, 중심 등장인물('영웅들'), 그리고 복잡한 행위들의 관련성은 부분적으로 이야기의 도식에 의해서뿐만 아니라, 행위에 관한 텍스트에서의 바로 그 의미론적 정보의 속성에 의해 결정된다. 그러므로 담화의 다른 종류가 유사한 구체적 의미론적 정보를 가지고 거시규칙이 거기에 적용되는지의 여부도 살펴보도록 하자.

이야기 서술 텍스트 대신에, 설명적 텍스트를 가져와 보자. 종종 이러한 텍스트는 3장에서 논의될 바와 같이 논증적 상위구조를 가진다. 설명적 텍스트는 행위나 인물에 관한 것이 요구되기보다는 목적이나 추상적 개념에 관한 것일 수 있다. 이 예에 대해 〈표 2.1〉에 주어진 분석은 다양한 거시규칙들이 더 이상 비형식적으로 설명될 필요가 없기 때문에 1장에서 도입된 표식을 사용하면서 더 명시적이 될 수 있다. 그렇지만 이 분석은 거시규칙이 일련의 순서화된 절차로 적용되지 못할 뿐만 아니라, 모든 관련 지식 정보가 명시적으로 간결하게 설명되지 못하기 때문에 여전히 엄격한 의미에서 형식적이지 못하다. 이는 텍스트 표면 구조를 기본적인 원자 명제로 전환하는 데 동일하게 적용된다.

백클래쉬(Bakkelash)

6월 28일 수요일에 독립된 대법원은 지루하게 기다려온 알렌 바케(Allan Bakke) 씨의 논쟁 소송에서 최종적으로 판결을 내렸다. 이는 한 백인이 의사가 되려고 하는 그의 시민 권리가 흑인과 소수 민족을 돕기 위해 의도된 의학 전문학교 입학 허가 제도에 의해 침해되었다고 주장했던 바이다. 그의 피부 색깔 때문에 그 학교로부터 잘못 배제되었다는 바케 씨의 불만은 폭넓은 지지를 얻었다. 그의 소송은 '단언적 행위'에 반하는 백인의 분노에 초점이 있었는데, 즉 백인들이 보아 온 것처럼 그 프로그램으로 자격 미달인 소수민족들에게 불공정하게 자리를 내주어야만 했다. 반면에 바케 씨의 도전은 몇 년 동안 백인들에 관한 차별의 제한에 위험이 되는 것으로 소수 민족에게 이해되었다.

소송의 법률적 어려움과 그것의 정치적 중요성을 고려해 볼 때 아홉 명의 판사가 단일한 결정에 이르지 않았다는 것은 놀라운 일이 아니다. 사실, 여섯 가지 의견이 있었다. 닉슨의 임명과 종종 자유주의 비판의 대상이 된 판사 루이스 파웰은 주요한 의견을 읽었다. 법정은 바케 씨가 의학 전문학교의 입학을 허가한다는 판결에 의해 그에게 개인적 승리를 부여했다. 하지만, '특별한 입학' 프로그램을 지배하는 일반적인 원리를 수립하는 데 있어 법정은 인종이 고려될 수 있음을 판결하였다.

어떤 시민 단체들은 이 점에 관한 결정을 환영하였다. 노련한 시민권 변호사 조셉 라우하 씨는 단언적 행위의 논쟁이 된 원리에 관한 '법률적 구체성'의 조건으로 그 결정을 이야기했다. 이러한 흑인들과 다른 소수 민족들을 주류로 끌어들이기 위한 세심한 진전이 없었다면, 민족적 불평등을 종결시키기 위한 노력들은 많은 사람들이 생각하기에 분명히 실패했을 것이다. 다른 시민 단체들은 법정 판결의 노력에 대해 덜 낙관적이었다. 대학이 인종을 입학 허가의 한 요인으로 고려하는 일반적 개념을 지지하는 동안, 법정은 그것만이 요인이라는 제도를 기각하였다. 이는 법정에서 파월, 스티븐스, 렌퀴스트, 스튜어트, 그리고 주심 판사인 워렌 버그 등의 다섯 명의 판사가 데이비스에 있는 캘리포니아 의학 전문대학의 제도가 무언가 잘못되었음을 발견했다는 것이다.

1973년과 1974년, 바케 씨는 이 학교에서 자리 잡은 데 실패했다. 매년 불리한 지원자들, 실제로는 흑인들이나 다른 소수 민족의 구성원들을 의미하는 이들을 위해 100개의 자리에서 16개 정도의 자리가 보류된다. 바케 씨는 35명의 '일반' 지원자들의 중의 하나였고 입학 허가 기회를 얻지 못했다. 16명의 특별한 자리가 보류되지 않았더라면, 바케 씨는 대략 한 자리에 50% 이하의 기회가 있었을 것이다.

파월 판사는 데이비스 의학 전문학교의 '두 가지 방식' 입학 허가 제도는 법정이 인정할 수 없는 일종의 인종에 의한 차별을 수반한다고 입증하였다. 그는 미국 헌법의 14번째 수정 조항하에서 그것은 개인의 권리를 무시하는 것으로 발견하였고, 이는 법 아래 모든 이들은 동등한 보호를 받아야 한다는 것이다. 다른 네 명의 판사는 상이한 방식에 따라 유사한 결론에 도달하였다. 판사 스테이븐이 제기한 의견에 따르면 데이비스의 제도는 1964년 시민 권리에 관한 법률 VI장에 의해 기각되었다. 특히 이는 "어떤 사람도 민족, 인종 혹은 출신 국가에 기반하여 …에 참여하는 것으로부터 배제되지 않으며 연방 세금 지원을 받는 어떤 프로그램이나 활동하에 차별을 받지 않는다."를 말하는데, 바케 씨는 그의 피부색으로 인해 의학 전문학교로부터 배제되었지만 의학 전문학교(수많은 전문학교들과 같이)는 연방 기금을 받았다. 따라서 판사들은 헌법이 아니라도 국회법은 데이비스의 '특별 입학 허가' 프로그램을 기각하는 데 충분하다고 논의하였다. 1964년 시민 권리법은 백인에 의해 흑인들의 차별에 관한 법적 보호를 위한 이정표였다는 것은 이 사례의 가장 명확한 반어 중의 하나이다. 그것은 일반적으로 법과 같이 그것의 언어가 색맹이기 때문에 반대자들에 의해 '역차별'을 불러일으킬 수 있었다.

법정에서 최초이자 유일한 흑인 구성원인 판사 쓰루굿은 판사 파월과 확실히 달랐다. 거의 지난 200년 동안 법정에 의해 해석된 바와 같이 헌법은 흑인들에 반하는 차별의 가장 독창적이고 설득력 있는 형태들을 금지하지 못했다고 그는 말했다. 그는 "그 차별의 유산에 관한 결과를 치유하기 위해 주가 활동했을 때, 나는 이와 유사한 헌법이 울타리로 놓이는지를 믿을 수 없다고 했다."라고 말을 계속했다.

판사 마샬은 데이비스 의학 전문학교의 특별한 입학 허가 제도가 유지되도록 허가되고, 그리고 바케 씨가 입학을 허락받지 못했다는 점을 논의하면서 브레넌, 블래문, 그리고 화이트를 포함해 자유주의 소수파를 연합하였다. 이들 자유주의자 네 명과 함께 판사 파웰이 인종이 입학 허가의 한 고려 사항으로 사용될 수 있도록 법정의 일반적 판결을 내리는 데 기초를 수립하였다. 특히, 모든 지원자들을 인력풀로 묶기 위해 어떤 종류의 할당 제도를 사용하기보다는 인종의 다양성을 확보하기 위해 흑인들을 선발했던 하버드 대학의 '특별한 입학 허가' 프로그램은 법률적 표준으로 지지되었다. 그 사이에 놓이는 특별한 입학 허가 프로그램의 수용 가능성에 관한 많은 논의를 하지 않을 수 없었다. 바케 씨의 결정은 고용, 건축 계약, 교육과 치안을 포함한 다른 확고한 행위 계획의 범위에 관한 매우 명확한 지침도 없었음을 지적하였다. 하지만 건축 계약의 경우는 계류 중인데, 머지않아 법정이 결정하게 된다.

바케 씨는 데이비스 의학 전문학교에의 좌절 이후에 기술자가 되었고, 현재는 38살이다. 5년 전에 그가 지원했던 다수의 다른 의학전문학교들은 그의 나이 때문에 그를 받아들이지 않았는데, 의대생으로는 많은 나이였다. 하지만 그의 변호사는 그가 이번 가을 학기에 의학 전문학교에 갈 것이라고 이야기한다. 흥미로운 의문은 데이비스가 의학전문학교에 지원했지만 흑인들을 위해 보류된 자리 때문에 실패했던 다른 30인이나 '일반적인' 지원자들에 관한 법률적인 입장이다.

판사 파웰의 장기간의 지배적 판결에는 수많은 논의가 있었다. '역차별'의 문제에 관한 열정과 분노가 환기되어 왔음에 비해, 법정은 동시에 두 방향을 지적하는 판결을 내리는 데 어떤 놀라움도 일으키지 않았다. (*The Economist*, 1978, 7월 1일, 31~32쪽에서)

〈표 2.1〉 백클래쉬(Bakkelash)의 거시분석

	미시명제(원자적)	거시규칙	거시명제
1	내렸다(x_1, x_2)	영	내렸다(x_1, x_2)
2	대법원 = x_1	영	대법원 = x_1
3	독립된(x_1)	영	독립된(x_1)

	미시명제(원자적)	거시규칙	거시명제
4	판결(x_2)	영	판결(x_2)
5	오래 기다린(x_2)	삭제	$\varnothing$
6	최종적으로(1)	삭제	$\varnothing$
7	안에서(x_2, x_3)	영	안에서(x_2, x_3)
8	소송(x_3)	영	소송(x_3)
9	논쟁적인(x_3)	영	논쟁적인(x_3)
10	의(x_3, x_4)	영	의(x_3, x_4)
11	바케 씨=(x_4)	일반화	누군가=(x_4)
12	백인(x_4)	영	백인(x_4)
13	의사가 되려고 하는(x_4)	일반화	학생(x_4)
14	주장했다$(x_4, 15)$	구성	(15) 일반적인 조건
15	침해되었다(x_7, x_6)	영	침해되었다(x_7, x_6)
16	시민권(x_6)	영	시민권(x_6)
17	그의(x_6, x_4)	영	그의(x_6, x_7)
18	입학 허가 제도(x_7)	영	입학 허가 제도(x_7)
19	의학 전문학교(x_8)	일반화	대학(x_8)
20	has(x_8, x_7)	영	has(x_8, x_7)
21	~위해 기획된$(x_7, 22)$	영	~위해 기획된$(x_7, 22)$
22	돕다(x_7, x_9, x_{10})	영	돕다$(x_7, x_9/ x_{10})$
23	흑인들=(x_{10})	일반화	(24)
24	~의 구성원들(x_{10}, x_{11})	영	~의 구성원들$(x_9/x_{10}, x_{11})$
25	다른 소수 민족들(x_{11})	영/일반화	다른 소수 민족들(x_{11})
26	인종적(x_{11})	영	인종적(x_{11})
27	[였다]에(1, x_{12})	삭제	$\varnothing$
28	수요일(x_{12})	삭제	$\varnothing$
29	6월 28일=(x_{12})	삭제	$\varnothing$
30	불만했다$(x_4, 31)$	구성	일반적인 결과(31)
31	~로부터 배제되었다(x_4, x_{14})	일반화	차별하다(x_8, x_4)
32	잘못된(31)	구성	(31)
33	학교(x_{13})	영	$x_8 = x_{13}$
34	때문에(31, 35)	구성	(31)
35	[하얀]색깔을 가진(x_4)	구성	(31)

	미시명제(원자적)	거시규칙	거시명제
36	얻어 왔다(30, x_{14})	구성	(9)
37	주목(x_{14})	구성	(9)
38	폭넓은(x_{14})	구성	(9)
39	~의 초점이 된(x_3, x_{15})	구성	(9)
40	분노(x_{15})	구성	(9)
41	백인(x_{15})	구성	(9)
42	대항하여(x_{15}, x_{16})	구성	(9)
43	단언적 행위(x_{16})	구성/일반화	(22)
44	계획(x_{16})	구성/일반화	(18)
45	안에(x_{16}, 46)	구성	(43)(22)
46	자리를 내주다(x_{17}, x_{11})	구성	(43)(22)
47	백인들(x_{17})	구성	(43)(22)
48	~해야 한다(46)	구성	(43)(22)
49	불공정한(46)	구성	(43)(22)
50	~로서 보다(x_{17}, 49)	구성	(43)(22)(9)
51	자격 미달인(x_{11})	구성	(43)(22)
52	다른 한편으로(53)	구성	(9)
53	~로서 보다(x_{11}, 30, 54)	구성	(9)
54	위협하다(30, x_{18})	구성	(9)
55	몇 년 동안(x_{18})	구성	(9)
56	~(안)에(x_{18}, 57)	구성	(9)
57	억제하다(x_{11}, x_{19})	구성	(9)
58	차별하다(x_{17}, x_{11})	구성	(9)
59	주어졌다(x_{19} 그리고 x_{20}, 64)	영/삭제	주어졌다[x_{19} 그리고 x_{20}, 64]
60	어려움(x_{19})	영/삭제	[어려움(x_{19})]
61	법률적(x_{19})	영/삭제	[법률적(x_{19})]
62	중요한(x_{20})	영/삭제	[중요한(x_{20})]
63	정치적(x_{20})	영/삭제	[정치적(x_{20})]
64	놀랍지 않았다(65)	삭제	∅
65	아니다(66)	삭제	∅
66	~에 이르렀다(x_{21}, x_{22})	삭제	∅
67	판사들(x_{20})	일반화	(1)

	미시명제(원자적)	거시규칙	거시명제
68	아홉(x_{21})	일반화	(1)
69	결정(x_{22})	일반화	(1)
70	단일한(x_{22})	일반화	(1)
71	사실상(72)	일반화	(1)(65)
72	~에 없었다(x_{23})	일반화	(1)(65)
73	의견들(x_{23})	일반화	(1)(65)
74	여섯(x_{23})	일반화	(1)(65)
75	읽다(x_{24}, x_{25})	일반화	(1)(65)
76	판사 루이스 파웰=x_{24}	일반화	(1)(65)
77	의견(x_{25})	일반화	(1)(65)
78	주요한(x_{25})	일반화	(1)(65)
79	임명했다(x_{26}, x_{24})	삭제/구성	$\varnothing$/보수적인(x_{24})
80	닉슨=x_{26}	삭제/구성	$\varnothing$/보수적인(x_{24})
81	~의 목표가 된(x_{24}, x_{27})	삭제/구성	$\varnothing$/보수적인(x_{24})
82	비판주의(x_{27})	삭제/구성	$\varnothing$/보수적인(x_{24})
83	자유주의(x_{27})	삭제/구성	$\varnothing$/보수적인(x_{24})
84	주었다(x_1, x_4, x_{28})	삭제	$\varnothing$
85	승리(x_{28})	삭제	$\varnothing$
86	개인적(x_{28})	삭제	$\varnothing$
87	~에 의해(83, 87)	삭제	$\varnothing$
88	명령했다(x_1, 91)	영	명령했다(x_1, 88)
89	허가하다(x_{13}, x_4)	영	허가하다(x_{13}, x_4)
90	하지만(87, 90)	영	하지만(87, 90)
91	지배되는(x_1, 91)	영	지배되는(x_1, 91)
92	인종(x_{29})	영	인종(x_{29})
93	될 수 있다(x_{29}, x_{30})	영	될 수 있다(x_{29}, x_{30})
94	고려(x_{30})	영	고려(x_{30})
95	안에(90, 95)	영	안에(90, 95)
96	수립되었다(x_1, x_{31})	영	수립되었다(x_1, x_{31})
97	원리들(x_{31})	영	원리들(x_{31})
98	일반적인(x_{31})	영	일반적인(x_{31})
99	지배되다(x_{31}, x_{32})	영	지배되다(x_{31}, x_{32})
100	계획들(x_{32})	영	계획들(x_{32})

	미시명제(원자적)	거시규칙	거시명제
101	특별한 허가(x_{32})	영	특별한 허가(x_{32})
102	환영받다(x_{33}, x_{34})	영	환영받다(x_{33}, x_{34})
103	시민권 집단(x_{33})	영	시민권 집단(x_{33})
104	~중의 조금(x_{33})	영	~중의 조금(x_{33})
105	결정(x_{34})	영	결정(x_{34})
106	위에(x_{34}, 90)	영	위에(x_{34}, 90)
107	말했다(x_{35}, 109)	삭제/구성	(101)
108	조셉라우허 씨=x_{35}	삭제/구성	(101)
109	시민권 변호사=x_{35}	삭제/구성	(101)(102)
110	제공했다(x_{34}, x_{36}, x_{37})	삭제/구성	(101)
111	법률적 구체성(x_{36})	삭제/구성	(101)
112	원리(x_{37})	삭제/구성	(101)
113	논쟁이 된(x_{37})	삭제/구성	(101)
114	단언적 행위(x_{37})	삭제/구성	(101)(43)(22)
115	없이(x_{38}, 120)	삭제/구성	(101)
116	단계들(x_{38})	삭제/구성	(101)(113)
117	세심한(x_{38})	삭제/구성	(101)(113)
118	[하기] 위해(115, 118)	삭제/구성	(101)(113)
119	이동시키다(x_{10}/x_{11}, x_{39})	삭제/구성	(101)(113)
120	주류(x_{39})	삭제/구성	(101)(113)
121	실패했을 것이다(x_{40})	삭제/구성	(101)(113)
122	~위한 노력(x_{40}, 122)	삭제/구성	(101)(113)
123	종결(x_{40}, x_{41})	삭제/구성	(101)(113)
124	불평등(x_{41})	삭제/구성	(101)(113)
125	인종적(x_{41})	삭제/구성	(101)(113)
126	생각하다(x_{40}, 120)	삭제	∅
127	많은(x_{42})	삭제	∅
128	낙관적(x_{43})	일반화	~아니나(101)
129	덜한(127)	일반화	~아니다(101)
130	다른 시민권 집단(x_{43})	영	다른 시민권 집단(x_{43})
131	~에 대해(127, x_{44})	영	~에 대해(127, x_{44})
132	~의 노력(x_{44})	영	~의 노력(x_{44})

	미시명제(원자적)	거시규칙	거시명제
133	~에 대해(128, 144)	삭제/구성	(127)
134	동안(134, 144)	삭제/구성	(127)
135	지지하다(x_1, x_{45})	삭제/구성	(127)(95)
136	개념(x_{45})	삭제/구성	(127)(95)
137	일반적인(x_{45})	삭제/구성	(127)(95)
138	135=138	삭제/구성	(127)(95)
139	할 수 있다(139)	삭제/구성	(127)(95)
140	고려하다(x_{46}, 140)	삭제/구성	(127)
141	~에서 한 요인이다(x_{47}, x_{48})	삭제/구성	(127)(100)
142	대학들(x_{46})	삭제/구성	(127)
143	허가(x_{48})	삭제/구성	(127)
144	인종(x_{47})	삭제/구성	(127)(91)
145	거절되다(x_1, x_{49})	삭제/구성	(127)
146	도식들(x_{49})	삭제/구성	(127)
147	~에서 단지 한 요인이다(x_{47}, x_{49})	삭제/구성	(127)
148	다섯 중의(x_{50}, x_1)	삭제/일반화	(1)
149	판사 파웰, 스티븐스, 렌퀴스트, 스튜어트, 그리고 수석판사 위렌 버그씨=x_{50}	삭제/일반화	(1)
150	잘못된 것으로 발견되었다(x_{50}, 146, x_{51})	삭제/일반화	(1)(95)
151	제도(x_{51}, 109)	삭제/일반화	(95)
152	~에서(x_{51}, x_8)	삭제/일반화	(95)
153	~의(x_8, x_{52})	삭제/일반화	(95)
154	캘리포니아의 대학=x_{52}	삭제/일반화	(95)
155	~안에(x_{52}, x_{53})	삭제/일반화	(95)
156	데이비스=x_{53}	삭제/일반화	(95)

물론 거시규칙들의 이 대략적인 체계적 적용은 다양한 변이형들을 드러낼 수 있기에 다양한 시점에서 대안들이 제시되어 왔다. 우리는 때때로 단순히 정보를 삭제하거나, 그것을 더 일반적인 지점에서 특별한 경우로 받아들일 수 있으며, 이를 일반화나 구성에 의해 발견한

다. 1장에서 논의한 바와 같이 거시규칙의 적용은 수작업으로 용이하게 분석할 수 있도록 의도적으로 극히 단순화된다. 우리는 오직 원자 명제를 사용하며 어떤 중요한 논리 의미론적 차이를(예로, 술어와 양화사들) 무시했다. 또한 더 근원적인 의미적 언어를 사용하려는 대신에 텍스트에 표현된 어휘소를 사용하였다.

이 부분에서 관찰할 수 있는 것은 신문 기사의 전형적인 구조와 (즉 총체적 거시구조는 나머지에 관한 일반적인 도입으로서 종종 부분적으로 텍스트의 앞부분에 표현되며 주요한 핵심들이 더 구체화된다는 사실) 관련된다.

여러 주요 지점들에서 거시규칙은 더 응용될 수 있으므로 여전히 더 추상적인 거시구조를 산출한다. 이 층위에서의 규칙들이, 즉 가능한 요약에서 각 거시명제들로 '바뀌는' 것에 의해 무엇을 산출하는지를 살펴보자. 이러한 요약은 거시구조의 표현으로서 받아들여질 수 있다.

텍스트의 거시구조

1. 독립된 대법원은 백인 학생의 시민권이 대학 입학 허가 제도에 의해 침해되었다고 주장되었던 논쟁 사례를 판결했다.
2. 이들 제도는 인종적 소수 집단 구성원을 돕기 위해 기획되었다.
3. 그 학생은 그가 그 대학에 의해 차별받았다고 불만해 왔다.
4. 법정은 그 학생이 입학하도록 명령했다.
5. 하지만 인종도 '특별한 입학 허가' 프로그램을 관리하는 일반적인 원리를 수립하는 데 고려사항이 될 수 있도록 판결되었다.
6. 어떤 시민권 집단은 후자의 결정을 환영하였지만, 다른 집단은 그렇지 않았다(왜냐하면 실제적인 입학 허가 계획이 거부되었기 때문이다).

이 규칙의 반(半)체계적 적용이 이 텍스트 단편의 수용할 만한 요약본을 산출한다고 볼 수 있다. 물론 이 규칙의 충실한 연산적 혹은 자동적 적용은 정치적 지식의 막대한 자료 기반의 세분화를 요구한다. 어떤 예들은 이러한 지식들에 기반한 규칙들이 주어지게 된다. (23)에서는 흑인들이 미국에서 소수 집단이라는 지식이 제공될 경우에만 일반화할 수 있다. (31)~(35)에서는 차별이 인종/피부색 때문에 학교로부터 사람들을 배제시키는 것으로 이루어질 수 있음을 알아야 한다. 이런 지식 체계에서는 일부 백인들은 특별한 입학 허가 프로그램을 원망할 것이지만 소수 집단들은 그것들을 긍정적으로 생각할 수도 있다. 함께 묶여진 이 정보는 첫 번째 거시정보에 삽입된 '논쟁적'이라는 일반적 개념으로서 구성된다.

다음으로 우리는 대법원이 아홉 명의 판사들로 구성되며 의결권은 동일할 필요가 없고, 닉슨에 의해 지목된 판사는 아마도 보수적일 것이고, 보수주의자들은 종종 소수집단에 찬성하는 프로그램을 반대한다는 것을 알아야 한다. 일부 집단은 왜 이 결정을 환영하지만 다른 집단은 왜 비판적인지, 그리고 주어진 이유들이 왜 이 사례에 적용되는지를 이해해야 한다.

개략적으로 말하자면 이런 종류의 담화는 어떤 정치적 사건을(예로, 중요한 사회적 문제에 관한 정부나 중요 법정의 결정) 기술한다. 그런 다음 텍스트 세부 사항들은 결정의 처음 조건들(우리 단편에서는 아니지만), 그 결정이 받아들여졌던 방식들, 정치적 입장들이 그 사회적 문제에 관해 무엇인지, 그리고 그 결정에 의해 영향을 받았던 집단들의 정확한 반응이 무엇인지를 기술한다. 저자는 논평과 제목에서(앞서 언급된 '백클래쉬(Bakkelash)')도 이러한 정치적 결정에 대해 평가한다. 따라서 거시규칙은 세부적인 행위들과 사회적 사건들에 작용하며, 일반적인 개념을 부여하고(예로, 차별), '찬성'과 '반대'에 관한 입장을 일반화한다. 또한 다른 당에 의해 무엇이 이루어졌으며, 말해졌는지를 기반으로 일반적인 반응들을 구성한다. 하지만 거시규칙은 실제로 사회적으로 가장 중요하거나 관련 있는 명제들이나 사실들을 선택하거나 구성한다는 점이 결정적이다. 이는 법정의 결정 사례이다. 예를 들어 거시규칙의 결정의 자료, 법정에서의 의결권에 관한 정확한 나뉨이나 입학 허가 프로그램에 관한 자유로운 옹호의 표현들은 아니다. 의미적으로 중요한 것은 관련 정보를 표상하기 위한 (거시)명제들이 다른 거시명제들에 의해 조건화되며, 또 다른 거시명제들을 조건화한다는 사실에 의해서도 결정된다는 점이다. 따라서 입학 허가 제도에 의해 백인들로부터 제기된 차별은 그 결정에(그것의 '판결') 관한 조건이지만 반응들은 그 결정의 결과이다. 즉 대법원의 결정은 이 텍스트 거시구조의 주요한 사실이다. 상이한 인지적 집합으로부터 믿음, 가치, 태도를 적용하면(즉 자유주의적이거나 보수주의적 '모양새'), 대법원 결정의 양면적인 상이한 해석과 총체적 평가를 '대법원—입학 허가 프로그램에서의 인종 조건'이나 '대법원—백인들의 차별 없음' 등과 같이 다양한 신문에서 가능한 주요 제목으로 발견할 수 있다.

이 분석으로부터 다양한 거시규칙은 정치적 뉴스와 같은 비서사적 텍스트에도 작용한다고 결론내릴 수 있는데, 개인 대신에 종종 집단, 또한 성격 대신에 총체적인 정치적 의견이나 입장, 문제를 해석할 수 있다. 사회적·정치적 지식 때문에 우리는 어떤 개인과 제도가 중요하고, 그것의 다양한 행위들이 어떻게 사회적으로 관련되어 조직되는지를(공공의 결정), 그리고 이러한 행위들의 일반적인 정치적 '배경'이 무엇인지를 알 수 있다.

2.5.5. 하위절인 2.5.4에서 분석된 담화에서 우리는 여전히 다양한 참여자, 역할, 행위, 그리고 상호작용으로 이루어진 일정량의 행위와 사건의 기술을 가지고 있다. 하지만 설명적 담화도 사건들, 개체들, 추상화 개념들 등의 상태에 대해 전형적일 수 있다. 잘 알려진 예들이 과학 논문, 교과서, 백과사전, 그리고 설명서이다. 담화 유형들과 같은 더 특별한 도식 양상들은 3장에서 연구될 것이다. 이 논의에서 중요한 것은 이러한 수많은 유형들이 논증적 구조를(즉 다양한 종류의 전제와 결론을 구성하는 도식) 가지고 있다는 관찰에 있다. 또 다른 속성은 다

소 일반적인 관찰이나 주제들의 사용일 수 있는데, 이는 관찰이나 구체적인 예들에 의해 기술되거나 뒷받침된다. 일반적으로 설명적 담화는 세계의 어떤 흥미로운 양상의 다양한 구조적 속성들, 가령 수반된 개체들이나 개념들, 그것들의 속성과 관계, 그리고 일반적 조직에 의해 체계적으로 다루어지는 의미구조를 드러낸다. 우리가 담화의 상태나 과정 등을 방해하면 어떻게 될까.

우리는 앞서 가정하고 다듬었던 거시규칙들이 설명적 담화에서도 적용되며, 예로 과학 논문에도 적용될 수 있음을 간략하게 기술한다. 우리가 사용한 담화는 일상에 관한 사회심리학에서의 일반적인 독자 서평의 도입부이다. 이 도입부는 선택된 논문들에 의해 다루어졌던 어떤 문제들의 도입부에 덧붙여 사회심리학에서의 가능한 연구조사 방법론에 초점을 둔다. 사회적 상황들에서의 연구조사를 하면서 수반되는 다양한 윤리적 문제들을 논의하기 전에, 저자는 사회심리학이 실험실의 실험들이나 이 분야 실험들로부터 자료에 기반해야 하는지의 여부에 대해서 잘 알려진 문제에 접촉하려한다.

분명하게도, 이러한 단편은 일반적으로 학문적 행위, 관습, 그리고 가치에 대해, 특히 사회과학의 것들에 대해 알고 있을 때에만 이해할 수 있다. 이는 거시구조의 형성에도 똑같이 적용되는데, 무엇이 관련되거나 중요한지를 알기 위해서는 어떠한 것이 이 분야에서의 관련 문제·화제 혹은 개념으로 고려되는지를 알아야 한다. 우리는 어떤 종류의 사실들이 일반적인 주제를 진술하는지, 무엇이 저자의 일반적인 의도나 목적이 되는지 등을 알아야만 한다.

〈표 2.2〉에서는 이 분석의 표식에 대해 텍스트 부분을 사실들을 드러내는 문장들로 간략하게 나누며, 기술해 온 다루기 힘든(이미 매우 단순화해졌음에도 불구하고) 원자적 명제 표식을 사용하지 않는다.

〈표 2.2〉 실험실 대 현장 실험

	미시구조	거시규칙	거시구조
1	사람들은 공공연하게 실험실과 현장 실험 간의 차에 관심을 가져왔다.	M1	앞과 동일
2	그리고 학생들은 자주 두 가지 연구조사 유형들 간의 본질적인 차이들의 지루한 세부 요소들을 처리할 것으로 기대된다.	삭제	→M1(관련 없는, M1의 기술, M1의 일반적인 결과)
3	사회적 행위의 실험실 기반 연구들에 관한 회의론이 있다.	영	M2. 앞과 동일
4	대부분 이는 초기 자기 보고 연구들의 결과이다.	영	M3. 앞과 동일
5	이들에서, 피험자들은 그들이 다양한 상황에서 무엇을 해야 하는지를 요구받았다.	삭제/영	M4. ∅(→M3; 설명) 혹은 앞과 동일
6	자료가 자기 보고에 제한받을 때마다, 연구조사자는 그 보고자의 진술들이 다양한 상황들에서 그가 했거나 그가 하곤 하는지에 관한 정확한 측정이라고 전혀 확신할 수 없다.	일반화/구성	M5. 자기 보고 자료는 신뢰할 수 없다
7	현재 쓸 만한 수많은 자료는 자기 보고로부터 나온 자료가 자주 피험자들의 실제 행위와 불일치한다고 꽤 단정적으로 진술한다.	삭제/일반화	M6. (→M5) 혹은: 자기 보고서들은 자신의 행위를 그릇되게 드러낼 수 있다.
8	행위는 개인이 그 자신을 발견하는 상황에 의해 매우 자주 결정된다.	영	M7. 앞과 동일
9	편협한 사람은 그가 매우 관대함에도 불구하고 행동하는 것이 편의주의적임을 발견할 수 있다.	삭제/구성	→ M7(기술)
10	정직한 사람은 어떤 시점에서 정직하지 않도록 강요받는다고 느낀다.	삭제/구성	→ M7(기술)
11	그러므로 실험실이거나 현장이든 피험자의 자기 보고들보다는 피험자의 가능한 실제 행위가 있을 때마다 집중하는 것이 중요하다.	영	M8. 앞과 동일
12	하지만 실험자가 개인의 열망이나 그의 확신, 혹은 그의 가치에 관심을 둘 때, 실험자는 일반적으로 피험자가 그에게 이야기한 것에 의존함이 분명하다.	영	M9. 앞과 동일
13	물론 이득과 손실은 실험실과 현장 연구조사 환경과 관련된다.	영	M10. 앞과 동일
14	그리고 한 환경의 이득은 다른 것의 약점을 대개 반영하는 경향이 있다.	삭제	∅
15	실험실은 사회심리학자들의 현미경으로 간주된다.	삭제	∅

	미시구조	거시규칙	거시구조
16	인위적 사회 문화는 수립될 수 있고, 정확하게 통제될 수 있다.	영	M11. 앞과 동일
17	그리고 독립 변수는 고도의 정확성 속에서 다루어질 수 있다.	구성/영	>M11(일반적 구성 요소) M12. 앞과 동일
18	그리고 종속 변수(들)는 연구조사자가 적절하다고 간주하는 바와 같이─피험자의 행위─자주 그리고 꼼꼼하게 측정[될 수] 있다.	구성/영	>M11(일반적 구성 요소) M13. 앞과 동일
19	하지만 피험자들은 실험실에서 그들이 관찰되고 평가받는다는 것을 안다.	영	M14. 앞과 동일
20	또한 그들의 행위는 그 실험실 환경의 인위물들이다.	영	M15. 앞과 동일
21	이러한 연구된 행위들은 피험자의 정상적 행위의 범위 내에서가 아니다.	구성	>M15(일반적 구성 요소)
22	현장 환경에서 피험자의 행위는 자연스럽다.	영	M16. 앞과 동일
23	그러나 실험자는 실험상의 정확성과 통제를 잃는다.	영	M17. 앞과 동일
24	또한 특별한 문제의 연구 목적에 실험상으로 조작될 수 있는 적절한 현상 상황을 발견하는 것은 어렵다.	영	M18. 앞과 동일

출처: Paul G. Swingle, "Introduction". In P. G. Swingle (ed.), *Social psychology of everyday Life*, Harmondsworth: Penguin, 1973.

이 단편의 거시구조가 무엇인지를 나누어서 세분화할 필요는 없다. 가령, 그것은 세 번째 열에서 (복합) 거시명제들의(혹은 거시사실들) 연속체이다. 이 본문의 속성은 첫 번째 분석에서의 거시규칙들이 어떤 감축도 거의 제공하지 않는다는 사실에 있다. 가령, 우리는 문장 24로부터 문장 18까지의 사실들로 나아간다. 이는 논증에서의 다양한 핵심들이 모두 동등하게 중요하며, 설명 그 자체는 현장 대 실험실 실험의 논의에 관한 주요한 요약물이기 때문이다. 분명하게도, 문장 2는 관련이 없어 삭제되거나 M1의 일반적인 결과나 상세화로 고려될 수 있다. 문장 5는 문장 3의(=M3) 설명이거나 오히려 '자기 보고'의 개념으로 고려될 수 있다. 문장 6은 자기 보고의 '비신뢰성'에 관한 자세한 설명을 제공하므로 이 개념을 속성화하는 문장에 의해 구성으로 대체될 수 있다. 문장 7은 문장 6이나 M6의 더 구체적인 설명이 되므로 삭제되거나 일반화될 수 있다. 문장 9와 문장 10은 문장 8(M7) 기술의 좋은 예들이므로 삭제될 수 있다. 문장 11은 이 본문의 거의 중심적인 거시 정보이다(즉 다른 총체적 사실들로부터의 결론). 문장 17과 문장 18은 문장 16(M11)의 더 구체적인 변이들로 받아들여지며, 그것들은 구성에 의해 줄어든다. 문장 6에 대해서는 수반된 지식의 중요성, 즉 사회과학자는 통제된 조건들이 무엇을 수반하는지 안다와 같은 전형적인 예이다. 물론 두 번째 분석에서는 다음과 같이 가장 중요한 거시명제들로 더 줄어든다.

M1^2: 현장과 실험실 실험 두 영역 모두 이득과 손실이 있다(M10).
M2^2: 두 영역에서 단순한 자기 보고가 아닌 실제 행위를 연구해야만 한다(M8).
M3^2: 자기 보고는 신뢰할 수 없다(M5).
M4^2: 실험실에서의 실험들은 잘 통제된다(M16).
M5^2: 하지만 거기에서는 자연스러운 상황이 없으며, 피험자의 행위는 그 환경의 인위물이 된다(M14-M16).
M6^2: 현장에서 우리는 통제된 상황이 아닌 자연스러운 상황을 접한다(M17).

첫 번째 층위에서의 다른 거시명제들은 삭제되거나 더 높은 순위 거시명제들의 일반적인 조건, 구성 요소나 결과물로 구성된다. M1^{2}는 M$_{4-6}$^{2}에 의해 함의되기 때문에 그것을 삭제할 수 있지만 여전히 더 높은 층위에서 그것은 정확하게 M$_{4-6}$^{2}의 일반화가 된다. 하지만 이 경우에 논증은 더 이상 관련이 없게 되며 거시구조는 충분히 구체적이지 않다.

2.5.6. 거시분석에 관한 마지막 예는 광고 텍스트이다. 이 분석에서는(〈표 2.3〉을 보라) 전체 메시지에 관한 텍스트의 단편을 분석하며 사

진의 역할은 무시한다. 그리고 광고 담화의 문체, 수사 혹은 논증적 양상에는 주의를 기울이지 않는다. 언어 지도 방법에 관한 벌리츠(Berlitz) 광고에서(〈그림 2.2〉를 보라) 논증구조는 매우 현저하며 거시구조와 3장에서의 일련의 상위구조 간의 관계로 되돌아가야 한다. 예를 들어 거시명제들의 분리나 구성은 논증의 표준적인 도식 구조를 따르므로 텍스트의 '기능들'이 이런 종류의 담화에 대해 관련이 있음이 지적된다.

분명하게 수많은 광고의 담화는 상당히 짧거나 심지어 전체적으로 결여되어 있으므로 거시분석을 불필요하게 만든다. 하지만 더 확장된 광고들에 대해, 특히 설득적인 의사소통의 과정에서 담화의 총체적인 화용 기능을 구체화할 수 있도록 하기 위해서 텍스트의 총체적 의미가 무엇인지를 보여줄 필요가 있다. X를 사다나 Y를 사용하다와 같은 총체적인 명제는 그런 관점에서 요구·충고·선동과 같은 화용적으로 기능한다. 5장에서 거시구조의 이들 화용적 양상으로 되돌아갈 것이다.

〈표 2.3〉 벌리츠(Berlitz) 방법은 여러분이 그것을 사용했던 첫 시기와 마찬가지로 여전히 쉽다.

	미시구조	거시규칙	거시구조
1	여러분은 당신이 언어를 배웠던 첫 시기를 기억하지 못할 것이다.	삭제	M1 여러분은 어릴 때 처음 언어를 배웠다.
2	어쨌든 여러분은 그 시점에 어렸고, 엄마로부터의 학습은 놀이와 같았다.	삭제	→M1(M2 언어 배우기는 놀이와 같았다/같다.)
3	하지만 여러분은 그 방법을 사용했고, 가장 효과적인 것이었다.	영	M3 앞과 동일
4	자연스러운 방법	영	M4 앞과 동일
5	어떤 녹음기, 헤드폰, 신고안품도 없었다.	구성	→ M4
6	백 년 전, 맥시밀리안(Maximilian) D. 벌리츠(Berlitz)는 사람들이 외국어를 배우기 위해 노력하면서 문법책을 통해 분투하고 있다는 것을 관찰했다.	삭제	∅ M5
7	그리고 [그는] 그들이 단지 엄마에게서 들었을 때 얼마만큼 더 나은지를 깨달았다.	일반화	M5 외국어를 배울 때 자연스러운 방법이 문법보다 낫다.

	미시구조	거시규칙	거시구조
8	그는 자연스러운 방법을 연구했고, 그것들을 다듬었고, 그것을 체계로 바꾸어 놓았다.	영	M6 앞과 동일
9	벌리츠 방법은 지금까지 세상에서 가장 성공한 언어 교수법이었다.	영	M7 앞과 동일
10	벌리츠에 온 기업체 간부들은 모국어를 사용하는 이들에 의해—어린 시절 엄마의 역할을 맡은—개인적으로 직접 만나 지도받는다.	삭제 구성	M8 기업체 간부들/ 어떤 이는 외국어를 모국어 사용자들과 함께 말하는 것에 의해 직접 배운다.
11	다른 어떤 언어도 사용되지 않는다.	구성	→M8
12	어떤 정신적 번역 학습도 그 학습 시에 늦추어지지 않는다.	구성	→M8
13	첫 단어로부터 여러분은 새로운 언어에서 생각하기를 시작한다.	구성	→M8
14	국제적 교역이 발전해 갈수록, 벌리츠의 방법과 그의 서비스 전망도 발전해 갔다.	일반화	M9 수많은 방법, 기술, 그리고 서비스도 발전해가고 있다.
15	번역 서비스는 사업에의 도움으로 도입되어 왔다.	일반화	→M9
16	다중매체 교수법이 발전해 왔다.	일반화	→M9
17	그리고 '총체적 몰입' 기술은 학습 과정을 향상시키기 위해 고안되었다.	일반화	→M9
18	그러나 벌리츠에서 기본적인 면대면, 그리고 개인적으로 직접 만나 하는 방법은 그것이 있어 온 백 년 동안 변하지 않았다.	일반화	M10 그러나 기본적인 벌리츠 방법은 변화하지 않았다.
19	왜냐하면 그것이 효과가 있기 때문이다!	삭제	M11 앞과 동일
20	여러분의 사업 경력이 우리의 경험으로부터 이익을 남길 수 있다면, 충실한 정보에 대해 아래의 번호 중 하나로 전화를 걸어라.	영	M12 앞과 동일
21	우리는 여러분을 위해 세상이 시작된 이후에 모든 아이들에게 그래왔듯이, 그것이 효과적일 수 있음을 증명할 수 있다.	삭제	→M11

이 텍스트에 대하여 거시규칙의 작용에 관한 몇몇 관찰은 적절하다. 무엇보다 거시명제들이 이러한 미시구조 명제들을 기반으로 〈1, 2〉로부터의 M1, 〈4, 5〉로부터의 M4, 〈6, 7〉로부터의 M5, 〈10, 11, 12, 13〉으로부터의 M8, 〈14, 15, 16, 17〉로부터의 M9와 같이 형성됨을 볼 수 있다. 이 사례들에서 구성 규칙은 일반적인 구성 요소들이나 속성들을 더 포괄적인 개념, 즉 하나의 개념과 같은 주어진 관습 지식

으로 바꾼다. 하지만 어떤 경우에는 이 구성적 감축이 명시적이기 어렵다. 문장 10~13에서 직관적으로 한 사실이(즉 직접적인 언어 학습) 명확하게 설명되지만, 이런 종류의 언어 학습에 관한 일반적인 속성이 무엇인지를 알기 위해서는 세부적인 지식이 더 필요하다.

또한 실제적인 이해에서 첫 번째 문장이 유년시절의 언어 학습에 관한 주제를 환기시킴을 주목해야 한다. 하지만 이 텍스트의 나머지는 '자연스러운' 언어 학습 방법과의 비교이기 때문에 첫 번째 문장의 세부적인 정보를 삭제하고, '초기 언어 학습'의 개념을 단지 유지하기 위한 가능성의 선행조건으로서 이를 사용한다.

문장 10과 문장 20은 '경영자 측'을 가리키거나 의미한다. 예를 들어 이 정보는 삭제되거나 일반화될 수 있는데, 왜냐하면 더 총체적 층위에서 이 주장은 외국어를 배우기 원하는 누구에게나 적용되기 때문이다. 하지만 더 세부적인 도입은 이 광고의 맥락, 가령 이코노미스트지(The Economist) 독자들의 구체적인 층(실업가)에 의해 결정된다.

이 텍스트의 총체적인 의미는 일반적으로 광고들에 관한 사례에서와 같이 광고 의사소통, 즉 'X를 사용하라'와 같은 결정적인 거시명제를 포함하지 않는다. 대신 실제적인 결론과 같은 조건들만이, 가령 벌리츠 방법이 외국어를 학습하는 자연스러운 방법이고 여러분의 경력에 유익하기 때문에 최상이다 등으로 상세하게 설명된다. 총체적 의미의 불완전성이나 간접성은 일반적으로 요구나 충고에도 전형적이다. 즉 청자/독자는 스스로 (거시) 결론을 이끌어 낼 것으로 기대된다.

또한 이런 종류의 담화 속성은 광고된 산출물이나 서비스의 (긍정적) 평가를 유도하기 위해 파생되고 의도된 더 일반적인 정서적 거시명제들에 있다. 지위에의(즉 경영 경력) 호소는 분명하다. 문장 2와 문장 10, 그리고 광고를 묘사하는 어린 아이의 사진(사진 앨범으로부터) 모두에서 '엄마로부터의 학습'과 같은 개념들로부터 유도된 일반적인 감정적 호소는 암시적이다. 즉 우리는 '우리의 엄마로부터 학습하는 것은 좋다'라는 명제를 이끌어 낼 수 있으며, 벌리츠 방법에 대해 유사

벌리츠 방법은 여러분이 그것을 사용했던 첫 시기와 마찬가지로 여전히 쉽다.

여러분은 당신이 언어를 배웠던 첫 시기를 기억하지
못할 것이다.

어쨌든 여러분은 그 시점에 어렸고 엄마로부터의 학습
은 놀이와 같았다.

하지만 여러분은 그 방법을 사용했고 가장 효과적인
것이었다.

자연스러운 방법. 어떤 녹음기, 헤드폰, 신고안품도 없었다.

백 년 전, 맥시밀리안 벌리츠(Maximilian D. Berlitz)는 사람들이 외국어를
배우기 위해 노력하면서 문법책을 통해 고생하고 있다는 것을 관찰했다.

그리고 [그는] 그들이 단지 엄마에게서 들었을 때에 얼마만큼 더 나은지
를 깨달았다.

그는 자연스러운 방법을 연구했고, 그것들을 다듬었고, 그리고 그것을
체계로 바꾸어 놓았다.

다른 어떤 언어도 사용되지 않는다.

어떤 정신적 번역 학습도 그 학습 시에 늦추어지지 않는다.

첫 단어로부터 여러분은 새로운 언어에서 생각하기를 시작한다.

국제적 교역이 발전해 갈수록, 벌리츠의 방법과 그의 서비스 전망도 발
전해 갔다.

번역 서비스는 사업에의 도움으로 도입되어 왔다.

다중매체 교수법이 발전해 왔다.

그리고 '총체적 몰입' 기술은 학습 과정을 향상시키기 위해 고안되었다.

그러나 벌리츠에서 기본적인 면대면, 그리고 개인적으로 직접 만나서
하는 방법은 그것이 있어 온 백 년 동안 변하지 않았다.

왜냐하면 그것이 효과가 있기 때문이다!

여러분의 사업 경력이 우리의 경험으로부터 이익을 남길 수 있다면, 충
실한 정보에 대해 아래의 번호 중 하나로 전화를 걸어라.

우리는 여러분을 위해 세상이 시작된 이후에 모든 아이들에게 그래왔듯
이, 그것이 효과적일 수 있음을 증명할 수 있다.

100년의
벌리츠(BERLITZ)
1878년부터

말하기를 세상에 가르치기

〈그림 2.2〉 출처: The economist, 1978.7.1, 25쪽.

한 방식으로 문장 10을 일반화할 수 있다. 이를 통해 일반화의 비교적 높은 층위에서 인지 환경, 특히 우리의 가치와 태도는 평가적인 거시 명제들을 선택하거나 산출할 수 있다.

2.5.7. 이 절의 결말에서 다양한 담화 유형들의 몇몇 표본 분석을 가지고 조금 더 일반적인 결론을 내려야 하며, 거시규칙의 형성에 관한 앞선 측면이 적절하도록 살펴야 한다. 2.8절에서는 수반된 의미구조와 도표화에 관한 더 형식적인 설명을 제공하려고 할 것이다.

가장 먼저 지금까지 많은 반(半)명시적 거시규칙들을 구성하고 적용해 왔지만, 그것의 사용은 여전히 부분적으로 직관적임이 강조되어야 한다. 엄밀하게 연산적 적용은 여전히 불가능하다. 이는 첫째, 이 규칙의 적용에 수반된 명시적 지식, 신념, 태도, 혹은 관심 체계의 부족 때문이며, 둘째, 텍스트 그 자체의 의미론적 표상에 관한 비형식적이거나 반형식적 표상 때문이다. 앞서 지적해 왔듯이 명시적인 표상이 매 순간에 모두 주어질 수 있다면, 하나의 텍스트 부분에 대해서도 이 책의 많은 페이지를 차지할 수 있다. 그러므로 현 연구조사에 많은 문제들이 이 순간 해결되지 못한 채 남으며, 앞으로의 조사 과제가 된다.

두 번째 일반적인 결론은 앞선 절에서 형성되고 기술된 거시규칙들이 다수의 상이한 담화 유형들에 꽤 적절하게 작용한다는 점이다. 지금까지 특정한 상위구조들이(관습적 도식들) 거시구조 형성에 영향을 준다는 것을 살펴 왔으며, 이 상호작용을 3장에서 더 상세하게 다룰 것이다. 이 의미론적 층위에 수반된 차이는 다수의 담화 유형인 이야기, 신문, 과학 논문, 광고에서 행위·사건·생각, 개체의 다양한 중요성이나 관련성에 연관된다.

하지만 이 다양한 의미론적 구조들의 기본적인 원리는 동일하다. 이야기에서 심적이거나 다른 조건, 구성 요소나 행위의 결과, 그리고 그것들에 수반된 인물들의 세부적인 기술을 발견하는데, 가령 우리는 총체적 행위와 인물을 구성하려고 시도한다. 뉴스 텍스트에서는 총체적 사건(중요한 사람들에 의한 자연발생적 사건, 행위), 즉 그것의 총체적 원인이나 조건, 그리고 이러한 사건의 사회적이거나 경제적 중요성을 구성한다. 설명 텍스트에서(예로, 과학 논문)는 총체적 조건, 전제나 결론을 구성하는 것에 의해 본문의 일반적인 주제나 가설을 분리하거나 구성하려고 시도할 것이다. 하지만 관련된 더 실제적인 양상과 함께 유사한 어떤 것이 광고하기 담화에서 발생하는데, 하나의 물건이나 서비스 속성들의 연속체는 (암시적) 실제적 결론의 전제인 일반적 (평가적) 주장으로서 묶여질 수 있다. 그렇다면 여기서 기본적으로 일반적인 첫 번째 원리는 모든 종류의 관련 없는 세부 사항들은, 비관련성이 상대적 해석의 관점에서 정의되는 곳에서 삭제될 수 있다는 점에 있다. 가령, 한 명제가 담화에서(예외적으로 다른 지엽적인 명제들에 대해서는 가능하다) 다른 명제들의 해석 관점에서 결정되지 않는다면 (총체적으로) 관련이 없다는 것이다. 두 번째 원리는 우리가 더 일반적인 개념하에 포함되는 모든 종류의 구체적인 세부 사항들을 일반화할 수 있음을 구체화한다. 세 번째 원리는 일반적인 조건, 구성 요소나 속성, 그리고 이러한 일반적인 명제 개념의 연속체를 구성하는 세부 사항들의 연속체를 바탕으로 총체적인 개념과 명제를 구성하도록 해 준다. 분명히 이러한 사례들에서 '표준적인' 것은 사회적 맥락·기대·가치·태도, 그리고(무엇보다) 지식이나 신념과 같은 문화에 의존한다. 이 모든 원리들은 위에서 고려된 다양한 텍스트의 거시분석에도 같은 점이 적용된다. 그럼에도 불구하고 우리는 수많은 추가적인 거시규칙의 속성들을 발견해 왔다.

첫째, 이야기에서 특별하게 거시규칙들이 원자 거시명제들뿐만 아니라, 동시에 사실들의 연속체를 산출하는 것으로 드러났다. 사건 행위의 일반적인 총체적 구성에 덧붙여 우리는 일반적인 환경뿐만 아니라, 인물들의 (총체적) 성격을 구성해 왔다. 이후에 이런 종류의 명제 조직의 필요성을 논의한다. 이상의 예들에서 우리는 결과적으로 도출된 거시명제들이 때론 꽤 복잡하며, 거시사실들을 표상하기 위해 다루어져야만 한다는 점에 주목할 수 있다.

둘째, 일반화나 구성 작용도 해석이나 평가를 하도록 허용함을 살펴왔다. 우리는 어떤 마음이나 성격 상태의 '전형적' 구체화나 마음 상태의 결과로서 어떤 행위를 할 수 있다.

셋째, 다양한 종류 틀들(혹은 각본들)의 설득적인 영향은 거시명제와 거시사실들의 구성에 가장 분명하다는 점이 명확해졌다. 특히 사회적 틀은 구성원들의 규범적인(총체적인) 행위, 그리고 그들의 동기, 요구, 계획, 목적/목표 등에 관한 정보를 제공한다.

넷째, 우리는 거시규칙 순서화에 관한 어떤 더 잠정적 결론을 내려왔다. 분명히 약한 삭제가 처음으로 작용하며, 연이어 일반화와 구성, 그리고 이후에 강한 삭제가 적용된다. 하지만 이 순서가 모든 종류의 담화에도 적용될 수 있는지 말하기는 어려우므로 이 점에 대해서는 추가적인 연구가 필요하다.

결론적으로, 거시규칙은 실제로 앞서 형성해 온 직관적 요구를 만족시켜 주는 것으로 고찰되어 왔다. 그것은 명제들의 연속체를 더 작은 수의 명제들로 줄이며, 하위 연속체에 거시명제를 부여함으로써 명제 연속체를 조직화하며, 텍스트의 총체적 의미나 화제로서 간주될 수 있는 거시구조를 산출한다. 그렇게 해서 동시에 각각의 (하위의) 연속체에 대해 가장 중요하거나 관련 있는 것이 무엇인지를 한정한다. 그리고 그것은 더 낮은 층위의 구성 요소들로부터 새로운 개념과 명제들(사실들)을 구성한다.

2.6. 거시규칙의 형식적 속성

2.6.1. 앞 절에서 이른바 다수의 거시규칙을 형성해 왔다. 이러한 규칙들은 텍스트의 명제 연속체를 거시명제의 연속체와 관련시킴으로

써 텍스트의 정보를 줄이거나 조직하는 것으로 제시되었다. 하지만 담화에서 거시구조의 더 확장된 언어적 양상으로 진행하기에 앞서, 우리는 거시규칙이 어떤 종류의 규칙이며, 어떻게 명시적으로 정의될 수 있을지에 관한 형식적 기반을 간략하게 논의해야 한다.

우선 거시규칙들이 기존의 문법적 규칙들과 같지 않다는 점을 상기해야 한다. 가령 그것은 3장에서 논의되는 도식들을 형성하는 상위구조 규칙들과는 반대로, 통사적 형성 규칙과 같지 않다. 이른바 변형생성문법에서 제기되어 온 바와 같이 통사적 변형 규칙과도 같지 않은데, 그것은 통사적 구조에 의미적 구조를 대응시키지 않는다. 결론적으로 그것은 표현에 의미나 지시체를 지정하지 않기 때문에 엄격한 의미에서 해석 규칙이 아니다.

일반적인 논리적 규칙에도 같은 점이 적용된다. 즉 거시규칙은 형식적 언어나 형식적 해석 규칙의 통사적 형식 규칙과도 같지 않다. 하지만 형식적 유도 규칙과 그것의 다소 직관적인 대응짝, 즉 (그럴 듯한) 추론 규칙13)은 비슷한 면들이 있다. 이 유사함을 더 명시적인 용어로 구체화해보자. 이를 위해 먼저 논리적 개념들의 간략한 논의가 필요하다.

형식적 유도 규칙은 공식과 공식을 연결한다—예로 α와 β—그리고 이러한 사례에서 α는 β를 함의하거나 β는 α로부터 (형식적으로) 추론된다고 말한다. 잘 알려진 예들이 분리의 법칙인데(Detachment), 이는 p & q로부터 p를 추론할 수 있게 해 준다. 그리고 긍정논법은 (Modus Ponens) $p \supset q$와 p로부터 q를 추론할 수 있게 해 준다. 즉 어떤 공식 α는 논리적 체계의 공리이며, 또한 β가 α로부터 추론된다면 β는 그 체계의 공리이다.

이 유도 규칙의 통사적 공식은 일반적으로 α가 β를 함의한다면(혹

---

13) 그럴 듯한 추론하기에 의해 구성된 이런 종류의 추론에 관한 철학적, 논리적 분석에 대해서는 레셔(Rescher, 1976b)를 보라.

은 β는 α로부터 유도될 수 있는), α에 의해 표현된 그 명제는 β에 의해 표현된 그 명제를 수반한다고 말함으로써 일반적으로 의미적 기반이 주어진다. 이는 α가 참이라면 β 역시 참이 되는 것을 의미하므로 통사 유도 규칙은 '진리 보존적' 속성을 지닌다.

(의미론적) 함의는 의미 단위들(예로, 명제들) 간의 관계나 작용이다. 하지만 최근 논리학[14]의 전개에서 함의에 관한 직관적 생각은 진리 보존적 관계뿐만 아니라, 동시에 의미론적 관계도 수반하는 것으로 보이기 때문에 그것은 단순히 이런 방식으로 통사론적인 유도와 관련될 수 없는 것으로 지적되어 왔다. 예로, 통사 유도 규칙은 모순에서 어떤 공식을 유도할 수 있게 해 주며 일반적으로 공식 간의 의미 관계에 전혀 제약을 받지 않는다. '존은 결혼하지 않았다'나 '존은 아내가 없다'와 같은 명제가 '존은 총각이다'에 의해 함의된다고 말한다면, 가장 마지막 명제의 진리값이 이전 명제의 진리값을 함의할 뿐만 아니라, 그것들의 의미는 최후 명제의 의미에 적어도 '포함된다'고 진술될 수 있다. 추론 관계와 (조건적) 접속사들 간에는 밀접한 관련이 있기 때문에 동일한 언급은 그것이 자연언어에서 발생하는 것처럼 내포적 접속사의 설명에 대해 중요하다. 가령 '존이 총각이라면, 그는 결혼하지 않았다'는 '만약…(그러고 나서)'에 의해 연결된 각각의 명제들에서 단어들의 의미('결혼하지 않았다'와 '총각') 때문에 분석적 진술이 된다. 내포적 접속사와 함의 관계 모두에 대해, 공식은 내포적으로 연결되는 것, 즉 서로가 '관련되는' 것이 요구된다.[15] 이 요구는 여기에서는

---

14) 함의라는 개념과 그것의 형식화에 관련된 논리학과 언어학에서의 문제들에 관한 논의는 앤더슨과 벨납(Anderson & Belnap, 1975), 르블랑(Leblanc, 1973), 그리고 반 데이크(van Dijk, 1974, 1977a, d)의 적용을 보라. 함의의 명확한 정의는 그것이 전제 분석의 기초에 놓이며, 어떤 추론 형성 과정에 관한 형식적 배경을 구성하기 때문에 담화의 어떤 결정적인 의미에 매우 중요하다. 그럼에도 불구하고 우리는 6장에서 의미론적 추론의 더 약한 형식이 실제 처리 과정에 수반됨을 살펴볼 것이다.

15) 여기에서 '관련성'이라는 개념은 이 책 여기저기서 사용된 것과 동일하지 않다. 그것은 단순히 어떤 종류의 연결보다는 오히려 명제들의 주제적 중요성을 부여하기 위한 것이다. '관계논리학'에 관한 논의는 주석 14에 제시된 참고문헌을 보라.

추가적인 세부 사항을 제공할 수 없는 다양한 종류의 관계 논리학과 함의 논리학을 도출시켜 왔다. 이 장의 도입부에서는 어떤 일련의 연결 조건들이 자연언어 텍스트에서 문장들 간에 역할을 한다는 것을 간략하게 명시해 왔다.

통사적 유도와 의미적 함의는 필연성의 개념과 연결되며, 이는 양상의 개념이다. 필연성의 의미론은 일반적으로 가능 세계의 개념이 드러나는 단원체의 관점에서 주어지는데, 이러한 필연성 연산자와 함께 명제의 진리값은 모든 가능 세계에(그것은 연결되거나 어떤 다른 가능 세계로부터 접근된다) 대해 세분화된다. 이 양상 의미론의 세부 사항들은 여기에서는 관련이 없다. 수반된 접속사와 관계들도 논리학에서 이 '필수적' 속성을 가지고 있느냐가 중요하다. 즉 필연적인 결론은 유도 과정에서 그것의 전제로부터 나온다.

하지만 다른 종류의 추론에서, 특히 자연언어와 논증에서 사용되는 이러한 논리나 필연 관계들은 유지될 필요가 없다. 유의어 반복을 거의 진술하지 않았던 것과 같은 방식에서, 우리는 거의 결론이 필연적으로 이어지는 곳에서는 논증하지 않았다(예로, 낱말들 의미를 기반으로). 오히려 우리는 모든 종류의 실제적이거나 가능한 추리를 바탕으로 추론하는데, 전제와 같이 주어진 다수의 명제들을 고려할 때 꽤 그럴 듯함을 따르는 결론, 가령 '존은 아프다, 따라서 그는 집에 없을 것이다,' '존의 방에는 불이 켜져 있는데, 따라서 그는 집에 있다' 등과 같이 추론한다. 결론 관계의 개연성은(접속사 따라서 So에 의해 표현된) 한편으로는 사회적 가능성과 다른 한편으로는 물리적 법칙 간의 '엄밀성'의 다양한 정도에 따른 일반적인 지식 함의에 기초한다. 이 일반적인 함의는 화자는 청자가 알고 있는 것으로 가정하기 때문에 보통 일상 논증에서는 함축적으로 남아 있다.

2.6.2. 이 짧은 논리학으로의 여행 이후에, 우리는 거시규칙의 속성으로 돌아올 수 있다. 우리는 그것이 의미적이며 의미 단위들을(즉 명

제들) 연결한다는 것을 관찰해 왔다. 그것은 명제들의 n-집합을 명제들과 연결시키기 때문에, 형식적으로 말하자면 대응물이므로 일종의 의미론적 변환이라고 말할 수 있다. 하지만 정의와는 다르게 그것은 동일한 의미를 갖는(전환, 바꿔쓰기) 다른 문장들로 그것을 전환하기보다는 명제 연속체로부터 일종의 가능한 추론을 구체화하므로 앞서 언급된 함의 관계와 매우 비슷하다. 의미론적 변환은 정보 줄이기와 조직하기를 수반했음을 살펴 왔는데, 즉 한 연속체에서의 여러 가능한 결론은 전제에 '포함된다'. 따라서 '$p \& q$'는 q를 함의한다고 말한다면, 기존 전제에 포함된 진술을 구성하는 결론에 이르게 된다.

거시규칙들이 함의에 기초하는지를 살피기 위해 우선 삭제 규칙을 살펴볼 것이다. 여기에서 명제 연속체로부터 하나나 그 이상의 명제들을 삭제한다. 상술한 바와 같이 삭제된 명제들이 그 연속체의 다른 명제들의 진리값에(혹은 만족값) 영향을 주지 못한다면, 결과적으로 도출된 거시명제는 미시구조 연속체에 의해 함의된다고 말할 수 있다 (여기서 '⇒'는 함의를 의미한다).

(22) $\langle p_i,\ p_{i+1},\ \cdots,\ p_k \rangle \Rightarrow p_{i+j}$

즉 명제 p_{i+j}는 그것이 한 원소가 되는 어떤 연속체에 의해 전형적으로 함의된다. 삭제 규칙은 첫 번째 텍스트(범죄 이야기) 예의 첫 번째 문장으로부터 살필 수 있었듯이, 이 규칙에 의해 형성된 거시명제나 화제가 그것이 유도된 텍스트로부터 함의됨을 의미한다.

(23) 〈KH는 금발을 보았다. 그녀는 하얀 여름 원피스를 입고 있었다…〉
    삭제
    ⇒ KH는 금발을 보았다.

첫 번째 연속체는 두 번째 연속체를 함의한다. 즉 각각 실제 세계에서 첫 번째 연속체가 참인 곳에서 두 번째도 참이 된다. 이는 단지 삭제된 명제들이 (23)의 변이에서와 같이 남은 명제들의 진리값과 해석을 변경시키지 않으면 가능하다는 점에 주목해야 한다.

(23') 〈존은 금발을 생각했다. 그녀는 …입고 있었다.〉

이 경우에 우리는 두 번째 명제를 단순히 추론할 수 없는데, 왜냐하면 그것의 해석은 첫 번째 명제에 의존하기 때문이다. 가령 금발은 존이 생각하는 세계로부터 접근 가능한(우리가 예시 텍스트로부터 알고 있는 한) 세계나 '존의 생각 속에'만 존재하기 때문이다. 따라서 존의 꿈 이야기를 거시구조 층위에 형상화하고자 한다면, 존이 그 이야기를 꿈꾸었다는 점도 구체화해야 한다. 그렇게 해서 도출된 거시명제는 특별한 실제 세계에서 적절하게 해석될 수 있다.

우리는 이어서 일반화 규칙도 함의를 기반으로 하는지의 여부를 살펴야 한다. 일반화는 상위 집합을 한정하는 술어의 구성을 수반하는데, '고양이'·'개'·'카나리아'와 같은 개념의 명제 연속체로부터 '애완동물'이라는 개념의 명제를 이끌어 낼 수 있다. 이 경우에 함의는 '모든 x에 대해서 x가 고양이면, x는 애완동물이다'와 같이 상위 개념은 그것의 하위 개념들 각각의 한정에 의해 함의되기 때문에 명백하게 유지된다. 이는 언어의 의미 기본 조건이다. 따라서 명제들 $\langle p_i, p_{i+1} \cdots, p_k \rangle$ 연속체의 각 명제 p_{i+j}가 q를 함의한다면, 전체로서 그 연속체는 q도 함의한다. 그 조건은 다시 다른 명제들이 수반된 그 개념을 바꿀 수 없다는 것에 있다. 자연언어의 예에서 일반화의 적용은 종종 개체들로부터의 집합군이나 복수형을 만드는 것과 같은 약간의 수정을 수반한다. 우리는 여기에서 제기되는 형식적인 어려움에 직면하기보다는 오직 함의 관계는 이런 종류의 거시명제 (재)구성에 의해 영향 받지 않는다는 점을 단순히 제안한다. 앞선 예에서 세상에 관한 지식이 주어진다면(이른바 '금발'은 일반적으로 여성 금발을 나타낼 것이며, '키가 크고, 날씬한 금발'은 특히 '미인'의 구체화가 된다—어떤 가치 체계에서), 아래에 쓴 것은 실제로 다음과 같이 적용된다고 결론내릴 수 있다.

(24) 〈존은 키 크고, 늘씬한…금발을 보았다〉
    일반화
    ⇒ 존은 예쁜 소녀를 보았다.

같은 본문에서 '그의 눈을 사로잡았다', '보았다', '눈여겨보았다', '주시했다' 개념의 일반화에 대해 유사함이 말해질 수 있다. 이는 '주목했다'로 일반화될 수 있다.

하지만 이론적 어려움이 이미 더 구성적인 속성을 지니는 일반화의 유형에서부터 제기된다. 우리는 일반화의 규칙에서 상위 개념(만약 있다면) 아래 다수 개념들을 선택함으로써 이러한 경우에 각 미시구조의 명제는 거시명제를 함의한다고 살펴 왔다. 하지만 다른 사례들에서 미시구조의 상세 정보가 상위 집합의 특별한 사례(구성원, 하위 집합 등)나 상위 개념의 구성 속성들로 간주되는지의 여부를 확신할 수 없다. 예로, 범죄자 이야기의 본문에서 등장인물의 다양한 심적 행위를 부여하는 표현들을 접해 왔다. 이 행위들은 '죄책감'이나 '양심의 가책'의 더 일반적인 개념하에 종합될 수 있다. 이 행위들 각각이 더 포괄적인 개념을 함의한다면 해석적인 일반화도 실제 함의의 기반이 된다. 하지만 행위들의 단순한 공동 출현이 다른 개념들을 한정한다면 구성의 예를 보게 된다.

평가적 일반화에도 같은 점이 적용된다. 행위의 동일한 연속체로부터 각 행위를 윤리적으로 받아들이기 어려운 행위의 사례로 받아들인다면, 평가적 진술은 일반화에(즉 일반적인 가치를 행위의 특정한 부류에 부여하는 어떤 가치 체계를 바탕으로) 의한 연속체로부터 함의될 수 있다. 하지만 공동 연속체만이 이러한 평가를 함의한다면, 우리는 우선 구성된 개념을 발견해야만 한다.

2.6.3. 우리는 삭제와 일반화가 모두 본질적으로 함의의 의미론적 관계를 고려하므로 산출된 거시구조는 그것의 미시구조에 의해 함의된다고 기술해 왔다. 구성에 대해서는 어떨까?

구성도 원칙적으로 함의를 고려한다는 점을 입증하기 위해 다음과 같은 잘 알려진 예를 제시해 본다.

(25) 〈존은 역에 갔다. 그는 승차권을 샀다. 그는 플랫폼으로 갔으며, 대기 중인 기차에 탑승했다. 몇 분 후에 기차가 출발했다…〉

(25)의 예에서 우리는 '존은 기차로 …로 여행을 떠났다'의 거시명제를 이끌어 낼 수 있다. 이는 우리가 기차 여행의 일화에 관한 관습적 지식을 가지고 있기 때문에 가능하다. 이 지식은 앞서 살펴온 바와 같이, 틀이나 각본에서 인지적으로 조직된다. 형식 의미론 이론에서 문장을 연결하고 거시명제를 이끌어 내기 위해 필요한 지식은 명제의 집합으로 간단히 취급된다. 이 지식의 부분은 언어의 어휘부에 일반적으로 표상된다. 일반적으로 어떤 개념은 다수의 동일한 방식으로 '총각'이라는 개념을 '인간', '남성', '성인', '결혼하지 않은'과 같은 개념들로 정의해 왔듯이, 다른 명제의 집합에 의해 정의될 수 있다. 이러한 개념은 구성적이라고 불릴 수 있는데, 그것은 각각, 그리고 공동으로 더 복잡한 개념을 정의하기 위해 표상된다. '기차 여행'이라는 개념은 다른 개념들에 의해 유사하게 '정의되지만', 총체적 행위가 수반되기 때문에 우리는 총체적 행위 개념을 구체화하기 위해 개별로, 공동으로 (문화적으로나 관습적으로) 각 구성적 조건들·사건들·행위들을 가리키는 명제들의 연속체에 의한 개념을 구체화한다.

(25)에 의해 표현된 명제들의 연속체는 '기차 여행'이라는 개념으로 관습적으로 알려지고 표상된다. 그 연속체가 우리의 지식 집합에서 기차 여행의 개념을 구성하는 데 필요한 명제들을 모두 유형화한다면 그 연속체는 총체적 개념을 다음과 같이 적절하게 함의한다.

(26) $\langle p_i, p_{i+1}, \cdots, p_k \rangle \Rightarrow q$

(26)에서 일반화와의 차이는 그 연속체의 각 명제보다는 그 공동의 연속체가 q를 함의한다는 것이다. 그 함의 관계는 지식 집합에서(혹은 어휘집에서) 그 연속체와 총체적 개념 간에 동등 관계가 있기 때문에 평범하게 유지된다. 또한 이것은 (26)에서 함의 화살표가 왼쪽으로 바뀔 수도 있다는 것을 의미한다. 즉 총체적 개념이 주어진다면 이상적으로 그 연속체에서 필요한 명제가 무엇인지를 구체화할 수 있으므로 이런 형식적 의미에서 구성 규칙도 함의를 높이 평가한다. 지금까지 각각의 거시규칙이 함의를 기반으로 해 왔음을 논증해 왔기 때문에 형식적으로 말하자면 각각의 거시규칙은 귀납적으로 그것의 기본적인 미시구조에 의해 함의된다고 논증해 온 것이다. 더 직관적인 용어로 이는 텍스트의 화제나 주제가 의미론적으로 유도되기(추론되기) 때문에 텍스트에 '포함된다'는 것을 의미한다.

텍스트 연속체가 총체적 개념의 구성적 명제들을 단지 가질 필요가 없음에 주목해야 한다. 예로 (25)의 역이나(신문을 읽다, 누군가와 이야기를 하다) 기차에서(신문을 사다, 친구를 보다) 존이 그밖에 무엇을 했는지에 관한 모든 종류의 명제를 추가할 수 있다. 형식 이론에 대해 연속체에서 최소한 모든 구성성분 명제들이 제시되는 것이 중요하다고 할 수 있다.

2.6.4. 거시구조의 형식적 분석에서는 반드시 제기되는 어려움이 있다. 텍스트 그 자체는 규칙을 적용하기에 필요한 정보를 모두 드러낸다고 가정해 왔다. 하지만 앞서 살펴 왔듯이, 실제로는 그렇지 못하며 텍스트는 일반적으로 불완전하다. 이러한 사례들에서 명제들은 지식이나 다른 인지적 집합의 구성 요소들로부터 가져와야만 했다. 이는 거시규칙, 특히 구성에 대해 주어진 함의의 증거는 언어 사용자의 인지적 집합이 되는 명제 C의 집합과 관련하여 구체화되어야 한다는

것을 의미한다. 추상적 의미론적 이론에서 지식의 틀과 각본의 모든 구성 명제들이 이해나 거시구조의 형성에서 실제화되는지의 여부는 중요하지 않다. 사실 선조적 의미 연결의 수립에 대해 우리는 심지어 이것이 추상적 의미론의 사례가 될 필요가 없음을 가정했다. 즉 이후 명제들에 관한 해석 조건이 되는 명제들만 명시적 텍스트 기반에 삽입되어야 한다. 하지만 구성에 관한 함의의 증거에서 총체적 개념의 모든 필요한 구성 명제들은 구체화되어야만 한다.

하지만 이 엄격한 조건을 갖지 않는 손쉬운 방법도 가능하다. 우리는 (양쪽의 방법에서) 균형감보다는 함의만(한 가지 방법, 즉 미시구조는 거시구조를 함의한다) 필요하기 때문에 그것은 총체적 개념의 하나나 두 가지 결정적 속성들이 텍스트 기반에 드러날 때 충분하다. 그 사례에서 결정적인 명제들은(예로, '역에 가기', '기차 타기', '기차로 떠나기'는 기차 여행의 총체적 명제를 추론하는 데 결정적이다) 단독으로 총체적 개념을 함의한다. 모든 다른 틀이나 각본 정보는 그 사례에서 구성 규칙의 적용을 위해 제시될 필요가 없다. 이후에 이 설명이 실제로 총체적 담화 이해에서 사용된 전략에 더 가까우며, 그리고 이들은 다소 개연적임을(귀납적) 알게 된다. 하지만 자연언어와 지식이 수반되면 함의와 실제적 추론 간의 경계가 매우 명확하지 않다는 점은 분명하다.

그만큼 불완전한 텍스트 기반은 거시층위에서 애매할 수 있다. 가령 그것의 명제들은 다양한 가능 틀과 몇몇 거시명제들의 실제화를 유도할 수 있다. 하지만 일반적으로 이전이나 이후의 (거시)명제들은 이러한 연속체를 명확하게 하며, 이는 앞서 살펴 왔듯이 거시규칙이 그 텍스트의 모든 정보를 고려하기 위해 상대적인 방식하에 적용되어야 함을 보여주는 것이다. 다른 사례들에서(예로, 평가적인 일반화에서) 애매함은 가치나 신념이 다를 때에 있을 수 있으며, 심지어 정상적이기도 하다. 범죄자 이야기의 예에서 켄 홀란드(Ken Holland)의 성격에 관한 상이한 총체적 해석이 구성될 수 있음을 살펴 왔다. 실제 처리 과정에서 그 텍스트의 애매함은(혹은 아마도 그 텍스트의 '불확정성'이라고 말할 수 있다) 일반적으로 상이한 언어 사용자들에 의한 대안의 총체적 해석을 제기한다.

2.6.5. 결론적으로 더 정확한 방식으로 다양한 거시규칙과 그것의 조건을 재형성해 보자. 앞서 이러한 형성은 자연언어에 대해 충분하게 완벽하면서도 명시적인 의미론을 우리가 가지고 있지 못하기 때문에 기껏해야 반형식적이라고 제기해 왔다. 2.7절에서는 거시구조 자체의 몇몇 속성들에 대해 더 조사한다. 이 속성들은 속성인 동시에 더 나아가 거시규칙의 적용에 관한 조건들이다. 거시규칙은 추상적인 의미론적 대응이나 추론 규칙이지, 인지적 규칙이나 전략이 아님을 기억해야 한다. 그것은 담화 이해에서 거시규칙의 작용에 영향을 주는 다양한 인지적 요인들을 설명하기보다는 담화의 '총체적 의미'나 '화제'의 언어적·의미론적 개념으로만 제한한다. 이후에 이 규칙의 인지적 관련성이 무엇인지, 그리고 그것이 담화 유형(3장을 보라)이나 맥락에 어떻게 다양하게 의존하면서 적용되는지를 살펴본다.

먼저 삭제 규칙을 살펴보자. 삭제에 관한 거시규칙의 일반적 정의는 다음과 같다.

(27) 삭제

정상적인 선조적 의미 연결 제약을 만족하는 T 텍스트 명제들인 $\langle p_i, p_{i+1}, \cdots, p_k \rangle$라는 한 연속체 Σ를 고려해 보자. Σ의 Σ'로의 대체는 이러한 T의 적어도 한 명제에 관한 해석 조건이(전제) 아닌 각 $p_{i+j} \in \Sigma$ 연속체는 Σ'에서 일어나지 않지만, Σ와 Σ'는 추가적으로 동일하다.

이 정의는 더 앞서 잠정적으로 불렀던 약한 삭제에 관련된다. 강한 삭제에 의해 지엽적으로 관련된 정보의 삭제는 더 높은 층위에서 삭제 규칙의 적용에 의해 획득될 수 있다. 가령 텍스트에서 이후의 명제들이 그것 자체로 삭제되면 그것의 특별한 전제들도 삭제될 수 있다.

이 규칙의 거시구조 산출에 관한 더 강력한 제약은 2.7에서 논의된다.

원칙적으로 이 규칙은 원자 명제들에 작용한다는 점을 기억해야 한다. 즉 복합문에서 더 이상 다른 것에 관련되지 않는 명제들은 삭제될 수 있다. 다시 말해 문장이나 절로 표현된 원자 명제들이 사실들에서 조직되고 전체 사실과 관련되지 않는다면, 이 전체 사실은 규칙이 명제들의 연속체에 작용하기 때문에 바로 삭제될 수 있다.

더 앞선 예에서 어떤 명제 그 자체가 더 이상 텍스트 나머지의 해석에 관련되지 않지만, 더 일반적인 함의는(예로, 참여자의 성격에 관한) 더 총체적 수준에서 표상되어야 한다는 것을 살펴 왔다. 하지만 이러한 사례는 다음과 같이 정의되는 일반화 규칙의 변형에 의해 다루어져야 한다.

(28) 일반화

정상적인 선조적 의미 연결 제약을 만족하는 T 텍스트의 명제들인 $\langle p_i, p_{i+1}, \cdots, p_k \rangle$라는 한 연속체 Σ를 고려해 보자. Σ의 명제 q로의 대체는 각 명제 $p_{i+j} \in \Sigma$가 q를 함의하고, q는 Σ의 최소 가능 일반화가 된다.

해석과 평가라고 부르는 이런 종류의 일반화에 대해 정확한 형식화를 제시하는 것은 여전히 어렵다. 따라서 (28)에서 q가 총체적 행위를 가리키고 있다면, 더욱이 명제 r에 그것을 부여함으로써 q를 해석하게 되며 이러한 r은 그 동작주의 일반적인 동기·조건·성격을 가리킨다. 그 사례에서 r이 가치 진술이면 이른바 평가를 하게 되는 것이다. 반대로 명제들만의 공동 집합이 해석이나 평가를 함의한다면, 오히려 구성 규칙의 변이를 가지게 되며, 다음과 같이 형식화할 수 있다.

(29) 구성

정상적인 선조적 의미 연결 제약을 만족하는 T 텍스트 명제들인 $\langle p_i,$

$p_{i+1}, \cdots, p_k\rangle$라는 한 연속체 Σ를 고려해 보자. Σ의 명제 q로의 대체는 q가 집합 C를 고려할 때, 공동의 연속체 Σ를 함의한다.

구성된 거시명제가 그 텍스트 명제들의 공동의 연속체와 동등함을 보여주었던 이 간략한 형식화는 앞선 논의로부터 유도되었다. 구체적으로 이는 Σ와 q가 동일한 사실을 다른 표상 층위들에서(우리가 이후에 논의하는 개념) 가리킴을 의미한다. 여기에서 집합 C는 인지적 집합인데, 인지 이론에서(6장) 이론적으로 설명되는 지식·신념·흥미·과제 등의 하위 집합을 포함한다.

(28)과 (29)에서 더 많은 제약을 필요로 하므로 (28)에서 그 입력 연속체가 한 명제 이상을 포함한다면, 거시구조 관점 내에서만 일반화하기에 타당하다. 한 명제로부터 일반화하기를 원한다면, 그것 자체로 명제가 되기 때문에 최소 가능 일반화에 대해 이야기할 수 없다(관련된 개념들의 인접 상위 집합을 한정하면서). 유사하게, (29)에서 연속체는 단지 하나의 명제를 구성할 수 없는데, 왜냐하면 그 경우에 규칙이 어떤 명제에 대해(그것 자체로 등등해진) 사소하게 유지될 수 있기 때문이다. 그러므로 (28)과 (29) 모두에서 $k > i$이다. 그 경우에만 거시규칙은 축소와 조직의 일반적인 요구를 만족시킨다.

또 다른 중요한 추가는 입력 연속체의 속성에 관련되는데, 즉 이들 요구가 지속적일 필요는 없다. 다시 말해 명제들은 그 텍스트에서 서로 연속되는 절이나 문장들에 의해 표현될 필요는 없다. 연속체의 명제들은 그 텍스트의 상이한 지점에서 표현될 수 있으므로 동작주의 일반적인 성격 속성에 관한 구성은 전체 이야기의 수많은 명제들을 기반으로 한다.

2.7. 거시구조의 속성

2.7.1. 1장과 이 장의 더 앞선 절에서 거시구조의 다수의 직관적인 속성들을 조사해 왔다. 미시구조로부터 거시구조를 생성하는 거시규칙을 형성해 왔으며, 현재 우리는 이론적으로 구성된 거시구조 그 자체에 관한 제약들을 추가적으로 구체화한다.

가장 먼저 텍스트의 '그' 거시구조에 대해 적절하게 말할 수 없음을 기억해야 한다. 왜냐하면 거시규칙은 각 규칙의 조건을 만족하는 어떤 명제들의(거시명제들을 포함하여) 연속체에 반복적으로 적용되는 속성을 지니기 때문이다. 따라서 우리는 거시구조의 몇 층위를 접할 수 있다. 가장 높은 층위는 거시규칙에 의해 추가적으로 축소될 수 없는 전체로서의 텍스트를 표상하는 거시명제를 포함한다. 가장 낮은 층위는 일반적으로 짧은 문장들의 연속체에(예로, 한 문단의 문장들) 적용된다. 매우 긴 텍스트는(예로, 소설이나 교과서) 층위의 다수가 비교적 높다. 결론적으로 매우 짧은 텍스트는(예로, 하나나 두 개의 문장으로 구성된 것들) 거시구조가 미시구조와 동일할 수 있다(영 규칙의 적용으로). 텍스트 그 자체에서 층위의 상이함도, 예를 들어 표상의 완전성에 관한 상이한 정도와 연결되어 존재할 수 있음이 2.8절에서 제시된다.

2.7.2. 각 거시구조 층위는 명제들의 연속체를 구성한다. 이러한 연속체는 선조적이거나 총체적으로 의미 연결된다. 총체적 의미 연결은 더 높은 순위의 거시구조에 대응됨으로써 수립될 수 있다. 선조적 의미 연결은 이 장의 처음에 논의된 명제들 간의 다양한 관계를 만족시켜야만 한다. 대체적으로 거시명제에 의해 지시된 각 (총체적) 사실들은, 예를 들어 다양한 조건 관계에 의해 관련되어야만 한다는 것을 의미한다. 또한 그것은 각 층위의 거시구조가 명시적이어야 함을 의미한다. 즉 다른 명제에 관한 해석 조건이 되는 각 명제는 그 층위의 거시구조 연속체의 부분임이 분명하다. 물론 우리가 이러한 거시구조를 드러내

기 원한다면, 예를 들어 요약에서는 수많은 명제들이 표현될 필요가 없는데, 이는 담화 산출과 의사소통에 관한 일반적인 화용적 제약이 주어진다면 어떤 담화에 관한 사례에서도 마찬가지이다.

이 논의로부터 거시명제는 특별한 종류의 명제가 아니라는 것이 분명해진다. 즉 그것은 다른 명제들로부터 거시규칙에 의해 획득된다. 또한 그것은 텍스트 의미의 부분을 표상하지만 각 개별 문장들의 의미가 아니라, 문장 연속체의 총체적 의미이다. 엄격한 의미론에서 말하는 어떤 종류의 의미에서와 같이 그것은 구성 요소 의미들, 이런 경우는 문장들의 의미, 그리고 거시규칙들과 같은 규칙에 의해 구체화된다. 문장 연속체의 의미는 어떤 연결된 명제들의 연속체를 구성하는 복잡한 종류의 의미로 논의할 수 있으며, 이는 분명히 옳다. 미시구조라고 부를 수 있는 것이 바로 이 의미 층위이다. 유사한 방식으로 문장의 통사, 의미 구조는 구성 요소 낱말들의 관점에서 단순히 주어지기보다는 더 총체적인 통사, 의미적 범주를 요구하는데, 연속체의 복잡한 의미 구조는 더 총체적 의미 범주에 의해 더 잘 조직된다고 말할 수 있다. 그러므로 몇몇 층위에서 복잡한 발화의 의미를 기술할 수 있다. 또 다른 문법적 비교를 위해 낱말과 구의 통사적 구조가 주어진다면, 우리는 '더 높은' 범주뿐만 아니라, 동시에 전체로서 문장들의 구조에 관해 오직 구체화될 수 있는 기능들인, 이 단위들의 통사적(그리고 의미적) 기능들을 구체화할 필요가 있다. 그러면 우리는 텍스트 수준에서 전체로서 그 연속체의 의미를 구체화할 수 있을 때 주어진 문장 의미의 기능이 무엇인지를 단지 구체화할 수 있다. 누군가 비행기를 타고 다른 도시로 간다는 일화의 기술을 고려할 때 주어진 그 이야기의 각 문장들이 전체로서의 의미가 드러나지 않더라도, 이 '전체' 의미를 최소한 직접적이지 않게 표상할 수 있음이 분명하다. 그것은 언어적 의미론에서 이런 종류의 의미를 부여하는 것과 관련되는데, 2.10절에서 제시될 것이다. 즉 우리는 인지 이론에 대해 거시구조를 텍스트의 실제 의미를 기반으로 (다양하게) 구성될 수 있는 추론들로 단순히 고려하는 것으로 보류해두기를 원하지 않는다.

2.7.3. 거시구조는 텍스트의 총체적 의미의 명시적 표상일 뿐만 아니라, 최소한 중요성·관련성·현저성과 같은 개념의 부분적 설명을 제공한다.16) 다시 말해 이 개념들은 대략 형식적·언어적 처리로 주어질 수 있지만(즉 그것이 거시구조에 의해 명시적이 되는 '주제'나 '화제'의 개념 관점으로) 인지적 관점에서도 처리될 필요가 있다. 분명하게 중요성과 같은 개념은 텍스트의 정보에 응용되며 언어 사용의 인지적 집합과 관계가 있다. 중요성의 의미론적 분석은 미시구조와 거시구조의 양쪽 측면 모두에서 주어질 수 있다.17) 따라서 우리는 낱말(개념)·절·문장, 즉 텍스트에 의해 표현된 바와 같이 텍스트 '내에서' 중요하다는 것을 구체화할 수 있지만, 전체로서 모든 부분들이나 텍스트에서 무엇이 중요한지도 구체화할 수 있다. 이 경우에 거시구조의 관점에서 텍스트의 '결론'을 구체화할 수 있으므로 우리는 각 본문에 대해 그것에 의해 전달되는 총체적으로 가장 중요한 정보가 무엇인지를 거시규칙이 규정한다고 주장한다.

하지만 미시와 거시층위 모두에서 중요성의 상이한 개념이 역할을 할 수 있는데, 차별적이고 대조적인 중요성이 수반된 개념은 실제로 현저성이라고 부를 수 있다. 예로, 6장의 문장 연속체에서 어떤 개념이나 명제가 구조적으로 오히려 중요하지 않은 세부 사실들임에도 불구하고, 다른 이유들로(예로, 언어 사용자의 개인적 기억이나 연상, 일반적으로 그들의 가치, 태도, 흥미에 관련되는) 인해 현저하거나 두드러지는 확실한 경우를 볼 수 있다.

의미론적 이론에서는 이런 종류의 현저성의 더 '주관적인' 양상들

---

16) 담화에서 '현저성'의 개념은 케이 존스(Kay Jones, 1977)에 의해 '주제들'로 정의되어 사용되어 왔다.
17) 미시와 거시층위에서 상이한 종류의 관련성 부여는 반 데이크(van Dijk, 1978c)에서 논의된다.

을 단지 구체화할 수 있다(예로, 선조적 의미 연결과 이러한 의미 연결의 '단절' 관점이나 낱말 의미와 문장 간 대조의 내포적 관련성의 관점에서).

거시층위에도 같은 점이 적용된다. 거시명제들의 한 연속체가 획득되면 그것은 그 거시명제들의 하나나 그 이상의 한 개념이 다른 것들보다 더 현저한 사례가 된다. 이런 종류의 총체적 의미론적 현저성은 상이한 범주를 기반으로 할 수 있다. 한편으로 그것은 그 개념에(예로, 몇몇 거시명제들에서 일어나는 참여자) 관련되며, 다른 한편으로 그것은 거시명제들에서 다른 개념들과 내포적으로 대조될 수 있는 개념이 된다. 결론적으로 그것은 더 중요한 사건을 가리키는 '지배적'이거나 '상위'의 명제가 되며, 다른 거시명제들은 조건·배경·결과가 된다. 마지막의 경우에 다시 거시규칙에 의해 정의되는 이런 종류의 중요성을 살펴볼 수 있다.

2.7.4. 1장에서 의미론적 정보는 명제들에서 조직될 뿐만 아니라, 명제 조직의 더 복잡한 양상에 도입된다는 것을 사실들의 관점에서 논의하였다. 사실들의 형식 의미론 이론이 없지만 결과적으로 이러한 개념을 인지 의미론으로(예로, 이해에서 명제 조직에 대해 설명하기 위해) 격하시키기를 원하며, 우리는 잠정적으로 사실이라는 용어를 의미 조직 단위를 가리키는 데에도 사용한다.

거시구조가 명제들의 연속체이기 때문에 우리는 거시구조가 사실들로 조직된다고 가정한다. 이 장의 앞서 분석한 예들에서 도출된 정보가 실제로 사실들로 조직될 수 있음을 살폈고, 이는 'KH는 거리에서 예쁜 소녀를 본다', '대법원은 대학 입학 전형 제도에서 인종이 고려될 수 있음을 판결내린다', '벌리츠 방법은 세상에서 가장 훌륭한 언어 학습 방법이다' 등과 같이 (복합) 문장들에 의해 표현될 수 있었다. 단순히 총체적 원자 명제들을 추가하는 대신에 'x=KH와 같은 x가 있다'나 'KH가 y를 본다'와 같은 하나의 사실은 총체적 개념들의 다양한 기능들이 텍스트로부터 유도되는 간단한 방식을 구체화하도록 한다.

이후에 사실들이 담화 이해를 포함해서 어떤 인지적 과제에 대해 얼마나 중요한지를 살핀다.

하지만 여기에서는 추가적으로 거시규칙이 왜 사실들이 아닌 명제들에 대해 정의되어 왔는지를 물어야 한다. 명제들이 미시층위와 거시층위 두 영역의 사실들에서 조직된다면, 왜 직접적으로 사실들을 사실들에 대응시키지 못하는 것일까? 그리고 실제로 구성 규칙에 대해 미시구조 요소들이 지식 틀의 요소로 발생하는 것과 마찬가지로 각각의 사실들이 되는 것처럼 보이며 그 결과도 총체적 사실이 된다는 점도 살펴 왔다. 하지만 문제는 거시규칙의 입력과 산출 정보가 전혀 사실과 같지 않다는 점에 종종 있다. 구체적으로 이야기에서 인물들의 다양한 수식어들을 더 총체적인 수식어로 일반화하거나 구성하는 것으로 '혼합한다면', 우리는 복잡한 사실들이 아니라, 심지어 이 명제들이 미시와 거시층위에서 이러한 사실들로 재차 조직될 수 있음에도 불구하고 입력과 산출로서의 명제들을 갖게 된다. 범죄 이야기에서 그 소녀가 총체적 층위에서 '예쁜' 것으로 불리게 된 것은 'a는 금발이다', 'a는 키가 크다', 'a는 날씬하다' 등의 원자명제들로부터 추상화된 결과이지, 그 소녀가 아름다웠다는 사실로서 명시적으로 진술되었기 때문이 아니다. 하나의 사실은 영 규칙에 의해 그것의 관련성 때문에 거시구조에 받아들여질 수 있다.

사실들에서 사실들로 직접적으로 진행되기 어려운 또 다른 이유가 있다(영 규칙에서는 제외하고). 미시층위에서의 인물들은 다양한 의미론적 기능을 가지므로 이야기에서의 '영웅'조차도 그 층위에서 '동작주'만이 아니라 종종 '대상'이나 '피동작주'·'수혜주'가 될 수 있다. 하지만 이러한 본문의 일치된 거시명제에서 동일한 영웅은 이 거시명제에 의해 형성된 총체적 사실의 동작주로서만 드러날 수 있다. 이는 각 인물들의 총체적 역할은 분리되어 구성되어야 함을 의미한다. 총체적으로 구성된 거시 행위가 수반된 이후에, 인물들이 각 사실 범주들에 삽입될 수 있는 이후에만 가능하다. 따라서 단순히 텍스트의 문장

구조를 살필 수 없고 모든 사례들에서(혹은 대개) 인물이 동작주 역을 가질 때를 결정할 수 없다. 그것은 총체적 수준에서도 동작주 역을 가질 수 있을 것이다. 물론 이는 종종 그런 사례가 될 것이므로 담화 이해에서 임시방편의 인지적 전략이 된다. 하지만 형식적으로 역할 구조는 다음의 두 예들에서 분명하게 드러났듯이, 구성된 총체적 술어의 속성에 의존하기 때문에 필요하지 않다.

(30) (a) KH는 거리에서 예쁜 소녀를 보았다.
     (b) 거리의 예쁜 소녀들이 KH를 좌절시켰다.

여기에서 KH는 거시구조 층위에서 상이하게 드러나며, 각각의 거시사실에 대해 KH에 관한 상이한 역할이 존재한다.

2.7.5. '주제'나 '화제'의 개념은 명제의 관점에서 명시적으로 구성되며, 이 명제들은 거시사실들에 기반을 두어 더 충실하게 조직된다고 가정되어 왔다. 하지만 명제적이지 않지만 단일한 개념에 기반한 주제라는 개념이 있다. 따라서 문학과 일상 담화 두 영역에서 우리는 종종 직관적으로 '죽음'·'마약'·'범죄'·'사랑'과 같은 텍스트의 주제에 대해 이야기한다. 이런 경우에 우리는 이러한 텍스트를 텍스트의 구체적인 거시명제 내용이 무엇이든 간에 이러한 개념에 관한 것이라고 여긴다. 이 개념을 설명하는 한 가지 방식은 텍스트의 하나나 그 이상의 거시명제들의(예로, '주인공'이나 몇몇 거시명제들에서 참여하는 인물로서) 단편으로서 그것을 취급하는 것이다. 때때로 주제라는 이 개념의 용어도 거시사실들의 주요한 사건이나 행위에 관한 명사화가 된다.

이런 종류의 주제는 일반적으로 거시명제의 자의적인 부분이 아니라, 사회적으로 중요하므로 어떤 문화의 많은 담화나 동일 저자의(예로, 문학에서) 담화에서 되풀이되는 개념들을 수반한다. 따라서 우리는 '종이 집게'나 '책 페이지'와 같은 주제 대신에 '죽음'이나 '공포정치'와 같은 주제를 접한다. 그렇지만 사람들이 이야기하거나 논문과 책으로 쓰는 수많은 주제들이(식물·개·암·여행·비행기 등) 있다. 그것들이 사람들의 기본적인 동기·목표 그리고 상호작용을 기초로 하기 때문에 여전히 일명 (어떤 문화의) '삶 주제'라고 불리는 사회적으로 중요한 주제들이 있다.18) 우리는 4장과 6장에서 이런 종류의 주제로 되돌아갈 것이다.

2.7.6. 무엇보다 거시구조는 거시사실들의 연속체로 조직되는 것으로 드러났다. 이 거시사실들은 그것의 의미론적 기능에 따라 거시명제의 연속체를 선택한다. 거시명제와 거시사실들을 조직하는 다른 방법들도 있다.

우선 전통적으로 수사학에서 연구되었던 다수의 범주에 따라 명제나 사실들의 연속체에 기능적 관계를 부여하는 것이 가능하다. 이런 종류의 분석은 실제로 언어학에는 잘 알려져 있지 않지만 담화의 기술에 대해서는 매우 관련성이 깊다.19) 3장에서는 명제나 문장의 연속체가 주어진다면 구체적으로 어떤 명제/문장 A는 명제/문장 B의 설명이라고 말할 수 있음을 살핀다. 유사하게 B가 A의 설명이나 상세화를 부여한다고 말할 수 있다. 조건 관계는 준비나 상정/전제의 기능에 부여된다. 유사하게 명제는 대조·확신·기술·비교의 관계를 실제화한다. 이러한 기능 관계는 거시층위에서도 유지된다. 구체적으로 벌리츠 텍스트에서는 거시명제인 '여러분은 어렸을 때 더 쉽게 언어를 배웠다'와 '여러분은 벌리츠의 자연스러운 방법에 의해 쉽게 언어를 배울 수

---

18) (삶) 주제의 제일 후자 개념의 중요성은 쉥크와 아벨슨(Schank & Abelson, 1977)에 의해 인식되어 왔는데, 여기서는 인물들이나 이야기에서 표상된 인물들의 주요한 동기와 목표의 관점에서 정의된다.

19) 문장이나 명제들 간의 이런 종류의 기능적이거나 수사적 관계는 그람이스(Grimes, 1975)에 의해 주목을 받아 왔지만 그는 의미적·화용적, 그리고 문체적/수사적 기능 관계 간을 명확하게 구분하지 않는다. 심리학에서 메이어(Meyer, 1975)는 기억 실험에서 그람이스(Grimes)의 그 범주를 사용해 왔다.

있다' 간의 비교 관계가 있다. 지금 이러한 기능적이거나 '수사적' 관계의 어떤 중대한 이론도 없지만, 우리가 여기에서 한 가지를 제공하려고 시도하지는 않는다.

하지만 흥미로운 것은 이 기능들의 어떤 관계가 관습화된다는(예로, '전제'와 '결론') 사실이다. 이를 3장에서 상위구조로 연구할 것이다.

2.7.7. 지금까지 거시구조에 관한 논의는 의미론적 분석의 양상에 초점을 맞춰왔다. 즉 거시명제들의 (부분적으로) 간주된 화제나 주제는 텍스트의 '총체적 의미' 양상으로 고려된다. 하지만 의미론적 분석은 참조나 지시의 문제로도 다루어져야 한다. 명제들은 원칙적으로 어떤 가능 세계에서 참과 거짓 혹은 만족되거나 그렇지 못한 대상들이다. 우리는 어떤 가능 세계에 대해 명제의 지시체가 되는(혹은 이러한 명제를 표현하는 문장의) 사실의 의미적 유형들을 도입하는 것이 의미 있다고 가정해 왔다. 이러한 하나의 사실은 우리가 사실의 복잡한 의미 개념에 대해 구체화해 왔듯이, 다양한 역할을 가진 몇몇 인물들이 관련된 사건, 행위, 가정, 상태의 구조이다. 즉, 하나의 사실은 한 사실의 지시체라고 오히려 말해야 한다.

또한 문제는 어떤 지시체나 지시대상이 거시명제나 거시사실이냐에 있다. 직관적으로 이러한 지시체는 다른 사실들로부터 결합된 어떤 단위체이다. 이것이 종종 실제 사례가 될 수 있지만, 이러한 가정은 오해를 불러일으킨다. 이런 거시명제들이 (미시)명제들과 다르지 않다고 강조해 왔음을 기억해야 한다. 즉 그것은 미시명제의 연속체와 관련해서만 정의된다. 텍스트와 관련된 명제의 중요성이나 관련성만이 하나의 거시명제를 만드는 것이므로 때때로 동일한 거시명제가 다양한 층위에서 기능한다. 즉 '세계' 그 자체는 그것의 몇몇 사실들에 부여하는 중요성이나 이러한 사실들을 기술하는 세부 층위에 의해 변화되지 않으므로 거시명제와 거시사실들도 (단순하거나 복잡한) 그것의 지시체들로서의 사실들을 지니게 된다. 따라서 담화와는 독립적으로 복잡한 사실들 간을(예로, 행위들) 구분할 수 있다. 단순하거나 기본적인 행위들 간, 그리고 복잡한 행위들이거나 심지어 행위 연속체들 간으로 구분되며, 이는 담화의 미시와 거시층위 모두에서 전체로서의 담화에 관한 관련성이거나 그와 같은 담화의 인지적 이해에 따라 하나나 그 이상의 명제들로 표상된다. 4장에서 행위의 거시구조 관점에서 이러한 복잡한 사실들을 설명하려 시도할 것이다. 담화와 세계 층위가 원칙적으로 독립적이지만, 명제나 사실과 같은 개념이 세계가 어떻게 지각되고, 해석되고, 분할되고, 처리되고, 기억되고, 이야기되는지 등을 결정하는 것은 분명하다. 그러므로 6장에서는 사실들과 사실들이 인지적으로 어떻게 관련되는지를 살피게 되므로 우리의 의미론에 대해 거시구조 지시체로서의 '거시사실'의 구체적인 개념은 필요 없을 것 같다.

하지만 문제는 더 복잡하다. 현대 의미론은 표현뿐만(용어들, 술어들 등) 아니라, 구조도 해석하므로 거시규칙에 의해 문장 연속체에 부여된 구조가 해석될 수 있는지의 여부도 물을 수 있다. 결국 거시명제는 명제의 연속체를 조직하므로 이 조직이 어떤 가능 세계에서 가치가 부여되는 사례가 될 수 있다. 한 연속체가 사실들의 연속체를 가리킨다면 거시명제는 이 사실들의 조직이나 그것들을 통합하는 작용을 지시하는 것으로 도입될 수 있다. 물론 이러한 조직이나 작용은 인지적인 기초가 되므로 우리 존재론의 모든 의미론적 개체들이다. 실제는 아마도 담화와 비교적 독립적이지만 인식론적으로 관련이 되는 한 인지와 독립적이지 않다. 이런 철학적 문제를 여기에서 더 이상 추구하지 않지만, 지시체는 언어의 표현과 담화의 의미론에 얽매이는 개념이기 때문에 조직된 사실의 단일체를 거시명제에 부여하며 게다가 잠정적으로 거시사실들에 대해 말할 수 있다. 거시명제와 마찬가지로 거시사실은 사실의 특별한 종류가 아니라, 다른 사실들과 관련해서 정의된 사실이라기보다는 사실들의 특별한 조직이다(예로, 그것을 구성하는 사실들, 그것이 추상화된 것으로부터의 사실들이거나 그것이 선택된 것들

중에서의 사실들인데, 거시작용의 가치로서 받아들여질 수 있는 세 가지 작용이 된다). 그러므로 '존은 베를린 행 기차를 탔다'는 이 사실을 구성하는 각각의 사실들에만 관련되는 거시사실이므로 동일한 담화에서 그 문장들도 실제의 다양한 층위를 가리킨다. 이는 2.8절에서 더 상세하게 논의될 것이다.

거시구조의 외연적 의미론의 문제는 사실들과 사실들의 관점에서 고안되었다. 하지만 더 전형적으로 전체 텍스트나 전체 텍스트의 단편에 대해 진리나 만족 값을 부여하는 관련 양상에 대해 의문이 제기되었다. 물론 우리는 개별 문장들에 대해 진리 조건을 줄 수 있으며 그 문장들이 일반적인 접속사에 의해 연결된다면 구성 요소 문장들의 진리값의 기능들인 진리값을 부여할 수 있다. 우리가 그저 단순하게 연속체를 접한다면, 문제는 더 어려워지게 된다. 그 경우에 가장 단순한 해결책은 연결로서의 연속체를 해석하는 것이다. 그 경우에 연속체는 $\langle p_1, p_2 \cdots p_n \rangle$ 그 명제의 각 명제가(혹은 문장/절) 참이라면 단지 참이 된다. 하지만 그 연속체가 더 구체적인 방법들로(예로, 거시규칙에 의한 거시명제의 부여로) 배열된다면, 진리값은 더 복잡한 구성 요소들을 당연히 요구하게 된다. 텍스트에 관한 이러한 의미론은 함의에 대해 앞서 논의된 것에서 이미 제기되었다. 즉 명제 연속체가 왜 한 명제를(그것의 한 부분이 아니거나 각 개별적 명제에 의해 함의된) 함의하는지를 자세하게 밝히기 위해 접속과 심지어 더 많이 조직된 연속체의 진리치에 관한 명확한 정의가 필요하다. 유사하게, 이후에 보게 되는 바와 같이 우리는 전체 텍스트들(예로, 요약된 텍스트의 요약본에 의한 함의) 간의 의미론적 관계를 정의할 수 있어야 한다.

그렇다면 잠정적으로 텍스트 T가 그것의 각 명제/문장이 연결된 모형의 연속체에서 참이라면 참이 된다고 말할 수 있으며, 이는 각 문장의 해석은 그 텍스트의 다른 문장의 해석과 관련성이 있음을 의미한다. T의 각 거시명제는 연결된 각 거시모형들에서 참이 된다. 거시모형은 각 문장들을 해석하기 위해 요구되는 그 모형으로부터 구성된다. 그것은 행위 연속체에 적용된 작용들의 결과인 거시작용을 두드러지게 한다. 거시명제는 어떤 가능 세계에 대해 그것의 값으로서 이러한 작용을 가지는 추상화된 기능(복잡한 개념)이다. 이 형식적인 의미에서 우리는 '존은 기차로 여행했다'는 명제가 거시층위에서 어떤 가능 세계에서 행위 연속체의 단일체로서 '통합하는' 작용인 총체적 행위를 부여한다고 말할 수 있다. 물론 여기에 열려 있는 문제와 어려움이 있지만, 우리는 문장 연속체와 텍스트의 거시구조에 관한 충실한 형식적 의미론의 작업을 완성하려고 시도하기보다는 이 논의를 이들 소수의 제안과 함께 남겨둔다.

2.8. 담화 기술의 완성도와 층위

2.8.1. 문장 연속체는 사실들의 연속체로 해석된다. 반대로 우리는 사실들이 명제들로 표상되고, 이는 문장 연속체로 표현된다고 말한다. 가능 세계를 한정짓는 담화와 이 사실들 간의 연결은 어떤 추가적인 주의를 요구한다.

분명히 실제의 어떤 상태나 일화는 수많은 사실들로 구성된다. 하지만 자연언어와 의사소통의 담화는 적은 수의 사실들만을 표상할 것이다. 먼저 사실들의 완벽한 표상은 경험적으로 불가능하다. 더 중요한 것은 이러한 완벽한 표상은 의사소통의 관점에서는 관련될 수 없다. 가령 많은 사실들은 이미 청자/독자에게 잘 알려져 있지만 다른 사실들은 청자/독자에게 잘 알려질 필요도 없거나 흥미롭지 않거나 관련되지도 않는다. 그러므로 담화는 엄격하게 말하면 최소한 형식적인 관점에서는 사건이나 일화의 실제 상태에 관한 불완전한 표상일 뿐이다. 그것은 표상·표현·의사소통에 관한 사실들을 선택하며, 동시에 인지적으로 이 사실들이 가능 세계에 어떻게 구성되는지를 표현한다.

하지만 담화 표상의 불완전성은 동질적이지 못하다. 어떤 상태나 일

화는 다른 것보다 더 세부적으로 표상될 것이므로 동일 텍스트에서의
완벽성 정도는 바뀔 수 있다. 물론 이 개념은 현실의 완벽한 기술에
관한 절대적인 척도는 없기 때문에 상대적이다. 완벽성의 어떤 정도에
따른 한 연속체를 고려할 때 우리는 완벽성하에서 하위 연속체들을
말할 수 있다. 하지만 완벽성 정도에 따라 어떤 사실들이 표상되지
않는다면, 다음 예와 같이 표상되어야 한다.

(31) 존은 역으로 택시를 타고 갔다. 그는 건물 입구로 들어가서 승차권
판매대로 갔다. 그는 베를린 행 표를 요구했고, 그것을 받았고, 가격
을 지불했다. 기차에서 그는 신문을 읽었다(⋯)

이 구성된 예에서 이 단편의 첫 번째 부분의 행위 기술의 상대적인
완벽성이 주어진다면 매표소에서 승차권 값을 지불하는 것과 기차에
서 신문을 읽는 것 간의 행위들도(예로, 플랫폼으로 걸어가기, 기차를 기
다리기, 기차의 도착, 기차에 오르기, 자리 고르기 등) 표상될 수 있으리라
고 예상할 수 있다. 어떤 경우에는 완벽성하에서 수용되지 않을 수
있다(예로, 의미 연결을 구성하기 위해 요구되는 문장들이 생략될 때). 이는
그 일화의 틀과 같은 속성이 주어질 때 꼭 필요하지는 않다. 즉 그
사례에서 생략된 연결은 독자/청자에 의해 구성될 수 있다.
또한 유사한 의미에서 완벽성에 관해 연속체에서 어느 정도 필요한
것보다 더 많은 사실을 상술하는 다음과 같은 연속체에서는 과도한
완벽성도 접하게 된다.

(32) 존은 기차를 타기 위해 택시를 타고 갔다. 승차권 매표소에서 그는
베를린으로 가는 표를 요구했다. 그 소녀는 승차권을 발매하여 그에
게 그것을 주었다. 그는 그것을 계산대 위에 놓았고, 주머니에서 돈을
꺼내 계산을 했다. 그는 그녀에게 인사를 했고, 기차로 갔으며, 기차
에 올라 베를린으로 가는 동안 소설책을 읽었다(⋯).

(32) 연속체의 전체 중간 부분은 나머지 부분에 관한 상대적인 완벽성이 이러한 기술을 필요로 하지 않음에도 불구하고, 승차권 구입하기 일화에 관한 다소 상세한 기술을 제공한다. 즉 그는 베를린행 승차권을 샀다와 같은 문장으로 충분하다.

예에서와 같이 과도한 완벽성도 그만큼의 수많은 세부 사항들을 제시해야 할 명백한 의사소통적 이유가 없다면 때로는 받아들여질 수 없다. 하지만 과도한 완벽성도 기능적이다. 그 경우에는 연속체의 완벽성 정도에서 오히려 전이를 말해야 한다. 구체적으로 어떤 일화가 이야기에서(혹은 화자나 청자에 대해) 관련되면, 기술의 완벽성을 바꿀 수 있다. 예로, 범죄 이야기에서 불안의 순간은 전형적으로 이런 방식으로 표상된다. 우리의 일상 이야기도 마찬가지이다. 즉 이야기의 핵심이나 혼란이(3장을 보라) 더 광범위한 기술로 제시되지 않지만 준비 행위와 일반적인 배경을 언급하는 도입이나 배경은 '어제 나는 런던에 있었다. 이상한 소년을 만났는데'와 같이 몇몇 문장으로만 표상될 수 있다. 승차권 구입하기 일화의 예에서, 구체적으로 존이 승차권 판매대의 그 소녀와 사랑에 빠지게 된다면 더 세부적인 사항들을 접하게 된다. 더 앞선 대법원의 Bakke 사례의 판결에서 판결 그 자체는 여타의 다른 행위들보다, 예를 들어 기술의 선행 조건들(Bakke에 의해 제기된 차별의 주장에 관한 다양한 논의들)에 찬성하거나 반대하는 이들, 혹은 법정의 세부 사항들보다 더 완벽한 정도로 기술된다. 물론 이러한 결정에 대해 연극·소설·영화에서는 판사들의 다양한 (내적) 행위들에 관한 더 상세한 기술이 주어질 수 있다.

2.8.2. 표상의 상대적 완벽성에 관한 개념은 표상의 층위 개념과 밀접하게 관련된다. 완벽성은 표상 층위의 주어진 정보의 양과 관련된다. 예를 들어 도식의 한 부분이거나 기존의 맥락 지식으로서 사건들이 잘 알려져 있거나 언급된 사건들이 서로 관련이 없다면, 동일 층위의 사건들에 관한 표상을 생략할 수 있다. 반대로 표상 층위는 사실들이

표상된 구체성이나 일반성의 정도에 달려 있다. 그러므로 (32)에서 우리는 갑작스럽게 동일 사건이 더 상세하게 표상되기 때문에 기술 층위의 변화에 주목한다. 거시구조 개념과의 연결은 여기에서 분명한데, 표상 층위 r_i의 세부 연속체는 r_{i+1} 층위에서 다른 더 총체적인 표상과 같이 동일 층위에 있는 거시명제로 표상될 수 있다. 상대적인 완벽성처럼 표상 층위는 몇몇 이유로 바뀐다. 어떤 사실에 대해 더 세부 사항들을 제공하는 것은 이러한 사실이 더 중요하다는 점을 가리키는 것이다. 이러한 사실의 구성 요소들은 그 텍스트의 나머지 해석에 관한 조건이 된다. 구체적으로 탐정 소설에서 주어진 세부 사항들이 살인자를 찾는 데 결정적인 조건이 되는 것으로 판명되는 것과 같은 맥락이다.

앞서 이 장에 주어진 거시분석에 관한 예에서는 무엇보다 범죄 이야기 단편에서 표상 층위가 변하지 않는다는 점을 보았다. 즉 기술된 모든 행위와 사건은 (대개) 동일한 층위의 것이며, 누군가를 쳐다보는 다양한 구성 요소들과 결과적으로 초래된 심적 행위들이 이 행위들과 연합된다. Bakke 사례의 대법원 판결에 관한 새로운 텍스트에서는 층위의 변화를 목격한다. 가령 세부 사항들은 법원의 논쟁과 결정의 찬반에 대해 주어지지만 소수 집단이 그 결정에 반대하기 위해 어떻게 결정하는지에 관한 세부 사항들과는 유사하지 않다. 가령 그들의 논쟁은 단순히 요약된다. 즉 소수 집단의 저항에 관한 텍스트에서의 명제는 결정 그 자체에 관한 거시명제로서 동일 층위에 있다. 가능한 사회 정치적 이유에 덧붙여, 언론의 관점과 소수 집단의 논의에 부여된 관련성과 같이, 이 차이는 표상에서 그 텍스트가 대법원의 결정에 초점을 둔다는 사실에 의해 유발된다. 준비 행위, 다른 조건, 그리고 반항은 이 중심적 사건과 관련하여 한정된다. 앞서 살폈듯이 텍스트의 거시구조 표상은 중요성에 관한 차이를 지니므로 더 중요한 거시명제는 의미적으로 상위에 있는 명제이다. 즉 이 명제는 하위 명제로서 사전 행사, 조건, 속성이나 구성 요소들, 결과, 혹은 배경을 가리키는 명제들을 갖는다.

표상 층위에서의 변화는 이러한 변화의 다양한 기능들이 주어진다면 자의적이지 않다. 이는 어떤 층위를 수용하지 못하게 만드는 어떤 제약들도 있음을 의미한다. 재판에서 피고인의 모든 종류의 세부적인 사건이나 행위 등이 논의되지만 이것은 큰 회사의 한 해 보고서에서 참여자들의 상세한 활동을 언급하기 위해서는 가능하지 않다. 심리 보고서에서 피험자가 실험 참여시에 무엇을 하는지에 관한 세부 사항들을 알고 있지만, 일반적인 결론에서 이러한 세부 사항들은 더 이상 필요하지 않다. 일상 대화에서 어떤 사건들이 지나치게 구체적인 층위에서 표상되는 사례이면 "당신은 핵심을 말해줄 수 있습니까?"와 같은 반응을 유도할 수 있다. 각 담화·화제·맥락의 유형에 대해 층위 변화와 완벽성 정도에서의 변화가 필요하거나 가능한지의 조건들뿐만 아니라, 대략적인 더 상위와 더 하위의 표상 수준에 관한 경계, 각 층위에 관한 완벽성의 상대적인 정도를 요구하는 일반적인 의사소통적 제약들이 있다. 담화에 관한 더 나은 경험적 작업은 이 제약들을 명시적으로 만들어 놓는다. 우리의 논의에 있어서 거시구조(의 층위)와 표상 층위의 연결은 중요하다.

2.9. 문장 화제 대 담화 화제

2.9.1. 이 절에서는 담화에 도입된 주제나 화제, 문장 기술에 도입된 화제(혹은 주제) 개념 간 차이를 간략하게 설명한다.[20] 후자의 개념은 종종 논평과 연결된다. 두 개념 간의 어떤 연결이 있지만 잠정적으로

---

20) (문장) 화제의 애매한 개념에 관한 더 상세한 논의에 대해서는 스겔, 하지코바, 베네소바(Sgall, Hajicova, Benesova, 1973), 리(Li, 1976), 그리고 딕(Dik, 1978)을 보라. 담화의 연속적 구조에 관한 기능으로서 문장 화제의 확인에 대해서는 반 데이크(van Dijk, 1972, 1977a)를 보라. 문장 화제와 담화 화제 간의 차이와 연계는 반 데이크(van Dijk, 1977g)를 보라.

언어학 이론의 상이한 이론적 개념으로서 그것들을 분리하려고 한다.

문장의 화제는 종종 문장 구조의 부분(예로, 첫 번째 명사구)과 때때로 그것의 기본적인 의미 표상의 부분으로 연결된다. 이론적 정의에서의 차이가 무엇이든지 문장 화제의 개념은 (대화나 담화의 이전 부분에서) 이미 도입된, 즉 이미 청자에게 알려진 것으로 화자에게 상정되거나, 다르게 주어졌거나 시작된 정보의 관점에서 일반적으로 정의될 수 있다. 그러면 논평은 화제 정보와 관련되는 새로운, 알려지지 않은, 예측할 수 없는 등의 정보를 제시하는 문장에서 정보를 표현하거나 '이다'가 된다. 이 양상은 분명 문장 화제의 개념에 수반되지만, 지금까지 화제와 논평에 관한 만족스러운 이론은 없었다. 향후 이 이론에 관한 진척된 구성 요소들을 지적하기 원하지만, 여기에서는 이 문제를 해결하기 위한 주장을 할 수는 없다.

2.9.2. 첫째, 문장 화제들에 대해 진술되어야 하는 다수의 기본적인 속성들이 있다. 무엇보다 그 차이가 낱말순서, 특별한 구성(분열 문장이나 유사/분열과 같은), 강조나 억양과 같은 문장 구조의 속성에 대해 연구되어 왔지만, 이들이 문장 화제의 표면 구조 명시화로 다루어져야 됨이 강조되어야 한다. 따라서 화제는 의미론적이거나 의미론적·화용적 개념이 된다. 둘째, 화제는 단순히 문장 표면 구조의 한 부분이 아니라, 오히려 문장 의미론적 표상의 한 부분을 가리키는 기능이다. 즉 일정한 기능을 가지는 의미론적 표상의 부분이 화제라 불리거나 화제 기능을 가진다. 논평의 개념에 대해서도 같은 점이 존재한다.

본 논의에서 흥미로운 점은 문장 화제의 다음 일반적인 속성인데, 즉 담화나 대화 혹은 일반적으로 문장의 정보 맥락의 구조에 관한 그것의 의존성이다. 심지어 화제와 논평은 고립된 문장에 대해 연구되는 곳에서도 맥락 정보는 항상 존재한다. 이는 문장에서 화제 정의에 관한 일반적인 검증이 앞선 질문에 있다는 사실에서 가장 분명하게 드러난다. '존은 어디로 갔지?'와 같은 질문을 고려해 볼 때 다음 문장은 존은 갔다는 것으로 표현된 부분에 관한 화제 기능과 런던에 의해 표현된 부분에 관한 논평 기능이 부여된다.

(33) 존은 런던에 갔다.

언어 사용자 A에 의한 질문은 A는 존이 어딘가에 갔다는 것을 알고 있다는 것을 함의하므로 A에 의해 알려져 있으리라고 상정되는 지식 항목은 (33)의 화자 B에 의해 상정된다. 따라서 '존이 갔다'는 개념적 부분은 A에게 새롭거나 미지의 것이 아니지만, '런던'이라는 부분은 '어디에 갔다'(존, x)라는 형식에서 가변적인 것에 대해 알려지지 않은 변수를 제공한다.

따라서 일반적으로 문장에서 화제와 논평 기능은 정보가 텍스트나 대화에서 분산되는 방식을 드러내는 것으로 강조된다. 특히 이는 문장 정보가 어떻게 맥락 정보와 결합하는지를 가리킨다. 화자는 청자에 관한 지식을 확대하기 위해 문장과 문장 연속체를 표현하는 것으로 다른 화행을 주장하거나 성취할 수 있으므로 각 문장에는 새로운 정보가 있어야 하지만 동시에 이 새로운 정보가 어떻게 기존 정보와 연결되는지를 보여주어야 한다. 일반적으로 문법에서는 이 기능을 가리키는 표준적이거나 기본적인 방식들이 있다. 영어와 기타 수많은 언어에서 이것은 낱말순서, 강세나 억양에 의해 이루어지는데, 일반적으로 종종 통사적 목적 기능을 가진 첫 번째 명사구가 화제 기능, 그리고 논평 기능을 가진 나머지 문장과 연합된다. 이는 동시에 현저한 강세를 드러낸다. 또 다른 '선호'되는 위치에서 표현된 논평들은 일반적으로 특별한 강세가 부여될 것이다.

최종적으로 이런 매우 일반적인 논의로부터 문장에서 화제 기능의 일반적인 속성들에 관한, 즉 개념의 화용적 그리고/혹은 인지적 기반에 대해 또 다른 결론을 이끌어낼 수 있다. 정의나 기술은 제각각 다른 이의 지식에 관한 언어 사용자들의 가정을 수반한다. 또 다른 인지적 양상은 주의의 초점이다. 이전의 텍스트나 대화로 표현된 다수의 개념이 주어진다면 화제는 개념들이 추가적인 술어들로 선택되며 (재)활성화됨을 가리킨다. 이는 단기 (의미적) 작업 기억의 제한된 용량으로부터 나온 제약들의 결과로 6장에서 상세하게 다루어질 것이다. 추상적 의미론에서 정보 분산의 기반하에(예로, 앞선 담화나 대화의 개념들이 부분집합인 지식 집합 K를 정의하는 개념들의 관점하에서) 화제와 논평 기능을 정의할 수 있다.

2.9.3. 이론적으로 문장 화제의 개념은 텍스트 화제의 개념과는 꽤 이질적이다. 텍스트 화제는 다양한 거시규칙의 적용을 통해 문장들의 연속체로 표현된 명제들로부터 유도된 (거시)명제이다. 이는 기능적 속성을 가지지 못하며 논평 기능과 대조적으로 정의되지 않는다. 하지만 물론 각 거시명제(혹은 그것의 표현)는 다시 화제와 논평 기능에 (즉 동일 층위의 다른 거시명제들에 관련되어) 부여될 수 있다. 여전히 그 개념들은 서로 관련된다. 문장 화제들은 맥락 정보의 관점에서 정의되기 때문에, 이는 담화 화제가(예로, 텍스트 부분의 거시명제) 청자에게 이미 알려진 것이 무엇이며 더 직관적으로 주어진 텍스트와 맥락의 요점이 무엇인지를 정의하는 경우가 될 수 있거나 될 것이다. 새로운 정보를 더하는 데 사용되는 문장은 그것의 화제로 이 거시명제의 부분이 되는 개념을 가져오다. 따라서 존의 베를린 기차 여행에 관한 이야기에서는 많은 문장에서(예로, 이야기 거시명제에서 '존'의 화제 역할 때문에) 화제 기능을 전달하기 위해 주어 위치에서 존의 표현을 자연스럽게 기대할 수 있다.

(34) 존은 역으로 갔다

존은 기차를 탔다

존은 기차에서 언어학자를 만났다

...

하지만 거시구조와 문장 정보의 화제 조직 간의 연결에서 텍스트 화제나 주제는 본문의 총체적인 정보와 관련되며, 그 정보가 순차적으로 어떻게 분산되는지를 가리키지는 않기 때문에 직접적이지 않다. 따라서 그것은 오히려 문장들의 화제·논평 기능을 결정할 그 연속체의 구조이다. (34)에 의해 요약된 이야기에서는 다음과 같은 문장을 당연하게 여길 수 있다.

(35) 그 기차는 매우 빨랐다.
(36) 그 언어학자는 그에게 담배를 주었다.
(37) 그 언어학자는 워소(Warsaw) 대학에서 일한다.

각 문장에서 화제는 '기차', '언어학자'가 되므로 화제는 맥락 정보의 개념이 새로운 정보로 확장될 수 있는 어떤 개념을 선택하는 의미적·화용적 기능이다. 그런데 '알려진', '주어진' 정보 관점에서의 화제에 관한 정의는 구체적으로 (36)의 예에서 같이 화제 기능 부여를 위해 문제를 단독으로 제기한다는 점을 주목해야 한다. '언어학자'와 '그를'로 표현된 '존'의 개념은 모두 알려져 있다. 그 사례에서 우리는 정의에 의해 순서화된 짝을('언어학자', '존) 화제로, 그리고 논평으로 '담배를 주었다'를 실제 '새로운' 정보로 취할 수 있다. 하지만 그 문장이 무엇에 '대해서인지', 이것에 대해 무엇이 이야기되고 있는지의 직관적 범주를 기반으로 화제를 부여하려고 한다면, '언어학자'를 화제 기능으로 부여해야 한다. '그 언어학자는 무엇을 했습니까'와 같은 검정 질문은 올바른 하나의 답변을 산출하게 된다. 하지만 물론 '그 언어학자는 존을 위해/존과 함께 무엇을 했습니까?' 혹은 '존과 그 언어학자 간에 무슨 관계가 존재합니까?'와 같이 물을 수도 있다. 그 경우에 화제는 앞서 지적한 바와 같이 복잡해진다. 즉 의미론적으로 화제 확인은 담화나 대화에서(혹은 의사소통 맥락의 기술) 연속체의 앞선 문장들의 의미론적 정보의 관점에서만 명시적으로 될 수 있다. 이럴 때 화용적이거나 인지적 초점은 개별적 개념만을 요구하며, '언어학자'는 화제가 되고, '그에게 담배를 주었다'는 논평이 된다고 말할 수 있다. 이후에 어떤 인지적 양상이 어떤 개념에 대해 일련의 '초점화'가 될 수 있는지를 살피게 된다. 이러한 복잡한 개념은 다음처럼 분명해진다.

(38) 존과 마리는 체스를 두고 있었다.

여기에서는 일반적으로 '존과 마리'의 충실한 복합 개념에 화제 기능을 부여한다. 그렇게 되면 화용적 문장은 다음과 같아진다.

(39) 그는 그녀와 체스 두기를 원했다.

예로, 이후 문장은 다음과 같다.

(40) 마리는 존과 영화 보러 가기를 원했다.
(41) 존은 마리에게 전화를 했다.

의미론적으로 〈'그', '그녀'〉 두 지시체는 (40)이나 (41) 이후 청자/독자에게 알려지기 때문에 (39)에서 화제라고 말할 수 있다. 하지만 이전 정보도 앞선 문장에서 개념의 화제성을 포함한다면(예로, (41)에서), '그'는 (41) 이후에, '그녀'는 (40) 이후에 (39)에서 화제 기능을 부여받을 수 있다. 거시구조 정보의 영향에도 같은 점이 적용된다. 즉 마리가 (40)에서 일어난 이야기에서 중심인물이라면, '그녀'는 (39)에서 화제 기능을 부여받는다. 직관적으로 이 경우에 '새로운' 점은 앞서 언급된 어떤 소년이 그녀와 함께하기를 원한다는 것이고, 이는 마리에게 무엇이 일어나는지에 관한 새로운 정보가 된다.

이 간략한 논의로부터 다음과 같은 결론을 내릴 수 있다. 문장 화제에 관한 기술의 한 층위만을 받아들인다면, 이러한 화제를 확인하기 위한 명시적 방법을 가질 수 있지만, 그것들이 문장 화제들에 관한 우리의 직관이나 화제 기능을 표현하는 다양한 문법적 방법들에 관한 충실한 설명은 아니라는 점이다. 결국 (39)와 다음 문장 간에는 분명 차이가 있다.

(42) 그들은 함께 체스를 두기 원했다.

기술의 의미론적 층위에서는 앞선 담화나 대화의 해석 관점이나 추상적 (맥락적) 정보 집합의 관점에서 정의를 내려 볼 수 있다.21) 앞서 살펴보았듯이, 일반적으로 화제와 논평은 정보의 분산과 선택에 관련된다. 하지만 이것은 화용적·인지적 양상도 수반하므로 화제와 논평의 일반적 이론은 문법과 화용 혹은 인지적 양상을 수반하는 학제 간 이론이 된다. 우리의 논의에 대해 문장 화제와 담화 화제는 다른 개념이며 직관적으로 '그 정보는 무엇에 관한 것이냐'나 '그 정보의 핵심 혹은 초점은 무엇이냐'와 같은 개념으로 연결된다는 점을 반복하는 것이 적절하다. 더 흥미롭게도 여기서는 담화 화제로서 거시구조가 연속체에서 문장 화제가 무엇인지를 함께 결정할 수 있는 맥락 정보 집합에 포함될 수 있다는 점을 더 살펴보게 된다. 즉 이야기에서 두 인물의 두 가지 (알려진) 개념이 주어진다면 그것은 (주요한?) 화제로서 거시구조에서(예로, 그것이 마리에 관한 이야기라면 '마리') 일어나는 개념을 지적하게 된다.

반대로 이후에 우리는 문장과 연속체의 화제가 담화 이해에서 주어·동작주·화제 간의 기본적인 연결이 주어진다면 거시구조의 전략적 형성에 사용된다는 것을 본다.

---

21) 형식의미론과 화용론에서 정보 집합의 중요성은 흐루넌데이크와 스톡호프(Groenendijk & Stokhof, 1975, 1979)에 의해 논증되어 왔다.

2.10. 거시구조와 문법

2.10.1. 또한 이 책에서의 목표가 미시구조의(예로, 문장과 연속체의 구조) 충실한 속성을 제공하는 것에 있지는 않지만, 우리는 문법에 의해 일반적으로 설명될 수 있는 구조와 현상에 미시구조가 어떻게 연결되는지를 보여줌으로써 거시구조의 개념에 관한 언어적 관련성을 보여줄 수 있다. 분명히 우리는 담화 의미 개념의 부분으로서 담화의 거시구조를 받아들여 왔으며, 이 총체적 의미가 어떻게 문장과 문장 연속체의 의미와 관련되는지를 지적해 왔다. 이는 텍스트 문법의 중요 과제이다. 하지만 미시의미론과 거시의미론은 통사론·어휘론 그리고 음운론이나 형태론과 모두 연결되어야 한다. 마찬가지로 지금까지 우리는 간접적인 연결만을(즉 문장의 의미를 통해) 논의했기 때문에 거시구조가 담화에서 직접적으로 드러나는지, 그리고 어떻게 드러나는지를 상술해야 한다.

2.10.2. 앞선 예의 분석에서 종종 영 규칙을 적용했음을 관찰해 왔는데, 이는 텍스트 그 자체의 정보가 거시구조 기능을 가지고 있음을 말하는 것이다. 즉 어떤 거시명제는 담화에 의해 드러난다.[22] 따라서 대법원 텍스트에서 첫 번째 문장은 '대법원은 Bakke 소송에서 결정을 했다'와 같은 명제를 포함한다. 이러한 문장은 종종 텍스트의 처음에 발생하며 특히 신문에서 이른바 화제적이거나 주제적이라고 불린다. 그것의 화제 역할은 일반적으로 연속적인 문장들이 거시규칙에 의해 삭제되고, 일반화되거나 구성되는 더 세부적 정보를 상세화한다는 사실로 기술된다. 이는 화제 문장에 의해 표현되는 것과 동일한 명제를 산출한다. 벌리츠 텍스트에서도 유사함이 발견된다. 벌리츠는 세계에

---

22) 우리는 거시구조의 '외적' 표현들이 관련되는 한 그것들이 케이 존스(Kay Jones, 1977)에 의해 최근까지 연구되어 왔기 때문에 더 상세하게 진행할 필요가 없다.

서 가장 성공적인 언어 가정 학습법이었는데, 이를 텍스트에서는 가장 중요한 거시명제로 직접적으로 표현한다.

2.8절에서 구성된 표상 층위들에 관한 지적에 따라 화제 문장은 층위에서의 변화를 수반한다고 말할 수 있다. 이는 구체적으로 한 문장 내에서 한 층위의 명제를 다른 층위의 명제로 단순히 연결할 수 없다는 것을 의미한다.

(43) 존은 미국을 여행했고, 공항 가는 택시를 탔다.

첫 번째 화제 문장에서 요약된 각 행위들을 기술하기 위해 새로운 문장을 필요로 한다. 이러한 사례에서 의미 연결 제약은 사실들 간의 일반적인 조건 관계에 기초하기보다는 오히려 기능적 속성을 가진다. 가령 이어진 연속체는 주제 문장들에 관한 자세한 설명 기능을 가진다.

2.10.3. 동일한 방식으로 거시구조는 담화에서 구체적 위치와 기능을 가진 문장으로(즉 제목, 하위 제목, 표제) 전형적으로 표현될 수도 있다. 따라서 벌리츠 텍스트의 제목/표제는 적절하게 거시구조의 부분을 표현한다. 이는 신문과 학술 논문의 제목에도 동일하게 적용된다. 물론 거시구조가 복잡하다면 그것은 부분적으로만 이런 방식에서(예로, 가장 높은 거시구조) 혹은 가장 높은 거시구조의 가장 중요한 거시명제로 표현될 수 있다. 물론 여기에서 중요한 것은 총체적 정보의 주요한 양상이나 사건의 평가가(예로, 대법원 결정에 관한 제목으로서의 백클래쉬(Bakkelash)) 개인적이거나 사회적으로 당연하게 결정된다는 점이다.

제목과 표제는 중요한 인지적 기능을 가지는데, 이후에 좀 더 상세하게 살펴본다. 그것은 담화의 거시구조에 관한 가설을 수립하는 독자에게 중요하다. 그것이 없다면 종종 총체적 화제가 무엇인지를 담화의 첫 번째 문장으로부터 결정하는 것이 어렵다. 극단적인 경우에 담화는 주제 문장이나 제목이 없어 심지어 중의적이거나 애매해질 수 있다. 왜냐하면 텍스트의 세부 요소들은 수많은 가능 화제들을 기술하기 때문이다. 가능한 거시가설이 일단 수립된다면, 독자/청자는 지엽적 의미 연결의 수립에 적용되는 필요한 지식 틀도 활성화시킬 수 있다.

따라서 거시구조의 이론은 제목과 텍스트 간의 관계를 설명할 수 있도록 해 준다.

2.10.4. 주제 표현의 특별한 사례는 텍스트에서의 요약과 바꿔쓰기이다. 그것은 하나의 거시명제를 표현하기보다는 전체 거시명제나 적어도 텍스트의 가장 높은 거시구조 층위를 표현한다. 그것들은 전형적으로 텍스트의 시작이나 끝에서 드러난다[예로, 제안된 요약으로서(구체적으로 심리학 논문들에서), 혹은 끝에서 요약문을 포함하면서]. 이는 전체 텍스트의 처음이나 끝뿐만 아니라, 절이나 장의 경우에도 필요하다. 인지적으로 이러한 요약은 주제 문장과 동일한 기능을 가진다. 가령 그것은 텍스트가 총체적으로 무엇에 관한 것인지, 거시구조 가설 형성에 중요한 것은 어느 것인지, 그리고 제안된 요약의 사례에서는 독자가 그 텍스트 전체를 읽는 데 흥미로울 수 있도록 준비시킨다. 끝에서 그것은 독자에 의해 형성된 것으로 텍스트의 거시구조를 확증하거나 단순히 반복한다. 혹은 최소한 저자가 그 텍스트에서 더 중요하다고 여기는 것을 드러낸다. 또한 이는 주제 문장, 제목, 요약이 중요한 의사소통 기능임을 의미한다. 그것들은 저자에 의해 의도된 것으로서의 거시구조를 드러냄으로써 텍스트의 적절한 읽기를 제공하므로 텍스트의 올바른 읽기가 가능해진다. 이는 이후에 드러나는 바와 같이 거시구조가 독자의 인지 집합 기능으로서(지식·흥미·목표 등) 형성되기 때문에 필수적이다. 결과적으로 이 추상 층위에서의 오해는 가능하다.

요약은 그것의 텍스트나 부분 내에서 발생할 뿐만 아니라, 담화의 독립적인 유형으로 기능한다. 종종 일상 대화에서 다른 이들이 우리에게 이야기한 것을 요약하는데, 우리는 읽은 소설이나 신문 등을 요약하도록 요구받는다. 실제로 요약은 전형적으로 담화 거시구조 표현 분량의 길이다. 이러한 요약의 언어적 속성은 종종 구체적인 표지를 요구한다. 왜냐하면 그것은 자체로 적절한 담화이기 때문에 지엽적이고 총체적인 의미 연결의 일반적인 조건을 만족시켜야 한다. 따라서 문장들은 선조적으로 연결되어야 하며 요약이 비교적 길면, 그것은 하나 이상의 거시구조를 가질 것이며 더 짧은 요약에 의해 다시 표현될 수 있다. 하지만 거시구조가 정의상 명시적이기는 하지만, 요약은 표현될 필요가 없는(예로, 화용적 이유들에 대해) 모든 명제가 다시 결여될 수 있다. 요약도 일반적인 잉여, 그리고 아마도 다른 담화와의 비관련성을 드러낸다. 특히 자연스러운 요약에서, 즉 익히 들어 왔거나 읽어 온 담화에 관한 자연스러운 대화의 요약은 종종 다른 담화의 이상적 거시구조에 관한 이상적인 표현은 거의 되지 않을 것이다. 대신 그것은 요약자가 발견한 것이 다른 담화에서 관련된다는 것을 보여준다. 이러한 사례에서 흥미로운 점은 실제와 담화에 관한 우리 자신의 기술과 평가의 일반적인 조합이 지시와 평가의 일반적인 불투명성을 이끌어 내면서 요약된다는 것이다.

(44) 존은 네 배짱을 싫어한다고 말했다.

이는 말해진 것의 문자적 표현이나 말해진 것의 거시구조에 관한 적절한 표현이 필요한 것이 아니다. 이런 종류의 불투명성에 관한 수많은 언어적·철학적인 흥미로운 양상은 여기에서 다루어지지 않는다. 단지 지금 중요한 것은 많은 사례에서 말하기 동사 범위하의 수많은 종류의 문장과 연속체들이 다른 담화의 (작은) 요약이고, 이는 거시구조를 드러내며, 이러한 요약의 문체, 기술, 평가는 요약자의 이해와 인지적 집합에 의존한다는 사실이다.

요약의 또 다른 속성은 관련된 개념의 불가피한 총체적 속성이다.

그것은 정의상 사건이나 행위의 정확한 기술을 포함하기보다는 오히려 일반적이거나 총체적 사실을 가리키는 술어들을 제시한다.

또한 앞서 종종 요약하기의 속성을 가지고 있는 바꿔쓰기를 언급하였다. 엄격히 말하자면, 바꿔쓰기는 미시층위에서도 다른 담화로 동일한 의미론적 내용을 표현하는 하나나 그 이상의 문장을 구성하는 담화이다(예로, 상이한 단어, 통사적 구성, 그리고 일반적으로 상이한 문체에 의해). 우리는 이런 의미에서의 바꿔쓰기가 실제로 동일한 의미의 표현인지의 여부에 관한 어려운 문제를 무시한다. 특히 모든 사례가 아닌 대개의 경우, 상이한 표현도 상이한 의미나 최소한 상이한 맥락(예로, 화용적)상의 기능을 수반한다고 가정된다면, 동일한 의미를 표현하는 바꿔쓰기를 거의 말할 수 없다. 그러므로 바꿔쓰기는 유사한 의미만을 드러내므로 독립된 담화로서의 바꿔쓰기는 다른 텍스트의 의미에 의해서가 아니라, 바꿔 쓰는 이의 이해와 인지적 집합에 의해 제약된다. 그렇게 바꿔 쓰는 이의 신념과 태도를 동시에 표현한다. 좀 더 느슨한 의미에서 바꿔쓰기는 바꿔 쓴 텍스트의 좀 더 상세한 의미가 '소수의 단어들'로 바뀌면 요약에 가까워진다. 바꿔쓰기가 바꿔 쓴 텍스트에 의해 표현된 의미의 변수를 표현한다면, 주어진 텍스트의 유사한 의미 변수들의 집합을 드러내는 수용할 만한 바꿔쓰기의 집합을 원본 텍스트의 가장 낮은 층위의 거시구조 관점에서 정의된다고 말할 수 있다. 그 경우에 변수들은 심지어 세부 요소들이 상이하다면 텍스트의 결론이라고 불리는 경계 내에 남는다. 우리는 거시구조 개념하에 이러한 수용할 만한 바꿔쓰기의 집합을 정의할 수 있다. 유사한 발언들이 개략적인 번역에서 이루어질 수 있다. 가령 미시층위에서의 문화적 차이는 거시구조의 가장 낮은 층위의 최대 경계 내에서 수용할 만하다.

2.10.5. 지금까지 다수의 거시구조의 텍스트적 표현을(즉 화제 문장, 제목, 요약이나 초록, 개략적 바꿔쓰기) 간략하게 살펴 왔다. 이러한 표현

이 다른 기술 층위의 절이나 문장과의 연결에 관한 특별한 제약과 같은 특수한 문법적 속성을 가진다는 점도 관찰해 왔다. 하지만 다수의 다른 구조와 표현들이 주제 표현이나 기본적 거시구조의 존재를 가리킨다는 것은 언어적으로 흥미롭다.

첫째, 화제 표제어들의 집합이 있다. 우리는 종종 주제 문장이나 요약으로 거시구조를 표현할 뿐만 아니라, 이 표현들이 특별한 기능을 가진다고 명시적으로 지적한다. 다음은 화제 표제어들의 예이다.

(45) (a) 총체적 상위의미 표현들

  - 이 담화는 …에 관한 것이다

  - 나는 …에 대해 이야기할 것이다.

  - 내 이야기의 화제는 …이다(주제, 요점, 결론…)

  그리고 그것의 지난 변수들(텍스트의 결말에 대해), 그리고 세 번째 사람의 변수들(그는 말했다, 그녀의 이야기는, …)

  (b) 요약 표지들

  - 요약하자면…; …다시 해 봅시다

  - 간략하게, 요약하면, 즉, …

  - 우리는 … 결론내릴 수 있다; 우리는 … 살펴 왔다

  (c) 관련 표지들

  - 가장 중요한(관련된) 것은 …이다

  - 우선적으로, 결정적으로, 특별히, …

  - 그것은 … 강조되어야만 한다…

  - 나는 …을 반복한다(기억한다)

이 예들은 주요 화제나 결과에 관한 올바른 이해의 역할이 중요하거나 설교적 양상들이 수반되는 과학적 담화에서 특히 빈번하게 나타난다. 수많은 표현들이 이 책에서도 종종 사용되어 왔지만, 이는 일상 대화와 다른 종류의 담화에서도 발생한다.

화제 표제어들 중에는 다수의 전형적인 구와 특징적인 부사어들이 있다. 다른 거시구조의 표제어들은 다양한 종류의 접속사에서 드러난다. 접속사는 이 장의 처음에서 간략하게 가정해 온 바와 같이 사실들 간의 관계를 드러낸다. 그것은 화행 간에 관계를 드러내기 위해 사용될 수도 있다. 두 경우에도 거시구조가 수반될 수 있다. 예로, 접속사는 미시층위의 두 명제들을 연결하기보다는 거시층위에서의 두 명제나 거시명제와 미시명제를 연결한다. 구체적으로 범죄 이야기의 부분인 (20, n)의 문장 서두의 '그러나(But)'는 (복잡한) 명제와 소녀 쳐다보기, 그것에 관한 죄책감 가지기, 그녀와 함께 어떻게 나갈 것인지를 생각하기와 같은 앞선 연속체를 전체로서 연결한다. 이 경우에 '그러나'는 연속체에서의 균열이나 일반적으로 기대에 관한 불만족을 가리킨다. [백클래쉬(Bakkelash) 텍스트의 명제 (132)에서와 같이] '왜냐하면(for)'과 같은 인과 관계 접속사의 사용에 대해서도 같은 점이 적용된다. 일반적으로 문장 서두 접속사들은 명제들의 전체 연속체를 연결한다. '더욱이(Moreover)'는 일련의 사실들에 하나의 사실을 더하는 것이다. '하지만(However)'은 대조, 그릇된 추론, 기대에 관한 불만족, 규칙성의 예외를 가리키고 그것의 범위로서 전체 연속체를 지닌다. 구 접속사들인 '한편으로(on the one hand)' 그리고 '다른 한편으로(on the other hand)'도 수많은 명제들이 수반될 수 있는 대조나 차별적 고려를 지시할 수 있다. 문두의 '그러나'는 앞서 언급되어 왔고 부사 접속사 '그런데도(yet)'와 '그럼에도 불구하고(nevertheless)'도 대조의 기능을 지닌다. 특히 의미적·화용적 접속사 '그래서(So)'는 논증, 사실이나 전제의 전체 집합들로부터 결론을 가리키기 때문에 중요한 거시구조 양상을 지닌다는 점에서 특별하다. 또한 이런 방식으로 그것은 결론의 기능적 관계를 위한 주장을 연결하기 때문에 화용적 접속사로도 기능한다. 5장에서는 화용적 거시구조와 의미론적 거시구조 간의 관계를 좀 더 상세하게 조사할 것이다. 반면에 3장에서는 그와 같은 총체적 접속사들의 개념적 역할이 논의될 것이다.

화제의 도입이나 마무리에 관한 표제어나 화제를 연결하기 위한 접속사뿐만 아니라, 예, 그러나…, 그러나, 당신은 이것을 들었나요?…, 존에 대해 말하자면, 당신은 …을 알고 있는지, 우리는 …인지의 여부를 지금 알게 될 것이다, 그 밖의 … 것에 대해 이야기보자 등과 같은 화제 전환을 가리키는 표현들도 있다. 이는 새로운 거시구조를 산출할 때나 구성할 때를 언어 사용자에게 알려주기 때문에 담화 이해에서 올바른 해석을 위한 중요한 기제들이다. 이 표제어들은 어휘적일 뿐만 아니라, 음성적, 형태적이거나 도식적이기도 하다. 따라서 우리는 대화에서는 화제의 전환을 가리키기 위해 쉼, 그리고 글말 담화에서는 여백, 문단 들여쓰기를 사용한다. 유사하게 우리는 텍스트 단위의 시작과 끝에서 (예로, 새로운 화제의 도입과 화제의 전환을 표시하기 위한 입말 담화에서의 '문단들') 특별한 억양, 고저나 음량을 사용한다.

2.10.6. 명시적 화제 표제어들은 별도로 하고 아마도 기본적인 거시 구조를 표현하기 위해 가장 많이 사용되는 문법적 속성들은 대명사·대 동사·정관사·지시사 등이다. 특히 *it*, *that*, *this* 표현들은 단일 표현으로 텍스트 이전 부분에서 공지시적으로 표상되지 못하는 개별체를 가리 키기 위해 사용될 수 있다. 따라서 *it*은 심지어 총체적 개념 그 자체가 표현되지 않지만, 텍스트의 앞선 긴 내용들에 의해 기술되어 온 복잡 하고 더 높은 순위의 사건을 가리킬 수 있다. 텍스트의 이전 부분에서 공지시적 짝을 가지지 않은 명사들 앞의 정관사의 발생뿐만 아니라, 이러한 지시적 표현들의 올바른 해석을 위해서 거시구조가 공지시의 기본이 되는 개념을 가지고 드러난다는 점을 가정해야만 한다. 따라 서 현장 대 실험실 실험 텍스트의(〈표 2.2〉) 문장4에서 첫 번째 소수 문 장들의 거시명제들의 부분이 되는 '관심'의 총체적 개념을 지시하기 위한 *this*를 발견한다.

특히 대용 요소들에 대해 적용되는 것은 일반적으로 전체 표현들에 도 적용된다. 예로 명사·형용사·동사의 사용은 문장의 전체 연속체에 의해 텍스트에서 이전에 표상되어 온 일이나 사건의 상태를 가리킨다. 따라서 백클래쉬 텍스트에서 대법원의 다양한 판사들의 상이한 의견에 관한 사실들의 연속을 표상하는 형용사 '나누어진(divided)'을 발견한다. 명사 '결정(decision)'에 대해서도 같은 점이 적용되는데, 이는 텍스트에서 이후에 구체화된 총체적 사건을 표현한다. 이러한 거시구조 개념의 표현은 이전에 전체 문장에 대해 불렀던 바와 같이 화제적이거나 주제적이라고도 불린다. 이러한 표현들에 관한 전통적인 용어가 '핵심어(keyword)'이지만 이 개념도 정보 사용자들에 대해 어떤 개념의 관련성의 구체적인 맥락을 수반한다.

결론적으로 이 절에서 언급된 수많은 화제 표제어들은 부분이나 전체 담화의 거시구조만을 지시하기 위해 사용되지 않았음이 관찰되었다. 제목이나 요약과 같은 어떤 표현들은, 오히려 구체적 표제어들인 반면에, 접속사와 같은 표현도 미시구조 기능을 가지고 사용된다. 여기에서의 간략한 논의의 최종적인 핵심은 그것들이 미시와 거시기능을 모두 가질 수 있다는 점을 문법이 구체화해야 한다는 것이다.

2.10.7. 거시구조의 다양한 문법적 속성을 조사하기 위해 지엽적 층위에서 의미적 연결에 관한 이러한 구조의 중요성을 반복하는 것을 잊지 말아야 한다. 거시구조는 텍스트의 총체적 의미 연결을 정의하는 것으로 논증되어 왔다. 하지만 지엽적 의미 연결도 사실들 간의 선조적 연결의 관점에서 정의될 뿐만 아니라, 이 연결은 그 연속체의 화제와 상대적이라는 점도 드러나 왔다. 가령 묶인 두 사실은 연결의 관점에서 화제가 무엇인지에 의존하므로 승차권을 구입하고 기차로 걸어가는 것은 '기차 타기'라는 화제하에 수용될 만한 연결이지 '영화 보러 가기' 화제는 아니다.

따라서 우리는 앞서 거시명제와 미시명제를 표현하기 위해 문장들의 연속체들이 있는 의미 연결의 몇몇 예들도 관찰해 왔다.

지엽적 의미 연결에 관한 이 다양하고 일반적이며 더 구체적인 제약들에 덧붙여, 거시구조는 더 추상적 의미 기능도 가지고 있다. 가령 그것은 어휘·의미적 선택에 관한 총체적 제약을 한정한다. 즉 어떤 화제가 주어진다면, 단지 한정된 개념의 부류들은 텍스트의 각 절과 문장에 의해 표현된다. 우리는 이러한 거시구조 제약 없이 심지어 선조적으로 연결된 텍스트도 연속적인 연합과 조건화에 의해 어디로든지 전개됨을 살펴 왔다. 하지만 화제 '지속하기'도 텍스트 문장의 해석에 관한 의미적 공간 범위의 한계 설정을 요구한다.

2.10.8. 지금까지 담화 연구에서 거시의미론의 관련성에 관한 깊이 있는 증거로 고려될 수 있는 수많은 언어적 현상을 조사해 왔다. 분명히 이 조사는 완벽하지 않으며 추가적인 경험적 연구는 총체적 의미 구조의 관점에 대해서만 설명될 수 있는 다른 문법적 사실들을 발견하는 것이 필요하다. 핵심어, 화제 문장, 요약, 제목, 화제와 요약 표제어, 중요 표지들, 거시적 지시대명사, 관사, 접속사, 그리고 부사, 휴지와 문단 들여쓰기와 같은 특별한 도식 기제, 억양 현상, 화제 전환을 표시하기 위한 특별한 형태소나 구, 그리고 무엇보다 절과 문장의 의미 연결에 관한 기본적인 조건들의 발생은 모두 의미론적 거시구조의 문법적 관련성에 관한 광범위한 증거를 제시한다.

　문장과 연속체의 문법 연구에 관한 이 기여는 화제, 주제, 결론, 요점 혹은 핵심과 같은 이러한 용어들로 직관적으로 지시되어 왔듯이 담화의 총체적 의미 개념에 관한 더 일반적인 이론적 설명을 더해준다. 수많은 의미 대응 규칙에(즉 거시규칙) 의해 일반적인 의미 수단을 제시해 왔듯이 이러한 총체적 의미에 관한 설명을 제공하고, 그것이 다양한 종류의 담화로부터 어떻게 유도될 수 있는지를 구체화하는 것이 가능하다.

2.10.9. 담화에서 의미론적 거시구조에 제공된 설명은 여전히 가설적이며 많은 문제가 해결되지 않고 있다. 이 화제의 어떤 것은 6장에

서 다시 가져오며 거기에서 그것은 보다 복잡하고 적절한 처리를 수용할 것이므로 의미론적 해석에서 거시구조의 구체적인 역할을 이해하기 위해서는 추가적인 인지적 분석이 필요하다. 마찬가지로 의사소통에서 그것의 역할을 이해하기 위해서는 그것의 화용적·상호작용적 기능을 조사해야만 한다. 또한 거시규칙의 작용과 거시단위의 확인은 거시명제의 형성에 사용된 지식이나 다른 인지적 사실들의 속성에 관한 더 많은 통찰력을 지닐 때 가능하다. 그 관점에서 행위의 분석도 행위의 기술과 이야기의 총체적 의미구조에(예로, 계획과 목적의 관점에서) 관한 더 나은 통찰력을 제공한다.

우리는 거시규칙 순서화의 매우 심각한 문제에 직면했고 이러한 가능한 순서화를 가설상으로만 제안해 왔다. 우리는 거시명제를 만들기 위한 쓸 만한 총체적 개념이 없다면 무엇이 일어날지에 대해 관심을 두지 않았다. 일반적으로 우리의 규칙과 그것의 적용은 단지 반형식적일 수 있는데, 이는 자연언어에 관한 명시적 지식 기반과 명시적인 형식적 의미론의 부족에 기인한다. 이를 위해 때때로 다양한 추론이 존재했었다. 또한 여기서는 거시구조가 역할을 하는 일련의 (텍스트) 문법을, 그것의 의미론에 관한 어떤 견해와 가능한 표면 구조에서의 간략한 암시를 제외하고는 작업하지 않았다.

결론적으로 이 장에서는 또 다른 중요한 한계가 있다. 즉 우리는 독백 담화에서만 거시구조를 연구해 왔다. 또한 탄탄한 언어 이론은 대화의 화제가(그리고 다른 대화 담화의 유형) 어떻게 형성되는지를 구체화해야 한다는 것은 당연하다. 그런 관점에서 적절한 규칙과 전략으로 화제 전환의 이론도 개발되어야 한다. 5장에서 이 문제를 간략하게 다시 언급할 것이다.

제3장 거시구조와 상위구조

3.1. 상위구조

3.1.1. 텍스트 연속체의 의미 구조에 거시규칙을 적용함으로써 얻은 거시구조는 (거시)명제들의 연속체로 드러난다. 명제들의 연속체는 순서화되며 선조적으로 의미 연결되어야 한다. 이는 총체적 사건들에서 참여자들의 다양한 의미 역할이 구체화될 수 있는 거시사실들에서 조직될 수 있다. 하지만 이 일련의 의미론적 구조화와 더불어 거시구조는 지금까지 거의 조직화되지 않았다. 현재 문장이나 명제의 연속체를 상세하게 조직화하는 하나의 방법은 연속체에서 문장이나 명제에 다양한 기능들을 부여하는 것이다. 따라서 지금까지 이러한 '수사적' 기능을 '설명', '구체화', '비교' 혹은 '대조'로 말할 수 있음을 살펴 왔다. 이 경우에 문장이나 명제를 기능적 범주에 지정하는데, 이는 다른 문장이나 명제에 대하여 일종의 기능적 관계를 정의하는 것이다. 가령 B가 A의 '구체화'로 B의 정보가 A의 정보를 함의한다면, B는 A와 B가 공통적으로 가지는 일반적인 정보보다 더 구체적인 정보를 제공

해야 한다.

(1) 존은 아팠다. 그는 감기에 걸렸다.

이 기능적 관계들은 개별 문장이나 명제들 간에 유지될 필요가 있을 뿐 아니라, 그것의 범위로서 문장들의 연속체에도 적용될 필요가 있다. 거시구조를 분석할 때 살펴온 구체화는 더 긴 연속체로 주어질 수 있기 때문이다.

(2) 존은 아팠다. 그는 높은 열을 동반한 감기에 걸렸다. 그는 정말로 아팠고, 의사를 불렀는데…

이 본문의 거시명제로 존이 아팠다는 화제 문장이 드러나며 동시에 그 부분의 나머지는 구체화를 제공하는 총체적 정보의 표현으로 기능한다. 비슷한 표지들은 '설명'의 기능을 위해 만들어질 수 있다.

(3) 마리는 그녀의 언어 시험에서 낙제했다. 그녀는 열심히 공부하지 않았으며, 문제는 어려웠다. 그리고 그녀는 언어학을 좋아하지 않았다…

설명은 어떤 사실의 가정된 이유나 원인이 되는 일련의 조건에 관한 구체화이다. 이는 보통 설명되어야 하는 사실을 표상하는 명제 이후에 주어진다.

3.1.2. 지금까지의 문장이나 명제들에 관한 간략한 언급은 연속체들뿐만 아니라, 거시명제들에 대해서도 적용된다.[1] 'KH는 그의 아내가

---

[1] 거시명제의 기능적, 상위구조적 조직에 대해 여기와 다음 문단들에서 이야기된 것은 이른바 거시사실들이라고 부른 더 복잡한 단위들에도 적용된다. 상위구조 도식의 최종 빈자리는 보통 더 복잡한 거시사실들로 채워진다.

없다는 것 때문에 불만스러워한다'는 거시명제는 거시명제 'KH는 예쁜 소녀를 보았다'는 것에 관한 설명으로서 기능한다. 마찬가지로 '당신은 어릴 때 언어를 쉽고 적절하게 배웠다'는 거시명제는 2장에서 분석된 벌리츠 광고에서 '당신은 벌리츠 방법으로 언어를 쉽고 적절하게 배운다'는 거시명제와 비교 관계에 있다.

현재 이 장에서 우리에게 흥미로운 것은 기존 문화에서 관습화되어 온 거시명제의 기능이다. 이 관습은 담화의 총체적 내용에 관한 고정된 도식의[2] 수립을 유도한다. 이러한 기능적 도식은 이른바 텍스트의 총체적 의미에 관한 총체적 형식이나 '통사론'이다. 하지만 이 총체적 구조와 총체적 의미론적 구조를 구별하기 위해 지금까지 이른바 (도식적) 상위구조라는 것을 분석해 왔다. 그러므로 상위구조는 텍스트의 총체적 의미를 조직하는 도식적 형식이다. 우리는 이러한 상위구조가 기능적 범주들을 구성한다고 가정한다. 이러한 범주 이외에 이 범주가 다른 어떤 범주들을 따르거나 결합할 수 있는지를 상세화하는 규칙을 필요로 한다. 따라서 우리는 기능적 관계들의 더 앞선 예들에서 해설과 설명이 해설되고 설명된 명제들을 따른다는 것을 살핀다. 이는 일반적이거나 중요한 사실을 부여할 수 있다.

우리가 염두해 둔 관습적 도식은 텍스트의 거시명제에 관한 기능적 범주나 순서와 결합에 관한 규칙을 수반할 뿐만 아니라, 이 범주와 규칙은 발화 공동체의 (대개) 성인 언어 사용자들에 의해 사회 문화적으로 수용, 학습, 사용, 비판 등을 요구한다. 아마도 대부분의 이러한

---

2) '상위 구조'라는 더 정확하고 구체화된 용어 대신에, 이 장과 이 책의 밖에서 우리는 종종 '도식', '관습적 도식', '이야기 도식'이라는 용어를 문체적 변이에 관한 이유들과 '거시구조'와 '상위 구조'와 같은 기술적 용어들의 복잡한 언어 현상을 피하기 위해 주요하게 사용한다. 하지만 도식의 개념은 더 일반적이거나 현재 심리학과 인공지능에서 다른 더 구체적인 의미들을 가지고 있다는 점을 주목해야 한다(6장을 보라). 사용의 내용에서부터 우리가 더 일반적인 인지적 의미에서 그 용어를 사용하고 있거나 상위구조에 대해 이야기하고 있는지의 여부가 명확해진다. '이야기 도식'과 같은 용어는 인지심리학에서 폭넓게 사용된다(175쪽 주석 4에서의 참고문헌과 6장에서의 참고문헌들을 보라). 우리는 반 데이크(van Dijk, 1977e, 1978f)에서 '상위 구조'라는 용어를 도입해왔다.

관습적, 도식적 상위구조에 관한 속성의 경우가 서사이다. 서사 구조는 대개 이야기로 표현되는 총체적 도식이지만, 때때로 다른 담화(영웅 서사시·우화·광고·신화·소문 등)로도 표현된다. 이하에서는 간략하게 서사 도식의 구조를 논의한다. 여기에서는 올바른 구별이 이루어지는 것이 중요하다. 서사 도식이나 상위구조는 이야기와 동일한 것이 아니다. 이야기는 서사 도식으로 조직된 거시구조를 표현한 담화이므로 서사 도식은 이야기의 총체적 내용으로서 동일하기보다는 이 총체적 내용을 조직하는 범주적 구조이다. 따라서 거시구조와 상위구조는 주의 깊게 구별되어야 하는데, 그 차이는 문장의 의미와 문장의 기능적 통사(주어·목적어 등) 간과 유사하다. 잘 알려진 또 다른 관습적 구조가 논증인데, 여기에서는 '전제'와 '결론'과 같은 범주가 있다. 즉 이는 다른 의미로 채워질 수 있는 형식들이다. 하지만 이러한 형식은 의미 내용에 분명한 제약을 가한다. 가령 어떤 결론이 어떤 전제를 뒤따르기보다는 함의된 명제들이 다른 연속체로 함의될 수 있다.

3.1.3. 이 장의 목적은 상위구조의 이론을 제공하는 것이 아니다. 세분화된 책이 이러한 이론에 필요하며 서사나 논증구조와 같은 서로 다른 종류의 주요한 상위구조에 관한 세분화된 연구가 더 요구된다. 상위구조와 몇몇 예들에 관한 더 일반적인 언급 이후에, 여기에서는 거시구조 형성에 관한 상위구조로부터의 가정된 제약에 초점을 모은다.

우선 짚고 가야 할 첫 번째 일반적인 문제는 상위구조의 일반성에 관한 것이다. 수많은 종류의 담화가 관습적인 도식 형식을 가지고 있지만, 모든 담화가 이러한 고정된 상위구조를 가지고 있는지의 여부는 명확하지 않다. 물론 관습이 고정된 도식의 수단에 의해 자주 발생하고 유효한 산출과 이해를 요구하는 담화 유형들로 구성될 것이다. 매일의 (비격식)대화, 서사 담화, 논증은 적절한 예가 된다. 과학 논문, 법률 문서, 교회 의식, 법률 변론서, 시험, 강의와 같은 제도화된 도식을 포함하는 담화 유형도 있다. 반면에 광고, (현대)시, 사적인 편지 등에 대해서는 고정된 도식이 거의 없는 것으로 보인다. 그것은 각 담화 유형에 대해 가능한 도식적 상위구조를 수립한 경험적 연구조사에 관한 과제이다. 일반적인 이론은 그것이 텍스트의 다른 구조에 어떻게 관련되고, 또 그 상위구조가 의사소통 상호작용에서 담화 사용의 모든 종류의 맥락 속성들과 어떻게 연결되는지를 가리키는 다양한 종류의 상위구조로부터 단지 추상화될 수 있다. 특정한 상위구조 도식이 텍스트 유형의 유효한 지표를 제공하지만, 담화의 일반적인 담화유형론은 이러한 상위구조만을 토대로 할 수는 없다. 담화의 화용적, 사회문화적 기능은 최소한 총체적 내용(거시구조), 문체, 그리고 상위구조와 같은 다양한 텍스트 속성처럼 중요하다. 따라서 일반적으로 광고는 어떤 제품이나 서비스에 관한 긍정적인 평가의 거시구조 속성을 가지지만 동시에 화행(권유·권고 등)의 화용적 관점에서 소비자의 요구와 행위의 더 일반적인 사회문화적·경제적 맥락 내의 정의를 요구한다. 담화 사용의 다양한 사회심리학적 양상에도 같은 점이 적용되는데, 가령 이야기의 어떤 속성들은 이야기 말하기가 중요한 인지적·감정적 기능을 가진다고 가정하는 경우에만 이해될 수 있다. 이 소수의 발언들은 다음의 일반적 사항들을 강조하기 위해 구성된다. 즉 상위구조는 담화 유형을 단독으로 정의하지 않는다. 또한 담화유형론은 인지적인 것에서 사회경제적인 영역에까지의 수많은 맥락 요소들을 요구한다. 그리고 결론적으로 담화의 상위구조에 관한 일정한 범주와 규칙은—거시구조, 문체뿐만 아니라—최소한 의사소통과 상호작용의 맥락 양상에 대하여 독창적인 기능이 되는 사례가 될 수 있다. 따라서 일상 대화와 법정에서의 다양한 담화 유형은 모두 그들 맥락의 개별 상호작용 제약들과 밀접하게 관련해서 총체적으로 조직된다.

상위구조의 더 이론적인 속성들이 관련되는 한, 그것은 3.1.1에서 논의한 기본적인 기능 범주를 기억하는 데 효과적일 것이다. 이 기능 범주들은 어떤 담화 유형, 최소한 미시층위에서 정보의 배열에 적용되기 때문에 일반적으로 담화에도 적용된다고 가정한다.

이런 종류의 기능적 관계를 고려한다면 우리는 우선 이론적으로 수많은 담화 유형이 어떤 종류의 도입부를 드러낸다고 추측할 수 있다. 물론 이 총체적 도식 (메타) 범주는[3] 다양한 담화 유형에(예로, 이야기에서의 배경) 대해서 차별적일 수 있지만, 일반적으로 배경 지식, 시간과 공간, 주요 인물들, 사건이나 문제의 실제 상태, 그리고 텍스트의 화제, 총체적 계획 등과 같은 종류의 정보를 제공한다. 즉 도입부는 '새로운'·'흥미로운' 등의 어떤 것이 말해질 수 있는 것에 대해 필요한 전제를 구체화한다. 이 관점에서 문장 화제의 의미적·화용적 기능과의 어떤 유사성이 있는데, 종종 문장의 '출발점'의 관점에서 직관적으로 유형화된다.

다음으로 담화의 최종 범주는 오히려 도식적 속성의 일반적 성질을 지니는데, 이는 결말이라는 용어로 파악될 수 있다. 논증에 관한 이 범주는 명확하므로 논증·토의·회의·학술서적·논문·강의·선전 그리고 광고와 같은 모든 담화 유형들도 논증적 속성을 가진다. 하지만 일상 대화나 이야기에서도 결말-유형 범주를 발견할 수 있다. 즉 결말 범주는 엄격한 의미에서의 결말, 끝맺음, 요약, 그리고 이후 담화나 행위에 관한 결정과 같은 종류의 정보를 포함한다.

소위 담화의 '본론'을 구성하는 '중간' 범주는 분명히 더 자유롭다. 하지만 매우 빈번하게 일반적인 도입부는 그것에서 언급된 상황이나 문제에 대하여 진술되어야 하는 새롭거나 흥미로운 것이 범주로 이어진다. 도입부에서 일의 사건이나 상태에 관한 안정적인 과정이 주어진다면, 이 두 번째 범주도 제기된 문제, 기대하지 않았던 사건 등을 언급한다. 잠정적으로 이 범주 유형을 가리키기 위한 것으로 문제라는 일반적인 용어를 사용하자.

도입부 이후에 오는 범주를 형식화하는 이런 방식이 주어진다면,

---

3) 여기에서 우리는 구체적인 담화의 범주를 가리키기보다는 오히려 상위구조의 더 일반적이고 높은 층위 이론에서의 범주를 가리키기 때문에 메타 범주를 이야기한다.

다음 범주는 해결 유형이라는 것을 어렴풋이 알 수 있다. 우리는 이러한 범주에서 해결이나 문제들에 관한 해결, 의문에 답하기, 복잡한 일에 관한 결과, 그리고 행위나 사건에 관한 반응에 관한 정보를 기대할 수 있다.

결론적으로 많은 담화 유형들은 모든 종류의 평가를 지닌 독립적인 선결론 범주를 포함한다. 즉 부정적 결과와 최종 결과가 논의되고 평가되며, 남은 문제는 진술되고, 그리고 독자/청자에 관한 정보의 관련성이(이것이 종종 이야기의 교훈에서와 같이 결말 범주에서 발생함에도 불구하고) 언급될 수 있다.

따라서 우리는 다양한 담화 유형들에 관한 더 구체적인 속성과 기능으로 받아들여진 네 가지나 다섯 가지 기본 메타 범주에 도달한다. 아마도 우리의 요약은 너무 일반적이어서 많은 것을 이야기해 주지 못한다. 하지만 상위구조의 일반적인 이론은 어떤 담화 유형들의 특별한 도식을 넘어서려고 시도하지 않을 때에는 진지하게 받아들여지기 어렵다. 우리가 알고 있는 많은 관습적 도식은 네 가지나 다섯 가지 주요 범주들에서 이런 분절이 있음은 분명해 보인다. 가령, 이야기·과학논문·드라마·논증은 그 점에서 오히려 일반적인 관점을 따른다.

물론 담화에 대해서도 일반적인 메타도식이 적용된다면 이는 자의적이지 않다. 도식의 형성과 관습의 기초를 이루는 요소들은 다음의 일반적 특징이 있다.

(a) 기능 범주에 의해 순서화·조직화한 정보 단위들(명제들)의 필요성
(b) 정보 분포에 관한(예로, 전제−단언의 구분) 의미적·화용적 제약
(c) 청자/화자에 관한 행위로서 담화의 일반적인 핵심이나 기능이 무엇인지에 관한 담화의 화용적 양상
(d) 말하기, 쓰기, 그리고 읽기/말하기의 상호작용적 양상인 시작 방법, 멈추는 방법, 말하기 참여자들 간의 관계 등
(e) 인지적 양상들인 정보 획득에 대해 앞서와 같이 표현, 평가, 소식, 문제

이 목록은 결코 완벽하지 않음에도 불구하고 도식 범주의 정보 기능, 관습이나 심지어 규정의 수립에 제기될 수 있는 더 일반적인 의미적·화용적 그리고 맥락적 제약의 느낌을 준다. 이 장에서의 과제는 상위구조가 텍스트의 전체 의미 조직에서 어떤 역할을 하는지를 보여주는 것이다.

최종적인 방법론상의 견해는 적절하다. 반면에 의미론적 거시구조는 담화의미론의 적법한 대상으로 받아들여졌으므로 이 장에서 논의된 텍스트 문법의 상위구조는 언어학이나 문법에 적절하게 속하기보다는 담화의 더 일반적인 이론이나 기호학적 실행의 더 일반적인 이론의 대상이 된다. 관련된 그 범주와 규칙은 관련 구조가 그것 자체를 다른 기호학적 부호(예로, 그림이나 몸짓에서)로 명확히 드러내기 때문에 문법적 분석의 일반적인 층위에서 정의될 수 없으며 세분화된 이론을(예로, 서사문법) 요구한다. 우리는 뒤에서 이것이 이론적으로 특별한 종류의 상위구조가 담화의 의미론적 거시구조에 대응된다고 살핀다. 그럼에도 이 장의 목표는 이 대응물의 형식적 속성을 분석하기보다는, 가령 상위구조나 거시구조에서의 제약의 비형식적 기술만을 제공하는 것에 있다.

3.2. 몇몇 상위구조 유형

3.2.1. 서사

3.2.1.1. 일상 대화에서 아마도 가장 잘 알려져 있는 것은 이야기의 도식 구조이다—즉 서사에 관한 상위구조이다.[4] 소설, 드라마, 짧은 이야기, 설화, 신화와 같은 더 인위적인 이야기 유형 이외에 우리는

일상 대화에서 자신이나 지인들에게 개인적 경험을 표현하기 위해서나 청자를 감동시키기 위해서 무엇이 일어났는지 이야기한다. 복잡한 소설과 일상의 이야기 간에는 결정적인 차이가 있지만, 둘은 기본적인 서사 범주를 공통적으로 지닌다. 일반적으로 소설은 더 구체적인 제약들, 도식의 규범적 순서화의 어떤 변형들, 구체적 주제들, 상이한 문체들을 가지고 있다. 여기서 우리는 상이한 문화와 역사적 시기의 상이한 서사 담화들 간의 수많은 변이들은 무시한다.

3.2.1.2. 서사의 첫 번째 전형적인 범주는 배경이다. 배경은 일반적으로 다양한 일화들의 애초 상황, 시간과 공간에 관한 기술, 일화들에 수반된 주요 인물(들), 그리고 그 사건들의 사회적이거나 역사적 맥락에 관한 가능한 추가적인 뒷받침 정보의 기술을 포함한다. 일반적인 서사에서 이와 같은 배경은 청자에게 알려져 있다고 하면 매우 간략

---

4) 서사 구조에 관한 문헌은 매우 광범위해서 여기에서 충분히 설명될 수 없으며, 그 연구 조사의 모든 결과와 문제도 마찬가지이다. 대부분의 연구는 최소한 기원적으로 담화 유형들(아리스토텔레스에서 시작됨)에 관한 모든 종류의 고전적 처리에서 우선적으로, 그리고 이후에 지난 세기 말에 소설의 다양한 이론들과 함께 문학에서 이루어져왔다. 대다수 이 영역에서의 문학 연구는 표상, 허구와 실제의 관계, 문체, 주제 등 미시구조와 다양한 종류의 거시구조 혼합, 그리고 상위구조의 문제들에 초점을 맞추어 왔다. 구조적 관점에서 서사 연구에 관한 새로운 전개는 프롭(Propp, 1958)의 중요한 연구와 함께 처음 인류학에서 시작된다. 이 연구는 이른바 이야기의 구조적 분석의 틀에서 거의 40년 간 인류학자들과 문학하는 이들을 고무시켜 왔다. 이는 가장 먼저 프랑스에서 바르트(Barthes, 1966), 브레몽드(Bremond, 1973), 그레마스(Greimas, 1966), 토도로브(Todorov, 1969), 그리고 다른 이들(*Communications*, 1966: 8을 보라)에 의한 연구로 그 자체가 분명하게 드러났다. 얼마 이후에 이 전개는 '서사문법'을 형성하기 위한 다양한 시도들에서(예로, Prince, 1973; van Dijk, 1972) 변형생성문법의 생성 원리들과 결합되었다. 사회과학으로부터의 또 다른 중요한 자극은 라보브(Labov)와 그의 동료들의 사회언어학적 지향 연구였는데, 이는 문학이나 다른 '인위적' 서사가 아니라, 오히려 일상 이야기의 구조에 초점을 둔 것이었다(Labov & Waletzky, 1967). 서사에 관한 우리 자신의 연구는(van Dijk, 1972, 1976a, b, 1978e; van Dijk & Kintsch, 1977) '구조적' 분석에서 이들 모두에 빚을 지고 있으며, 텍스트의 문법적이고 생성적인 틀, 행위 이론적 기반, 기술의 몇몇 층위들 간의 구분, 그리고 이후의 인지적 구성 요소에 의해 이들을 확장하려고 시도해 왔다. 이들 발언으로부터, 이 절에서의 논의가 단지 서사의 상위구조 속성들에 관한(이는 물론 단지 서사의 일반적인 이론의 한 부분이다) 어떤 주요한 결과의 짧은 요약임이 분명해진다. 최근의 조사에 대해서는 보그란데와 콜바이(Beaugrande & Colby, 1979)를 보라.

하게 제시되거나 심지어 생략되기도 한다. 전형적으로 짧은 배경 문장들은 다음과 같다.

(4) 오늘 아침에 내가 사무실에 왔을 때…
(5) 어제 나는 10번 고속도로를 운전했다…
(6) 지난 주 해리가 나를 보러 왔다…

여기에서는 단지 시간·장소 그리고 주요 인물들이 소개된다. 이러한 문장들이 적절한 서사를 시작한다는 점에 주목해야 한다. 하지만 이야기에서도 이들을 선행하는 의사소통 상호작용 내에서 다음과 같은 주의 표지로 기능하는 모든 종류의 예비 표현들이 있다.

(7) 어이, 들어봐…
(8) 어제 나에게 무엇이 일어났는지 너는 아니?…
(9) …무엇인지 추측해봐.

이들은 글말에서의 제목과 같이 다른 종류의 담화 표지들에도 적용되는 더 일반적인 의사소통적 기능을 지니기 때문에 적절한 서사 범주 간에는 고려되지 않는다.

이야기에는 어떤 배경 다음에 전형적으로 그 배경에서 '무엇이 일어났는지'에 관한 설명이 따라오므로 문제의 이어지는 범주는 사건이나 행위를 포함한다. 하지만 의미적 제약은 이것이 어떤 사건이나 행위가 아니라, 우선적으로 말할 가치가 있는 것이냐는 점이다. 즉 '이야기할 만한' 사건이어야 한다. 단지 문 열기, 떨어지는 잎사귀나 여러분의 차 운전하기는 일반적으로 흥미롭지도, 극적이지도, 심지어 새롭지도 않은 사건이나 행위이기 때문에 적절하지 않다. 대개 문제는 기존의 규범, 일상, 기대, 균형 잡힌 상황, 참여자들의 일반적 계획이나 목표를 무너뜨리는 어떤 것을 드러내는 내용이다. 이는 전형적으로 위험하며, 흥미롭거나 참여자들에게(화자나 다른 이들을 포함해서) 단순히 예상 밖의 사건이다.

(10) 갑자기 황소가 고속도로를 가로질러왔다…
(11) 그녀는 나에게 임신했다고 말했다…
(12) 로빈슨 씨가 어제 죽었다…
(13) 나는 열쇠를 잃어버렸다…

분명히 정상 조건의 변화는 문화 의존적이다. 가령 한 시대나 문화에서 문제가 되는 것은 다른 상황들에서는 그렇지 않을 수도 있어서 우리는 다른 문화의 이야기에서 '핵심'이 무엇인지 간혹 이해하지 못할 수 있다.

일반적으로 문제는 해결의 추가적인 범주를 요구한다. 즉 언어 사용자는 무엇이 '다음에 일어나는지', 결과나 성과가 무엇인지, 그리고 어려운 점이 어떻게 해결되는지 등을 아는 것에 관심이 있다. 이 경우의 전형적인 제약은 인간(혹은 인간과 같은) 참여자와 그들 행위들의 관련성이다. 따라서 일반적으로 해결은 앞선 사건이나 행위에서 인물들의 (재)행위를 유형화한다. 복잡한 사건이 등장인물들의 목표에 바람직하지 않거나 어긋난다면, 우리는 해결이 더 일반적 기능화가 가능한 애초의 상황을 재수립하거나 새로운 상황의 창조를 시도하는, 가령 내가 어떻게 문제에 대응했고, 사고를 피했고 어려움을 해결했는지 등과 같은 행위들을 언급할 것이라고 기대할 수 있다.

따라서 더 일반적인 상위구조의 메타 범주에서 이미 구체화되었듯이, 우리는 이야기의 중심 사건과 행위들이 등장인물, 그리고/혹은 평가 범주에서의 화자에 의해 평가되는 것을 기대할 수 있다.

(14) 하느님, 저는 너무 두렵습니다…
(15) 나는 내가 거기에 없었다는 것이 기뻤다…

(16) 나는 내 삶에서 그와 같은 따분한 상황을 한 번도 접한 적이 없다…

평가는 서술된 일화와 관련한 화자 참여자의 총체적인 심적이나 감정적 반응, 즉 그것이 훌륭한지, 두려운지, 재미있는지 등을 포함한다. 여기에서 이야기의 구체적인 표현 기능은 특히 일반적인 서사에서 가장 명확하다. 가령 그것은 우리에게 무엇이 일어났는지 뿐만 아니라, 그것이 우리에게 무엇을 했는지를 기록한다.

결국 서사의 일반적인 화용적 기능은 잘 알려진 종결부나 윤리부의 범주에 드러난다. 말하자면 이러한 윤리부는 다음과 같이 청자와 화자 모두에게 사건들로부터 추가적인 행위를 위해 결론을 이끌어 낸다.

(17) 나는 그를 휴가에 결코 데려가지 않을 것이다!
(18) 멕시코에서 저녁에 절대 운전하지 마라!
(19) 다음에는 내가 집에 머물 것이다.

살펴 본 바와 같이, 윤리부는 우화나 설화에서 명시적일 뿐만 아니라, 일상 이야기에서도 특히 뭔가를 할 때 일어날 것을 결과에 대한 누군가에게 전달하기 위해 이야기 될 때도 발생한다.

3.2.1.3. 각 서사 범주는 위계 구조를 한정한다. 가령 배경은 전체 일화에 적용될 수 있으며, 평가도 마찬가지이지만, 실제로 화용적 윤리부는 전체 서사로부터 이어진다. 우리는 잠정적으로 그림 3.1의 종류와 같은 서사 상위구조를 발견한다. 이 구조 도식은 형성 규칙들의 관점에서 정의될 수 있는데, 이는 다양한 범주의 위계와 순서를 구체화한다. 이러한 규칙은 부분적으로 반복적일 수 있다. 예로, 몇몇 문제와 (성공적이거나 그렇지 않은) 해결의 상이하고 연속적인 일화로 구성된 이야기들이 있다. 결론적으로 구체적 담화 유형에 대해 변형 규칙들이 있으며, 이는 구체적인 조건하에서 삭제되거나 위치를 바꾸는 어떤

범주를 허용한다. 따라서 우리는 범죄 이야기에서의 애초 상황(즉 KH 아내의 부재)이 문제 사건의 첫 번째 구체화 이후에(즉 예쁜 소녀에 관한 KH의 연약함) 드러남을 발견하였다.

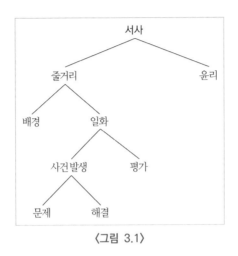

〈그림 3.1〉

3.2.1.4. 서사 구조에 대해 구성된 단지 소수의 언급이 결코 적절한 서사 이론이 되는 것은 아니다. 중요한 것은 우리 논의의 요지인데, 담화의 어떤 유형들은(즉 이야기) 총체적 도식 구조를 가지며, 이 구조는 다수의 위계적으로 관련된 서사 범주를 구성한다는 점이다. 이 범주들은 담화의 '내용'을 위한 기능적 빈자리이다. 그 범주들은 일반적으로 텍스트의 개별적 문장에는 적용되지 않기 때문에, 우리는 상위구조 범주들의 유형적인 내용이 거시구조라고 가정해야만 한다. 3.3절에서는 거시구조가 상위구조 범주에 의해 어떻게 제약될 수 있는지를 살핀다. 가령 우리는 해결 범주가 인간 (재)행위를 요구하며, 문제 범주는 흥미로운 사건들을 포함한다는 것을 이미 간략하게 관찰해 왔다.

서사 범주가 실제로 관습적 속성을 지니는 것에 주목해야 한다. 첫째, 그 순서는 다를 수 있다. 가령 윤리부가 도입부에도 드러날 수 있다. 둘째, 사건 발생의 개인적 평가를 제공하거나 일반적으로 흥미로운 사건들만을 이야기할 필요는 없다. 물론 앞서 살펴 왔듯이 범주의 관습적 속성은 잘 구성된 이런 담화 유형들에도 적용된다. 가령, 애초의 의사소통적·화용적·인지적 혹은 사회적 요인들은 이 범주들의 일반적 기반과 설명으로 남는다. 또 하나의 핵심은 서사 도식이 상황이나 행위들의 기술에 관한 확장된 분석을 포함하지 않는다는 점이다. 물론 행위가 기술되면 담화는 욕구·감정·동기·결정·의도·계획·목적·행위·결과·목표 등을 가리키는 문장을 드러낸다. 하지만 이는 서사 범주가 아니다. 그것들은 행위의 더 일반적인 이론에 포함되고, 기껏해야 행위 기술 담화의 더 일반적 유형의 속성이 되며, 이야기들은 하위 집합을 형성한다.[5] 경찰 규약도 행위 기술이 되지만, 그것이 이야기로서 항상 적절한 것도 아니다. 그러므로 사건이나 행위와 같이 모든 종류의 의미 개념들에 관한 추가적인 분석은 더 일반적인 이론, 그리고/혹은 의미론에 포함된다. 이는 이러한 분석이 중요하지 않다는 것을 의미하지는 않는다. 반대로 행위의 구조는 행위와 상호작용의 계획과 이해에, 행위 담화와 이야기의 이해에 대해서도 결정적으로 중요하다. 4장에서는 특히 행위와 행위 담화에 초점을 둔다. 행위들에 적용되는 것은 장소, 인물, 개체, 자연적 사건 등의 기술에 대해서도 적용된다. 즉 이야기의 언어적이거나 인지적 분석에서는 다음 양상을 주의 깊게 구별해야 한다.

(a) 도식적 상위구조(서사 '도식')
(b) 의미론적 거시구조('주제')
(c) 의미론적 미시구조(지엽적 행위 기술 등)
(d) 일화에 관한 관습적 틀과 각본
(e) 행위, 인물 등에 관한 일반적인 지식.

---

5) 이야기와 행위 기술 담화 간의 연결에 관한 일반적인 논의에 대해서는 반 데이크(van Dijk, 1976a, 1978e)를 보라. 우리는 이후에 심리학과 인공지능에서 서사에 관한 더 많은 최근 연구들이 이 차이를 항상 만들어내는 것은 아니라고 고찰한다.

3.2.2. 논증

3.2.2.1. 추론과 논증의 구조는 적어도 어느 정도 정확한 관점에서 서사 구조와 마찬가지로 고전적 아리스토텔레스의 전통에서 오랫동안 연구되어 왔다.[6] 따라서 삼단논법에서 수용할 만한 추론의 도식은 잘 알려져 있고, 그것은 더 일반적인 상위구조의 개념에 의해 우리가 이해하는 것을 특징으로 한다. 다른 관습적 담화 도식과 같이 여기에서는 규범적이거나 전범적인 구조와 실제로 언어 사용자에 의해 이루어진 것 간의 차이를 발견한다. 즉 일상 논증은 거의 추론의 수용할 만한 형식을 따르지 않는다. 종종 어떤 범주들은 암시적으로 남거나 전체로서의 추론은 실효성이 없다. 여기에서는 논리에 관한 규칙이나 수학적 증명이나 추론에 관한 규칙들은 제쳐두고, 규범적인 도식보다는 일상의 논증 담화 구조를 다룬다. 3.2.3의 하위 절에서는 학위 논문과 같은 논증의 더 특별한 유형을 살핀다.

3.2.2.2. 위계적으로 말하자면 논증은 전제와 결론을 구성하는 이원적 구조이다. 여기에서 결론은 전제에서 포함된 정보로부터 추론되는 정보를 포함한다. 논증구조 그 이상의 표현은 전제에서 특별하게 발생한다. 이야기와 같은 전제는 종종 어떤 배경을 유형화하며, 이는 논증이 무엇에 관한 것인지, 관련된 대상과 개념은 누구이며 무엇인지, 문제는 무엇인지, 그리고 화자의 의도는 무엇인지를(즉 어떤 것이 사례임을 보여주기 위해) 구체화한다. 여기서 사실들이라고 부를 수 있는 범주는 다음과 같다. 가령 그것은 화자가 진실되거나 확인되었다고 고

---

6) 논증에 관한 광범위한 문헌으로부터 우리는 특히 툴민(Toulmin, 1958), 페렐만과 올브레취-튀테카(Perelman & Olbrechts-Tyteca, 1969), 그리고 기츠(Geach, 1976)의 더 최근의 연구들을 지적할 수 있다. 우리 논의에서 추론하기의 논리적, 철학적 양상들뿐만 아니라, 논증에 수반된 전략들의 다양한 속성들은 무시한다. 우리는 논증 담화의 더 총체적인 도식 구조에 초점을 모은다. 여기에서 사용한 어떤 전략들은 툴민(Toulmin, 1958)의 잘 알려진 책으로부터 가져온 것이다.

려하고 청자에 의해 직접적으로 수용할 만한 상태나 사건들에 관한 기술이나 가정을 포함한다. 사실들이 직접적으로 수용될 수 없는 정보를 포함한다면, 삽입된 논항이나 최소한의 상세화가 필요하다. 이러한 특별한 사실들로부터 특별한 결론을 도출해내기 위해, 예컨대 증거 형태에서 논증은 이런 종류의 사실들 간의 관계에 관한 더 일반적인 가정을 더 요구한다. 증거 범주에서 진술의 일반적인 형태는 '항상/대개: p이면 q이다'와 같이 암시적인 유형이다. 사실들 — 정보뿐만 아니라, 증거들은 추가적인 동기나 뒷받침을(예로, 일반적인 암시의 관련성에 관한 진술) 필요로 한다.

물론 여기에서 개괄된 논증 도식은 매우 단순하며 논증들은 더 복잡하고 세밀할 수 있다. 도식은 다음과 같은(각각의 범주는 한 문장에 의해 표현되며, 물론 이는 꼭 그렇지는 않다) 단순한 논증들을 설명한다.

(20) (a) 오늘 모임이 있다(배경).

(b) 존은 아프다(사실).

(c) 아픈 사람은 일반적으로 모임에 가지 않는다(증거).

(d) 그 모임은 존에게 매우 중요하지는 않으며, 그리고 그는 가기에는 너무 아프다(뒷받침).

(e) 존은 오늘 그 모임에 가지 않는다(결론).

다시 말해 몇몇 범주들은 그것의 유효성이 일반적이거나 관습적 지식에 의존하고 화용적 이유로 인해 비공식적 의사소통에서 진술될 필요가 없기 때문에 특히 일반적인 증거 진술에서는 종종 암시적으로 남는다. 증거의 뒷받침(혹은 관련성)에도 같은 점이 적용될 수 있다. 또한 여기서는 전제 — 결론의 순서화 대신에 우리는 이 사례들에서 설명이 어떤 사실에 주어지는 결론 — 전제의 순서화를 접할 수 있다. 두 가지 순서화는 전형적으로 다음 문장 유형들에서 표현된다.

(21) 존은 아프다, 따라서 그는 그 모임에 가지 않는다.

(22) 존은 그 모임에 가지 않는데, 왜냐하면 그는 아프기 때문이다.

문장 (22)는 청자가 이미 알고 있는 것에 관한 전제를 수반하고, 청자에 의해 알려진 사실들을 설명하는 이유를 구체화할 것이다. 결론적으로 〈그림 3.2〉의 도식에서 논증 범주를 요약할 수 있다.

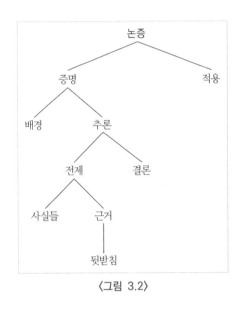

〈그림 3.2〉

3.2.3. 학술 논문들: 실험 연구 보고서

3.2.3.1. 이야기와 논증 이외에 이 책의 독자에게 아마도 가장 잘 알려진 일종의 관습적이거나 심지어 제도적 도식을 지닌 것으로 학술 논문이 있다.7) 우리는 학술 전문지의 규범이 이론적이고 실험적인 보

---

7) 학술 논문의 구조는 반 데이크(van Dijk, 1977b)와 사회심리학으로부터의 다소 비형식적인 실험 논문인 킨취와 반 데이크(Kintsch & van Dijk, 1978)에서 논의되어 왔다.

고서에 관한 것일 때 얼마나 엄격한지 알고 있다. 대학 재직 초기에 논문이 분명한 문제와 그것의 배경을(예로, 다른 이들에 관한 논의, 즉 새로운 생각에 관한 이론적 전개나 다른 이들에 관한 반박이 이어지며, 구체적 분석, 기술이나 실험에 의해 뒷받침되는 이론이 역시 이어진다) 구체화하는 도입부를 제시해야 한다는 점을 배웠다. 이후에 결론이 이어진다. 이 도식이 한 분야에서 다르거나 심지어 서로의 간행물에서 다를지라도, 일반적으로 학위 논문의 소통에 필요한 기본적인 구성 요소들은 심지어 비형식적인 소논문에서도 드러난다.

3.2.3.2. 정확성을 더 높이기 위해 일종의 실험 심리 간행물에 드러나는 논문들의 대략의 도식을 〈그림 3.3〉에서와 같이 제시한다. 이 논문들은 보고된 행위(실험) 그 자체의 방법론상의 내적 제약 때문에 관습적이다. 우리는 다시 외적, 의사소통적 요인들이 담화의 도식 구조에 영향을 주는 경우를 목격한다. 이야기 및 논증에 대해서와 마찬가지로, 적절하게 말하자면 여기서는 기술되거나 보고된 사건들의 바깥에 있지만, 그 정보가 모든 목적에(예로, 어떤 실제적인 적용들) 대해 왜 관련이 있는지를 가리키는 정보를 포함하는 오른쪽(최종) 범주를 사용해 왔다. 우리는 설정/배경 범주를 '앞선 이론들의 논의'(조사), '이 이론들에 의해 설명되지 않는 문제적 사실들의 기술' 등과 같은 이러한 하위 범주들에 의해 추가적으로 구체화할 수 있다. 다시 말해 여기서 완벽하게 하는 것이 중요한 것이 아니라, 꽤 정교한 도식의 관점에서 담화의 총체적 내용을 조직할 수 있다는 것을 보여주는 것이 중요하다.

결론적으로 논증 도식이 보통 학술 논문 도식의 몇몇 범주에 포함된다는 것에 주목해야 한다. 이 도식의 변이들은 다른 종류의 논문, 강의, 전공 논문, 그리고 일반적인 학술 담화에서도 구체화될 수 있다.

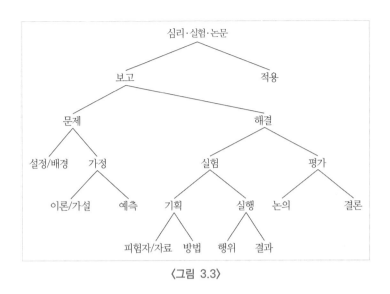

〈그림 3.3〉

3.2.4. 신문 기사

3.2.4.1. 우리들 대다수는 매일 신문을 읽지만 신문 기사의 일반적인 도식은 잘 모른다. 우선 한 가지 이유는, 가령 이러한 도식이 구체적으로 이야기의 그것보다 덜 고정적이기 때문이다. 하지만 텍스트의 맨 위와 본문에 분포한 다른 종류의 제목과 표제는 별도로 하고, 우리는 종종 진하게 표시되거나 더 큰 유형으로 인쇄된 구체적인 도입부 부분을 인지한다. 이 도입부 부분('첫머리')은 몇몇 기능을 가진다. 우선 그것은 실제 도입부이고 거기에는 주요한 인물, 장소, 시간이(그리고 실제로 새로운 동작주들) 주어진다. 하지만 동시에 도입부는 보통 주요한 사건을 언급하는 부분적인 요약이기도 하다. 다음 부분은 더 구체적으로 사건들을 상세화한다. 신문 기사의 마지막 부분은 공간이 부족하면 신문 편집자가 없앨 수 있는 부분이기 때문에 수의적임에 분명하고, 일반적으로 세부 사항들을 제시할 것이다.

　도식 구조는 오히려 느슨하고, 그리고 도입/요약, 가능한 세부 사항들의 절이 이어지는 자세한 설명 항을 주요하게 구성한다. 도입부는 신문 읽기와 이해의 맥락에서도 중요한데, 즉 그것은 거시구조를 구체화할 뿐만 아니라, 동시에 신문을 훑어 볼 수 있는 요약본으로서 기능하기 때문이다.

3.2.4.2. 신문 기사의 이 주요한 범주들 이외에 우리는 가끔 텍스트의 상이한 지점에 분포하는 추가적인 기능적 범주들을 구분하기를 원할 수 있다. 우선, 배경 정보의 범주가 있다. 이 배경 범주에서 어떤 나라의 정치적·사회경제적 사실들에 관한 정보나 뉴스를 이해하는 데 일반적으로 필요한 정보가 드러난다. 다음으로 짧은 역사라고 하면서 언급된 실제 사건들에 앞서 주요한 사건들을 제공하는 일종의 '과거사' 부분이 있다. 총체적 사실들은 실제 뉴스의 세부 사실들을 이해하기 위해 알려져야 하기 때문에 두 부분 모두 요약 유형이다. 물론 신문은 이 점에서 많은 것을 변경하는데, 일반적으로 '좋은' 신문은 더 많은 배경과 역사를 제공한다. 우리는 다른 관습적 도식에 관해서 규범적이고 질적인 양상들이 도식 형성에 관련된다고 살필 것이다. 추가적으로 특별한 사건들에(예로, 배경이나 역사의 양상에서 그것들을 연결함으로써) 관한 추가적인 정보를 제공하고, 암시적으로 사회적, 경제적이거나 정치적 의존성(법률·관습·발전 등)에 관한 일반적인 상태를 수반하는 설명 범주가 있다. 결론적으로 또한 다양한 지면에서, 우리는 기자나 신문의 실제적 관점·태도·평가 등에 관한 정보를 제공하는 보도된 사실들의 다소 통합된 평가 절도 접할 수 있다.

3.3. 거시구조에 대한 상위구조의 제약

3.3.1. 앞서 말했던 바와 같이, 이 장의 요점은—더 단편적인—상위구조의 이론이 아니라, 거시구조 정보가 주어진 텍스트의 상위구조 도

식에 의존한다는 것을 보여주는 것이다. 거시규칙들은 주어진 텍스트에서 무엇이 중요하며, 관련되거나 더 추상적인 정보인지를 본질적으로 명백히 한정한다. 이 중요성은 담화의 다양한 의사소통 기능에 대해 바뀔 수 있으며, 이는 다시 담화 유형, 그리고 도식과 관련된다. 이후에 우리는 담화 이해에서 도식이 실제로 총체적 이해의 전략적 조정 장치로 작용한다는 것을 알게 된다. 2장의 더 형식적이고 텍스트 이론적인 처리에서 범주 빈자리들이 거시명제로 채워진 후에 구체적인 형성 규칙, 구체적인 도식(예로, 이야기 구조)으로 우선적으로 정의하거나 유도하는 것은 의미가 있다. 즉 거시구조에 최소한 형식적 제약을 부여하는 것이 이 도식이다. 이는 실제 이해와 산출에서 텍스트의 총체적 내용이 도식 범주의 실제 실현과 순서 등에 영향을 결코 줄 수 없다는 것이 사실이 아닐 수도 있음을 의미하는 것은 아니다. 수반된 정보의 속성은 더 많은 도입, 설명, 뒷받침, 평가, 결말을 요구할 수 있으며, 다른 텍스트에서 동일한 유형의 속성도 삭제될 수 있다(비어 있을 수 있다).

3.3.2. 상위구조 범주는 기능적 속성을 지니는 것으로 드러나는데, 그것은 텍스트에서 (거시)명제들 간의 기능적 관계를 한정한다. 이는 우선 그것이 범주 빈자리에 삽입되는 구체적인 정보를 요구한다는 것을 의미한다. 한 예가 간략하게 언급되어 왔다. 해결의 서사 범주에서 대다수의 이야기는 인간 행위, 즉 특히 어려움을 해결하거나 그렇지 않으면 앞선 사건들에 관한 '주목할 만한' 반응을 표상한다. 유사하게 논증의 전제에서 증명은 일반적이고 암시적인 속성임이(즉 상정된 사실들과 마무리되었거나 설명된 사실들 간의 연결에 관한 기초) 분명하다. 더 심한 제약은 제도화된 도식이 요구되는데, 예를 들어 심리적 보고서는 피험자, 실험 자료, 기획, 실험 결과에 관한 매우 구체적인 정보를 요구한다. 이는 법률적이고 제도적인 서류와 공문에는 훨씬 더 중요한데, 여기에서 도식적 범주는 종종 구체적인 정보로(이름·주소·출

생일·직업 등) 채워지는 질문들이다. 도입과 배경은 장소·시간·일에 관한 개인적이거나 사회적 상태, 구체적 배경 정보 등을 제공한다. 반면에 최종적인 윤리부나 적용 범주는 의사소통 참여자들, 충고, 제안 등의 미래 행위를 구체화한다. 즉 텍스트의 전체 형식을 한정하는 대다수의 도식 범주는 구체적인 거시명제를 요구하므로 간접적으로 텍스트에서 어떤 종류의 정보가 중요한지를 구체화한다. 몇몇 예들에서 이 가정을 증명해 보도록 하자.

3.3.3. 예로 다음의 짤막한 이야기를 보자.[8]

    (21) 이탈리아의 어떤 지역도 레지오(Reggio)와 기이타(Gaeta) 사이의 해변보다 더 멋진 곳은 없다. 설레노(Salerno)에서 멀지 않은 이 지역은 바다에 펼쳐지는 모래사장이 애멀피(Amalfi) 해변의 거주자들에게 잘 알려져 있으며 작은 번화가들, 정원, 분수, 그리고 당신이 어디에서나 볼 수 있는 부유하고 진취적인 상인들이 모여 있는 곳이다. 이 작은 도시들 가운데 리벨로(Ravello)라는 곳에는 랜돌포 루폴로(Landolfo Rufolo)라는 이가 잠시 살았다. 리벨로에는 여전히 부유한 이들이 일정하게 살고 있었고 루폴로는 실제로 가장 부유한 사람이었다. 하지만 그는 재산에 만족하지 못했기 때문에, 그것을 두 배로 불리려 했고 결과적으로 그가 가진 돈과 아내를 잃었다. (보카치오, 데카메론, 두 번째 날, 4번째 이야기)

이는 전형적으로 구성된 이야기의 도입부이고 확실히 서사 구조의 배경이다. 가령 그것은 장소, 시간, 그리고 이야기의 주인공을 구체화한다. 하지만 명제들의 첫 번째 연속체는 주인공의 출신지인 지역에

---

8) 이 이야기는 반 데이크(van Dijk, 1978e), 반 데이크와 킨취(van Dijk & Kintsch, 1977), 그리고 킨취(Kintsch, 1976)에서 보고된 요약과 회상 실험에 사용되었다.

관한 것이지만 이 지역의 세부 지역들은 이야기와 더 이상 관련이 없어서 삭제될 수 있다. 중요한 점은 '부유한 사람들'에 연결된 그 지역에 적용된 '아름다운'의 일반적 개념이며, 이것은 주인공의 부유함과 연결된다. 이 일반화나 상황 기술의 더 완벽한 삭제는 이야기의 배경에서 전형적이다. 또한 '이탈리아의 한 부유한 지역에… 한 때 누군가 살았다'와 같이 간략하게 생각할 수 있다. 6장에서는 일반적으로 피험자들이 이 전체 배경 기술에 대해 기껏해야 이 정도만 기억한다는 것을 살핀다. 따라서 이야기에서 중요한 것은 주인공의 충실한 사건과 행위이지 장면의 기술이 아니다. 가령 이들은 사건의 배경이나 등장인물들의 어떤 속성을(여기에서는 부유함) 총체적으로 구체화하는 한에서만 관련된다. 하지만 동일한 부분이 여행안내에서 발생한다면 그것은 중요한 장면이 될 수 있다. 즉 그것은 절대로 삭제될 수 없으며 더 낮은 층위에서 일반화를 요구할 수 있으므로 우리는 일련의 어떤 담화가 관련되는지, 그리고 그 정보가 어떤 범주의 부분인지를 안다면, 미시구조 정보를 어떻게 다루어야 할지도 알 수 있다.

3.3.4. 더 복잡한 서사의 예는 2장에서 분석했던 범죄 이야기에서 관찰될 수 있다. 명확하게 그 이야기의 첫 번째 단편의 사건과 행위는 문제 범주의 시작 부분으로 기능한다. 가령 KH는 예쁜 소녀를 보게 되고, 그녀와 어떻게 하면 만날 수 있을지를 생각한다. 하지만 곧 이 일화는 그의 아내의 부재로부터 나온 KH의 일반적인 심적 상태에(좌절감) 관한 기술임이 드러난다. 그러므로 더 높은 층위에서 첫 번째 명제, 그리고 심지어 첫 번째 거시명제는 배경 거시명제와 같이 'KH는 은행원이다. 그는 그의 아내의 부재 때문에 좌절감을 일으켰다'와 같이 일반화된다. 즉 시작 배경 범주가 주어진다면, 우리는 거시명제가 형성되는 방식으로 복잡한 사건들에 관한 배경이나 조건으로서 기능하는 정보를 삭제, 일반화, 그리고 구성하려고 노력한다. 이 이야기에서 배경은 앞서 언급된 거시명제에 의해 형성된다. 반면에 문제는

'KH가 매춘부를 만나러 간다. 그는 그녀를 좋아한다. 그녀는 KH가 응접실에서 기다리고 있을 때, 그녀의 침실에서 살해된다.'에 의해 형성된다. 이 예로부터 도식 범주는 하나의 거시명제에 의해서만 채워질 필요가 없음을 주목해야 한다. 따라서 복잡한 거시사건도 일화들의 일반적인 사건과 행위 구조에 따라 그 사건의 총체적 사전 조건을 요구한다. 앞서 이 구별이 도식 유형이 아니라 더 일반적인 틀 지식, 행위와 행위 연속에 관한 다른 지식에 속한다는 점을 논의해 왔다.

3.3.5. 중요하면서도 간략한 형태의 신문 기사 도입부 역할을 고려할 때 백클래쉬(Bakkelash) 텍스트에서 첫 번째 문장이 단순히 이 기사의 나머지에 관한 배경이 아니라, 그 텍스트의 거시구조에 관한 시작 표현이라는 것을 알게 된다. 그러므로 첫 번째 명제는 변형되지 않으며 거시구조에 도입/요약 범주로 직접적으로 자리 잡는다. 그 담화가 일간지가 아닌 주간지임에도 불구하고 뉴스의 이 일반적인 속성은 여기에도 그대로 적용되는 것으로 보인다. 그럼에도 때때로 이러한 잡지에 정치 뉴스의 항목들은 잘 알려진 타임지나 뉴스위크의 '새로운 이야기들'과 같이 종종 '친숙한' 세부 요소들로 시작한다.

(22) 중서부 출신인 20살의 상등병 잭(Jack)은 지난주 눈물을 흘리면서 "나는 헤로인으로 모든 것이 엉망이 되었다"라고 하이델베르그 근처의 랜스틀(Landstuhl) 해군 병원에서 수석 정신과 의사인 콜 애드워드 제퍼에게 보고했다. "나는 세 달 안에 집에 가야 하는데, 내 가족들이 이와 같은 나의 상태를 보도록 둘 수가 없다."

("Europe's GI DrugScene", *The Newsweek*, 1978.07.03, 9쪽)

물론 이 소식의 이야기는 잭에 관한 것이라기보다 오히려 서독에 있는 GI 마약 중독자에 관한 것이므로 제목이 있다면, 이러한 부분은 통상적인(일반적인) 배경으로서 기능을 하지 않는다. 그것은 일반적인

190

정치적이거나 사회적 문제의 전형으로서의 한 사례의 전형적 예를 보여준 것이다. 엄밀히 말하자면, 이 흥미로운 소식의 이야기는 '사건의 중심으로'(즉 문제의 특별한 세부 사항들) 시작하며, 이후에야 일반적인 배경에 관한 정보를 기대할 수 있다. 이는 일반적인 도식의 변형이다. 반면에 (22)를 배경의 부분으로 해석하기 원한다면, 미국 해군이 서독에서 마약 중독자가 되는 것과 같은 거시명제를 삭제하거나 일반화할 필요가 있다. 하지만 이도 '미군 병사들이 유럽에 있다'는 배경이 주어진다면 문제로서 적합할 수 있지만 이 특별한 텍스트에서 거시명제는 실제로 정치적 행위에(즉 특별 위원회가 대통령 카터에 보고하는 작업) 관한 배경이다.

이론적으로 중요한 것은 연속체의 최종 도식화하는 기능이 그 텍스트의 다른 도식 범주에 의존하므로 거시구조 정보는 충분하게 수립된 도식에 의존하게 된다는 결과이다. 인지 과정 이론에서 이것은 물론 상이한데, 선조적 경향으로 텍스트를 읽어가는 독자는 수반된 기능적 범주에 관한 전략적 가설을 수립한다. 이 경우에 그는 단순히 가정된 도식의 전형적인 순서를 따른다—도식 가정은 일종의 대중 매체나 의사소통 유형과 같은 맥락 요소들로부터 유도된다. 물론 가설들은 이후에 수정될 수 있다. 구체적으로 독자는 그것이 너무 특별하고, 두 번째로 이러한 요약이 기사의 제목과 직접적으로 관련되기 때문에 시작 문장들이 소식의 도입/요약 범주가 아니라는 것을 즉시 알아챈다.

백클래쉬 텍스트에서 중심 뉴스 항목은(도입/요약에서 간략하게 표현된) 주로 대법원의 결정이다. 따라서 그 결정의 '내용'과 그것의 중재 조건과 결과를 지속시키지만, 다른 세부 항목들은 뉴스 개요에 관련이 되지 않는다. 우리가 선택했던 첫 번째 단편에 이어지는 텍스트 연속체는 재판부의 논증에 관한 세부 사항들의 긴 부분과 최종적으로 다음과 같이 진행되는 평가 부분인 역사와 배경 부분으로 지속되는 것이 전형적이다.

(23) 대법원에서의 파웰의 길면서도 선도적인 의견에는 수많은 법률적 논
　　증이 있다. 격노와 분노를 고려한다면, '역차별'을 제기해 온 그 화제
　　에서 법정은 즉시 두 가지 방향에서 지적된 판결을 전달하는 데 있어
　　어떤 놀라움도 야기하지 않았다.

("백클래쉬(Bakkelash)", The Economist, 1978.07.01, 22쪽)

놀라운 것은 이코노미스트지(혹은 그것의 편집자)의 이 의견이 제목의
함의된 평가에 부합하는 것으로 거의 보이지 않는다는 점이다.

3.3.6. 그러면 2장에서도 분석된 실험실 대 현장 실험의 학술 논문의
단편과 같은 다른 종류의 텍스트를 간략하게 살펴보자. 여기에서 도
입부는 실험실과 현장 실험의 차이, 그리고 실험실에서의 사회연구조
사 실행에 관한 회의론의 '문제'로 멋지게 시작한다. 그러므로 이 일반
적인 문제는 거시구조 관련성으로 부여되며 학생들에게는 특별한 중
요성이 없다. 서사 담화와 다르게 특별한 참여자들은 이런 유형의 학
문 담화에서 관련이 없다. 즉 그것들에 관한 참조는 단순히 묘사적이
어서 거시구조에서 삭제될 것이다. 따라서 그 예에서 첫 번째 문장은
논증의 배경으로서 기능한다. 이 전제들의 다양한 주제들은 실험 증
거로부터 나온 결과로 충분하게 뒷받침된다. 그리고 이 주제들은 일
반적인 결론을 이끌어 내며, 피험자들의 실제적인 행위는 실험실과
현장의 두 차원에서 연구된다. 결론의 가장 마지막 부분은 실험실과
현장 실험이 지니는 장점과 단점의 일반적인 사실로부터 유도되므로
그 부분에서 거시구조에 관련되는 것은 일반적인 결론에 기여하는 전
제들의 논증들(사실들)이다. 다시 말해 여기서 도식 구조가 전체로서
의 텍스트에 대해 가장 중요한 (거시)명제들을 뽑아낸다는 것을 알 수
있다.

3.3.7. 최종적으로 우리는 어떤 관습적 도식이 없는 예를 벌리츠 텍스

트에서 살펴야 한다. 광고는 거의 어떤 형식을 가지고 있지만, 어떤 명제들의 중요성은 관습적 도식에 의해 좌우되기보다는 오히려 텍스트의 화용적·사회문화적 기능들에 의해 직접적으로 좌우된다. 구체적으로 이 관점에서는 광고의 내용이 총체적으로 개체·상품, 혹은 편의에 관한 것이고, 이는 '좋게' 진술되며 독자층에 추천된다. 총체적 의미의 부여는 X는 좋다, 그래서 X를 사라와 같이 실제적 논증의 화용적 유형으로 준비된다. 더 긴 광고문은 이 화용적 도식의 명제들에 관한 타당성이나 가용성을 보여주기 위해 논증구조를 구체화하는데, 그것은 상품이 왜 훌륭한지, 그리고/혹은 왜 그것을 사용해야 하는지를 보여주며, 첫 번째 논증은 상품의 질에 관한 것이고, 두 번째는 소비자의 요구·희망 등에 관한 것이다. 여기에서의 논증은 실제로 이 이중 논증을 분명하게 따르는데, 즉 벌리츠 방법이 좋다는 점은 그것이 자연스럽고, 두 번째는 이 방법에 의한 외국어 학습이 당신의 경력에 좋다고(간략함에도 불구하고) 제안되기 때문인 것으로 드러난다. 논증의 일반적인 환경은 '언어 학습'이다. 진술된 첫 번째 사실은 초기의 자연스러운 언어 학습은 쉽고 놀이와 같다는 점이다. 그런 다음 벌리츠 씨는 이 방법을 연구했고, 세 번째로 그의 방법은 자연스러운 언어 습득 방법으로부터 유도된다는 점이 (사실로서) 진술된다. 비교 작용에 의해 한 방법의 성질은 공통적인 속성 때문에('자연스러움') 두 번째 방법으로 이어진다. 이는 논증에서의 잘 알려진 수사적 장치이다. 우리의 논의에 대해 실제적인 결론을 유도한 바로 이 주요한 배경과 사실들이 다시 중요하게 간주되지만 증거와 그것의 뒷받침 내용은 하위에 놓이며, 더 낮은 범주의 구체적인 사항들은 삭제된다는 점을 관찰하는 것이 중요하다. 즉 "(그는) 사람들이 문법책으로 고민하고 있음을 관찰했고"는 첫 번째 사실에 관한 추가적인 뒷받침 내용을 제공하는 소규모 삽입 논증을 (사람들이 외국어를 배우려고 노력한다. 그들은 문법책을 사용한다. 그들은 이를 위해 노력해야 하므로 이 방법은 훌륭하지 못하다) 드러낸다. 즉 자연스러운 방식으로 외국어를 학습하는 것이 쉽다는 점이다.

심지어 어떤 담화 유형들은 일반적으로 적절한 도식 구조를 가지고
있지 못하다. 하지만 이상의 간략한 논의로부터, 첫째, 그들 정보의
관련성이 화용적, 그리고 다른 맥락적 요인들이나 심지어 도식들에
의해 제약되고(예로, 수사적 설득의 도식들),[9] 둘째, 다른 도식들이 중요
한 거시명제들을 강조하기 위해 삽입될[예로, 논증, 이야기, (준)과학 논
증] 수 있음이 드러났다.

3.4. 결론과 남은 문제

3.4.1. 이 장에서는 다소 비형식적으로 텍스트에서 거시구조의 유도
는 소위 상위구조에 의존한다는 것을 보여 왔다. 상위구조는 관습화
된 도식으로 정의되어 왔으며 텍스트의 '거시구조 내용'에 관한 총체
적 '형식'을 제공한다. 상위구조는 위계적인 범주들의 연속체를 구성
한다. 이 범주들은 기능적 속성들로부터 전개되거나 전개되어 왔다.
우선 이 기능들은 텍스트에서 명제들 간의 어떤 관련성을 규정하며
텍스트의 선조적 미시구조를 '준비'·'설명'·'세분화'·'대조'·'비교'·'예
시'와 같이 유형화한다. 총체적 층위에서 이러한 기능적 관계들은 명
제들의 전체 연속체들 간, 그리고 이 연속체들로부터 유도된 거시명
제들 간에도 적용된다. 이런 의미에서 연속체는 전체적으로 텍스트의
도입부나 마무리로 기능하는데, 즉 다양한 유형의 담화에 대해 모든
종류의 다른 관습적 범주가 이야기에서의 문제와 같이 발생한다. 5장

---

9) 우리가 181쪽 주석 6에서 진술해 왔듯이 일반적으로 담화에서, 특히 광고에서 사용되는
것들과 다른 문체적, 수사적 고안들을 무시해야만 한다. 그것들은 적절하게 상위구조
의 이론에 속하기보다는 담화의 다른 이론에 속한다. 수사적 전략들에 관한 조사에
대해서는 주석 6과 웨딩(Ueding, 1976)에서의 참고문헌들을 보라. 광고하기 전략들에
대해서는 너설(Nusser, 1975)와 플레이더(Flader, 1974)를 보라. 이들 연구의 일부는 하
블랜드와 그의 동료들(Hovland et al., 1957)에 의해 사회심리학에서 설득 과정에 관한
분석으로 선행되어 왔다. 우리 논의와 관련되는 것은 특히 논증들이 상이한 순서에
주어질 수 있고, 이들은 상이한 설득 효과를(탁월, 최신) 가진다는 사실이다.

에서는 대화 담화의 도식 구조를(예로, 비격식 대화) 상세하게 살핀다. 텍스트 기능 이외에 도식 범주도 화용적·인지적·사회문화적 기능들로부터 개발되었거나 여전히 화용적·인지적·사회문화적 기능들일 수 있다. 따라서 도입부는 담화의 추가적인 이해를 위해 필수 전제들을 수립하는 데 필요하다. 논증들은 설득의 과정에 역할을 하지만 이야기에서 '흥미로운' 문제와 해결은 인지적·감성적 기능이 있다. 마지막으로 신문기사의 도입 요약은 모두 인지적 기능(즉 텍스트의 화제를 수립하는 데)과 실제적인 의사소통 기능[즉 텍스트의 부분적 읽기를 허용하는(훑어보기)]이 있다. 즉 텍스트에서의 모든 정보와 거시구조는 그 텍스트의 다른 정보 및 맥락의 정보에 관련해서 상호의존적이고 기능적인 관점에서 해석된다.

이 요약을 통해 상위구조는 거시명제의 연속체를 도식 범주에 부여함으로써 텍스트의 거시구조를 추가적으로 조직화한다는 것을 알 수 있다.

3.4.2. 반면에 상위구조 역시 그 자체로 거시구조의 형성 역할도 하는데, 그것은 거시규칙의 적용에 제약을 준다. 가령 그것은 우선 어떤 관습적인 의미 제약을 가지는 도식이 된다. 한 예가 서사의 해결인데, 이는 인간 (재)행위이어야 한다. 이 제약들은 총체적 정보와 거시명제들에도 적용될 수 있다. 가령 이야기의 해결 부분에서 모든 종류의 상이한 (비행위) 명제들이 지엽적 층위에 있으므로 상위구조의 존재는 의미 구조의 이론적·경험적 관련성에 관한 추가적인 정당화가 된다.

상위구조는 다른 방식으로 거시구조의 형성을 결정하기도 하는데, 전체적으로 텍스트에 대해 어떤 정보가 중요하거나 관련이 있는지를 결정한다. 이야기에서 장면에 관한 기술이 주어진다면, 우리는 이 기술만이 '배경' 관련성을(즉 주요한 사건과 행위의 배경으로서) 가질 수 있다는 점을 안다. 논증에서는 이 사실들에 총체적으로 초점을 두는데, 이는 직접적으로 가능한 결론의 유도를 가능하게 하거나 수용 가능한 설명을 제공한다. 텍스트 도식상의 현저성을 지니지 못한 다른 정보는 삭제되거나, 일반화되거나, 도식에 기능적으로 관련되는 명제들로 구성된다. 이후에 이 모든 가정들에 관한 다양한 인지적 함의를 더 자세하게 살핀다. 하지만 실제적인 도식이나 도식 범주들에 관한 가설들이 언어 사용자들에게 각 텍스트 화제의 가설적 정보에서 유리한 전략을 제공하는지를 기대할 수 있다.

상위구조는 텍스트의 거시구조를 조직할 뿐만 아니라, 그것의 직접적 정보에 제약들을 가한다. 이는 특히 어떤 제도적 도식에서(예로, 법률적인 것들) 분명해진다.

3.4.3. 더 많은 것이 상이한 유형의 상위구조와 담화 의미에 관한 그것의 관련성에 대해 이야기될 수 있고 이야기되어야 하지만, 여전히 미해결 문제들이 많이 남아 있다. 우리는 몇 가지만 제시한다.

첫째, 더 일반적으로 문제는 이론적인 측면을 제쳐두고서라도 담화에서의 명제들이나 문장들 간의 기능적 관련성에 관한 분명한 기술적 처리에 있다. 제시되었던 예들은 이를 위한 것이었지만 수반된 기능적 관계 정의는 단순하지 않다. 하지만 이러한 기능적 분석은 언어와 담화의 이론에 대해 중요하다. 우리는 이후에 비슷한 관계들이 화행과 상호작용 연속체에서 역할을 함을 살핀다. 상위구조는 종종 관습화되거나 제도화된 관계나 범주를 표상한다는 점에서 더 구체적이다. 하지만 우리는 상위구조 이론이 기능적 속성을 지니며 명제들 간의 기능적 관계에 대해 더 일반적인 이론을 요구한다는 점을 고려한다.

상위구조 그 자체에 대해서 더 구체적인 문제들이 제기된다. 이론과 경험적인 측면에서 주요한 논쟁들 중의 하나는 이러한 구조의 보편성에 있다. 앞선 몇몇 예들을 분석해 왔지만 언어 사용자들에 의해 구분되어 왔듯이, 각각의 특별한 담화 유형이 그것 자체의 도식적 상위구조를 지니는지의 여부는 무시한다. 어떤 복잡한 각 담화에서 심지어 이를 위해, 우리는 '도입부'·'마무리'와 같은 것을 구분할 수 있다. 도식적 구조에 대해 구체적인 제약들이 특별한 담화 유형에 알려져 있지 않다면, 이러한 범주들이 도식적 속성을 지닐 수 있을지는 분명하지 않다.

상위구조 도식은 범주들을 구성한다. 상위구조들이 잘 형성되고 있음직한 유도 구조들이 드러날 수 있는지를 정의하는 형성과 변형 규칙들이 있다. 신문 텍스트와 같은 몇 가지 예들에서 어떤 범주들이 고정된 자리를 갖지 못하는지를 살펴 왔다. 따라서 규범적이거나 정상적 구조처럼 어떤 것을 정의하는 규칙을(예로, 서사 텍스트에 대해) 형성할 수 있는 몇몇 고정된 도식이 있다. 하지만 우리는 수용할 만한 변형을 제쳐두고서라도 다른 상위구조에 관한 정확한 규칙을 알 수 없다.

우리는 상위구조가 부분적으로 반복적일 수 있음을 살펴 왔다. 가령 서사는 서사 속에, 논증은 논증 속이나 광고 등에 삽입된다. 또한 반복적인 이 범주나 규칙은 경험적 조사를 요구하는 문제이다.

도식이라는 용어의 사용은 상위구조가 고정된 속성만 있다는 것이 아니라는 점에 더 주목해야 한다. 분명하게 선호되거나 전형적인 순서를 가지고 있지만, 상위구조는 원칙적으로 (반복적) 규칙과 변형으로 정의된다. 결과적으로 그 범주들의 위계와 순서화에서 많은 가변성이 있다.

3.4.4. 상위구조가 담화의 총체적 의미 구조에 관련되어 왔지만, 우리는 그것이 문법의 영역에 속하는 것이 아닌 것처럼 진술해 왔다. 즉 수반된 다양한 범주들은 담화 구조의 독립적 이론들, 물론 담화의 문법적 구조에 체계적으로 대응되는 것을 요구한다. 따라서 서사 이론은 다소 독립적이며 그것의 구조가 잘 형성되는 점을 구체화할 수 있다. 추상적 논증 형식은 논리적 체계에서 구체화될 수 있으며, 학위 논증은 시각적 논증에 의해서도 최소한 부분적으로 발생할 수 있다. 물론 이는 상위구조가 일반적으로 언어가 인지적 해석과 매우 밀접하게 상호작용하듯이, 자연언어 의미에 직접적으로 연결되지 않는다는

점을 의미하는 것은 아니다.

의미론적 거시구조를 통한 상위구조와 문법적 구조 간의 정확한 형식적 연결들은 알려져 있지 않다. 우리는 상위구조 범주들과 도식이 제약으로서 작용하는 점을 구체화해 왔지만, 정확한 대응 규칙이나 수반된 제약들을 형식화해 오지는 않았다.

언어학적으로 흥미로운 점은 텍스트에서 상위구조와 거시구조 간의 관계뿐만 아니라, 상위구조의 가능한 표면 구조와 미시구조의 명료화 간에도 있다. 언어 사용자들이 수많은 기제들로 명백한 상위구조 범주를 확인하는 것은 그럴 듯하다. 따라서 도입부는 시작해보자… 우리는 시작할 것이다… 나 도입부와 같은 명확한 표지들에 의해 명시될 수 있다. 마무리 범주도 동일하게 적용된다. 심리학 논문에서도 다른 범주들이 절의 제목으로 명시적으로 표시될 수 있다.

서사에서 보통 '하지만'이나 '하지만 갑자기…'로 시작하는 문제나 문제의 주요한 사건들을 발견하지만 평가는 하느님, 예수여, 이거 원, 지옥과 같아 등의 모든 종류의 표현적 낱말들로 표시될 수 있다. 결말이나 교훈적인 부분들은 '따라서', '그러므로'와 같은 접속사들로 명시될 수 있으며 미래 시제를 드러낸다.

상위구조의 아주 다른 현상은 지금은 사소한 것으로 보인다(즉 문장 그 자체의 순서에서, 가령 도입부는 매우 빈번하게 첫 번째에 나오며 결론은 최소한 규범적 순서에서 마지막에 나온다).

또한 의미론적으로 상위구조는 거시명제와 미시층위에서의 화제 전환을 통해 '뚜렷해질' 수 있다. 가령 배경에서 문제까지의 진행은 반드시 다른 화제를 요구한다.

3.4.5. 지금까지 상위구조와 문법의 관계를 간략하게 논의해 왔다. 그것들은 기능적 관계에 기초하며 전체적으로 담화의 조직에 속하기 때문에 우리는 이런 종류의 구조는 수사학의 대상이었음을 적어도 간략히 언급해야 한다. 지엽적 문제와 수사적 작용이 결코 아니지만, 담

화의 총체적 조직, 특히 법정이나 의회에서의 공공 발화에 흥미를 가져왔던 것이 전형적인 수사학이었다. 서사 구조는 이야기와 드라마, 그리고 발화에서의 그것의 역할에 대해 연구되어 왔다. 마찬가지로 추론 구조는 고전적 수사학의 설득 기술에서 가장 중시되어 왔다. 여기에서 수사학의 다양한 상위구조 양상을 조사하는 것이 우리의 과제는 아니다.

담화의 일반적 이론과의 관계는 그 문제에 관한 문법이나 대화술의 과제가 아니지만, 고대 그리스와 로마 수사학에서 애초부터 다루어져 왔다. 거기에서도 거시와 상위구조 개념의 역사적 뿌리를 발견한다.

이 장에서 다루어 왔던 도식도 주요한 총체적 속성임을 주목해야 한다. 수사학은 지엽적 도식의 더 복잡한 처리 방식을 가지고 있다. 하지만 음운, 낱말, 구, 혹은 문장 층위에서 그럼에도 불구하고 이 장에서 무시되어 온 운율·두운·은유 중의 일부는 총체적 속성을(예로, 은유) 또한 갖는다.

3.4.6. 결론적으로 어떤 언급들은 이 시점에 상위구조의 인지적 기반에 대해 이미 필수적이지만 다양한 추가적인 처리 과정에 관한 가정은 6장에서 연구된다.

상위구조는 어떤 종류의 일반적이고 관습적인 지식과 마찬가지로 언어 사용자의 '의미' 기억의 부분이다. 특히 이 구조는 보통 언어 사용자들의 진부한 지식을 정의하는 전형적인 틀이나 도식으로 여겨져 왔다.[10] 이러한 틀은 상위구조 도식의 주요한 범주와 형성 규칙을 구성하지만 우리는 상위구조의 틀−유사 속성에 대해 어떤 의구심을 가져왔다. 이 구조는 '식당에서 밥 먹기'나 '영화 보러 가기'와 같은 틀에 관한 '실제 삶'의 예들과는 매우 다를 뿐만 아니라, 사회적 일화에 관

---

10) 상위 구조 도식(예로, 이야기들의)은 민스키(Minsky, 1975)와 그의 논문에 자극받아 온 이들에 의해 틀이나 각본의 예들로 받아들여져 왔다.

한 전통적 지식보다도 훨씬 더 암시적이다. 분명히 이야기들에서 우리는 다음에 무엇이 올지, 이야기가 언제 끝날지, 그리고 그것이 갈등 이후에도 계속되어야 한다는 것을 안다. 하지만 틀 예시에서 이 지식과 예측은 다른데, 즉 등장인물들은 다음에 무슨 일이 일어날지, 일어나야 하는지를 알지만, 담화에서는 항상 그렇지는 않다. 형식은 알려져 있지만(때때로, 최소한 암시적으로) 내용은 그렇지 않다. 왜냐하면 그것은 표준화된 줄거리를 제외하고는(공주-왕자-용, 제임스 본드 등) 의미상 최소한 부분적으로 새롭기 때문이다.

물론 이 논증은 틀-유사 지식 조직에 관한 우리의 개념에 의존하며 이후에 논의된다. 하지만 우리는 진부한 사회적 일화들에 관한 지식의 틀(혹은 각본)의 개념을 보류한다. 우리가 상위구조 도식에 대해 '틀'의 개념도 수용한다면, 문장의 통사적 구조와 정보 구조에 관한 모든 종류의 관습적 지식에 대해서도 받아들이지 못할 이유는 거의 없다. 틀 개념이 이 범위로 확장되면, 그것은 간단히 말해 (일반적인) 지식을 포함하게 되며, 일반적으로 개념적 조직 원리로 줄어들게 되기 때문에 이론적 관심을 많이 잃어버리게 된다.

하지만 그 경계들이 항상 명확한 것은 아니라는 점이 인정되어야 한다. 따라서 상위구조 도식은 제안한 바와 같이 화용적이고 상호작용적인 도식과 밀접하게 연결된다. 가령 예를 들면 논증은 논증적인 대화와('논의하기') 밀접하게 연결된다. 연속체에서 이러한 상호작용은 구체적으로 모임의 전개 과정으로서는 상투적일 수 있다. 그런 경우는 틀 지식을 요구하게 된다. 또한 만남은 '열려 있고', '닫혀 있으며', 따라서 '상위구조'를 가진다. 이는 틀 지식으로부터 '틀-유사'가 아닌 더 엄격하게 규칙 기반적이고 항상 의식상으로 통제되지는 않는 언어와 의사소통 지식으로 옮겨감을 의미한다. 어쨌든 6장에서 이 문제에 더 관심을 기울일 것이다.

제4장 행위와 상호작용에서의 거시구조

4.1. 들머리: 목표와 문제

4.1.1. 이 장에서는 행위와 상호작용에서의 거시구조를 다루는데, 담화에 대해서 해 왔던 바와 유사하다. 이 유사성은 여러 번 보게 될 바와 같이 자의적이지 않다. 행위는 담화처럼 관습적 의미를 가진 '표현'의 관점에서 기술될 수 있기에 해석을 요구한다. 마찬가지로 활동은 행위 연속체의 형식을 취할 수 있다. 이러한 행위 연속체는 문장 연속체와 매우 흡사하게 지엽적이거나 총체적으로 의미 연결된다는 점이 논의되므로 거시구조의 관점에서 기술되어야 한다. 결론적으로 담화와 행위 간에는 직접적인 관계가 있는 것으로 보이는데, 우선 의사소통 상황에서 언어와 담화의 사용은 일반적으로 화행이라고 부르는 것에 의해 수행된 특별한 종류의 사회적 상호작용이다. 이러한 화행은 연속체에서도 발생하고 거시구조에서 조직화된다. 이는 5장에서 특히 주목해야 할 부분이다. 담화와 행위 간의 또 다른 연결은 행위 기술(예로, 이야기)에서 드러난다. 행위와 행위 연속체의 구조에 관한

통찰력이 담화 조직에 관한 이해를 향상시킬 것이라고 가정하는데, 반대로 사람들이 행위에 대해 이야기하는 방식을 연구함으로써 행위의 속성에 대해 더 많은 것을 배울 수 있다. 이는 더 일반적인 방법론적 견해와 비슷한데, 그것의 출발 지점으로서 추상적인 분석이 필요할 뿐만 아니라, 다양한 상호작용의 맥락에서 발화 상호작용을 포함한 사회적 참여자들에 의해 사용되는 다양한 범주를 설명해야 한다.

4.1.2. 행위와 상호작용 연속체의 총체적 분석은 원칙적으로 다소 독립적인 속성을 지닌다. 이후 6장에서 복잡한 (내적) 행위의 중요한 양상은 인지적임을(즉 동기·목적·행위의 의도) 보여준다. 마찬가지로 지식과 신념의 일반적인 설정이 없이 복잡한 행위를 이해하는 것은 불가능하다. 이는 인지 이론 내에서 행위를 다루는 충분한 이유가 된다.
　하지만 우리는 최소한 잠정적으로 이 방식을 따르지 않는다. 언어 및 담화와 매우 유사한 방식으로, 특히 그것의 의미와 거시구조는 인지적으로 기반이 되지만 수반된 인지 과정으로부터의(즉 담화의 언어 문법이나 이론 내에서) 추상화에서 연구되며, 우리는 우선 행위 이론의 보다 추상적인 틀 내에서 행위와 상호작용을 연구하고자 한다. 그러고 나서 행위 이론은 이와 같이 이론에서 기초 요소이지만, 당연히 인지 기반을 요구하는 다양한 이론적 방식을 사용한다. 담화의 총체적 해석과 (내적) 행위의 총체적 해석 간의 밀접한 관계를 명확히 하는 것은 특히 인지적 공통 기반이다.

4.1.3. 우리는 이 장에서 일반적인 행위의 개념에 관심을 가지기보다는 주로 복잡한 사회적 상호작용으로 제한할 것이다. 물론 복잡한 사회 상호작용은 이론적으로 행위의 관점에 제한되지만, 우리는 사회적 상호작용의 영역에서 거시구조의 개념을 적용하는 것을 선호한다. 언어와 담화의 연결 때문에 이는 사회적 상호작용의 형태로도 받아들여지며, 우리는 화행 연속체와 대화의 거시구조 처리에 도달하기를 원하기 때문

이다(5장). 그리고 행위의 현재 이론은(예로, 철학에서) 행위의 더 복잡한 형태, 특히 상호작용에 관한 연구를 무시해 왔다고 생각하기 때문이다. 2장에서는 언어의 문제를 다루지만 이 장은 사회과학, 특히 사회학의 몇몇 기본적인 양상들을 다룬다. 그런 다음 이 두 분야는 5장에서 만나게 되는데, 언어적 상호작용의 상이한 형태들이 연구되며, 다시 6장에서 담화와 행위의 공통적인 인지 양상이 논의될 것이다.

언어의 철학, 그리고 의미와 지식의 철학을 논의한 바와 같이, 철학 내에서 행위에 관한 추상적인 설명을 제공하는 것이 분명히 가능하지만 우리는 사회과학 내에서 (내적) 행위의 경험적 연구를, 언어와 담화의 경험적 연구가 언어학과 담화 연구의 영역에 속하는 것과 매우 흡사한 방식으로 국한하고자 한다. 즉 이 장에서 상호작용에서의 거시구조에 관한 분석은 행위의 (철학적) 이론과 (내적) 행위의 사회적 이론 두 영역에 기여한다는 의미이다. 이 이론의 사회적 양상은 상호작용이 일어나는 사회적 맥락 구조의 간략한 체계적 설명에서 드러난다.

4.1.4. 행위와 상호작용의 철학적, 사회적 이론은 매우 광범위하기 때문에 우리는 복잡한 (내적) 행위, 특히 (내적) 행위 연속체의 구조로 제한한다. 하지만 상호작용 연속체의 정확한 지엽적 구조까지 여기에서 심층적으로 논의할 수 없다. 우리는 (내적) 행위 연속체의 총체적 구조에 초점을 두는데, 목표는 사회적, 인지적 관점에서 이러한 복잡한 행위의 형식들이 어떻게 조직되는지를 탐구하는 것이다. 직면하는 의문은 다음과 같다. 사람들은 어떻게 복잡한 상호작용을 계획, 실행, 그리고 통제하는가? 그들은 어떻게 복잡한 상호작용을 관찰, 이해나 해석, 처리, 그리고 기억하는가? 이러한 상호작용의 총체적 해석에 관한 사회적 역할은 무엇인가? 사회적 구조에 관한 지식이 총체적 계획과 이해의 처리 과정에 어떻게 교대로 영향을 주는가? 결론적으로 상호작용의 총체적 조직이 행위, 가령 행위에 관한 담화에서 어떻게 드러나는가?

따라서 우리는 행위와 상호작용의 거시구조 조직에 관한 더 많은 착상을 개발하려고 시도한다. 이러한 가정은 앞서 제안된 바와 같이 명확한 목적을 지닌다. 행위와 상호작용 그 자체의 개념에 관한(예로, 우선 행위의 총체적 분석이 행위의 지엽적 구조와 연결을 해명함으로써) 통찰력을 제외하고 우리는 사회학 토대의 더 나은 이해를 제공하기를 바란다. 다음으로 이 분석은 화행 연속체와 대화의 언어적 연구에 효과적일 것이다. 결론적으로 우리는 상호작용의 총체적 이론이 복잡한 상호작용의 계획하기·실행하기·이해하기에 작용하는 기본적인 추상 원리들을 제공함으로써 직접적인 인지 가용성을 지니기를 바란다. 우리의 상호작용의 추상적인 이론이 강력한 인지적 차원이라는 것을 깨달았을 때 마지막 관련성은 아마도 명백하거나 심지어 사소한 것일 수 있다. 결국 거시구조는 담화와 상호작용에 직접적으로 드러나지 않는다. 가령 그것을 '관찰할' 수는 없지만 그것의 '존재'를 의미의 부분이나 담화와 행위의 개념적 구조로 가정해야만 한다. 이는 담화와 상호작용에의 인지적 접근을 필수적 구성 요소로 만든다.

4.1.5. 이 장의 특수한 문제들이 덜 추상적일 수 있도록 몇몇 예를 제시해 보자. 다시 앞선 장의 예인 "누군가 기차로 어떤 도시를 여행한다"를 가져와 보자. 이는 분명하게 다른 사람들이 수반되는 행위와 상호작용의 연속체를 구성하는 복잡한 행위이다. 먼저 우리는 특별한 개념을 지니는 전체적으로 의미 연결된 단위로, 이 행위의 연속체를 가져올 수 있고, 일반적으로 '가져오는지'의 이유를 알기 원한다. 즉 어떤 행위 연속체는 더 높은 층위에서도 조직되는 것으로 보인다. 우리는 이것이 일반적으로 행위 연속체의 필수적인 양상이거나 단지 연속체의 특별한 유형에 관한 것인지의 여부를 살펴보기를 원한다. 후자의 경우에 우리는 거시구조라고 불렀던 이러한 총체적 개념 구조가 아니라면 복잡한 행위가 어떻게 조직되는지를 알고자 한다. 거시구조가 담화의 총체적 의미 연결을 규정하고 일상 의사소통적 상호작용에서

상이한 담화들 간의 차이를 만들어 내듯이, 행위의 거시구조가 행위의 연속체들을 구별된 (총체적) 행위 속으로 덩이 지을 수 있는지를 살펴야 한다. '식당에서 밥 먹기', '기차 타기', 심지어 '심리학 공부하기'는 왜 복잡한 행위 단위일까?, 그리고 '음반 구입하고 이후에 맥주 마시기'나 '꽃에 물을 주고 이후에 샤워하기'는 왜 관습적으로 알려지고 인지할 수 있는 행위 단위가 아닐까? 일련의 총체적 개념 없이 사회적 참여자들의 (내적) 행위 연속체에서 더 큰 단위나 더 높은 층위를 구별하는 것이 불가능하지는 않더라도 이는 매우 어렵다. 그리고 여전히 사회 참여자들 스스로 이러한 해석적 차이를 보인다. 즉 그들이 거의 모든 종류의 행위에 능동적·수동적으로 변함없이 관여하지만 그들은 구별된 지엽적·총체적 행위에서 이러한 행위들을 지각, 이해, 그리고 그 이상으로 처리한다. 다수의 요인들에 의존하면서 그들은 때때로 누군가가 승차권에 관해 문의하기나 승차권을 구입하기, 심지어 기차 타기나 휴가 가는 것을 '이해한다'. 그러므로 일반적으로 언어 사용자들과 사회 참여자들은 계획하기와 해석에서 상이한 층위와 단위 규모로 그들의 일상 행위를 덩이화하고 조직화한다. 우리는 그들이 이를 어떻게, 왜 이행하는지, 그리고 행위의 가정된 거시구조가 이러한 설명에 어떻게 수반되는지를 알고자 한다. 이 의문을 위해 이 장에서는 이후의 분석에 그것의 인지적 기반을 미뤄두고(앞서 말했듯이) 행위·이론적 차원만을 고려한다.

4.2. 행위의 구조

4.2.1. 행위의 총체적 조직과 '총체적 행위'의 개념을 이해하기 위해서는 일반적으로 행위의 개념을 이해하는 것이 필요하다. 행위의 철학적·사회학적 분석의 세부 사항들을 위해서는 다른 연구들을 참조할 수 있다.[1) 이 장의 후반에 사용되는 수많은 개념은 오히려 정확한 기

술적 의미를 가지는데, 여기서는 행위의 일반적 이론에 관한 주요한
문제와 개념을 간략하게 요약·제시한다.

1. 행위는 활동 연속체로부터의 추상물이다('품행').
2. 행위는 (명백한) 동작들로 그것 자체를 드러낸다.
3. 동작은 행위 개념에 부여된 인간 활동의 단위이므로 행위는 내포적인
   단위이며 인간 활동에 관한 행위의 해석 결과이다.
4. 동작은 구체적인 종류의 (신체적인) 사건이다.
5. 사건은 가능 세계에서(그리고 시간) 구별된 변화이다.
6. 동작은 그것에 대해 자각하며 의식하는 사람들에 의해 통제되고 실행된
   다면 행위로서 해석될 수 있다.
7. 동작은 단순히 그것을 실행한 사람들에 의해 '야기되기보다는' 오히려
   첫 번째 단계가 심적인 복잡한 과정의 최종 표출이다.
8. 하나의 동작은 그것이 사람의 의도에 연결될 때에만(통제되면) 행위로
   서 해석될 수 있다.
9. 동작은 다양한 단계를 지니는데, 최종 단계는 결과라고 불린다.
10. 동작의 결과가 행위하는 사람(동작주)의 의도에 따라 일어난 것이라면
    그 행위는 (미약하지만) 성공적이라 불린다.

---

1) 우리의 일부 다른 연구는 행위 이론의 도입부를 제공하는데, 반 데이크(van Dijk, 1977a)
   를 보라. 여기와 다른 곳에서 우리는 본 라이트(von Wright, 1963, 1967), 데이빗슨
   (Davidson, 1967), 브렌넨스튜흘(Brennenstuhl, 1974), 그리고 다른 이들—언어학자와 철
   학자들—에 의한 연구에 빚을 지고 있다. 우리는 복잡한 행위에 대해서 특히 레흐바인
   (Rehbein, 1977)을 참조하는데, 이는 아마도 이 화제에 관한 가장 광범위한 논의이다.
   이 장에서 간략하게 논의된 수많은 화제에 관한 모든 종류의 세부 사항들과 행위와
   담화 간의 연결들에 대해서도 이 책을 참고할 수 있다. 행위 이론의 영역에서 일반적인
   도입과 읽기 자료를 위해서는 레셔(Rescher, 1967), 화이트(White, 1968), 카레와 랜드즈
   먼(Care & Landesman, 1968), 빈클리, 브라나, 그리고 마라스(Binkley, Bronaugh &
   Marras, 1971), 단토(Danto, 1973)를 보라.
   또한 (예로, 문제, 해결하기 문헌에서) 행위 연속체에 관한 다양한 종류의 개념이 사
   용되어 왔지만(목표들, 하위 목표들 등), 거기에서 만들어진 차이와 정의들이 항상 충
   분하게 명시적이지는 않았다(더 많은 참고문헌은 Newell & Simon, 1972를 보라)는 사
   실을 우리는 자각하고 있다. 특히 그 문헌에서 중요한 것은 어떤 목표에 도달하는 전략
   들의 설명에 있다. 이러한 전략들은 6장에서 논의될 것이다.

11. 행위는 일반적으로 행위 맥락의 가능 세계를 바꾸기 위해(예로, 사건이나 다른 행위들을 야기함으로써 행위의 결과나 목표가 된다) 수행된다.

12. 행위의 결과는 목적으로 심적 표상된다. 목적은 의도를 강조하거나 결정한다.

13. 의도된 동작(행위)에 의해 야기된 목표가 목적에 따라 실현된다면 그 행위는 (강력하게) 성공적이라 불린다.

14. 목적과 그들의 내재된 의도는 몇몇 단계들과 조건들이 수반된 결정 과정의 최종 단계인데, 동기로서 요구, 욕망, 희망 등과 조건으로서 지식, 신념, 능력 등은 가치, 규범, 태도에 의해 일반적으로 통제되며, 어떤 행위 맥락에서 동작주의 인지 집합을 함께 한정한다.

15. 행위 맥락은 행위가 수행되고, 그들의 의도된 목표를 지닐 수 있도록 다수의 (외적) 조건들을 만족시켜야 한다.

16. 능동적 행위가 동작에 의해 표출된 행위이지만 부정적 행위(인내, 놓아주기 등)는 유사하게 대안의 맥락이 기대되고, 규범적이고, 의무적이라는 점 등의 비실행적 행위의 관점에서 정의된다. 이 경우에 비동작은 (그 밖의 것을 대신하는 동작인) 의도된 것임에 분명하다.

4.2.2. 이 목록은 결코 완벽하지 못하며, 관련된 다양한 개념에 관한 적절한 정의를 제공하지도 못한다. 거의 그것들 모두는 상당한 지면을 요구하며 많은 철학적, 경험적 문제들을 포함한다. 몇몇 기본적인 행위의 인지 단계는 이후에 논의되지만, 여기에서는 '의도'와 같은 개념은 인지 모형에서 결코 명확하지 않은 것으로 기억되어야 한다. 행위 '산출'의 정밀한 과정에도 같은 점이 적용되는데, 희망·요구·선호가 행위 맥락에 관한 앞선 신념과 얼마나 정확하게 상호작용하는지, 그리고 얼마나 더 일반적인 체계가 이 결정 과정을 통제하는지는 여전히 불명확하다. 그렇다면 행위의 추상적 이론은 인간 활동의 해석 단위로서 행위의 동일성, 한계 결정, 성공 등에 수반된 일부 중요 개념들을 단지 설명한다.

4.3. 행위 연속체

4.3.1. 우리는 행위의 일부 주요한 속성만을 요약해 왔고 행위 이론에서 수많은 문제와 논쟁들을 무시해 왔다. 지금부터는 복잡한 행위, 행위 연속체, 상호작용을 분석한다. 이론적 개념들이 더 필요하다면, 그 방식에 따라 그것들을 도입한다.

우리는 동작주의 행위 연속체로부터 행위 분석이 추상화된다는 점을 지적함으로써 행위를 분석해 왔다. 따라서 동작주가 의식하고 있는 한 그들이 지속적으로 무엇을 행하며, 긍정적이거나 부정적 행위를 수행한다고 가정한다. 그들은 몇몇 행위들을 동시에 수행하지만 그런 경우에 얼마간의 제약된 행위들만(예로, 컵으로 맥주를 마시는 동안 누군가와 이야기하기 할 때 이를 행하면서 서 있기, 누군가 보기, 얼굴 표정 드러내기 등은 단지 의식 주변의 통제하에 있다) 직접적인 통제하에 있다. 마찬가지로 우리는 차례대로 혹은 다소 부분적으로 중복되는 일련의 행위를 완수할 수 있다. 때때로 이 행위들은 서로 관련되지만(예로, 조건적으로) 때로는 그렇지 못하다. 내가 책을 읽기 위해 그것을 집는다면 그 행위들은 서로 관련이 있지만 내가 책을 집고 담배에 불을 붙인다면 이 행위들은 관련이 없거나 간접적으로만 관련이 있다. 일시적 연속을 제외하고 행위들은 어떤 관계에 의해 순서화된다. 이 순서화된 관계는 앞서 살펴보았듯이 종종 조건화 유형이 된다. 가령 한 행위는 다른 행위의 조건이 된다. 다양한 종류의 조건 관계가 있다. 첫째, 그것은 선행이나 후행으로 정의될 수 있다. 선행 조건화는 주어진 행위가 지니는 결과에 관한 것을 말하지만 후행 조건화는 주어진 행위의 선행 조건들에 관한 것을 말한다. 두 유형은 접속사의 (단원체) 논리적 연구로부터 나온 상이한 세기와 강도를 지니는 용어이므로 양쪽 방식들에서 조건화는 필요하며, 실현 가능하거나 가능하다. 따라서 필요하며, 있음직하며, 가능한 (선행)조건과 결과가 있다. 담배 피우기는 담배에 불이 붙여졌다는 필수적 조건화를 요구하지만 익사는 누군가

물에 빠질 것이라는 가능한 조건을 지닌다. 물리학·생물학 등의 집합이 일련의 가능 세계를 가정하는 이 용어들의 정의는 가능 세계의 집합이거나 오히려 행위 연속체가 부분이 되는 행위 과정 집합에 적용되면서, 0에서 1까지의 확률의 관점에서 주어지거나 더 추상적이고, '최소한 하나', '최소한 하나도 아닌'('전혀 아닌'), 그리고 '모두'와 같은 '구분된' 양화사들의 관점에서 주어질 수 있다. 한 행위 연속체는 그 연속체의 각 행위에 대해 최소한 그 행위의 선행 조건이거나 결과가 되는 또 다른 행위가 있다면 연결된다.

4.3.2. 접속은 행위 연속체를 의미 연결되게 하는 요인 중의 하나이다. 첫째, 접속의 정의는 행위 연속체가 연결된 행위 짝들을 구성하도록 해준다. 이는 그것들 자체로는 조건화되지 않는다. 더 엄격한 의미는 각 행위가 행위의 결과가 되는 동시에 다음 행위의 조건이 되도록 요구한다. 물론 그 연속체의 첫 번째와 마지막 행위는 제외된다. 그 경우에 우리는 엄격한 (선조적) 연결이라고 말한다.

둘째, 행위는 다른 방식으로도 관련될 수 있으므로 A가 B를 일으키고 B가 C를 일으킨다면, (엄격하게) 연결된 연속체가 되지만 이러한 연속체는 어떤 직관적 범주에 따라 의미 연결될 필요는 없다. 예로, A와 C는 서로 아무런 관련이 없으므로 그 연속체는 자의적인 인과 연속체가 된다. 따라서 내가 책을 사고 그 책 판매자는 그렇게 해서 몇 푼의 돈을 얻고 그것으로 그가 영화표를 산다면, 그 연속체는 당연히 연결된다. 하지만 이는 거의 자의적인 행위 연속체인데, 즉 나의 책사기는 그의 영화표 사기와 아무런 관련이 없기 때문이다. 특히 이러한 연속체가 훨씬 더 길어지면, 그 접속 연쇄는 완벽하게 '터무니없는 것이' 된다. 어떤 행위 연속체가 그것을 '단위'로 한정하는 어떤 추가적인 의미 연결 조건을 만족시킨다면, 그것에 대해 이야기하는 것은 더 흥미롭다. 각 행위의(혹은 사건) 일화가 어떻든 서로가 조건적 관계 이상을 가지고 있고 이러한 행위는 전체 일화에서 특별한 기능이 있다.

다른 방식들로 의미 연결을 수립하는 것은 거의 동일한 장소 그리고
/혹은 시간을 유지하거나 특정한 조건들하에서(예로, 동일 인물 행위의
기능으로서) 이 변화를 두는 것이다.

우리는 여기에서 즉시 다음 제약 조건에 도달한다. 가령 최소한 행
위들의 하위 연속체에 대해 (제약된) 다수의 인물을 변함없이 유지하라.
연결되기만 한 행위 연속체는 원칙적으로 각각의 하위 연속체 행위에
서 새로운 등장인물을 갖는다. 의미 연결된 연속체에서 하나, 둘, 혹은
소집단의 등장인물들은 그 연속체의 대다수 행위들에 관련된다.

결국 연속체가 의미 연결되기 위해서는 행위들이 연결되어야 할 뿐
만 아니라, 개념적으로도 관련되어야 한다. 즉 오늘 오후에 언어학 책
읽기를 원하지 않는다는 것은 낚시하러 가는 이유가 될 수 있고 고기
잡기의 가능한 결과에 관한 필수적인 조건이 된다. 이는 가능한 결과
로서 저녁 식사에 고기를 먹는 것이 될 수 있다. 하지만 언어학 공부하
는 것을 원하지 않는 것과 저녁식사로 고기를 먹는 것은 개념적으로
관련되지 않는다. 즉 담화에 관한 의미 연결 조건의 관점에서 그것들
은 상이한 화제나 주제에 속한다고 말할 수 있으므로 행위 연속체를
의미 연결되게 만드는 총체적 제약이 분명히 존재한다. 이 지점이 바
로 행위의 거시구조를 필요로 하는 곳이다.

4.3.3. 하지만 오히려 지엽적 층위에서 행위 연속체에 더 많은 구조를
도입할 수 있다. 엄격하게 연결된 연속체에서 행위 A_i의 성공 조건은
최종 상태이거나 하위 집합으로 이전 행위 A_{i-1}의 결과이어야 한다.
가령 파이프 담배를 피우기 위해서 불을 붙여야 한다. 하지만 불을
붙이는 행위의 의도된 결과(파이프에 불이 붙어 있다)를 획득하는 경우
에만, 내가 그것을 피우는 행위를 성공적으로 달성할 수 있다. 동작주
에 의해 성취된 행위 연속체를 고려해 볼 때 이 조건은 더 제약된 방식
에서 첫 번째 행위는 두 번째 행위가 실행될 수 있도록 적절히 이루어

진다는 점을 요구함으로써 더 엄격한 방식으로 형성될 수 있다. 더 앞선 정의에 따르면, A_i이 A_{i-1}의 목표이거나 다시 말해 동작주는 A_i의 표상, 즉 실행된 A_i을 달성하기 위한 목적을 가지게 됨을 의미한다. A_{i-1}도 함께 의도되고 실행된다. 이 목적은 전체로 이어지는 행위일 뿐만 아니라, 그것의 최종적 상태(결과)에도 관련된다. 그리고 엄격하게 말하자면 이는 A_i의[우리가 $I(A_i)$로 쓸 수 있다] 의도가 단지 A_{i-1}이 성공적이라면 형성될 수 있는 A_{i-1}의[즉 $P(A_{i-1})$] 목적의 부분이 됨을 의미한다. 이 경우에 동작주는 A_{i-1}의 결과가 A_i에 관한 그럴 듯한 조건임을(심지어 그럴 듯하거나 필수적인 조건인) 알거나 믿어야 한다. 따라서 내가 책 한권을 사는 것은 그 책을 읽으려는 의도가 이미 그것을 구입하는 목적의 일부가 되는 것이다. 이 상황은 전체 행위 연속체에도 적용된다. 가령 그것은 연속체의 마지막 행위의 결과(혹은 결말)인 목표를 실현하려는 의도를 가진 동작주에 의해 모두 수행된다. 따라서 전체로서의 연속체에 대해 일정한 목적이 있지만 그 연속체 각 행위에 대해서는 다음 행위의 달성을 고려하는 목적이 유지된다. 그러므로 명백하게 행위 연속체에서 지엽적 목적과 총체적 목적 간을 구분하며, 여기에서 총체적 목적은 아마도 행위의 거시구조 관점에서 명시적일 수 있다.

하지만 이 상황은 여전히 더 복잡하다. 지엽적, 총체적 목적과 목표 간의 차이만 있는 것은 아니다. 총체적 목적과 목표는 전체로서 취급된 연속체에 관련되므로 집을 짓는 하나의 목표는 그곳에서 거주하는 것이다. 하지만 이 목표는 그 집을 짓는 데 구성 요소가 되는 행위 연속체의 최종 행위의 결말이라기보다는 오히려 집을 짓는 '총체적' 행위의 결말이다. 따라서 마지막 행위의 결말인 그 목표를 실현하기 위해 행위 연속체를 달성한다면 엄격하게 말해서 우리는 여전히 지엽적이거나 선조적 층위에 있는 것이다. 4.7절에서의 행위의 총체적 분석을 제쳐두고, 우선 연속체의 목적−의도−결과−목표 구조를 살펴야 한다. 연속체의 마지막 행위 결과인 목표를 부여하기 위해서는 연속되는 목표를 말해야 한다. 하지만 연속되는 목표는 이 행위의 목표가 요구하는 행위의 달성을 고려하여 수행되기 때문에 연속체의 최종 행위일 뿐만 아니라, 간접적으로 연속체의 앞선 행위의 목표이기도 하다. 따라서 연속되는 목표들은 행위 연속체의 방향을 제시한다. 이 방향은 연속체에 추가적인 의미 연결 차원을 제공한다. 이미 행위 연속체에 관한 복잡한 의미 연결 조건들의 집합이 있으므로 주어진 행위들의 한 연속체를 먼저 요약해 보자.

$$A = \langle A_1, A_2, \cdots, A_n \rangle$$

(a) 지엽적 접속
각 A_i에 대해 A_i가 A_j의 (가능한, 있음직한, 필요한) 조건이 되는 것과 같은 행위 A_j가 있다(그리고 A_j는 A_i의 결말이다).

(b) 엄격한 지엽적 접속
각 A_i에 대해($i > 1$), A_{i+1}이 A_i의 결말인 것과 같은 행위 A_{i+1}이 있고, A_i가 A_{i-1}의 결말인 것과 같은 행위 A_{i-1}이 있다(그리고 $i < n$에 관한 '조건'과 같은).

(c) (엄격한) 지엽적 의미 연결
연결된 각 A_{i-1}, A_i, A_{i+1}에 대해 적어도 하나의 동일한 장소 그리고/혹은 시간 간격이 있고, 최소한 한 사람의 동일한 참여 동작주가 A_{i-1}, A_i, A_{i+1}에 관련된다.

(d) 지엽적 지향
각 A_{i-1}, A_i, A_{i+1}에 대해 지엽적으로 의미 연결되고, $A_i = G(A_{i-1})$이고, $A_{i+1} = G(A_i)$이다[($G(A_i)$는 '목표 A_i'에 관한 축약이다)].

(e) 연속적 지향

각 A_{i-1}, A_i, A_{i+1}에 대해 지엽적으로 의미 연결되고, $i \langle n$에 대해 $G(A_n)$ $\in G(A_i)$이다.

다른 형성 규칙과 추가적인 제약이 가능하다. 예로, (d)와 (e)에서는 행위가 동일한 동작주에 의해 달성된다는 조건이 포함되지 않았다. 하지만 누군가 다른 이가 행위를 달성하려는(첫 번째 행위의 연속체) 목표를 가지고 행위를 달성했다면 지향된 행위 연결체라고도 부를 수 있다. (c)가 너무 강하기는 하지만 현재로서는 지엽적 의미 연결에 관한 또 다른 조건이 없다. 추가적인 의미 연결은 총체적으로 드러날 것이며 이후의 행위 거시구조에서 설명될 것이다. 결국 (하위 연속된) 행위 목표의 관점에서 방향을 취하기보다는 결과와 지향점의 기초로 의도를 취할 수 있다. 하지만 이론적으로 목표는 결과와(예로, 그 행위 결과를 인식하기 위해 단순히 행위를 달성할 때) 동일하므로 어떤 대안의 형성도 요구되지 않는다.

더불어 많은 추가적인 문제가 있다. 먼저 한 연속체의 어떤 행위 결과가 주어진다면 최종 목표는 더 이상 실현 가능하지 않다는 점이 꽤 가능한 것으로 강조되어야 한다. 그 경우에 동작주는 이 목표를 향한 행위 연속체를 멈추며 그리고/혹은 새로운 목표를 수립할 수 있으며, 이는 이 연속체에서 각 행위의 목적을 또한 결정한다. 하지만 이론적으로 이 가능성은 앞서 주어진 바와 같이 동일한 종류의 형성을 요구한다. 차이가 인지적 층위에서 드러나며 목표 전환을 포함한 연속체 변환의 전략들이 형성될 수 있다.

하지만 이론적으로 더 결정적인 것은 동일한 목표를 가지고 있는 대안 연속체의 가능성이다. 더욱이 그 조건들은 더 복잡한 행위 과정들로부터 추상화되어 주어진 연속체에 대해 형성되었다. 분명히 이는 대안의 행위 연속체가 동일한 목표를 유도한 경우가 된다. 이는 수반된 그 연속체가 지엽적·연속적으로 동일한 (부분적으로) 목적의 관점에서 정의될 수 있음을 의미한다.

두 가능성은(즉 새로운 목표를 수립하고 그 목표에 도달하기 위한 대안의 방법들) 필수적인 융통성을 보장한다. 개별 동작주의 행위 연속체뿐만 아니라, 특히 상호작용에서 종종 어떤 의도된 결과나 지엽적 목표 실행이 협조 동작주들이 다음에 무엇을 할지를 결코 확실하게 알 수 없기 때문에 달성되지 않는 경우가 있다. 이후에 이 상호작용 양상으로 돌아간다.

4.3.4. 지금까지 행위 연속체의 의미 연결에 관한 어떤 조건들을 구체화해 왔다. 하지만 이러한 조건들과 연속체에서 정의한 구조는 선조적인 것에 불과하다. 연속체도 복문이나 문장 연속체와 유사한 방식의 위계적인 구조로 부여될 수 있다.

여기에서 직관적인 생각은 연속체의 어떤 행위는 다른 행위보다 더 '중요'하므로 우리는 실제로 어떤 행위가 부분이거나 다른 행위보다 더 낮은 위계에 다른 방식으로 존재한다면 상위와 하위의 행위를 말할 수 있다는 것이다. 따라서 '영화 보러 가기'에 수반된 행위 연속체에서 영화 보는 행위가 영화표를 구입하거나 좌석을 찾아가는 것보다 더 중요한 것으로 보인다. 2장에서도 살펴본 바와 같이 중요성, 관련성, 현저성은 거시구조 관점의 설명을 요구하지만(따라서 영화표 구입하기가 영화표에 관한 돈을 지불하기 위해 지갑을 꺼내는 것보다 더 중요하다), 실제 연속체의 하위 연속적 행위들 간에도 '위계'에서의 지엽적 차이가 있다. 하지만 이러한 위계적 관계를 정의하는 것은 결코 쉽지 않다. 표면적으로 말하자면 행위 연속체는 행위하기의 연속체에서 드러난다. 이 층위에서 행위의 상대적 중요성은 적절하게 정의될 수 없다. 가령 이와 같은 동작은 모두 동일한 '위계'이다. 위계 층위나 중요성의 차이를 부여할 수 있음은 이 동작의 해석에 있다. 이 상대적 중요성의 부여는 우선 연속체에서 행위의 각 기능에 기초한다. 어떤 행위는 연속체에서 연속된 목표를 이루기 위해 요구된다. 다른 행위는 이 목표에 도달하기 위해 가능하고 그럴 듯한 방식들이지만 다른 행위에 의해 생략되거나 대체된다. '빵 구입하기'의 행위 연속체에서 빵을 주문하고, 값을 지불하고, 그리고 특히 빵을 가져오는 것이 필요하다. 빵집 찾기, 슈퍼마켓에서 빵 구입 여부, 빵 주문하기의 모든 다른 행위는 선택적일 수 있거나 자유로운 변이들이다. 그 경우에 필요성은 또 다른 층위에서 요구된다. 가령 그 가게에 당연히 가야 하지만, 내가 가는 방식은 자유로우므로 이런 종류의 관련성 차이는 그 연속체의—목표나 결과—의존성 관점에서 형성된다.

행위 중요성 정의하기의 더 일반적인 방법은 수반되는 복잡한 이론적 문제들이 있음에도 불구하고, 그것의 결과 집합 관점에서 주어질 수 있다. 이 관점에서 행위는 그것의 대안 결과들의 집합이 더 클수록 더 중요하다. 이는 행위가 연속체에서 발생하지 않는다면 더 많은 사건이나 행위들도 그 연속체에서 변화한다는(혹은 가능하지 않지만) 것을 의미한다. 따라서 내가 비행기에서 신문을 읽는지의 여부는 여행에 거의 영향을 끼치지 못하지만 제시간에 공항에 도착하기, 그리고 탑승 수속 밟기는 중요한 행위들이다. 왜냐하면 이들이 발생하지 않는다면 여행의 전 행위가 변화되는 결과를 초래하여 목표에 도달하지 못하거나 목표를 이루기 위해 대안의 행위 연속체에 의지해야만하기 때문이다. 정의는 다른 방식에도 적용되는데, 주어진 행위의 과정에서 보통 말하는 그런 행위는 아마도 담배에 불붙이기와 같이 중요하지 않거나 구체적인 결과가(예로, 가스 폭발이나 화재가 행위의 결말이라면) 주어질 때 결정적으로 중요해질 수 있다.

하지만 결과는 양적인 관점에서만이 아니라, 질적인 관점에서도 평가되어야 한다. 가령 '작은' 행위가 많은 결과를 가져올 수 있지만 이 결과는 각각 나중에 오히려 중요하지 않을 수 있다. 매우 중요한 하나의 행위가 이어질 수 있는데, 이는 조건적 행위도 매우 중요하게 만든다. 이런 경우에 중요성은 아마도 (가장) 선호된 목표들이 이루어졌는지 여부의 정도에 따라 정의될 수 있다. 예로, 최상위의 '삶의 목표' 하나는 건강하고 생기 있게 사는 것이다. 따라서 이 목표에 도달하기 위한 가능성에 영향을 주거나 심지어 취소하게 만드는 어떤 행위나 사건은 더 중요하다. 더 적절한 층위에서 영화를 위한 영화표 구입하기는 사탕 사기보다 더 중요하다. 영화표가 다 매진되었다면 가장 선호된 목표(즉 특별한 영화 관람하기)를 이룰 수 없기 때문이다. 그러므로 중요성은 목표의 위계로 인해 상대적이고 위계적이다.

결국 행위 연속체에서 행위들 간의 위계적 관계는 소위 보조적 행위에 관한 역할을 할 수 있다. 이러한 행위들이 상호작용 연속체에서 매우 자주 발생함에도 불구하고, 우리는 그것들을 행위에 대해 일반적으로 정의할 수 있다. 직관적으로 행위는 그것이 단순히 다른 행위를 성공적으로 만들기 위해 달성된다면 보조적이라고 불린다. 한 연속체에서 이는 그 연속체의 한 구성 요소 행위의 수행만을 허용함을 의미할 수 있다. 그 구성 요소가 필수적이고 보조적 행위도 필수적이라면, 그 보조적 행위는 물론 그 연속체에서 그것이 없이는 연속적 목표가 달성될 수 없기 때문에 간접적으로 중요하다. 한 연속체의 적절한 '주요' 행위와의 차이 중의 하나는 그 보조적 행위의 목표가 연속된 또 다른 행위에 관한 조건의 성취에만 있다는 점이다. 그러므로 연속적 목표는 지엽적 목표의(삽입된 목표에 의해) '부분'이 될 필요는 없다. 또한 보조적 행위의 전형성은 주요 행위를 달성하는 조건들을 수립하는 데 필요한 결과를 지닌 어떤 행위가 가능하다는 점이다.

보조 행위의 개념과 밀접하게 관련되는 것으로 도입 행위가 있다. 차이 중 하나는 보조 행위가 연속체의 한 부분으로 간주되지만 도입 행위는 특별한 행위 연속체를 허용하는 데 필요한 조건들의 수립을 목표로 가지므로 그 연속체의 바깥에 가게 되는 어떤 행위라는 점에 있다.

4.4. 상호작용과 상호작용 연속체

4.4.1. 앞서 많이 이야기된 것이 상호작용과 상호작용 연속체에 적용되지만 우리의 관심을 요구하는 수많은 추가적 양상과 문제가 있다. 일반적으로 상호작용 이론은 사회과학 내에서 물론 광범위하게 다루어져 왔지만 행위 철학에서는 훨씬 적은 관심을 받아왔다고 할 수 있다.

물론 중요한 추가 양상은 한 사람 이상의 행위나 행위 연속체에서의 개입이다. 사회 경제적 관점과 주어진 사회화의 속성들로부터 일반적으로 행위는 심지어 다른 사회 참여자들과의 관계에서 학습되고 실행되는 것으로까지 말해질 수 있다. 그러므로 인간 행위의 기본적인 형식은 상호작용이지 개별 행위가 아니다. 상호작용은 여러 형식을 취할 수 있는데, 우선 수반된 사람들의 역할에 의존한다. 일방향 상호작용에서 우리는 여러 명을 접할 수 있지만 한 사람만이 동작주로 행위한다. 즉 다른 이들은 행위의 '피동작주'로 행위하는데, 그들은 행위를 당하기만 한다. 하지만 피동작주가 되는 것은 피동작주가 행위를 지각하고 그 행위를 어떤 특정 행위로 해석하는 것을 요구한다. —물론 부여된 의도는 그 동작주의 그것과 동일할 필요는 없다. 협력의 최소 형식은 주어진 어떤 행위 조건들에서 원칙적으로 피동작주가 그 행위를 거절할 수 있다는 의미에서 심지어 필수적일 수 있다.

우리는 쌍방향 상호작용에서 최소한 두 동작주가 행위에 수반되는 것과 같은 행위 연속체를 접한다. 여러 가능성이 여기에 주어진다. 즉 행위는 개별적이거나 공동으로 수행된다. 공동행위에서 공동의 동작주들은 각자 그들 자신의 동작을 실행하지만 그것은 하나의(공동의) 행위로서 해석될 수 있는 것처럼 협력적임에 분명하다. 공동의 동작주들에 의해 의도된 결과들이 동일할 수 있지만 이는 목표에 관한 경우일 필요는 없다. 즉 그 동작주들은 상이한 희망을 가지고 있으므로 공동 행위에 관한 상이한 동기와 목적을 지닌다. 상호작용 연속체에서 동작주들은 상호작용 연속체의 연속된 행위를 선택적으로 수행할 수 있다. 이러한 상호작용 연속체는 일반적으로 행위에 대해 앞서 형성된 것들과 같이 원칙적으로 동일한 의미 연결 제약을 가진다. 즉 동작주들의 각 행위는 자의적이라기보다는 서로 관련된다. 원칙적으로 이는 먼저 동작주 a의 각 행위 결과는 동작주 b의 행위에 관한 입력 조건으로서 기능하는 것을 의미한다. 특히 동작주 a는 어떤 목표에 이르기 위한 그의 목적을(즉 다른 동작주의 특별한 행위) 드러낸다. 그런 경우에 a의 행위들 각각이 b의 목표 실현에 기여하고 그 반대도 가능하다면 충실한 협력이 주어진다. 물론 이런 종류의 '이상적' 상호작용은 희망과 요구에서의 차이, 이른바 상이한 사람들의 동기와 목표들이 주어진다면 거의 획득되지 못한다.

비협력은 어떤 행위가 다른 동작주의 목표들 중의 하나를 최소한 부분적으로 달성하려는 목표로 수행되지 않거나 더 엄밀히 말해 심지어 어떤 행위도 다른 이들의 행위에 의해 조건화되지 않는 상호작용 연속체에 존재한다. 후자의 경우는 더 이상 상호작용 형태로 보이지 않는다.

반대 행위는 동작주들 중 최소한 한 사람의 목표가 다른 이의 행위가 더 이상 성공적이지 못하고(다른 이의 관점으로부터), 따라서 그 결과나 목표가 정반대인 상황을 실현하기 위한 상호작용의 형태이다.

동작주들은 그들이 관계되는 전체 행위 연속체에 상호작용할 필요는 없다. 가령 두 행위 연속체가 '교차할' 때에는 공동의 지엽적 목표를 가지지만, 그 동작주들의 최종 목표는(예로, 내가 기차 승차권을 살 때와 그 역에서 동작주가 그것을 나에게 팔 때) 다를 수 있다.

이런 종류의 상호작용은 보조적 상호작용에서 특별한 형태를 가지는데, 이는 앞서 간략하게 언급되었다. 그 경우에 동작주들 중의 한 사람만 다른 동작주 행위의 성공을 그들의 목표로 하는 행위만을 수행한다. 그 경우에 도움을 주는 동작주는 다른 이의 연속적 목표를 알거나 공유할 필요가 없다. 전형적으로 나는 여기가 어떤 거리인지를 누군가가 묻는다면 그에게 이야기해줌으로써 그의 길을 찾도록 돕는다.

4.4.2. 성공적인 상호작용의 가장 복잡한 속성들 중의 하나는 기본적인 인지 구조이다. 상호작용에 참여할 수 있도록 동작주들은 그들 자신만의 동기를 가져야 하고, 그들 자신의 행위를 결정해야 하며, 구체적인 목표를 전개시켜야 하고, 적절한 의도를 구성해야 할 뿐만 아니라, 동시에 다른 동작주들의 그 속성들에 대해 가설을 세워야만 한다. 첫째, 이것은 어떤 행위로서의 다른 동작주의 동작을 해석하는 데 필요하다(즉 관습적으로 보장되거나 맥락상으로 분명한 의도와 목표를 다른 동작주에게 부여함으로써). 둘째, 그 동작주는 자신의 행위를 결정하기 위한 과정에서 다른 동작주의 복잡한 인지 선행조건의 집합을 고려해야만 한다. 그 경우에 중요한 것은 자신만의 행위 결과로서 다른 동작주의 유사 행위를 믿을 만하게 예측하는 능력이다. 행위 맥락에 관한 지식과 기대, 그리고 반응 유형(내가 누군가를 때린다면, 그는 화가 날 것이다 등)에 관한 일반적인 지식과 더불어 다른 동작주의 인지 집합(신념·태도·흥미·목적·가치 등)에 관한 지식이나 신념이 필요하다.

물론 수많은 인지 속성은 인지 (내적) 행위 이론에 속한다. 의문은 더 추상적이고 일반적인 인지 양상(즉 상호작용의 성공적인 조건의 부분으로서)이 무엇인지에 관한 것이다.

4.5. (내적) 행위의 거시구조

4.5.1. 행위와 상호작용 연속체의 주요한 원리들에 관한 일반적인 예비 고찰 이후에, 우리는 행위와 상호작용의 다양한 거시구조 양상에 추가적으로 초점을 모을 수 있다. 물론 행위의 모든 복잡한 문제가 포함될 수 없으며 이 장의 목적도 될 수 없다. 핵심은 행위와 상호작용 연속체가 거시구조 층위에서도 조직되며 행위 연속체의 산출, 실행, 해석, 기술은 어떤 종류의 거시구조 구성 요소가 없이는 불가능하다는 점을 보여주는 것이다. 앞서 접했던 다수의 명확하고 '단순한' 행위

의 속성은 실제로 거시구조 관점에서 재형성을 요구한다는 점이 분명해졌다. (내적) 행위 연속체에서 거시구조의 더 이론적인 설명 이후에, 우리는 수많은 전형적 맥락에서 사회적 상호작용 연속체의 어떤 양상을 더 밀접하게 고찰함으로써 가설들을 기술한다.

4.5.2. 우리는 행위의 거시구조를 왜 특징짓기를 원하는가? 이러한 개념이 가능하거나 오히려 필요하게 만드는 이론적, 무엇보다도 경험적 사실은 무엇인가? 이 질문들에 답하기 위해 2장의 담화와 같은 방식으로 우리는 먼저 사회적 참여자들 스스로 행위와 상호작용의 총체적 구조 제시에 대해 제공하는 직관적 자료를 살펴보아야만 한다.

행위의 총체적 구조를 도입하는 주요한 이유 중의 한 가지는 하나의 행위로서 행위 연속체를 가져오는 동작주/관찰자들의 능력에 있다. 이런 종류의 행위 연속체에 관한 총체적 해석은 특히 행위 기술에서 드러난다.

(1) 나는 멕시코 가는 비행기를 탔다.
(2) 피터는 그의 아내를 떠났다.
(3) 해리는 언어학을 공부했다.
(4) 슈는 헨리와 결혼했다.

이 간단한 몇 개의 예에서는 표현된 행위 개념들이 구성 요소 행위 연속체를 구성하는 행위를 의미하는 방법으로 언어 사용자들이 그들 자신과 다른 이들의 행위에 대해 말할 수 있다는 것을 알 수 있다. 비행기 타기, 이혼하기, 언어학 공부하기, 그리고 누군가와 결혼하기는 모두 다른 동작주들과 모든 종류의 행위 하위 연속체와 하위 목표들이 수반되는 꽤 복잡한 행위이다. 여전히 정보 처리 과정과 의사소통은 하나의 총체적 행위로서 이러한 연속체를 표상하기 위해 필요하다. 이는 그 연속체의 각 부분에 관한 해석을 기초로 총체적 해석을 구성함을 의미한다. 행위 이론에 따르면, 그것은 또한 우리가 총체적 의도와 총체적 목적, 그런 다음 총체적 결과와 총체적 목표를 가정함을 의미한다.

이런 종류의 행위의 총체적 표상이 주변적 현상이 아니라는 것은 우리가 총체적 행위 개념을 알고, 그것에 관한 특정의 낱말을 가지고 있다는 사실로부터 결론 내릴 수 있다. 따라서 우리의 언어는 구체성과 일반성의 몇몇 수준에서 행위를 해석하고 표상할 수 있도록 해 준다. 서술에서 이는 총체적 정보가 특별한 의사소통 맥락에서만 관련됨을 의미한다. 필요하다면 세부 사실들은 우리가 행위에 관해 가지고 있는 일반적인 지식 틀이 주어진다면 일반적인 개념으로부터 추론될 수 있다. 이후에 이 문제를 다룬다.

사실 대다수의 행위 개념도 복잡한 행위를 부여하면서 총체적 개념을 수반한다는 점에 주목해야 한다. 심지어 식사하기, 마시기, 현금 계산하기와 같은 오히려 낮은 층위의 행위 개념도 이러한 행위의 연속체를 수반하므로 총체적 개념은 행위와 상호작용의 조직에서 토대가 된다.

행위 연속체의 내적 조직과 더불어 총체적 행위는 지속적인 '흐름'이나 인간 행위에서 분리된 연속체를 구분하도록 해 준다. 지엽적 층위에서 그것은 연속체가 언제 끝나고 다음 연속체가 어디에서 시작하는지를 항상 결정해주는 것은 아니므로 총체적 개념이 연속체를 한정해 준다. 어떤 연속체가 주어지면 그 행위 일부만의 단순한 관찰이 어떤 총체적 행위가 수행되었는지를 추론할 수 있게 해 주므로 총체적 행위에 관한 이론적 설명에서는 총체적 행위 개념이 어떻게 행위 연속체로부터 유도될 수 있는지를 구체화해야 한다.

4.5.3. 행위 연속체의 총체적 해석은 행위의 개념적 속성 때문에 가능하다. 가령 우리는 동작이 행위라기보다는 오히려 복잡한 인지적 행위나 심적 상태와 연합된 것이라고 알고 있다. 우리가 단지 의미론적

층위에서 담화의 거시구조를 정의해 온 방식과 같이 동일한 방식으로 개념 구조의 관점에서 행위의 거시구조를 설명할 수 있다. 즉 총체적 행위가 우리의 활동을 조직한다면 그것은 각 행위들을 통해서만 그렇게 되며 연속체의 각 동작들을 기반으로 하지 않는다. 따라서 총체적 행위의 '명백한' 형식은 구성 요소 행위들의 각 동작들이다. 반대로, 총체적 행위에서는 동작들의 연속체로부터 직접적으로 진행하기보다는 먼저 행위로서의 각 동작들을 해석해야만 한다. 이는 총체적 행위의 속성으로 더 충실하게 해석해야만 하는 것이다. 물론 어떤 인지적 전략에서 지름길은 해석 과정에서 가능하다.

행위 연속체의 총체적 구조는 의미론적 거시구조 관점에서뿐만 아니라, 담화에서 해 왔던 것과 같이 도식 구조의 관점에서 설명되어야 한다. 도식 구조는 연속체에서 총체적 행위의 구체적 기능들을 토대로 한다. 이러한 도식 구조도 관습화되거나 심지어 제도화된다. 그리고 (총체적) 행위 구조에서 선호되거나 필요한 배치·위계 그리고 범주들을 부여한다. 이 도식 구조들은 하위절인 4.7.3에서 다루어진다.

4.5.4. 행위 연속체의 거시분석은 상이한 관점·층위·초점으로부터 주어질 수 있다.

관점은 동작주, 참여하는 협력 동작주, 관찰하는 사회적 참여자, 관찰하는 사회과학자, 관찰자/서술자, 행위 담화의 청자/독자 등에 의한 것이다. 앞서 규정해 본 바와 같이, 이 장의 분석은 꽤 추상적이므로 분석은 이론적 기술의 관점에서 이루어진다. 6장에서는 동작주의 행위 처리와 피동작주나 관찰자들 간의 행위 처리의 구체적인 인지 차이를 설명한다. 우리는 행위 표상의 기본적 원칙들에 관한 이론적 재구성에 관여하며, 이는 동작주(즉 계획들로서)에서의 표상, 그리고 협력 동작주나 관찰자(즉 재구성된 계획으로서)의 표상이 된다. 이러한 계획들이 어떻게 형성되고·실행되고·전환되는지 등은 이후에 논의되는 문제이다.

앞서 살펴 왔듯이 거시구조는 층위의(예로, 기술 층위, 표상 층위나 해석 층위) 개념과 직접적으로 관련된다. 하나의 거시층위가 아니라, 반복적으로 적용되는 거시규칙의 추상 층위에 의존하는 전체 연속물이 있다. 이는 이론적·인지적 접근에서 '바닥' 층위, 소위 기본 행위라 불리는 것에서 시작하는 것으로 관련된다. 하지만 그것은 행위와 해석의 사회적 차원이 기본적인 행위의 수준과 항상 일치할 필요는 없는, 최소한 사회적으로 관련되는 (내적) 행위의 층위에서 시작하는 거시분석을 요구하는 사례가 될 수 있다.

거시분석의 초점은 우리가 분석하려고 하는 구체적인 속성들, 국면들, 혹은 행위의 구성 요소들과 관련된다. 앞서 논의되어 왔듯이, 연속 행위의 수단에 의한 행위의 실행이 분석의 정확한 초점은 아니다. 행위의 내포적인 속성은 계획의 형태에서 동작주, 협력 동작주, 혹은 관찰자의 표상과 같이 행위 연속체의 개념적 양상에 관한 분석을 요구한다. 물론 이해의 종합과 분석 모형 간의 이론적 차이가 또한 있지만 행위 표상 거시분석은 우선 이러한 차이들로부터(즉 동작주가 총체적 계획을 구성하고, 그리고 이 계획을 더 특별한 지엽적 의도의 형성에 의해 상술한다는 사실로부터) 추출된다. 반면에 관찰자는 총체적 표상이 구성될 수 있는 것으로부터 지엽적 의도로서 지엽적 행위를 해석해야 한다. 우리는 이 관점에서도 잠정적으로 의미의 언어적 기술을 유형화한 추상적 전통을 따른다. 종합과 분석 모형에서 처리의 차이는 6장에서 행위의 인지적 이론을 위해 보류된다.

4.5.5. 행위의 거시분석에 관한 첫 번째 양상은 행위 연속체뿐만 아니라, 개별 행위들, 즉 해석 층위도 고려한다. 여기에 관련된 문제를 기술하기 위해서 예를 제시한다. 먼저 대략적인 동작 기술과 이러한 행위가 가능한 해석 표현인 다수의 행위 기술을 제공한다.

(5) 동작 기술
누군가 탁자에 앉아 있고, 그(그녀)는 인쇄된 서류의 맨 밑에 어떤 선들을 긋는 펜을 쥐고 있다.

(6) 행위 기술들

   (a) 그는 탁자에 앉아 있다.

   (b) 그는 펜을 쥐고 있다.

   (c) 그는 종이에 선을 긋고 있다.

   (d) 그는 그의 이름을 쓰고 있다.

   (e) 그는 서류에 서명을 하고 있다.

   (f) 그는 집을 사고 있다.

   (g) 그는 그의 아이들을 행복하게 해 주고 있다.

   (h) 그는 부동산 중개인을 부유하게 만들고 있다.

   (i) 그는 어리석은 일을 하고 있다.

   (j) 그는 그의 큰 꿈을 실현하고 있다. 등.

우리는 상대적으로 단순한 동작이 이미 수많은 행위 해석에 부여된다는 것을 알고 있다. 이러한 해석에는 상이한 종류들이 있다. (6, a~c)에서 우리는 다소 기초적인 행위를 기술하는데, 즉 최소 단위로 받아들여지는 동작의 직접적인 행위 해석은 일반적으로 의도적일 수 있거나 의도적이고, 필요하다면 통제적·반복적이고 인지적으로 더 낮은 단계의 관찰 단위로 기능할 수 있다. 이것이 철학적으로 난해한 '기본 행위'의 개념에 관한 만족스러운 설명을 제공한다고 주장하지는 못하지만, 언급된 개념들은 일반적으로 이러한 설명의 부분이다. 그 층위 이하로 매우 구체적인 사례에서는 동작의 하위 구분만을 하므로 더 정제된 행위 해석을(특별한 위치에서 누군가의 팔을 잡거나 특별한 방법으로 물건을 잡기 등) 할 수 있다. 우리는 수반된 객체들을(탁자·펜) 알고 인간이 수행할 수 있는 기본적인 행위를 알고 있는 어떤 관찰자는 (6, a~c)에서 표현된 행위 표상들에 의한 행위들을 해석할 수 있다고 가정한다. 이 기본적인 행위 해석은 당연히 부분적이다. 그가 무엇을 하고 있는가라는 질문에 그는 펜을 쥐고 있다와 같은 문장으로 답변할 수 있다. 이 경우에 동작의 한 양상이나 부분만이 어떤 행위로 해석된다. 이러한 부분적 해석은 이미 관련성 범주에 달려 있다. 즉 펜을 쥐고 있는 행위는 탁자에 앉아 있는 행위보다 더 세부적이므로 그것의 기술은 청자에게 더 자세한 정보를 전달한다. 그 경우에 '탁자에 앉기' 행위는 어떤 행위 실행에 관한 일반적인 (가능한) 선행 조건으로(예로, 잠을 잘 때나 수영을 할 때에 펜을 쥐지는 않는다) 간주될 수 있다. 훨씬 더 구체적으로 주어진 '상태 변화'의 범주는(다른 행위들도 행위의 결과로, 그런 다음 상태로 받아들여질 수 있다) '종이 위에 선 긋기' 행위이다. 하지만 이런 종류의 기술은 행위의 추가적인 해석이 주어질 수 없거나 필요 없게 되는 상황에만 주어진다. 하지만 종이 위에 선긋기는 작은 아이들을 제외하고는 사회적 맥락 내에서 일반적으로 의도되거나 목표 지향적인 행위는 아니다.

그러므로 자동적으로 수반되는 동작은 [즉 행위 연속체에서 더 구체적인 동작('종이 위에 선 긋기')] (6, d)에서와 같이 '쓰기'의 더 총체적 개념이거나 '누군가의 이름쓰기'에 의해 사회적으로 더 관련되는 층위에서 해석된다. 살펴본 바와 같이, 다른 동작은 행위로서 더 이상 구체적으로 해석되지 않는다. 가령 펜 쥐기 등은 쓰기의 행위 개념을 구성하지만 탁자에 앉기는 전형적이며 더 총체적 행위 기술에서 삭제될 수 있다.

하지만 누군가의 이름 쓰기는 여전히 너무 일반적이고, 우리가 우리의 이름을 쓰고, 재미를 위해 그것을 할 때 언제나 성취된 행위일 수도 있다. 이 특별한 맥락에서(여전히 맥락을 기술하지 못했다) 추가적인 사회적 기능을 상세화하기 위해 이 행위는 '서류에 서명하기'와 같이 추가적으로 해석될 수 있다. 이 행위는 수많은 사회적 조건과 결말을 지닌다. 가령 어떤 사회적 참여자들만(예로, 성인들) 특별한 서류에 서명하지만 수많은 권리와 의무는 서명하기의 관습적이거나 제도적인 결과이다. 그러므로 사회적으로 관련된 행위의 기술은 최소한

(6, e)가 된다. 하지만 그 이상의 해석도 가능하다. 서류에 서명을 하는 것은 의도된 사회적 행위일 뿐 아니라, 목적에 내포된다. 동작주는 어떤 목표를 가진다. 예로, 이 경우에 서류에 서명하기는 계약이며 동시에 그 동작주가 그렇게 해서 집을 얻게 되었다는 것을 의미하므로 그의 목표는 집을 소유하는 것이 된다. 즉 행위는 의도된 행위(누군가의 이름 쓰기)로서 더 구체적인 동작의 하나를 가져옴으로써 기술될 뿐만 아니라, 결과나 목표가 구체화된 더 총체적인 (사회적) 행위로서 기술된다.

분명히 '집 구입하기'가 법률적으로 그 계약서에 서명을 하는 것과 동시에 발생할 수 있지만, 가령 사회적으로 이 행위는 신문 보기나 부동산 업자에게 문의하기, 집 발견하기, 그것을 살펴보기, 모든 종류의 재무 정리하기 등과 같이 더 복잡할 수 있다. (6, f)로서 (5)를 해석하는 데 우리가 했던 바는 총체적 행위의 결정적인 구성 요소, 표시, 혹은 부분적 명시화(계약서에 서명하기)를 더 낮은 층위의 사회적 행위에서 총체적 사회적 행위로 부여하는 것이다. 엄격하게 말해서, 동작주가 관여한 행위 연속체의 기술은 특별한 시점에서(시간과 공간) 관여되지만, 전체 연속체의 관점에서는 총체적으로 기술된다.

가설적이고 귀납적인 속성을 지니는(다른 자료는 총체적 개념을 유도하기 위해 필수적이다) 이러한 해석도 관찰된 행위가 결정적이지 않은 사례들에서 주어진다. 누군가 은행에 들어가는 것을 봤다면, 그가 얼마만큼의 돈을 찾으러 가는 중이라고 말함으로써 그 행위를 기술할 수 있다. 물론 이는 그럴 필요는 없지만 일반적으로 또는 종종 그런 경우이다

행위의 총체적 해석은 주어진 맥락에 대해서는 너무나 일반적인 것이 당연하다. 문장 (6, f)는 서류가 서명되는 것을 상세화하는 사무실 맥락에서는 일반적이다. 반면에 (6, e)는 지금 계약서에 서명을 하고 있지만, 그가 무엇을 하는지 모르는 어떤 이에게 분명한 답변이 될 수 있다. (6, f)와 같은 문장은 오히려 말할 가치가 있는 중요한 사회적 행위를 기술하기 위해 과거나 미래 시제에서 일어난다. 사실상 다음

예들에도 같은 점이 적용된다. 가령 그것들은 관찰 시의 행위 기술로 종종 발생하기보다는 다른 동작주의 과거와 미래 행위들의 기술로 발생한다. 세 번째 사람이 지적하는 바와 같이 그 해석/기술은 첫 번째 소수의 예들에서 적절한 행위의 관찰자의 것이지만 다른 문장들도(다른 시제들) 그들이 들었던 것에 관한 행위를 보고하는 언어 사용자들에 의해 사용됨을 주목해야 한다.

또한 그 다음 문장들은 '누군가 무엇을 했다'의 해석이지만, 동작의 해석이라기보다는 행위의 해석이다. 그 행위는 (6, g)에서 어떤 결과에 (아이들을 행복하게 해 주기) 관한 조건으로서 그것의 기능에서 드러난다. (6, h)에도 같은 점이 적용된다. 행위들이 이 행위들의 (흥미로운) 결과들을 언급하는 것으로 추가적으로 해석됨을 살필 수 있으며, 이는 그 동작주의[(6, h)에서와 같이] 목표들 간에는 요구되지 않는다.

(6, i)에서 본 바와 같이, 해석은 특히 사회적 행위가 수반될 때에는 보통 평가에 밀접하게 관련된다. 서술자는 적절한 행위 기술 대신에 직접적으로 관련된 그 행위에(집을 구입하거나 계약서에 서명하기) 부정적 행위 범주나 술어를 부여한다. 이 평가는 서술자의 행위와 태도를 기술하는 동시에 술어의 어떤 사용 측면에서 암시적이다.

(7) 그는 그의 아이들을 망쳤다.

결국 더 총체적 행위 기술은 동작주의 총체적 요구, 바람, 욕구, 희망, 동기, 목적에 초점을 둠으로써 가능해진다. 그 경우에 행위는 동작주의 심적 속성들의 결과나 목표로 받아들여지고, (간접적으로) 이 속성은 구체화하는 것으로 기술된다. 따라서 우리는 일반적으로 행위 그 자체나 행위의 조건과 결말에 초점을 둠으로써 행위를 해석할 수 있다. 마찬가지로 행위 양식 관점에서 행위의 유형화에 대해 다음과 같이 수행된 방식이 있다.

(8) 그는 매우 신중해!

　거시구조 가설에 관한 이 분석에서 흥미로운 결론은 첫째, 대부분의 경우에 행위는 기본적인 층위가 아니라 더 포괄적이고, 총체적이며, 사회적으로 관련되는 층위에서 기술된다는 점이다. 엄격하게 말하자면, 최소한 직접적이고 세밀한 관찰에 관한 한 행위 기술은 거의 항상 거시구조를 수반한다. 둘째, 기술의 의사소통 맥락이 관찰 맥락과 다르다면, 우리는 사회적으로 최소한의 행위뿐만 아니라, 더 총체적으로 사회적인 관련이 되고 '흥미로운' 기능적 행위를(집 구입하기) 가져온다. 물론 이도 담화와 이야기에 관한 규범적인 제약들을 따른다. 가령 우리는 원칙적으로 청자에게 흥미롭거나 필요한 정보라고 생각되는 것들만 말하거나 이야기한다. 하지만 관찰/해석에서도 이 총체적 해석이 관찰자는 특별히 동작주가 사회적으로 관련되는 것이 무엇인지를 표상하기를 원하기 때문에 필수적일 수 있다. 이후에 이 것이 적절한 사회적 맥락과 틀의 구성에 필수적임을 살핀다. 셋째, 우리는 (총체적) 해석이 행위 그 자체에 기본이 되는 것뿐만 아니라, 조건, 양상, 결말의 토대에 필요함을 관찰해 왔다. 결국 총체적 해석은 종종 평가를 수반한다.

4.5.6. 4.5.5 하위절에서 우리는 총체적 행위 부여와 거시해석도 개별적 행위를 기반으로 일어남을 살펴보았다. 이는 어떤 행위가 한 연속체의 (결정적인) 구성 요소로 받아들여지거나 더 총체적 목표, 결과, 동기가 관찰되거나 소통된 행위가 조짐이나 암시라는 것에 대해 기술될 때에 가능하다. 결론적으로 총체적 평가는 어떤 개별적 행위에 주어질 수 있다.
　하지만 우리의 논의에서 이러한 총체적 해석도 최소한 암시적으로 행위 연속체의 다른 행위에 대해 지식·가정·기대를 수반하는 것으로 드러난다. 그리고 특히 행위의 총체적 표상은 담화에 대해 관찰해 온 유사한 방식에서 복잡한 행위나 행위 연속체를 설명하는 것과 관련된다. 오히려 낮은 층위에서 행위 연속체는 이미 앞선 예들과 관련되었다. 즉 이 연속적 행위는 개별적으로 (기본적인) 행위 연속체로서 해석될 수 있다. 이러한 연속체를 해석하고 기술하는 한 가지 방법은 다른 것은 남겨 두면서, 수반된 결정적이고, 더 구체적이며, 새롭거나 관련된 행위들에 대해 주의를 모으는 것이다. 여기에서 적용된 것이 삭제라는 거시규칙이다. 즉 행위는(혹은 오히려 행위 개념) 전체로서 그 연속체의 해석과 기술에 더 이상 관련이 없으면 삭제된다. 유사하게 구성규칙은 그 총체적 행위의 정상적인 조건과 구성 요소 행위를 기반으로 서류에 서명하는 총체적 사회 행위를(오히려 낮은 층위에서) 유도하는 데 적용된다.

현재 우리는 이 거시규칙이 다른 사례와 수준에 대해 총체적 행위의 관점에서 행위 연속체의 표상에도 적용되는지도 밝혀야 한다. 다시 하나의 예를 가져와 보자. 거시규칙이 동작이 아니라 행위에 적용되기 때문에 우리는 다소 낮은 층위 행위의 연속체에 관한 표현으로 시작하며 그것들이 더 총체적 행위에 대해 그 규칙에 의하여 어떻게 대응될 수 있는지를 살핀다.

(9) (a) 피터는 잔디를 깎았다.

　　(b) 그는 식물에 물을 주었다.

　　(c) 그는 장미를 잘랐다.

　　(d) 그는 화단에 비료를 주었다.

　　(e) 그는 사과나무를 가지치기 했다.

(10) (a) 피터는 정원에서 일하고 있었다.

　　(b) 피터는 정원을 손질하고 있었다.

(9, a~e)에 표현된 행위 연속체가 (10, a)나 (10, b)로 표현된 행위

개념으로서 표상될 수 있음을 가정하자. 여기에 적용된 거시규칙은 일반화나 구성이다. 첫 번째 규칙은 각 행위가 (10)의 예로서 고려되므로 (10)을 함의한다면 획득된다. 구성은 정원에서의 작업이 정원에서의 다수의 일에 관한 동작을[예로, (9)에서 언급된 것들] 포함한다면 적용될 수 있지만, 다른 일들이 행하여 질 수 있고 상이한 순서에서도 그럴 수 있으므로 꼭 그렇지는 않다. (9)의 행위는 거의 모두 동일한 층위에 있으므로 삭제는 관련성의 차이가 만들어질 수 없기 때문에 적용될 수 없다.

(9)에서 표상된 행위도 그것 자체로 추상화의 (낮은) 층위에서 기술될 수 있음을 주목해야 한다. 즉 잔디 깎기는 작업장으로부터 잔디 깎는 기계를 가져오고, 그것을 어떤 때에는 잔디 위로 (특별한 방식으로) 굴러가게 하고, 그것을 잡아당기는 것 등을 수반한다. 이는 가지치기 행위에서도 동일하게 적용된다. 하지만 이러한 더 세부적인 행위들은 이 행위들의 정상적인 조건(준비), 구성 요소들, 결말을 표상하기 때문에 일반적으로 기술되지 않는다(심지어 그것들이 관찰에서 인식됨에도). 그러므로 행위의 이 층위는 흥미롭거나 관련되는 이 수준에 있기 때문에 총체적으로만 해석될 수 있다. 물론 인지적으로 구성 작용은 첫 번째 수준의 총체적 해석을 얻기 위해 적용되어야 한다. 전형적으로 (10)의 두 문장들은 (9)의 첫 번째 화제 문장으로서 행위 담화에 사용될 수 있으며 (10)의 거시구조 속성을 보여준다.

비록 우리가 문장에서 (거시) 행위를 표현하지만, 우리의 분석은 언어 사용에 달려 있지 않다. (9)를 표상하기 위해 그림을 사용할 수도 있었고, 결과적인 개념적 거시구조는 동일했을 수도 있다. 하지만 그림으로 (10)을 표현하는 것이 문제가 될 수 있음은 흥미롭다. 우리는 거시구조를 드러내기 위한 요약 문장을 구성할 수 있는 반면에, 동일한 방식에서 '요약 그림'은 그렇게 하지 못한다. 우리는 하나의 그림으로 하나의 행위를(명확하게 한정지을 수 없는) 드러낼 수 있으며 (10)과 같은 기술을 얻을 수 있다. 또한 명확한 결정적 행위가 표상될 수 있으며 (10)처럼 직접적으로 해석될 수 있다. 다시 동작과 동작의 표상이 총체적 해석이 발생하는 층위는 아니라는 것을 알 수 있다. 행위 연속체에 대해서도 거시규칙을 적용하기 위한 개념적 구조가 필요하다. 인지 과정에서 실제로 (9)의 행위 중 어느 하나를 보는 것은 (9)의 행위들이 (10)의 직접적인 구성 요소 지표들로 받아들여진다면, (10)의 보다 더 총체적 행위 기술의 부여로 직접 이어질 수 있다. 이는 심지어 차 등에서 멀리 지나가는 피터를 관찰할 때조차도 요구될 수 있다. 기술에서 우리는 그것 자체의 의미적·화용적 제약을 지니고 입말 의사소통의 층위로 돌아온다. 누군가 피터의 집에 전화를 해서 그의 아내가 전화를 받는다면, 심지어 그녀가 피터의 실제 행위에 관한 정보를(예로, 잔디를 깎고 있다) 가지고 있었더라도 그녀는 (10)을 말할 수 있을 것이다—현재 시제로—. 그러나 더 총체적 표상은 충분히 정확하며, 사회적으로 관련된다(예로, 피터가 전화를 받을 수 없는 이유거나 그녀가 평상시보다 그에게 오래 통화했다는 사실로서).

행위 이론의 문제 중의 하나는 그 분석이 종종 보통 행위 기술의 분석, 따라서 담화와 의사소통의 (의미론적) 분석에 가깝다는 것이다. 그런 점에서 실제로 (10)은 (9)에 관한 훌륭한 요약이 된다. 드러난 것, 의식적으로 주목된 것 등이 모두 기술될 필요는 없다. 이는 산출 과정에도(계획하기) 적용된다. 그렇지만 여전히 행위 담화 형식에서의 기술도 적절성의(5장을 보라) 화용 범주를 만족시켜야 하는 동시에 그것은 행위나 행위 연속체의 해석과 어떤 총체적 층위에서 행위 표상하기의 방식을 표현한다. 행위의 의미적 표상과 담화 의미 표상 간의 밀접한 개념적 연결은 실제 언어 문장들에서 표현된 우리의 예들이 실제로 행위에 관한 것임을 보증한다. 물론 동시에 그것은 행위 담화에서 거시구조의 속성에 관한 통찰력을 제공한다.

4.5.7. 몇 가지 추가적인 예가 필요하다. 자의적인 예를 가져오는 대신에 현재의 이론적 가설들을 따르면서 삭제 규칙이 적용될 수 있는

예를 구성한다.

(11) (a) 피터는 잔디를 깎고 있었다.

(b) 갑자기 그는 뱀을 밟았다.

(c) 그는 소리쳤다.

(d) 그는 멀리 뛰어갔다.

(e) 그는 집으로 달려 들어갔다.

(f) 그는 야구 방망이를 가져왔다.

(g) 그는 정원으로 달려 들어갔다.

(h) 그는 뱀을 찾았다.

(i) 그는 그것을 수풀 아래에서 보았다.

(j) 그는 가지들을 옆으로 쓸었다.

(k) 그는 뱀의 머리를 쳤다.

(l) 뱀은 죽었다.

(12) (a) 피터는 뱀을 밟았다.

(b) 그는 한 마리/그 뱀을 죽였다.

(11)의 단순하고 짧은 이야기는 (12, a), 그리고/혹은 (12, b)에 의해 요약된 행위 기술을 포함한다. 우선 순수한 행위 기술은 이런 종류의 이야기 사건에서 드물다는 점에 주목해야 한다. 즉 동작주, 자발적 동작들, 그리고 관련되는 개체·사건 등의 제시 상태도 그 행위 연속체의 행위 맥락에 포함되어서 기술된다. 이는 일반적으로 행위 계획에서와 마찬가지로 행위 기술뿐만 아니라, 지각과 해석의 속성이기도 하다. 행위는 일반적으로 이러한 맥락에 관한 작용이거나 그 맥락의 요인으로 조건화된다. 4.8절에서 사회적 맥락에 대해 좀 더 세부적으로 이 문제를 조사한다.

또한 기본적인 이야기 예에서 요약서는 (12, a)에 대해서도 충실한 행위 기술의 일부인 명제를 표현하지만, (12, b)는 (11, k-l)로부터 단순한 구성 규칙으로부터 얻어진다. 즉 전체 행위 연속체의 몇몇 정보 항목이 선택되며 다른 것은 삭제되거나 구성 규칙에 의해 추상화된다. 삭제 규칙은 실제로 피터가 잔디를 깎고 있었다는 것이 전체 연속체에 관련되지 않는다는 사실 때문에 적용될 수 있다. 그것은 그 행위 연속체에 대해 기껏해야 배경이나 설정이다. 다른 행위는 다시 정상적인 조건들(어떤 것을 구하기 위해 집으로 달려 들어가고 있음), 정상적인 구성 요소들(뱀을 보고, 그것을 주시했고, 그것을 내리쳤음), 혹은 주요한 행위의 정상적인 결과이다(뱀을 밟았을 때 소리를 질렀음 등). 따라서 연속체에서 중요한 것은 단지 피터가 뱀을 밟았고, 그것을 죽였다는 점이다. 다른 행위가 차별화될 수 있겠지만 주요한 행위는 여전히 동일할 수 있다.

행위 연속체의 이 행위들이 (왜) 정확하게 관련성에 부합하는지는 다른 행위의 의존성과 같은 구조적 이유뿐만 아니라, 그 동작주의(어떤 문화, 계급 등) 일반적인 희망과 목표에 기인한다. 삶의 동반자 만나기, 박사 학위 받기, 돈 많이 벌기, 사건에 관련되거나 많은 돈 잃기와 같은 높은 정도에서의 희망과 목적의 실현을 직접적으로 선호하거나 위협하는 어떤 사건이나 행위는 계획하기, 해석, 그리고 기술에서 높은 관련성을 지닌다. 그러므로 그것도 구체적인 행위 기술(즉 이야기)에서 문제로서 중요하다. 이른바 '거시적 욕구'이거나 '거시적 목적'은 꽤 오랜 시간과 수많은 행위 맥락에서 동작주의 행위를 지배한다.

담화에서 삭제 규칙은 삭제된 명제가 담화에서 다른 명제에 관한 해석 조건이 아님을 요구한다. 그 규칙에 관한 동일한 제약이 행위 연속에도 작용하는데, 즉—인지적으로—다른 행위의 실행에 필요한 조건이 아닌 어떤 행위 개념을 삭제한다. 하지만 그 제약은 분명히 더 복잡하다. 우리는 예에서 가끔 필수적인 선행 조건이 되는 이 행위를 정확하게 생략했다. 하지만 이것이 주요한 행위의 정상적인 부분이라면 구성 규칙에 의해 추상화되므로 비정상적인 주요 조건들(원인, 이유)이 물론 일반화될 수 있음에도 불구하고 삭제되지 않는다.

4.5.8. 결론적으로 구성 규칙의 몇몇 예들을 간헐적으로 살펴 왔는데, 이런 중요한 거시규칙의 적용을 요구하는 행위 연속체의 특징적인 예를 제시해 본다.

(13) (a) 도로시는 그 은행에 갔다.

   (b) 그녀는 그 은행으로 들어갔다.

   (c) 그녀는 계산대로 걸어갔다.

   (d) 그녀는 오래 기다려야 했다.

   (e) 그런 다음 그녀의 차례가 되었다.

   (f) 그녀는 수표에 기입하였다.

   (g) 그녀는 그녀의 신분증을 보여주었다.

   (h) 그녀는 돈을 찾았다.

   (i) 그녀는 그 은행을 나왔다.

   (j) 그녀는 집에 갔다.

(14) (a) 도로시는 그 은행에 갔다.

   (b) 도로시는/그녀는 수표를 현금으로 바꾸었다.

즉 (14, a) 그리고/혹은 (14, b)가 행위 기술(13)의 적절한 요약이므로 (14)에 부여된 총체적 행위는 (13)에 기술된 행위 연속체의 거시구조라고 할 수 있다. 이는 전형적인 예라고 할 수 있다. 즉 그것은 기존 문화에서 많은 사람들에 의해 상당히 자주 반복되고, 그리고 그들이 알고, 인식하고, 부분적으로 자동화한 사회적 행위 연속체를 기술한다. 이러한 전형적인 일화에 관한 특정한 지식구조는 틀이나 각본으로 불려왔다. 그것은 전형적 행위 연속체의 계획, 통제, 실행, 해석, 기술에 필요하며, 일화에서 참여자들의 일반적인 기대를 구체화하며, 필수적 추론을 가능하게 한다. 6장에서는 더 상세하게 그것을 논의한다. 관습적 지식의 출현은 관찰자가 전체로서의 연속체로부터 총체적 행위 개념의 요약을(즉 수표를 현금으로 바꾸거나 돈 가져오기) 가능하게 한다.

연속체가 총체적 개념을 단지 공동으로 함의한다는 점을 기억해야 한다. 도로시가 모든 행위를 종결했지만 신분증을 잊어버렸다면 그녀는 수표를 현금으로 바꾸지 못했거나 그 돈을 받지 못했을 것이다. 앞서도 살펴보았듯이 총체적 행위는 총체적 맥락, 조건, 구성 요소나 결말을 기술하는 것으로 구체화된다. 가령 (14, a)는 그것이 일반적인 조건을 단순히 구체화한다는 사실에도 불구하고, (13)을 요약하는 데 사용될 수 있다. 틀이나 각본('그 은행에 하기')으로 인해 추론은 그녀가 거기에서 조금의 돈을 얻게 되었다가 된다. 관찰에도 같은 점이 적용된다. 우리는 수행된 총체적 행위를 유도할 수 있기 위해 완전한 행위 연속체의 결정적인 양상을 단지 살펴볼 필요가 있다. 형식적으로 구성 규칙이 정보의 공동 연속체에 기반을 두지만 우리가 충분한 자료를 가지고 있다고 생각하면 그러한 세상 지식을 통한 추론이 전략을 적용할 수 있도록 해 준다. 물론 그러한 가설상의 추론은 추후에 수정이 필요할 수도 있다.

우리는 여기서 행위 이론의 다소 중요한 측면을 간단하게 다룬다. 더 앞서 어떤 조건하에서 행위 연속체가 접속되고, 의미 연결되고, 유도되는지 등을 구체화해 왔다. 이러한 조건들은 행위 연속체가 연속적임을 가정한다. 가령 어떤 틈도 없다. 물론 이는 항상 그렇지는 않다. 많은 행위 유형들은 '언어학 공부하기'나 '집짓기'와 같이 단절적이고, 부분적으로 혹은 가끔 수행된다. 하지만 연속적 행위 유형에서도 계획, 해석, 기술은 부분적일 수 있다. 누군가 그 은행에 들어가고, 조금 후에 그 계산대 앞에서 그녀를 보게 된다면, 그녀가 그 거리를 걸어왔지, 날거나 자전거를 타지 않았다고 가정한다. 즉 (내적) 행위 연속체의 부분들에 대해 정상성 가설을 작동한다. 부분들이 더 총체적 행위에 대해 직접적으로 대응된다고 관찰될 때나 그렇지 않을 때 그 것들이 필요하다면, 그 총체적 행위 개념이나 그것과 연합된 지식 틀로부터 추론될 수 있다. 4.7절에서는 간략하게 행위 기술과 이야기에 관한 결론에 주의를 모은다.

구성 규칙에 관한 전형적인 면은 총체적 행위가 그 행위의 모든 종류의 더 낮은 층위 속성들에 대해 표상된다는 것이다. 담화에서 거시 구조는 그것이 유도된 연속체의 하위 연속적 문장들로 표현되듯이, 총체적 행위가 실제로 수행되는 것은 더 낮은 행위에 의해서이다. 총체적 행위의 이들 더 낮은 층위의 속성은 일반적인 조건, 구성 요소, 결말이다.

(a) 행위 맥락

　　장소, 시간, 환경, 개체들, 다른 사람들, 동작주들 간의 관계, 동작주들의 속성들(지식, 능력)

(b) 동기 체계

　　요구, 희망, 욕망, 선호, 결정, 목적

(c) 계획하기 체계

　　총체적 의도(계획), 의도

(d) 실행 체계

　　동작, 동작의 양식, 조직, 통제, 점검하기, 의미 연결 유지, 결과 수립

(e) 결말

　　목표들, 더 나은 결말, 다음 행위들.

4.5.9. 수많은 행위 연속체가 전형화된 방식으로 발생하지만 구성 규칙을 항상 적용하는 것은 불가능하다. 구성은 거의 의미 연결된 단위들을 수반하며, 그것들 자체로 더 높은 층위 연속체에서 구성 요소가 될 수 있다. 수표를 현금으로 바꾸기는 일상적인 소비에서 물건과 용역을 구입하는 사회경제적 행위의 일부이다. 이는 식당에서 저녁 먹기, 영화 보러 가기, 슈퍼마켓에서 쇼핑하기, 아침 먹기와 같은 일화에도 유사하게 적용된다. 이렇게 빈번하게 발생함에도 불구하고, 각본 같은

일화들 간에 경계를 유지하는 것처럼 보이는 행위 연속체를 접하자마자, 우리는 종종 또 다른 단위를 형성하기 위해 거시규칙을 적용하지 않는다.

(15) (a) 존은 전차를 타고 집으로 갔다.
  (b) 집에서 그는 설거지를 했다.
  (c) 그는 냉장고에서 맥주를 꺼냈다.
  (d) 그는 저녁을 준비했다.
  (e) 그는 저녁을 먹었다.
  (f) 식사 후에, 그는 TV를 시청했다.

(15)에 기술된 행위는 이미 일반성의 중간 층위에 있다. 그 중 몇몇은 전차 타기와 식사 준비와 같은 각본으로 통제된다. 많은 사람들에게 이 연속체는 일상의 일부가 된다. 하지만 그것을 더 총체적 개념에 대응시키는 것은 쉽지 않다. 기껏해야 '존은 일과 후에 쉬고 있다'와 같은 종류의 일반화가 가능하지만, 그것이 전체로서 이 연속체에 관한 최소의 그럴 듯한 총체적 개념은 아닐 것이다. 이 관찰의 결론은 어떤 층위에서 총체적 해석은 더 이상 가능하지 않거나 최소한 우리가 가능한 인지 단위에 관한 언어 개념을 항상 가지고 있을 필요가 없다는 점이다. 또한 이 행위의 총체적 조직은 사회적으로 관련된 연속체들 간의 일정한 경계를 고려한다는 것이다. 예를 들어 매일 행하는 업무 활동, 대중교통으로 일터에 가고 오는 일, 집에서의 다양한 활동 간에는 경계가 있다.

구성 규칙 대신에 총체적 일반화와 평가('나는 오늘 하루가 끔찍했다')의 가능성과 함께 삭제 규칙이 이러한 일상 활동의 연속에서 '현저한' (총체적) 행위를 선택할 수 있다. 왜냐하면 설거지하기, 식사하기, TV 보기는 일상적인 가정 활동이기 때문에 이러한 것은 선택에 대해 '너는 지난 저녁에 무엇을 했느냐'와 같은 질문을 받는 의사소통 상황을 제외하고는 적절하게 선택되지 않는다. 그 경우에 'TV 보기'가 언급되고 '저녁 먹기'는 언급되지 않는다. 상세한 정보가 관련되는 경찰 보고에서는 매우 지엽적 층위에서 주요한 행위뿐만 아니라, 더 충실한 설명이 필요하다.

그래서 우리는 일상 이야기에서 무엇이 일반적으로 설명되는지와 일상 활동을 어떻게 총체적으로 조직하는지 간의 차이를 관찰한다. 전형화된 일화들은 전략적으로 유효한 계획·협력·이해 등에 필요하지만, 그것은 단순히 사건·사고, 행운이나 불운과 같이 이야기하기의 기초를 이루는 것과 관련되거나 중시되는 사건이나 행위들에 관한 배경이 된다.

4.5.10. 행위 연속체의 총체적 해석이 문화적으로 가변적인 지식에 의존한다는 논쟁은 거의 없다. 오히려 기본적인 행위와 상호작용의 형식을 달성하는 다소 보편적인 방식들을 제외하고는 대다수 활동 연속체의 전형적인 속성들은 각 문화, 하위문화, 혹은 심지어 계층마다 특수하다. 따라서 다음 활동 연속체의 구성 예가 주어진다면 우리는 그 연속체가 '동작 x'의 일반적인 방식으로 설명할 수 있는지의 여부를 알지 못한다.

(16) (a) 아이티지 아이와(Itzi-hua)는 숲으로 갔다.

   (b) 그녀는 오래된 야자나무를 만졌다.

   (c) 그런 다음 강으로 갔다.

   (d) 그녀는 얼굴을 씻었다.

   (e) 그녀는 그 강으로부터 돌을 가져왔다.

   (f) 그녀는 그 숲에서 분명한 지점으로 갔다.

   (g) 그녀는 썩고 있는 나뭇잎들 아래에 그것을 묻었다.

   (h) 그녀는 어두워질 때까지 그 지점에 머물렀다.

   (i) 그리고 나서 다시 집으로 돌아갔다.

더 낮은 층위에서 이 행위들 각각이 표면적으로 이해됨에도 불구하고, 전체 연속체에서 행위의 각 기능에 대해 알기 어렵다. 특히 총체적 목표가 연속체와 결합되는지를 알지 못한다. 이는 결혼에 앞서는 의식 연속체일 수 있다. 가령 종교적 속성이나 거의 그 밖의 또 다른 연속체가 될 수 있다. 하지만 오히려 우리의 이해에 대해서 이 연속체가 종교적 속성을 지니는 것으로 보이는데, 왜냐하면 나뭇잎 아래에 돌을 묻는 일상의 기능이 무엇을 의미하는지 우리가 모르기 때문이다. 즉 그것의 결과는 결말로서 명확한 목표를 지니지 못한다. 마찬가지로 우리는 어떤 활동들이 선택적 변인들이거나(오래된 야자나무를 만지는 것) 총체적 활동의(만약 있다면) 필요한 구성 요소인지를 무시한다.

4.5.11. 다수의 예를 통해 기본적인 거시규칙이 행위 연속체에도 적용된다는 가설을 뒷받침해 왔다. 물론 이것은 놀라운 일이 아니다. 거시규칙은 어떤 종류의 복잡한 정보를 다루기 위해 기획되었고, 일반적으로 행위와 언어 담화의 발화를 통해 메시지를 전달함으로써 성취하는 특정 행위 간에는 유사성이 분명히 있다. 두 경우 모두 사회문화적으로 결정된 개념적 의미와 연합된 일종의 '표현들'이 있다.

이 시점에서의 의문은 행위 연속체가 담화에 대해 이제까지 발견하지 못했거나 발견할 수 없었던 추가적인 거시규칙과 구체적인 제약들이 필요한지의 여부이다. 추가적인 경험적 조사가 이 점에서 필요하지만 담화의 거시구조가 (내적) 행위보다 다른 종류가 될 수 있는 최소한의 한 가지 속성이 있다. 담화는 전반적인 의미를 가진 단위로 구조적 단위로 연구되어 왔다. 하지만 행위는 사건의 상태에서 변화를 수반하며 전적으로 시간에 의존하고, 원인이나 이유에 의해 연결되고, 어떤 결과와 그것의 가능한 목표 결말을 향한다. 이는 행위 연속체에 관한 중요성이나 관련성의 개념이 개념적 층위뿐만 아니라, 유효성·성공 혹은 유사한 개념의 정도에 의해 주어진다는 점을 의미할 수 있다. 즉 행위 연속체의 성공이나 실패에 관한 중요한 기여가 되는 각 행위는 관련되는 것으로 받아들여져야 한다는 것이다. 연속체와 관련이 없거나 하위 행위에 관한 삭제 규칙을 단순히 적용하는 대신에, 소위 연속체의 주요한 행위의 선택에 작용하는 이 규칙의 더 '긍정적인' 대응이 필요할 수 있다. 이 경우에 분석은 한 연속체의 어떤 (미시) 행위만을 강조하기 때문에 더 이상 거시분석이 아니다. 6장에서는 유사한 어떤 것이 담화에서 가능하다는 것을 살핀다. 즉 과제, 흥미, 규범 등은 미시층위에서의 명제들에 현저한 세부 기능, 대조나 일반적인 관련성을 부여한다. 하지만 그것은 이러한 일종의 지엽적 관련성 부여도 (내적) 행위에서 발생한다는 점이 드러날 것이다. 가령 이러한 행위들이 전체적으로 연속체에 대해 거의 관련이 없지만 사람들의 '작은 행위'가 매우 현저할 수 있다. 여기에서 의미하는 관련성은 더 총체적 층위에서의 것으로, 즉 그것은 한 행위가 전체적으로 연속체의 성공에 기여하는 방식에 관계된다. 앞선 예에서 피터가 뱀을 죽인 것은 그가 소리치고, 달리고, 야구 방망이를 가져온 것들보다 그 행위 연속체의 유효성에(즉 심각한 위험을 제거하기 위한 목표를 이루기 위함) 대해 더 결정적이다. 그러므로 우리는 이러한 행위를 직접적으로 거시구조로 받아들이기를 원한다. 물론 이것에 대해 영 규칙을 가지고 있지만 더 강력한 규칙이 행위의 유효성(긍정적으로나 부정적으로)에 관한 거시층위에서의 결정적인 정보를 얻기 위해 필요하다. 우리는 이 규칙을 효과의 측면에서 단순히 언급할 것이며, 이는 그렇게 선택된 정보의 결과나 목표 지향성을 강조한다.

4.6. (내적) 행위에서 거시구조의 기능

4.6.1. 앞 절에 주어졌던 행위의 총체적 구조에 관한 직관적인 설명에서 다수의 인지적·사회적 기능은 다음과 같이 요약된다.

(기본적) 행위의 연속체는 다양한 이유로 그것에 거시 행위를 부여

함으로써 축소를 필요로 하는 매우 복잡한 정보의 형태이다. 기억 제약, 계획, 실행, 통제, 그리고 관찰은 이런 종류의 축소가 필요한 것으로 드러난다.

특히 총체적 행위의 부여는 행위가 현재 총체적으로 수행되므로 최종적인 연속적, 총체적 의도 결과와 목표가 무엇인지를 연속체의 각 지점에서 동작주, 협력 동작주, 관찰자가 알 수 있도록 해 준다. 각 행위는 이들과 관련해서 단지 합리적이고 유효한지의 여부가 결정된다. 즉 행위의 지엽적인 '의미 있음'은 총체적으로 의미 있는 행위 내에서의 기능에 의존한다. 연속체의 연속적 행위들 간의 지엽적 접속과 의미 연결의 부여에도 같은 점이 적용된다.

총체적 행위 해석은 행위의 연속체를 축소시킬 뿐만 아니라 조직한다. 단위가 활동 연속체로부터 독립될 수 있는지, 특별한 결과와 목적이 무엇인지, 그 연속체의 처음과 마지막 행위가 무엇인지 등을 결정한다.

결론적으로 총체적 행위 해석은 몇몇 층위와 사회적 행위나 의사소통 맥락에 관한 완벽성과 관련성의 다양한 정도를 통해 행위 연속체를 표상하고 기술하는 유효한 방법을 제공한다.

4.6.2. 개별적인 분석을 요구하는 행위에서 거시구조의 또 다른 기능이 있다. 지금까지 행위 연속체는 거의 분리된 채 발생하는 것으로 가정되어 왔다. 이는 실제 행위 맥락에서 사실이 아니다. 동일한 동작주는 동시에 다른 많은 것들을 수행한다. 몇몇 행위나 행위 연속체가 동시에 발생하거나 중복된다. 하지만 때론 매우 복잡한 활동 집합체로부터 하나의 총체적 행위를 선택하고 확인할 수 있다. 말하자면 우리는 일련의 행위를 따른다. 예를 들어 다음의 복잡한 활동 기술을 고려해 보라.

(17) (a) 해리는 강의를 하고 있다.
    (b) 그는 이야기 이해에 대해 이야기하고 있다.

(c) 그는 이야기 도식의 역할을 강조한다.

(d) 그는 칠판으로 걸어가고 있다.

(e) 그는 분필 한 개를 집는다.

(f) 그는 이야기를 계속한다.

(g) 그는 분필을 만지작거린다.

(h) 그는 칠판에 이야기 도식을 쓴다.

(i) 그는 수강생들을 다시 쳐다본다.

(j) 그는 다시 앉는다.

(k) 그는 학생 x를 본다.

(l) 그는 여전히 분필을 만지작거리고 있다.

(m) 그는 기록을 재정리한다.

(n) 그는 손가락으로 빗질을 한다.

(o) 그는 밖을 본다.

(p) 그는 시계를 본다.

(q) 그는 다리를 꼰다. 등.

이는 여전히 매우 불완전한 활동 기술이다. 어떤 것은 행위로 해석될 수 있으며, '강의하기'의 총체적 행위에 관한 설명이 될 수 있다. 이 총체적 행위 개념이 있어야만 활동의 집합으로부터 총체적 행위에 관한 구성 요소 행위 기반을 포함하는 관련 행위 경계를 선택할 수 있다. 이것이 여기에서의 주제이다. 담화에 관한 사례로서 틀과 각본 지식은 분명하게 이 총체적 해석에 수반된다. 어떤 사례에서는 바로 어떤 동작들이 행위들인지, 어떤 것이 일반적인 조건들, 구성 요소들, 혹은 주요하거나 총체적인 행위들의 결말인지를 바로 결정할 수 있다. 가령 분필을 가져오는 것은 칠판에 쓰기 위한 일반적인 조건이며 강의를 위한 보통의 구성 요소이다. 분필을 가지고 장난하기나 손가락으로 빗질하기의 경우는 아니다. 그럼에도 이 동작들은 총체적 행위 부여와 나란히 또 다른 총체적 해석에(예로, 해리는 신경질적이다) 부여될 수 있다. 총체적 행위의 해석은 총체적 계획과 목표의 재인식을 수반한다. 즉 이는 구성 요소 행위가 유의미하므로 연결될 수 있고, 그런 다음 행위 연속체가 복잡한 활동으로부터 구분될 수 있도록 결정한다. 하나의 활동 꾸러미에서(예로, 누군가와 토론하기, 동시에 음식 제공하기)도 몇몇 총체적 행위를 지니는 것이 가능하다는 점에 주목해야 한다. 사회적 맥락과 틀에 따라 이 총체적 활동들이 다시 위계적으로 순서화되는 것이다. 즉 모임이 있는 동안에 대화는, 가령 식당에서의 음식 제공보다 더 중요할 수 있다.

4.6.3. 여기에서 언급된 것과 행위의 거시구조에 관한 앞 절의 내용은 필요한 부분만 약간 수정되어 상호작용 연속체와 총체적 상호작용의 기능에도 적용된다. 첫째, 상호작용 연속체는 몇몇 사회적 참여자들의 복잡한 활동의 꾸러미들 간에 확인되거나 확인될 수 있어야 한다. 그 경우에 공통적이거나 상이한 총체적 해석과 목적의 부여가 중요하고 이들에 따른 총체적 결과와 목표의 실현이 중요하다. 둘째, 참여자들은 자신이 관여하게 되는 공동의 총체적 행위가 무엇인지를 알아야 하며(예로, 수표를 현금으로 바꾸기), 결과적으로 그들은 유의미하게 수립된 총체적 결과에 따라 각 행위를 적절하게 계획, 감독, 실행할 수 있다.

분명하게도 총체적 해석 개념의 부여는 상이한 전망들이나 총체적 행위에 관한 관점들을 배제하지 않는다. 공동 대화의 총체적 확인이 주어진다면, A에 대해 무엇인가 멋진 이야기가 B에게는 다툼이 될 수 있다. 이 관점은 총체적 상호작용의 기술에도 드러난다. '모임 개최하기'가 중립적이지만 '현금을 수표로 바꾸기'라는 총체적 기술은 고객의 관점이나 그 고객의 관찰자 관점으로부터 주어진다. 반면에 '수표 지불하기/받기'는 은행 직원에 의한 동일한 행위에 부여되는 총체적 행위 개념이 될 수 있다.

4.7. 총체적 상호작용의 기술

4.7.1. 몇몇 앞선 경우에 행위와 상호작용의 총체적 조직이 직관적으로 총체적 기술과 관련됨을 살펴 왔다. 이러한 기술은 다양한 행위 담화인 보고서·공고문·처방전·이야기·사고구술에 주어진다. 한편으로 행위 기술은 행위 연속체의 총체적 표상에 의해 결정되며 간접적으로 행위의 총체적 조직을 가리킨다. 다른 한편으로 그것은 평가 관점 등이 역할을 하는 다양한 의사소통의 제약과 적절한 담화의 일반적인 화용적, 사회적 속성에 의존한다. 2장에서도 담화 거시구조의 부여가 관련된 사실들의 의미론적 표상에 의존한다는 것을 살폈다. 이는 행위 담화에서 행위의 구조가 그 담화의 총체적 조직이 무엇인지를 결정하다는 것을 의미한다. 즉 행위 연속체가 연결되고 선조적으로 의미 연결되며 그것들이 총체적 행위와 상호작용 개념에 대해 대응되고 말로 표현될 수 있다면, 그 담화는 (내적) 행위를 드러내면서 총체적으로 의미 연결된다.

4.7.2. 일반적인 행위 담화 이론, 특히 이야기에서 흥미로운 것은 2장에서 논의되었던 층위에서의 변화와 기술의 상대적인 완벽성에 관한 가능성이다. 어떤 행위의 연속체는 '나는 휴가를 갔다'나 '그녀는 심리학을 공부했다'와 같은 다소 총체적 관점에서 기술되지만, 좀 더 세부적으로 기술되는 담화의 행위 연속체로 제시되어 왔다. 이 변화는 자의적이지 않다. 우선 앞서 살펴온 바와 같이 모든 종류의 잘 알려진 예비적이거나 구성 요소적 행위는 특별한 사례들에 관한 예시에서 그것이 틀이나 각본에 속해 있다면 전체가 기술될 필요는 없었다. 말하자면 행위 기술의 이 부분은 단순한 '배경'이나 실제 새롭거나 흥미로운 행위의 기술에 관한 '틀'이다. 그러므로 이야기에서 어떤 부분이(예로, 강도짓이나 사건) 기술된다면 그것은 상세하게 기술될 수 있는데, 그 행위와 사건이 새롭고 이야기하기에 가치 있으며 더 낮은 층위로

의 진행이 더 큰 긴장감과 '생생함'을 제공하기 때문이다. 이는 이야기에서 유효한 행위 기술의 화용적·수사적 기제이다.

4.7.3. 이 시점에서 총체적 층위에서 담화와 상호작용 간의 유사성이 도식적 상위구조에도 적용될 수 있는지의 여부를 물어야 한다. 행위 연속체도 일반적으로 기능적 관계, 특히 범주의 관습적 개념 구조를 지니는가?

기능적 관계에 관해 그것은 실제로 행위 연속체가 기능적으로 조직될 수 있다는 점이 간략히 상기될 수 있다. 즉 어떤 행위는 어떤 행위들에 대해 예비적일 수 있고, 유사하게 다른 행위들에 관한 조건 수립에 있어 긍정적이거나 부정적 목표의 관점에서 정의된 보조적이며 정반대의 행위를 수행할 수 있다.

행위 연속체에 대해 관습적 도식 범주는 다양한 관습적, 제도적인 사회 맥락에서 발견된다. 담화가 도입되거나 펼쳐지고, 결론 내려지거나 마무리되는 것처럼 모임 갖기, 법정 재판, 버스 타기와 같은 행위 담화는 도입되고/시작되고, 마무리되고/끝나게 된다. 하지만 가능한 범주를 수립하기 위해 다양한 종류의 사회적 틀과 각본에 관한 추가적인 경험적 조사가 요구된다. 그렇지만 도식 범주가 사회적으로 '고정된' 행위 그 자체와 혼돈되어서는 안 된다는 점에 주목해야 한다. 따라서 재판이나 아침 식사는 때때로 제도상으로 규정된 표준 행위의 연속체를 구성한다. 단지 담화의 고정된 화제나 주제인 이러한 전형적인 행위는 기능적 범주이므로 상위구조를 형성하지는 않는다.

4.8. 사회적 상호작용에서의 거시구조

4.8.1. 행위와 상호작용에서의 거시구조에 관한 더 일반적인 논의 이후 최종적으로 사회적 맥락에서 총체적 구조의 역할을 더 구체화한다.

즉 지금까지는 상호작용 맥락의 속성을 무시해 왔으며 사회 참여자들의 맥락, 가능한 행위, 상호작용을 제한하는 상황, 동작주들, 관찰자들, 다양한 사회적 규칙에 관한 수많은 추상 개념을 구성해 왔다. 하지만 상호작용이 본질적으로 사회적 개념이고 그것의 기본적 원리에 관한 이해는 상호작용이 일어나는 사회적 상황의 구조에 관한 질문 없이는 불가능하다.

사회적 구조·조직·상황에 관한 하나 혹은 몇몇 이론에 관한 정연한 개요를 제시하는 것이 목표가 될 수 없지만 우리는 간략하게 상호작용이 일어나는 상황의 속성에 수반되는 몇몇 핵심 개념을 언급한다.[2] 상호작용에서 거시구조의 이론이 정교화되거나 적용될 수 있는 모든 영역과 문제 상황을 조사하는 것은 가능하지 않을 것이다. 추가적인 경험적 작업 이외에, 이는 종종 총체적 개념의 암시적 사용에 관한 확장된 사회적 이론의 분석을 요구하므로 우리의 논의는 기껏해야 앞서 전개된 개념의 잠정적인 예시가 된다.

4.8.2. 담화와 상호작용 모두에서 거시구조는 개념적 속성을 지니기 때문에 인지적 기반을 요구한다. 이는 사회적 맥락에서 거시구조의 역할에도 적용된다. 여기에서 관심을 두는 것은 사회 참여자들이 사회적 맥락을 해석하고 구성하는 방식이다. 이러한 해석의 기초가 되

---

2) 이 절에서 사용된 다양한 개념들과 논의들 중의 몇 가지에 대해, 이른바 '소집단 관찰 해석' 범주에서 이루어진 바와 같이, 우리는 특히 미시사회학에서 사회적 상호 작용에 관한 최근의 연구에 빚을 지고 있다. 우리는 특히 서드나우(Sudnow, 1972), 고프만 (Goffman, 1967, 1970, 1974), 맥휴(McHugh, 1968), 더글러스(Douglas, 1971), 브리튼 (Brittan, 1973)에서 보고된 연구를 언급한다.
　사용된 개념들 중 몇몇은 다른 곳에서 사용된 바와 같이 상이한 의미로 받아들여져 왔다. 이들 경우에, 우리는 스스로 간략한 정의를 제시해 왔다. 다른 장들이 우리 자신의 광범위한 이론적·경험적 연구조사에 기초하지만, (내적) 행위에 관한 장은 추상적 행위 분석, 행위 담화, 그리고 사회적 상호 작용에 기초한 경험적인 의문들이 아닌 우리 자신의 연구에만 기초하고 있음이 분명해졌다. 여기서는 앞서 언급된 우리의 거시구조 가설과 관련된 관찰과 분석에 관한 사회학자들의 연구를 충실하게 조사하는 것은 불가능하다.

는 실제적인 인지 과정이 6장의 목표이므로 이 관점에서 사회학 이론은 그것의 '실제적인' 사회적 표현이 무엇이든 다시 추상적 개념을 다룬다.

여기에서 다루고 싶은 주요한 의문은 다음과 같다. 가령 사회적 상황이 주어지고, 이러한 상황에서 상호작용에 관련된 참여자들이 주어진다면, 그들이 그 상황에서 '무엇이 행하여졌는지'를 어떻게 표상할까, 그리고 그들의 해석에서 총체적 분석의 역할과 그런 해석에 기반한 (내적) 행위는 무엇일까? 즉 참여자들은 그들 자신과 다른 이들의 즉각적이고 지엽적인 동작의 해석 층위를 어떻게 '넘어서며', 이런 더 높은 층위의 처리가 그들의 경험에 어떻게 영향을 줄까?

'인지사회학' 영역에서 어떤 문제에 관한 이러한 의문도 사회적 지식, 신념, 의견, 가치, 규범, 태도와 같은 사회심리학으로부터의 다양한 개념을 요구한다. 6장에서의 이 '기본적인' 체계의 총체적 조직에 관한 어떤 간략한 언급은 제외하지만 우리는 이 개념에 관한 진지한 분석은 추가적으로 무시한다.

4.8.3. 여기서 간략하게 도입해야 하는 관련 사회적 개념의 첫 번째 묶음은 상호작용의 다양한 사회적 환경에 관한 것이다. 우리는 상황, 맥락과 같은 용어를 사용해 왔고 현재 추가적으로 구체화되어야 하는 그것들 간의 잠정적인 차이를 구성해 왔다.

먼저 더 높은 층위의 사회적 조직 단위에 관해 간략하게 다룬다. '서구의 자본주의 산업화'와 그것의 변이형과 같은 이러한 사회문화적 체제를 가리킬 때 사회 체제에 대해 이야기할 수 있다. 분석 층위에 더 가까운 이러한 체제는 공중보건·대중교통·교육·스포츠·미디어와 같이 제도적인 사회 영역의 관점에서 정의되며, 공장·회사·대학·항공사와 같은 다양한 조직들은 국회·법정·교회·대학·병원과 같이 제도적이거나 회사와 같이 비제도적이 될 수 있다. 그러면 사회 참여자들의 조직은 또 다른 노선을 따르며 계층이나 계급으로부터 집단, 하위 집단, 가족이나 다른 사회경제적 기본 단위로 나아가며 여기에서 더 이상 논의될 필요는 없다.

논의와 관련 있는 것은 분석의 또 다른 층위인데, 즉 사회적 상호작용의 다양한 임시 환경이다. 따라서 우리는 방이나 거리 구석과 같은 심지어 더 밀접한 환경적 위치로 집, 거리, 영화관, 식당, 의사 사무실, 교실이나 병원을 언급할 때 사회적 환경(혹은 장소)과 같은 용어를 사용한다. 이 환경에서 버스 타기, 의사 진료받기, 식당에서 밥 먹기, 강의하기, 아침 먹기, 수표를 현금으로 바꾸기, 바가지 쓰기, 장기 두기, 모임 갖기와 같은 다양한 사회적 상황을 정의한다. 모든 상호작용 연속체가 이러한 관습적으로 정의할 수 있는 상황에서 일어난다고 주장될 수 없지만 잠정적으로 우리 자신을 이런 종류의 상황에 제한한다. 상황은 그 환경에서 수행된 환경과 상호작용 모두를 포함한다. 정형화되고, 표준화되거나 일반적인 상황들은 틀로 불린다. 틀은 전형적으로 정형화된 상호작용과 고정된 참여자 범주를 포함하므로 비행기 타기와 식당에서 밥 먹기는 틀 속성을 지니지만 바가지 쓰기와 사고 당하기는 그렇지 못하다. 과정의 중재 형태가(팝 공연에 가기와 같이) 존재한다.

사회적 상황은, 가령 특징적으로 드러나는 다양한 종류의 과정들, 사건들, 더 구체화된 (내적) 행위들의 일이다. 이 상호작용은 연속체에서 추상적으로 조직되고 다른 종류의 사건을 통합하며, 일화를 형성한다. 일반적으로 상호작용 연속체나 일화도 전형적인 속성을 지니는데, 그 점에서 표준화된 상호작용 연속체에 대해 더 나은 용어가 부족하기에 사회적 일상이라고 불린다. 물론 이 (사회적) 일상은 자동화된 더 낮은 층위 동작의(걷기, 먹기 등과 같은) 인지적 일상과는 혼돈되어서는 안 된다. 이후에 이 일상이 각본이라는 용어와 부합하며 일반적인 사회 지식에서 일상의 인지적 표상이라는 점을 살핀다. 일상은 전형적인 상황의(즉 틀들의) 핵심이다. 사회적 상황에서 상호작용 연속체는 단순히 교섭이라고 부르는 더 낮은 조직적 단위를 지닌다. 교섭은 어떤 사회 참여자들의 행위와 상호작용의 단순한 연속체를 수반하는 상호작용 분자이다. 일상은 승차권 구입하기, 식사 주문하기, 정보 교환하기, 인사 나누기와 같은 표준적인 교섭의 연속체를 구성한다. 교섭의 구성 요소는 누군가를 주시하기, 누군가를 치기, 누군가에게 어떤 것을 주기, 어떤 이를 호출하기, 누군가에게 경고하기, 탁자를 함께 이동하기, 악수하기 등과 같은 앞서 논의한 기본적인 사회적 상호작용들이다. 이 층위 이하에서 우리는 앞서 논의되어 왔던 총체적이고 기본 행위와 동작을(햄버거 먹기, 누군가의 지갑을 훔치기, 주변 돌아보기 등) 접한다.

상황의 모든 요소들과 그것의 환경이 상호작용 연속체의 전개에 체계적으로 관련되는 것은 아니다. 따라서 우리는 상호작용 연속체를 조건화하는 상황적 요인들에 관한 조직화된 묶음의 더 구체적인 의미에서 맥락이라는 용어를 사용한다. 따라서 좌석들과 다른 승객들도 그 버스 상황의 부분이 되지만 그것의 환경은 그 맥락의 부분이 될 필요는 없다. 가령 내가 승차권을 구입한 차의 운전사, 건너편에 앉은 소녀, 내가 이야기한 이들은 그 맥락의 일부이며, 나와 우리의 다양한 개별적 속성들도 그렇다. 상호작용과 의사소통의 맥락은 시간 속에서 항상 변화하며 이전에 그 맥락의 부분이 아니었던 상황의 요소들은 현재 그것의 부분이 될 수 있다.

4.8.4. 상황은 그것에서 발생할 수 있거나 심지어 발생하는 환경, 상호작용, 교섭에 의해서뿐만 아니라, 각 (내적) 행위를 성취하는 참여자로 정의된다. 수행하거나 일반적으로 수행하게 될 다양한 행위는 참여자들의 다양한 범주에 의존한다. 범주 유형들은 역할(승객, 친구, 손님 등), 임무(의사, 경찰, 선생님, 학생), 위치(조력자, 관찰자), 관계(아버지, 딸, 이웃)이다. 따라서 버스에 탄 사람은 승객으로서의 역할과 의사로서의 그의 임무에서 한 승객이 갑자기 고통을 호소했고, 그녀를 돌보아야 할 때 그의 관계를 조력자로서의 위치로 가정한다. 이 범주

의 이름은 여기에서는 임시적이며 종종 '역할'이라는 일반적인 용어 하에서 조금 더 느슨하게 사용된다. 중요한 것은 다양한 범주가 가능하거나 필요한 행위나 상호작용과(즉 임무, 권리, 책무, 허가) 연합된다는 것이다. 범주와 상황 유형에 따라 누군가 어떤 상황하에서 무엇을 행하는지가 대략적으로 이루어진다.

그러므로 상호작용 연속체는 관습의 환경에(규범, 규칙, 버릇 등) 의해 조절되며, 각 참여 범주에 대해 가능하고, 있음직하거나 필요한 행위와 상호작용을(예로, 대중교통을 이용할 때 승객들이 돈을 지불해야 할 필요성) 형성한다.

4.8.5. 이 몇 가지 개념은 여기에서 적절하게 정의되기보다는 전형적인 예를 통해 단순히 구분되어 왔다. 우리는 사회적 상황과 참여자의 총체적 해석의 역할을(무엇이 진행되는지) 더 면밀하게 살핀다.

사회적 상호작용 연속체, 특히 사회적 일상의 첫 번째 속성은 그것이 일반적으로 총체적 행위 개념에 부여된다는 것이다. 가령 진료 받기, 버스 타기, 학교 가기, 범인 체포하기는 이런 종류의 총체적 해석에 기인하여 상황에서 단위로 기능한다. 상호작용과 교섭은 이 총체적 개념과 관련해서 이해되고 평가될 수 있다. 누군가 진료 대기실에서 앉아 있는 것을 보면, 그가 의사 진료를 받기 위해 이동할 것이라고 총체적으로 해석한다. 유사하게 우리는 앉기, 일어서기 등으로부터 '기다리기'의 더 총체적 개념까지를 일상의 준비나 구성 요소 (변화) 행위의 하나로 일반화한다. 따라서 대기실의 문을 고치는 수리공의 행위는 우선적으로 기다리는 행위로 일반화될 수 없고, 누군가 '수리하기'라는 대안의 일상으로 일반화하기 때문에 '의사 만나기'로 해석될 수 없다.

관찰된 행위와 관찰자와 참여자들의 (내적) 행위 연속체에 관한 총체적 해석은 현재 실제적인 상황이나 틀에 관한 필요한 추론을 구성하는 데 필수적이다. 그것이 다양한 행위 관습들이 작용하는 전체로서의 상황이나 틀에 관한 것이기 때문이다. 한 동작주가 특별한 유형의 식당에서 전형적인 상호작용 연속체에(즉 일상) 관한 지식을(즉 각본) 가지고 있다고 가정해 보자. 하지만 다양한 관습은 전형적인 행위 연속체에 관련될 뿐만 아니라, 식당의 환경, 그 식당의 모든 종류의 예기된 목적과 속성, 또한 가능한 다른 참여자(손님), 그리고 그것과의 최종적 상호작용을 포함해서 전체적인 틀과 관련된다. 즉 틀과 그것의 규칙은 일종의 수용할 만한 판박이 과정을 정의한다. 올바른 상황이나 틀의 확인은 동작주가 다양한 시점에서 판박이 과정의 실행에 관한 적절한 선택을 할 수 있도록 한다.

결국 현재 수행된 총체적 행위에 대한 가정들이 구성되면, 참여자(들)는 그 동작주에 의해 계획되고 지향된 총체적 결과와 목표가 무엇인지를 알게 된다. 그들 자신의 선호가 수반된 일의 상태에 관한 필수적인 평가 이후에, 참여자(들)는 다른 이들의 행위에 협력하거나 적대하게 된다.

4.8.6. 앞서 언급된 총체적 해석의 사회적 역할은 소위 '표준적' 기능이다. 이는 (사회적) 정보의 조직과 축소의 기본적인 인지 원리와 계획하고, 예상을 유도하고, 기대하는 필요성에 의해 결정된다. 수반된 주요한 기능은 사회적으로 적절한 상호작용의 가능성이고 상황 관습이 주어지면 다른 이의 의도와 목표에 관한 가정이 알려진다.

분명히 총체적 행위, 상호작용에 관한 지식과 그것이 드러나는 상황 또한 더 낮은 층위의 지엽적 교섭에서의 행위와 행위 의미 연결의 해석과 평가를 결정한다. 내가 기차에 있으며, 어떤 동료 승객이 나의 승차권을 보여주기를 요구한다면, 나는 최소한 왜 그렇게 요구하는지 의아해 하며 이러한 요구에 관한 설명을 기대한다. 그것은 내가 이미 그 승객을 알고 있는 상황에서(예로, 그 기차에서의 앞선 대화로), 더욱이 구체적으로 국제선 승차권에 대해 어떤 흥미로운 특징을 가지고 있다면 수용할 만하다. 하지만 철도청의 한 공무원이 도착하고, 승차권을 요구하면 나는 정확하게 동일한 요구하에 그것을 그에게 즉시 보여준다. 즉 승차권 감독자의 외부적 속성들이 주어진다면 나는 철도/기차틀, 그리고 그것의 가능한 판박이 과정을 인지적으로 현실화하며, 내 승차권을 보여 달라는 그 요구를 일반적이고 규칙 지배적인, 승차권 검사의 일상적 교섭을 도입하는 상호작용의 것으로 간주한다. 나는 승차권을 그에게 보여주기 위한 교섭의 상호작용 일부를 올바르게 달성할 수 있다.

지엽적 상호작용 해석과 일상의 총체적 해석과 틀의 상호의존성에 관한 또 다른 예는 다음과 같다. 가령 의사는 구체적인 상황하에서 환자의 노출된 신체의 어떤 곳에 대해 다양한 접촉과 느낌의 행위로 접근한다. 이러한 '유형'은 한편으로 '무례함'으로 다른 한편으로 '상냥함'이라는 극단 사이에 있다. 심지어 이런 스타일의 차이가 이들 경계에 걸쳐서 변화되자마자(사람에서 사람까지 변화할 수 있다) 총체적 해석이 바뀔 수 있고, 그래서 더 많은 행위에 관한 지각이 바뀔 수 있다. 그 의사의 움직임이 '애무하는' 것으로 분명하게 확인되면, 총체적 해석은(즉 '의사 보기' 틀에서의 검사의 교섭) '남성 우월자주의자'라는 상황하에서 추파의 교섭으로 변화한다. 어떤 것이 다른 방향에서도 유사하게 발생한다. 따라서 몇 년 전에 낙태가 지금만큼이나 일반적이지 않았을 때 암스테르담의 큰 개신교 병원에는 낙태를 원했고—그리고 심지어 의학적 이유를 하나씩 가지고 있을 수 있는 여자들(종종 결혼하지 않은)에게 매우 무례하게 검사를 했던 의사들과 간호사들이 있었다고 이야기되었다. 이러한 경우에 검사 과정의 부분이 되는 몸 접촉의 해석과 행위는 당연히 반감과 차별의 총체적인 해석이 부여될 수 있다. 이런 해석이 일단 구성되면 개인적 교섭은 가능한 그 틀 안에서 해석된다.

사회적 상호작용의 지엽적·총체적 해석 간의 상호 의존성도 다른 참여자의 '해석'을 수반한다는 점에 주목해야 한다. 우선 각 참여자의 범주는 각 상황, 특히 틀에서 그것의 관습을 따라야 한다. 주어진 틀에서 참여자 범주의 가능한 틀 행위의 꾸러미는 그 틀에(이는 각 동작주의 행위 공간의 하위 집합이다) 관한 그의 행위 영역이라 불린다. 참여자 범주의 각 행위는 이 행위 영역에 대해 해석되고 평가된다. 그런 다음 다른 행위는 '이상하거나' 단순히 '허락되지 않은' 것으로 받아들여진다. 예에서 벌거벗은 몸 접촉의 조심스럽고 단호한 범위에서 자제심을 잃은 의사는 그의 행위 영역을 벗어난 것으로 판단될 수 있다. 이는 총체적 해석을 유도할 뿐만 아니라, 동시에 그 사람의 총체적 평가를 유도하므로 사회적 상호작용에서 상대적 인격에 관한 구성도 상호작용 연속체의 (거시적) 해석에 상당히 의존한다. 종업원이 즉시 오지 않고, 주문을 받는 데 퉁명스럽고, 필요할 경우에도 도움을 주지 않는 등은 일반화에 기초한 총체적 해석이 보통 '그는 시큰둥하다'거나 '그는 불친절하다'가 된다. 총체적 성격 해석에 관한 명확한 인지적 중요성은 여기에서 더 이상 논의될 필요는 없다. 우리는 총체적 해석이 상호작용 연속체뿐만 아니라, 그것에 수반된 동작주의 일반적인 속성에도(예로, 성격) 관련된다는 점을 강조하고자 한다.

4.8.7. 우리는 앞서 상호작용에 대해 일반적으로 이야기했던 것을 사회적 맥락에 대해 다소간 반복해 왔다. 즉 수반된 해석 과정은 소위 사회적 환경을 조직화하는 '표준적인' 방식이다. 가령 우리는 더 높은 순서의 상호작용이나 틀의 일반적인 구성 요소로 (내적) 행위를 가져오며 반대로 틀로부터 계획, 기대 등을 이끌어 낸다.

아마도 사회논리학적 관점으로부터 더 흥미로운 것은 거시규칙의 전략적 응용이다. 참여자들이 상황이나 틀 등의 총체적 해석, 평가, 구성/정의로 상호작용한다는 것은 쉽게 받아들여지거나 잘 알려진 속성이다. 하지만 인간 상호작용에 대해 전형적인 것은 표준적인 규칙이 항상 특별한 방식으로 일어나거나 실행되는 것은 아니며, 다른 규칙도 구성된다는 점에 있다. 이는 거시규칙에도 동일하게 적용된다. 이론적으로 이는 사회적 참여자들이 다음 것들을 수행하는(수행하지 않거나) 것을 의미한다.

(a) 하나나 두 가지 행위의 사례만 주어지면, 평가적 일반화를 적용하라.
(b) 관련된 지엽적 상호작용은 삭제하라.
(c) 불충분한 구성 행위가 주어진다면 총체적 (일상에 기초한) 행위를 구성하라.

그리고 그것의 부정적인 짝은 다음과 같다.

(d) 충분한 사례들이 그것을 보증할지라도 일반화를 적용하지 말라.
(e) 관련 없는(세부적인) 상호작용들을 생략하지 말라.
(f) 필수적이거나 결정적 구성 요소가 주어질지라도, 총체적 행위는 구성하지 말라.

사회적 상황에서 거시규칙의 일반적 조건 중 하나인 전략적 (비)적용은 참여자의 동기와 목적이다. 가령 총체적 행위나 상황이 요구되지 않으면 (비)적용은 상이한 총체적 개념의 부여 및 그 상황을 재정의할 수 있다. 이러한 재정의는 동작주가 주어진 상황에서 요구되는 것보다 더 상이한 (내적) 행위를 수행하도록 한다. 각 전략의 몇몇 예를 제시해 보자.

전략 (a)는 매우 일반적이고, 특히 모든 종류의 평가를 수반한다. 봉사하는 역할에서 공무원이나 누군가의 한 가지나 두 가지 행위가 '부도덕'하거나 '무례한' 것으로 해석된다면, 일반화는 그 사람이 무례하거나 전체 연속체가 '부정적인' 틀에 의해 지배되는 것으로 이루어진다. 이 총체적 해석을 감안할 때, 참여자는 특히 그 행위가 선호되지 않으면 그 틀의(즉 임무나 기대된 행위를 달성하지 못하는 행위, 종업원에게 사례금을 주지 않는 것으로) 관습을 어기는 것을 정당하다고 느낄 수 있다. 대응 관계에 있는 (d)는 다른 방식으로 작용한다. 그것은 일반적인 부정적 해석을 원하지 않는다면 '이상'하거나 '예외'로서 상호작용이 해석되거나 설명된다. 우리는 인지적 부조화를 유도할 수 있으며, 총체적 결과와 목표를 원하지 않는 논증과 같은 틀에서 사회적으로 보장된 참여를 이끌어 내기 때문에 우리가 좋아하는 사람들을 부정적으로 일반화하지 않는다.

삭제 규칙[(b)와 (c)]의 전략적인 사용은 참여자들이 세부 사항에 초점을 두고, 관련 상호작용을 무시하도록 한다. 따라서 꽤 공식적인 모임에서 한 여성 참여자가 가슴이 깊게 파인 드레스를 입는다면, 이 상호작용적인 세부 사항은 특별한 방식으로 초점화되거나 심지어 다양한 틀에서(도발이나 유혹) 총체적 해석을 유도할 것이다. 그것이 승인되는지의 여부는 다른 규범에 따른다. 반대의 경우가 동일한 상황에도 적용되는데, 가령 그 모임에서 예쁜 여성 참여자의 중요한 논증은 그 논의의 총체적 상호작용 연속체에서 관련 없는 부여로 삭제된다.

유사한 전략이 구성이 이루어질 수 있거나 반대로 이 규칙이 적용되지 않는 상황에서 작용한다. 우리는 중요한 인지적 전략은 개인들이 그들이 관찰하고, 읽고, 참여해 온 총체적 행위와 판박이 틀에 대해 빠르고 효과적인 가설을 만듦을 요구한다는 것을 6장에서 살핀다. 사회적 맥락에서 이 인지 전략은 동작주의 지엽적 행위의 적절한 해석과 일상에서 그들 자신의 다음 행위에 관한 효과적인 계획에 요구된다. 하지만 수반된 사회적 전략은 이러한 연속체의 한 (애매한) 행위의 출현이 구성을 허락하지 않는다면, 연속체의 총체적 해석으로 지향된다. 따라서 그의/그녀의 선생님과 사랑에 빠진 한 학생은 '실질적인' 가르치기의 판박이 과정 대신에 '사랑에 빠진' 총체적 상황에서 구성요소로서의 그 교사의 '정상적' 행위를(그/그녀를 쳐다보기, 질문하기 등) 구성할 수 있다.

또한 이 전략은 시작하거나 통제하는 동작주의 관점으로부터 '생산적인' 측면에서 연속될 수 있다. 구체적으로 이는 총체적 상호작용이나 상황이 다른 동작주에게 불쾌하면 발생한다. 전형적인 예는 구두

시험 치르기나 치과 의사 방문하기이다. 이 상황들이 애매하지만 그들의 부정적 평가는 더 긍정적인 평가를 지닌 가상의 상황을 구성함으로써 줄어들 수 있다. 이는 다른 상황에 대해 전형적인 상호작용의 애초 실행에 의하여 행하여지므로 치과의사는 모든 종류의 '다른 많은 것들', 장난감이나 그 아이의 최근 경험에 대해 아이와 이야기를 시작한다. 이 사례에서 상황은 분명히 더 이상 '치과의사에게 치료받으러 가는' 것이 아니며, 치과의사는 단순히 치과의사 역할을 수행하는 것이 아니라, 멋진 친구의 역할을 가정한다. 구두시험의 판박이 과정에서 교수는 유사한 방식으로 그 학생과 비공식적인 대화를 시작하므로 시험이라는 판박이 과정에 관한 기본적인 심각성과 학생의 스트레스를 가능한 줄여준다. 또 다른 전략은 어떤 문제에 관한 비시험적인 이야기나 논의와 같은 시험 그 자체의 재정의이다. 마지막으로 '교통 위반'이라는 판박이 과정의 다소 복잡한 예를 볼 것이다. 내가 교통 위반 딱지를 받았을 때 나는 교통 위반자의 역할을 하게 되며, 부정적 자기 평가를 유도할 수 있다. 교통 경찰관의 특별한 행위에 초점을 둠으로써, 하지만 나는 다른 방식으로 그 상황을 해석할 수 있다. 가령 그 경찰관이 무례하다면 '범죄'는 최소한 나누어질 수 있으며, 결과적으로 딱지를 받는 것은 괴롭힘의 행위로 해석될 수 있으며, 누구든지 분노를 정당화할 수 있다. 또한 반대의 경우도 일어날 수 있음을 주목해야 한다. 가령 그 상황이 공무원과의 상호작용 예로서 더 총체적인 방식에서 해석될 수 있을 때, 그 동작주는 교통 위반 틀에서 이러한 적절하지 않은 모든 종류의 반응을(예로, '도움'에 대해 감사하는 것으로) 드러낼 수 있다.

4.8.8. 사회적 맥락에서 거시규칙의 전략적인 사용에 관한 주어진 일부 전략적 예는 물론 일화적 삽화일 뿐이다. 추가적인 경험 조사는 사람들이 '실제로' 어떻게 사회적 상호작용에서 행위하는지에 관한 것이지만, 이 예들은 충분히 전형적이다. 하지만 조직에서의 거시규

칙의 '정상적인' 적용과 복잡한 사회적 상호작용 구조의 축소뿐만 아니라, 사회적 구성원들도 전략적이거나 전술적 방식에서 거시규칙을 적용한다는 가설을 정당화하기 위해서는 수많은 다른 것들이 주어질 수 있다. 우리는 그 규칙의 사용 조건 중 하나가 재차 인지적임을 살펴왔다. 가령 우리는 일반적인 신념, 태도, 규범, 가치, 흥미가 최소한으로 변화될 필요가 있는 방식으로만 사회적 실제를 해석하고 평가하려고 노력한다. 물론 이 인지적 원리는 사회적 관련성을 지니며, 이는 각 상황에서 각 동작주가 최적의 거시층위에서 다른 동작주의 각 행위를 해석하고, 영향을 줄 것임을 말해주는 것이다. 이 최적성은 인지적 꾸러미(태도·가치·규범)의 일반적인 요인들의 기능이 되는 선호된 신념, 목표, 의도의 결과로서 연산된다. 따라서 버스에서 승차권 구입은 버스틀의 정상적인 최초 교섭 과정으로 받아들여지며, 판박이 과정의 명제 계획인 '나는 버스를 타다'는 거시명제에서 시작된다(구성에 의해). 그러나 동일한 교섭은 승차권을 산 소녀가 버스 운전사와 사랑에 빠진 상황에서는 상이한 기능과 다른 총체적 해석을 수용한다. 하지만 가령 식당에서 밥 사 먹기, 택시 타고 어떤 곳으로 여행하기 등과 같은 전형적인 틀의 상황에서 다음의 일반적인 원리로서 참여자들은 총체적 결과나 목표에 초점을 지니는 틀을 경험한다. 이는 각 행위나 사건이 가능하면 판박이 과정의 교섭 구성 요소로 받아들여야 하기 때문에 모든 종류의 문체적 변이나 심지어 방해되는 세부 요소가 '무시된다는' 점을 함의한다. 따라서 우리는 버스에서 술에 취한 동료 승객, 식당에서 '문제'를 일으키는 다른 손님들과 상호작용하기를 거부한다. 이들은 '우리의 사건'이 아닌 것으로 고려되는데, 이는 사생활에 관한 존중일 뿐만 아니라, 현재 판박이 과정에 요구된 총체적 해석과 실행을 유지하는 것이기도 하다. 그렇지 않으면 구체적인 '방해하기' 하위 연속체가 적절한 계획이나 각본의 부족으로 우리가 처리할 수 없는 상호작용 연속체 속으로 우리를 혼란스럽게 하는 것은 당연하다. 그런데 이는 이러한 사건이 기억되지 못하는 것을 의미하는 것은 아니다. 반대로 그것은 정확히 버스나 식당에서 무엇이 일어났는지에 관한 이후 이야기의 복잡한 사건이다.

지금까지 사회적 상호작용에 관한 분석이 행위 연속체의 총체적 해석에 관한 일반적인 원리와 특히 사회적 전략을 수반해 왔음을 살펴왔다. 이러한 전략은 참여자들이 구체적으로 주어진 판에 박힌 일상의 과정에 대안의 총체적 해석을 부여함으로써 틀을 재정의하며 동시에 상호작용의 지엽적 해석에도 영향을 준다.

4.9. 마무리와 남은 문제

4.9.1. 이 장에서는 행위의 총체적 구조를 분석해 왔다. 우리의 접근은 담화에서 거시구조에 대해 2장에서 취했던 것과 유사하다. 일반적으로 행위의 주요한 속성들의 간략한 요약 이후에 우리는 행위 연속체를 정의해 왔다. 이러한 연속체는 문장과 같이 연결되고 선조적으로 의미 연결되는 것으로 논의되었다. 하지만 대부분의 담화와 달리, 행위 연속체는 최종적 결말과 목표를 지니며 연속체에 방향을 제시한다. 의미 있는 행위와 상호작용 연속체는 지엽적·선조적 층위에서뿐만 아니라, 총체적 층위에서도 의미 연결된다. 담화의 의미구조에 대해 형성된 거시규칙들이 행위의 개념 구조에도 적용됨을 알 수 있었다. 그것은 총체적 행위나 거시 행위에 대해 행위 연속체를 대응시킬 수 있도록 해 주었다. 또한 총체적 행위는 더 낮은 층위에서 행위의 유의미성을 충실하게 결정해 주는 총체적 목적과 의도, 그리고 총체적 결과와 목표를 지닌다. 거시규칙은 연속체의 행위가 중요한지를 (중요하지 않은지) 정의하고 추상화의 다양한 층위에서 유사한 행위하기나 행위를 다룬다. 총체적 행위는 다양한 인간 행위의 꾸러미 가운데 행위의 구체적인 (하위) 연속체를 확인하고 제한하며, 복잡한 행위 연속체를 유효하게 조직·계획·조정·표상할 수 있도록 해 준다. 결론

적으로 총체적 행위는 행위 담화에서 행위의 다양한 기술을 기반으로 한다. 그리고 그곳에서 완벽성의 변화하는 층위와 정도는 상이한 화용적·문체적·수사적 효과에 사용될 수 있다.

4.9.2. 먼저, 행위의 총체적 해석은 결국은 사회적으로 관련되는 것으로 드러난다. 사회적 상황이나 틀, 그리고 그것에서 수행된 전형적인 행위 연속체는 이러한 틀에서 전형적으로 수행된 총체적 행위의 정의를 우선적으로 요구한다. 둘째, 총체적 해석은 전략적으로 사용될 수 있다(예로, 상황을 재정의하거나 상호작용의 요구된 목표를 최적화하기 위해서).

4.9.3. 우리의 분석은 몇몇 관점에서 분명히 가설에 그치고 있으며 불완전하다. 첫째, 그것은 다소 추상적이었으며, 몇몇 삽화적 예들에서 사회적 상호작용을 구체화하는 데에만 주의를 기울였다. 행위의 인지적 측면 중 일부가 나중에 취해지지만, 복잡한 행동에 관한 추상적인 분석조차도 문제가 되지 않았다. 가령, 그것은 단순히 직관적인 종류인데, 즉 (내적) 연속체의 어떤 형식적 분석이나 거시규칙의 형식적 적용도 주어지지 않는다. 총체적 행위 형성에 관한 구체적인 제약이 무엇인지도 지적되지 않았다. 둘째, 우리는 여전히 사회적 참여자들이 더 높은 층위 행위에 관한 조직, 계획하기, 해석, 기술을 언제·어떻게 사용하는지, 특히 전략들이 유의미하고 효과적인 사회적 상호작용에서 언제·어떻게 수반되는지를 무시하고 있다. 사회적 행위에 관한 경험적 연구조사는 총체적 행위에 관한 기능과 적용을 평가하는 데 필요하다. 그러므로 이 장은 추상적으로나 경험적으로, 복잡한 사회적 상호작용 연구에서 부가적인 수준의 첫 번째 제안일 뿐이다.

제5장 화용적 거시구조

5.1. 들머리: 화용론의 목적과 문제

5.1.1. 담화에서의 거시구조 분석과 (내적) 행위 분석 이후에, 언어학과 행위 이론이 겹쳐지는 영역, 즉 화용론[1]을 더 세밀하게 살피는 것은 도움이 된다. 화용론은 통사론과 의미론 다음으로 언어학 이론의 주요한 세 번째 하위 이론이 되었다. 그것의 주된 연구대상은 이른바 화행이라는 것이다. 화행이나 '발화 수반 행위'는 주어진 맥락에서 의미 있는 표현의 발화에 의해 성취된 사회적 행위이다. 통사론은 표현과 문장을 대상으로 하며 잘 형성된 조건을 형성하지만 의미론은 의

---

1) 화용론, 특히 화행 이론은 언어학자들이 화행과 문법 간에(Cole, 1978; Cole & Morgan, 1975; Katz, 1977; Sadock, 1974; Wuderlich, 1972, 1976) 관심을 갖기 시작한 이후에 철학에서 처음으로 전개되었다(Austin, 1962; Grice, 1967; Searle, 1969). 화용론에 관한 우리 자신의 접근은 화행이 문장뿐만 아니라, 담화에도(van Dijk, 1972, 1976c, 1977a, 1980b) 관련된다는 가정에 기초해 왔다. 화행 연속체의 속성을 연구하면서 화용 층위에서 거시구조를 상정하고, 이를 담화의 의미론적 거시구조에도 연결하는 것은 이러한 틀에서는 자연스럽다. 화행 연속체와 담화의 화용적 분석에 관한 세부 사항들을 위해서 독자는 이러한 다른 연구를 참조하면 된다.

미, 지시체, 명제를 대상으로 취하며 진릿값이나 만족 조건을 형성한다. 화용론은 화용 기능이나 화용 의미, 그리고 화행을 대상으로 하며, 이른바 적절성의 조건을 형성한다. 우리는 화행이 주어진 맥락에서 적절하거나 부적절하다고 말한다. 이 맥락은 의사소통 상황에서 어떤 속성들의 관점, 즉 화자, 청자, 그것의 사회적 관련성(예로, 지배의), 다수의 인지적 속성인 지식/신념, 희망/욕구, 선호/평가 등에서 구체화된다.

화용론의 중심 생각은 언어가 일련의 해석 가능한 (문법적) 표현들로 연구되어야 할 뿐만 아니라, 언어의 사회적 속성이 주어질 때 의사소통 상호작용에서 언어의 기능화를 연구해야 한다는 것에 있다. 이는 우리가 언어를 사용할 때 문장의 발화를(분명한 의미로) 산출하거나 이해할 뿐만 아니라, 그것에 의해서 동시에 단언, 질문, 명령, 요구, 약속, 위협, 축하와 같은 특별한 사회적 행위를 수행한다는 것을 의미한다. 이 행위에(즉 화행) 특별한 주의를 기울이고, 행위 기능적 관점에서의 언어 발화의 설명을 문법에 주어진 발화 구조의 설명과 관련시킴으로써 언어에 관한 우리의 이론은 더 완벽해지고 경험적으로 더 만족스러워진다. 구체적으로 문장과 텍스트의 수많은 속성은 형태론, 통사론, 의미론에서 충실하게 설명될 수 없는 것으로 드러난다. 아마도 이 점에서 가장 잘 알려진 것은 평서, 의문, 그리고 명령문 형식 간의 통사적 차이이지만, 부사, 관사, 화제와 논평 구조, 전제 등에도 같은 점이 적용된다. 담화 연구에 대해 그것은 연속체에서의 문장 경계에 관한 제약이 주로 화용적이며—더불어 발화의 길이와 복잡성에 관한 일반적인 인지적 제약이 있다는 점이 추가적으로 드러난다.

5.1.2. 화용론은 언어학과 언어철학 두 분야에서 아직 초기 단계에 있으며 주요 개념은 1960년대에 처음 나왔다. 일반적으로 문법이나 언어학 이론의 통합은 여전히 실질적으로 존재하지 않는다. 즉 화행 이론은 대개 철학과 언어학의 독립된 가지로 발전되어 왔다. 마찬가지

로 사회과학과 인지심리학의 분명한 연결은 매주 제약된 주의만이 있음에도 불구하고, 행위 철학과 화행 이론 간의 체계적인 연결의 수립을 위해 노력해 왔다.[2] 화용론의 다양한 이론적 용어, 정확한 형식적 목표, 경험적 요구는 폭넓게 논의되어 왔지만 그것들에 관한 통일된 개념은 없다. 가령 지금까지 화용론의 주요한 목표로 이미 구체화해 온 것은 중심 화제를 형성하는 하나의 방법이다. 특히 병렬주의를 다른 (하위) 언어학 이론과 관련시키는 형성의 한 방법인데, 이는 통합 이론에서 최종 연결을 더 쉽게 만든다. 언어학에 대해 화용론이 발화의 구조와 기능에 관한 더 나은 통찰력을 보여준다는 점은 특히 중요하다. 따라서 한편으로 형태론·통사론·의미론 간, 다른 한편으로 형태론·통사론·의미론·화용론 간의 체계적인 연결이 수립되어져야 한다.

화용론의 쟁점 중의 하나는 명확한 '영역'에 관한 것이다. 언어 사용, 행위, 의사소통이 수반되기 때문에 언어 연구에서 이 양상은 사회언어학과 언어사회학에서 연구되어야 하는 것으로 논의될 수 있다. 마찬가지로 언어 사용자의 지식·신념·태도·희망과 같은 인지적 용어의 사용은 언어 사용의 심리적 분석을 수반한다. 이 논의는 실제로 경험적 관점에서 유효하며 화용론은 이 영역들에 효과적으로 기반해야 한다. 하지만 통사론과 의미론을 포함하는 문법이 그것의 사회적·인지적 이론으로부터 다소 추상화되듯이, 우리는 화용론을 언어 발화의 기능 속성으로서 '화행'·'적절성'·'맥락'과 같은 추상적 개념을 연구하는 언어학 이론의 추상적 하위 이론으로도 고려한다. 동일한 방법으로, 언어 의미론은 수반된 구체적인 인지적 과정 및 표상과는 별개로 언어 표현에 관한 '의미'·'만족'·'가능한 세계'를 구체화한다. 따라서 언어 사용자들이 실제로 발화를 어떤 화행으로 해석하는지, 문법적 전략을 어떤 행위 개념을 전달하기 위해 어떻게 적용하는지가

---

2) 오스틴(Austion)과 그라이스(Grice)에 의한 주석 1, 261쪽에 언급된 연구를 보라. 더욱 더 체계적으로 몇몇 독일 언어학자들(Brennenstuhl, 1974; Kummer, 1975; Rehbein, 1977)에 의한 최근의 연구를 보라.

화용론의 인지적 기반에 관한 문제들이다.

5.1.3. 물론 화용론의 주요한 쟁점과 문제들에 관한 간략한 요약을 제공하는 것이 이 장의 목표가 될 수는 없다. 우리는 곧 이 책의 주요한 화제인 화용적 거시구조에 초점을 둠으로써 화행 연속체에 부여될 수 있는 총체적 구조를 이해한다.

이러한 화용적 거시구조가 존재한다는 것은 문장의 연속체와 행위의 연속체가 그것을 가지고 있다는 사실로부터 이미 추론될 수 있다. 그러므로 고립된 화행 분석에 광범위한 초점을 두기보다는 오히려 그것이 연속체에서 어떻게 연결되며 이 연속체가 총체적으로 어떻게 조직되는지를 살펴야 한다. 이는 의미론적 그리고 화용적 거시구조 간의 명확한 관련성도(즉 담화의 총체적 의미와 총체적 화행이나 거시 화행으로서의 그것의 총체적 기능 간) 살펴야 한다는 점을 의미한다.

언어가 상호작용의 수단이기 때문에 대다수 상황의 연속체에서 조직된 언어 발화들이 서로 다른 화자들에 의해 산출된다고 가정하는 것은 당연하다. 실제로 자연언어 의사소통의 기본적인 형식 중의 하나는 몇몇 종류의 비격식 대화와 또 다른 격식 대화이다. 이러한 비격식 대화는 그 자체와 다양한 관점으로부터 연구될 수 있다. 화행 연속체가 수반되고 서로의 말하기 순서를 따르는 다른 화자들에 의해 수행되기 때문에 대화의 화용적 분석도 필요하다. 특히 비격식 대화에 관한 화용적 거시구조의 연구는 화행의 다양성, 언어 사용자의 역할, 사회적 맥락 등을 고려해 볼 때 흥미롭다. 일반적으로 비격식 대화는 비형식적인 일상 말하기 상호작용을('이야기') 의미하지만, 모임·면담·청문회·강의 등에서 일어나는 격식 대화는 의사소통의 다른 형식으로 취급된다.

5.1.4. 화행 연속체의 구체적인 분석을 하기 전에 화용론의 기본적인 원리에 관한 추가적인 언급이 필요하다.

첫째, 자연언어 발화를 산출하는(의미 있거나 의미 없는) 단순한 '말하기' 행위와 화행 수행 간에 차이가 있다는 점을 반복해야 한다. 발화 행위라고 불리는 말하기 행위도 문법 등을 아는 언어 화자에 의해 마음대로 어느 때나 성취될 수 있다. 이러한 행위는 아마도 단독으로도(즉 다른 언어 사용자들에 의해 들리거나 읽히는 어떤 목적이 없이) 이루어질 수 있다. 하지만 화행이나 발화 수반 행위는 사회적 상호작용의 관점에서 유형화되므로 청자의 존재, 화자와 청자의 어떤 관계, 상호작용 목적, 가령 청자의 상태를 변화시키기 위해 기본적인 형식을 어떻게든 요구한다.

발화 행위는 그 자체로는 꽤 복잡하며, 우리는 최소한—거의 자동화된—형태적 행위와(단어 말하기) 통사적 행위(단어와 구를 범주화하고 순서화하기)를 구별해야만 한다. 더욱이 특별한 '심적 행위들'로 받아들여질 수 있는—명제적이라도 불리는—'의미적' 행위가 있는데, 이는 자연언어의 유의미한 표현의 발화로 수행될 수 있다. 문제의 쟁점들은[예로, 표현의 (최소한 무언의) 형성 없이 의미적 행위를 성취할 수 있는지의 여부] 여기에서 다루어지지 않는다.

하지만 두 종류의 '의미적' 행위인 의미하기와 지시하기(부여하기) 간을 구별해야 하는데, 여기에서 두 번째 행위는 언어 사용에서 첫 번째 것을 전제한다. 화행은 더 높은 순위 행위임이 현재 가정되는데, 행위는 다른 행위의 수행으로서만 수행될 수 있다. 이런 경우에 발화 행위와 그에 관한 의미적 행위는 가능한 발화 행위로서 자격이 부여되는 발화에 대해 수행되어야 한다.

화행은 실제로 4장에서 규정된 행위의 주요한 원리에 따른 행위임을 주목해야 한다. 즉 그것은 어떤 목적하에서 의도되고, 내포된 특별한 동작들로(즉 발화들) 드러난다. 가령 우리는 발화로 누군가에게 알려주고, 약속하고, 경고하고, 부탁하기를 원한다. 마찬가지로 우리는 화행으로서 특별한 맥락에서 발화된 어떠한 의미를 지닌 발화를 해석한다. 이 경우를 화용적 해석이라 말한다. 의미적 해석과 같이 이 화용적 해석은 추상적이고 심지어 형식적 관점에서 형성될 수 있다. 수반된 인지적 양상은 화용적 이해의 이론에서 설명될 수 있다.

화용적 맥락의 개념도 원칙적으로 화행의 적절성을 결정할 수 있는 요인들의 조직화된 꾸러미의 추상물이다. 우리는 그렇게 함으로써 인지적 상태와 모든 종류의 사회적 상황의 속성에 추상적 개념을 사용한다. 따라서 지식은 기본적으로 거의 모든 화행을 유형화하기 때문에 문제 상황의 한 요인이다. 가령 가장 먼저 화자는 청자가 어떤 것을 알기를 원하거나(발화나 그 발화의 해석으로) 화자인 그가 알기 원하는 것을(예로, 질문에서) 청자가 알기를 원한다. 마찬가지로 믿음·욕망·평가가 수반된다. 답변·요구·질문 등은 모두 전형적으로 화자의 욕망·희망·선호를 수반한다. 축하와 비난은 평가를 수반한다. 나아가 화행은 종종 화자나 화자의 과거·현재·미래 행위에 관련된다. 우리는 그가 했던 것에 대해 누군가를 비판하거나 비난하며, 그에게 (지금 혹은 이후에) 무엇을 하거나 하지 못하도록 경고하며, 내가 무엇을 할지를 약속하며, 내가 무엇을 할 것이라고 협박 등을 한다. 화행은 일반적으로 사회적 상호작용의 중요한 조직자이다. 즉 그것은 사람들에게 서로의 과거와 미래 행위를 알려주며, 행위가 요구되고, 마음에 들며, 선호되며, 받아들여지지 않는 등에 대해 이야기해 준다. 결국 모든 종류의 사회적 관계가 화용적 맥락을 유형화한다. 가령 우리는 청자에게 지배적인 사회적 관계에 있을 때만 적절하게 명령할 수 있다. 위협·충고·비난 등에 관한 유사한 제약들이 존재한다. 화행에 대해 어떤 관습적인 제약이 제도화되어 왔다. 예를 들어 경찰은 누군가를 체포만 할 수 있고, 판사는 누군가에게 판결내릴 수 있으며, 시의 공무원, 목사나 배의 선장만이 주례를 볼 수 있다. 이 모든 사회적 조건이 문화의존적이므로 요구·인사 등 서로 다른 문화에는 다양한 제약이 있다.

주어진 화행에(예로, 위협이나 명령) 관한 적절성의 조건을 구체화할 때, 우리는 이러한 행위를 (적절하게) 이루는 데 획득해야 하는 다양한 인지적·사회적 조건을 열거한다. 예로, '화자는 청자가 아마도 A를 할 것이고, 청자가 A를 하는 것을 원하지 않는다는 것을 알고 있으며, 그리고 화자는 청자가 B를 좋아하지 않는다는 것을 알고 있다, …'에서는 B를 하는 것이 위협 조건의 일부가 될 수 있다.

이 간단한 예를 통해 우리는 화행이 그것의 성취에서 발화된 그 문장의 의미/지시체인 의미론적 '내용'을 가지고 있다는 점을 알게 된다. 가령 우리는 '어떤 것'이나 '어떤 이'에게 주장·약속·비난·부탁·위협·명령을 한다. 이는 화행의 속성에 관한 수많은 정보가 발화된 문장(들)의 의미에 내포된다는 것을 의미하므로 약속과 위협은 화자의 (미래) 행위를 표상하며, 비난이나 비판은 청자(혹은 세 번째 사람)의 과거 행위에 관련된다. 그러므로 청자는 화행 이해에서 맥락의 분석과 발화의 분석을 통해 수행된 올바른 발화를 부여할 수 있다. 발화 분석에서 의미론적 이해는 수반된 사람, 시간과 장소, 화행과 관련된 행위가 무엇인지를 구체화하기 때문에 중요한 역할을 한다. 그런데 이는 통사와 억양의 분석이 역할을 하지 않는다는 것을 의미하는 것은 아니다. 화용론도 때때로 의미의 이론에서 추가적인 구성 요소로서 간주된다는 점을 주목해야 한다. 발화될 때 약속이나 위협으로 기능할 수 있는 표현도 그것의 '의미' 일부로 보여질 수 있다. 최소한 화행의 발화에의 부여도 발화 해석의 한 부분이다. 하지만 이런 경우에는 '의미'를 말하기보다는 오히려 기능을 선호한다. 그러면 화용적 해석은 행위 개념을 발화에 부여하고 그것에 의해서 그 발화가 왜 사용되는지, 따라서 그것의(화행) 기능이 무엇인지를 구체화한다. 즉 우리는 의미론에 관한 의미와 지시 내용, 그리고 화용론에 관한 행위와 기능을 따로 마련한다.

결론적으로 화용론의 또 다른 한계가 여기에서 규정된다. 4장에서는 행위가 의도된 결과일 뿐만 아니라 행위의 목적이 되는 목표를 가진다는 것을 고찰해 왔다. 이는 화행에서도 사실이다. 하지만 우리는 보통 의도−결과 짝에서 화행의 적절성 조건에 관한 상세화를 제한한다. 즉 청자가 실제로 주장한, 요구한 것 등을 믿는지의 여부는 화행 그 자체의 속성보다는 행위의 더 구체적인 인지적, 사회적 속성의 양상에 있기 때문이다. 어떤 경우에 우리는 화행을 그것의 의도된 목표와 함께(즉 구체적으로 '납득시키다'나 '설득하다'와 같은 개념을 사용할 때에 청자의 신념이나 행위에서의 변화 등) 나타내기를 원한다. 이러한 행위는 이른바 발화 효과 행위라 불린다. 그들의 특별한 목적이 실현된다면 행위는 성공적이므로 단지 화자의 통제하에서만 수행될 수 없다.

하지만 청자에게 요구된 변화가 화용론의 영역에 그와 같이 속하지 않음에도 불구하고, 화행의 부여와 어떤 화행으로서의 발화의 해석은 화행 이론에 속한다. 발화는 화행의 실행된 결과이기 때문이다. 더욱이 화자와 청자의 구체적인 관점과 그들 개인의 의도와 해석을(의도에 관한) 추상화하는 것이 당연하지만, 앞서 구체화해 왔듯이 우리는 사회적 상호작용에서 행위는 그것이 사회적으로 고려될 때에만(즉 동작의 관습적으로 보장된 해석을 기초로) 역할을 한다는 점을 깨달아야 한다. 따라서 화자는 어떤 목적과 의도를 가질 수 있지만 적절한 언어 형태에서 그것들을 '바꿔 말하는' 일반적인 관습을 따라야 하며, 이는 특별한 맥락의 청자에 대해 발화의 화용적 해석에 관한 충분한 정보를 제공한다.

물론 총체적이거나 거시적인 화행의 부여는 화행 연속체의 총체적 해석에 대해서도 문제가 되기 때문에 우리는 화용적 해석의 문제를 더 심층적으로 다루어 왔다. 이것도 동일한 대화나 독백이 그 연속체의 총체적 해석과는 다를 수 있다는 것을 의미한다. 가령 한 사람에게 위협이 되는 것이 다른 이에게는 화행 연속체의 총체적 수준에서 약속이 될 수 있기 때문이다.

5.2. 화행 연속체

5.2.1. 대부분의 의사소통 상황에서 언어 사용자는 몇 가지 화행을 수행한다. 이런 종류의 진행 중인 화행은 연속체의 측면에서도 분석을 가능하게 한다. 가령 동일 상황에서 어떤 언어 사용자들의 수많은 언어 화행은 구성소 화행들이 어떻게든 '함께 묶이는' 단위로 받아들여질 수 있지만, 이전과 이후의 화행이나 다른 참여자들에 의한 화행은 연속체에 포함되지 않는다.

　4장에서 논의된 바와 같이 화행은 특별한 종류의 사회적 행위이며 연속체들은 (내적) 행위 연속체에 대해 일반적인 제약을 고려해야 한다. 우선 화행은 시간상에서 서로 연속되어야 하며, 연결된 쌍이어야 한다. 각 화행은 분명히 (화용적) 맥락을 변화시키며 그것은 추가적인 화행의 애초 성공 조건에도 영향을 줄 수 있기 때문에 두 화행은 하나가 다른 하나의 조건(혹은 결과)이라면 연결된다. 우리가 p를 주장함으로써 누군가에게 어떤 사항에 대해 알려왔다면 맥락은 단언 이후에 청자가 p를 알게 됨으로써 변화될 수 있다. 즉 이 새로운 맥락은 이론적으로 적절하지 않은 동일 상황에서 동일 화자에 의한 p의 새로운 주장일 수 있다. 마찬가지로 한 화행은 청자에게 어떤 의무를 부여할 수 있으며 그 의무는 청자의 다음 화행으로 인지되거나 만족될 수 있다. 그러면 연결 조건이 동일 화자의 연속체와 다른 화자에 의해 수행된 연속체에 모두 유지된다.

　마찬가지로 화행 연속체가 다른 방식에서 의미 연결되는 것을 기대할 수 있다. 최소한 다소간 고정된 수의 화자 동작주가 관련되며 어떤 방식에서 여전히 명시적인 그 화행들은 동질적이다. 따라서 이러한 의사소통 상황에 대해 결정적인 적절성 조건에서 차이가 주어진다면 동일 맥락에서 명령과 사과 모두가 일반적으로 수용될 수 없다. 화행은 문장들의 발화에(연속체의) 기초하며 의미 연결도 텍스트적인 의미 연결을(즉 그 연속체의 의미적 유의미성) 요구한다. 결국 행위 연속체와 같이 일반적으로 화행 연속체는 추가적으로 목표 지향적이 될 수 있다. 즉 연속체는 각각의 연속된 발화가 연속적인 결과이거나 연속적 목표에 도달하기 위한 목적과 의도로 이루어진다. 어떤 맥락에서(예로, 설득과 만남) 결과와 목표는 잘 정의된다(예로, 청자 의견의 변화나 공동 결정에의 도달). 하지만 일상 대화와 같은 다른 맥락들에서 그 조직은 세부적인 결과나 목표에 덜 분명하게 지향적일 수 있으며 상호작용의 지엽적 조직에 제한될 수 있다(예로, 약속·요구·위협과 같은 정보의 전환이나 상호작용의 통제).

5.2.2. 화행이 연속체에서 연결되는 전형적인 방법 중의 하나는 조건적 의존에 의한 것이다. 다음의 홑문장 연속체의 예를 고려해 보라.

(1) 나는 시계가 없습니다. 몇 시인지 말해줄 수 있나요?

적절한 환경에서 발화될 때 첫 번째 문장은 단언의 기능, 두 번째는 요구의 기능이다. 하지만 동일한 상황에서 첫 번째 문장만을 발화하는 것이 적절하지 못할 수 있다는 점은 흥미롭다. 예로, 청자는 낯선 사람으로서 화자가 시계를 가지고 있지 못하다는 사실에 전혀 흥미를 가지고 있지 못하다. 그러면 그 단언은 그것의 결정적인 적절성 조건 중의 하나가 부족하게 된다. 하지만 그 요구는 그와 같이 '분리된 채'로 수행될 수 있다. 하지만 요구는 동기화되어야 한다. 가령 그것은 화자가 요구된 행위를 수행하거나 요구된 정보를 제공할 수 없는 사례임이 분명하다. 하지만 두 화행은 모두 완벽하게 수용될 수 있게 결합한다. 가령 첫 번째 문장의 발화로 이루어진 단언은 정확하게 요구에 관한 조건으로서 제공되는 동기를 부여한다.

이 예로부터 적절성 조건은 상대적일 수 있음을 알 수 있다. 가령 화행은 분리되어 적절하게 되기보다는 화행 연속체에서 기능할 수 있다. 담화 기술의 의미론적 층위에서도 같은 점이 적용된다. 문장은 때때로 문장 연속체에서만 의미 있거나 진리값을 가진다. 화행의 적절성 조건은 화용적 맥락 속성의 관점에서 형성되고, (다른) 화행은 맥락에서 전환되기 때문에 화행의 적절성 조건이 다른 화행 연속체에 의존하는 것은 자연스럽다.

5.2.3. 화행 연속체에서 화행 간에는 2장에서 문장 간에 처리했던 바와 매우 동일한 방식하에서 기능적이라고 부를 수 있는 다른 관계가 존재한다. (1)에 제시된 예를 가져와 보자. 단 첫 번째 문장을 뒤에 둔다.

(2) 몇 시인지 말해줄 수 있나요? 나는 시계가 없습니다.

여기서는 이 연속체 관한 맥락 조건이 (1)의 것과 동일하다고 가정한다. 이 경우에 문체의 (화용적) 변이를 가져온다. 차이는 단언이 요구에 대해 올바른 맥락을 형성하기보다는 오히려 이후에 그 요구에 관한 기반을 제공하므로 요구의 설명으로 기능하는 것에 있다. 즉 나는 시계가 없기 때문에 너에게 이것을 부탁한다. 따라서 다른 화행을 뒤에 두는 일종의 조건에 관한 단언은 일반적으로 설명적 기능을 가진다.

(3) 오, 미안해! 나는 너를 보지 못했어.
(4) 걱정하지 마. 그는 위험하지 않아.

단언·요구·충고·변명 등은 이런 방식에서 그것들을 수행하기 위한 추가적인 기반을 제공함으로써 추가적인 설명이 될 수 있다.

화행 간의 또 다른 중요한 기능 관계는 논증 도식의 화용적 상관관계이다. 앞선 화행으로부터 결론을 도출하는 것은 자신이나 청자에 대해 이미 잘 알려진 관계이다.

(5) 나는 바쁘다. 그러니까 조용히 해줘!

(6) 그는 위험하다. 그러니까 조심해!

(7) 너는 최선을 다해 왔다. 그러니까 나는 너에게 새로운 자전거를 줄 것이다.

이 사례들에서 다시 첫 번째 화행은 두 번째 화행의 수행에 관한 조건으로 기능한다. 하지만 이들도 결론의 형태에서 서술되거나 명령될 수 있는 결말로 기능한다(문두에 그러니까로 시작하는 문장을 보라). 이러한 경우에 첫 번째 화행은 적절한 맥락을 고려할 때 단독으로 두 번째 문장에 의해 수행된 화행을 전달하기 위해 간접적으로 기능한다. 즉 누군가 조용히 하기를 원한다면, 우리는 (심지어 더 공손하게) 바쁘다 등으로 이야기한다. 청자는 적어도 표면적으로 그가 원하는 결론을 이끌어 내는 데 자유롭거나 최소한 제안된 결론을 따르지 않기 때문에, 이는 청자에게 명확한 결론을 남기며 보통 공손성의 지표가 됨을 의미한다.[3)

다른 기능 관계도(예로, 수정, 대조나 항의) 가능하다.

(8) 위스키 좀 드실래요? 혹시 술 안 좋아하시나요?

(9) A: 몇 시니?

　　 B: 몰라, 네 시계 봐!

(10) A: 그를 조심해!

　　 B: 나는 그가 무섭지 않아!

이러한 몇 가지 예는 단지 예시적인 기능을 가지고 있다. 우리는 화행 간의 일반적인 조건 관계와 더불어 다소 고정된 기능 범주를 갖출 수 있기를 원한다. 지엽적 의미 연결 기술의 문제이기 때문에 문장

---

3) 간접적 화행에 관한 추가적인 분석을 위해서는 설(Searle, 1975)과 프랭크(Frank, 1975)를 보라.

관계에 관한 한, 어떤 체계적인 기술이나 이론도 이런 종류의 관계에 대해 존재하지 않는다. 여기에서 이 문제에 대해 더 깊이 있게 나아가지 않을 것이다. 이런 종류의 기능적 관계가 고정된 도식에서 관습화된다는 점에만 주목해야 한다. 이 관계들이 이러한 사례에서 화행들의 하위 연속체 간에 적용되면, 화용적 상위구조를 얻을 수 있다. 이러한 의미에서 논증 도식도 화용적 도식으로 고찰할 수 있다. 그럼에도 불구하고 물론 주요한 주장이 이러한 도식으로 조직된다. 하지만 격식 대화 논증은 더 복잡하며, 또한 반박·항의·비판·비난 등을 수반한다. 이어서 그것이 화용적 상위구조에서 화용적 거시구조를 추가적으로 조직하는 데 의미가 있는지의 여부를 고찰한다.

5.2.4. 앞서 분석된 (1)과 (2)의 예에는 화용적 거시구조로 우리는 이끄는 또 다른 양상이 있다. 우리는 그 요구가(시간 말해주기에 대해) 원칙적으로는 독립적으로 기능할 수 있지만 그것은—특히 공손한 요구에서—그 요구의 조건들에 관한 단언으로 더 동기화될 수 있음을 살펴 왔다. 이 단언은 사실상 4장에서 보조적 행위라고 불렸던 것의 기능을 가지고 있다. 이는 그것을 독립적으로 수행하는 것이 왜 적절하지 않은지에 관한 이유 중 하나이다. 즉 그것은 또 다른 행위의 도입이나 설명으로서만 의미가 있다. 그리고 실제로 발화는 우선적으로 단언이 아닌 요구로서 기능한다. 구체적으로 이는 한 단언이 또 다른 화행에 관한 부수적인 화행이며, 즉 그것 안에 '내포된다'는 것을 의미한다. 따라서 우리는 문장에서 절 간에 위계적 관계를 고려하듯이 연속체에서 화행 간에도 그러하다. 이 위계성은 화자의 목표에 따라 수립된다. 가령 시간을 아는 것이 주요한 목적이라면 그 요구는 상위적이 되지만 다른 화행은 보조적이거나 부차적으로 받아들여진다.

하지만 단순히 그 요구가 단언보다 더 중요하다는 점에서 연속체가 위계적으로 조직된다는 것은 아니다. 전체적으로 (1)이나 (2)의 사용은 요구로서 고려될 수 있음을 이미 제시했다. 즉 우리는 어떤 조건하에서(예로, 그런 경우에 다른 화행들이 종속적·예비적·설명적·보조적이다) 명백하게 화행 연속체에 하나의 총체적 화행을 부여했다. 이는 우리가 화행 연속체를 총체적 화행 연속체에 대응시키기 위해 재차 거시규칙을 요구한다는 것을 의미한다. 일반적으로 행위 연속체에 관한 것과 같이 화용 이론에 거시구조의 개념을 도입하는 것은 의미 있다. 이는 4장에서의 행위 이론에 따라 우리가 실제로 총체적 행위가 연속체에 부여될 수 있다고 가정해야 함을 의미한다. 이 가정을 좀 더 구체적으로 조사해 보자.

5.3. 거시 화행

5.3.1. 우리는 어떤 화행 연속체가 전체로서 하나의 총체적 화행으로 받아들여질 수 있음을 주목해 왔다. 그럼으로써 이 가정은 화행 연속체들이 거시규칙에 의해 총체적 화행에 대응된다는 것이다. 이러한 거시규칙이 관련 없는 세부 사항을 삭제하며 총체적 행위를 일반화하고 구성한다. 현재의 문제는 이 기능이 화행에 어떻게 구체화될 수 있는지에 관한 것이다.

앞선 예에서 우리는 한 연속체에서 다른 화행에 대해 보조적인 기능으로만 작용하는 화행이 있다면 이 보조 행위는 삭제될 수 있다고 보았다. 반면에 이러한 행위가 일반적인 구성 요소, 조건이나 다른 행위들의 결과가 된다면, 오히려 구성 규칙을 적용할 수 있다. 하지만 이 최종 규칙은 어떤 (총체적) 화행이 일반적으로 어떻게 수행되는지에 관한 관습적 지식을 수반한다. 반면에 다른 총체적 행위에(예로, 기차 타기나 파티 하기) 대해서는 수행되어야 하는 더 낮은 층위의 행위를 일일이 열거함으로써 이러한 구성소들이나 다른 속성이 구체화될 수 있으며, 이러한 분석은 화행 연속체에 대해 더 복잡하다. 어떤 화행은 원칙적으로 직접적이고 별개로 수행될 수도 있다. 가령 요구는 다른 화행의 수행으로 이루어질 필요가 없다. 따라서 의미 층위에서의 명제들처럼 또 다른 관점에서 논의해야 한다. 즉 화행 연속체가 주어진다면 총체적 화행 구성이 가능한가? 이 구성은 우선 다음 예에서와 같이 정상적인 조건의 연속체에 기초한다.

(11) 나는 돈이 필요하다. 천 달러만 빌려 줄 수 있니?
(12) 거기는 비가 매우 많이 온다. 그래서 당신은 다른 더 좋은 곳에서 휴가를 보낼 수 있다.
(13) 마리는 나에게 방금 전화를 했다. 존은 병원에 있다.
(14) 아름다운 공연이었다. 축하해.

이런 방식에서 첫 화행은 다음 화행의 조건을 수립하도록 수행될 수 있다. 첫 화행은 요청이나 논의에 관한 이유를 평가 화행이 수반될 때는 정보의 [(13)에서와 같이] 자료나 태도의 표현을 제시한다. 그러면 일반적으로 그것들은 어떤 화행이 적절한지 뿐만 아니라, '정상적인' 행위가 되는 그런 방식에서 상호작용의 맥락을 점진적으로 변화시킬 수 있다. 하지만 총체적 행위의 부여도 이러한 일반적인 조건이 또 다른 화행의 준비에 관한 부분으로서 구성됨을 요구하며, 전체로서의 그 연속체는 다른 화행으로 작용한다. 그 점에서 (11)은 총체적 요구이며, (12)는 총체적 조언이고, (13)은 총체적 단언이다. 그리고 (14)는 총체적 축사이다. 비격식 대화에서 각각의 적절성 조건은 이런 방식으로 '수립될' 수 있으며, 화행 '그 자체는' 심지어 암시적이거나 간접적인 방식으로 수행될 수 있다.

일반적인 화행에 대해 아마도 관습적으로 수행되거나 수행되어야 하는 화행의 일련의 관습적 구성 요소가 존재하는 것은 아니다. 이런 속성을 지닌 다소의 제도적 화행들만을 상상할 수 있다. 구체적으로 공식적인 요구는 보통 그 요구에 관한 근거, 미래 행위에 관한 모든 종류의 다른 진술 등의 설명을 요구한다.

마찬가지로 법정에서의 공적인 고소도 더 낮은 층위에서 다른 화행의 연속체를 따를 수 있다. 이런 경우에 거시구조뿐만 아니라, 화행의 도식적인 상위구조도 지니게 된다.

결론적으로 정상적인 결과는 이러한 사례에서 다음과 같이 구성 규칙에 사용된다.

(15) 돈을 빌려 줄 수 있겠니? 내일까지 갚을게.

(16) 아니, 나는 도움이 필요 없어. 고마워.

여기에서 총체적 층위에서 고려되는 것은 첫 번째 화행이지만, 두 번째 화행은 청자가 가정한 암시적 질문에 관한 답변이거나 더 관습적 속성을(예로, 종결 대화 단위에서) 지닌다. 5.3.3의 하위 절에서는 과정의 조건과 결말이 특히 대화에서 이 기능을 지님을 살핀다.

어떤 화행 연속체가 다른 화행이 보조적이거나 부속적 행위이라면 전체 연속체의 화행으로 동시에 기능할 수 있는 주요한 화행을 포함하는 것은 당연한 결과이다. '순수한' 구성은 각 화행이 총체적 화행의 관습적 (심지어는 제도적) 구성 요소인 경우에만 일어난다.

반면에 앞선 예에서 구성과 삭제의 경계에 있었던 것처럼, 삭제된 행위도 일반적인 조건이나 결말이 아니라 실제로 관련 없는 다른 화행인 예들을 발견할 수 있다. 이 비관련성은 모든 종류의 관습적 상호작용, 공손성 등에 기인할 수 있다.

(17) 안녕, 뭘 도와줄까?

(18) 안녕! 네 아내는 어때? 이봐, 바로 들러, 내 차로 나를 도와줄 수…

물론 '비관련성' 범주는 지엽적 층위에서 개별적 행위들이 사회적 상호작용에 중요하지 않다는 것을 의미하지는 않는다. 단지 화용적 관점으로부터 개별적 행위들은 전체적으로 그 연속체에 의해 수행된 모든 화행에만 기여하지 않는다는 것이다. 물론 (18)과 같은 예도, 가령 첫 번째는 공손한 질문, 두 번째는 답변의 두 가지 독립된 연속체를 구성하는 것으로서 분석할 수 있다. 하지만 전체로서의 그 연속체는 (예로, 전화 대화의 부분으로서) 그 아내의 건강 상태에 초점을 두는 것이 아니라, 오히려 도움을 요청하는 것이다. 다시 말해 이는 전체로서 그 연속체의 총체적 결과와 목적으로 결정된다. 이 사례에서 적절한 거시구조의 검정은 화행 연속체의 요약하기 기술로 다시 보완될 수 있다. 이는 제안과 요청의 구체적인 내용을 지닌 '그는 도움을 제공했다'와 '그는 도움을 요청했다'로 가능해질 수 있다.

결론적으로 총체적 화행에 화행 연속체를 대응시킬 수 있는 후보로 일반화 규칙이 있다. 여기에서도 시시한 결론에 이르지 않고자 한다면 몇 가지 문제들이 있다. 우리는 화행이 그것 자체로는 오히려 구체화된 유형의 행위라는 것을 인식하게 되었다. 그러므로 어떤 연속체는 '그는 … 말했다'나 '그녀는 단지 나에게 … 말했다'로 일반화될 수 있으므로, 여기서 의문점은 우리가 화행의 부류를 모아 놓은 화행들의 하위 유형에 대해 구체적인 개념을 가지고 있는지의 여부에 있다. 의문, 요구, 명령, 위협, 충고는 한 부류에(즉 이 부류는 '화자는 청자가 어떤 것을 하기를 원한다'는 맥락 속성으로 정의된다) 놓일 수 있다. 이러한 부류는 '부탁하다'나 '이야기하다'와 같은 개념으로 참조될 수 있다. 하지만 몇몇 사례를 제외하고는 일반화 규칙이 총체적 화행의 형성에 매우 생산적이지 않다는 것을 알 수 있다.

5.3.2. 명확하고 중요한 총체적 화행 정보의 유형은 동일한 화행의 연속체에 기초한 것 중의 하나이다. 누군가 진술 연속체를 구성한다면 우리는 진술로서 그 연속체를 총체적으로도 받아들일 수 있다. 다른 화행에도 같은 점이 적용된다. 어떤 발화 유형들은 심지어 이 총체적 화행의 관점에서 정의된다. 가령 강의나 과학 논문은 총체적 단언으로서 기능한다. 하지만 다른 발화 유형들을 받아들이면 우리는 요

구, 명령, 충고, 비난이나 위협으로 수행된 사례가 드물다는 것을 알게 된다. 이러한 발화도 화행을 위한 배경, 설명, 도입부 표지 등을 제공하기 위한 단언을 요구하므로 다시 구성이나 삭제가 적용된다.

5.3.3. 화용적 거시구조의 가능성에 관한 이론적 언급과 몇몇 예비적 예들의 분석 이후에 더 복잡한 화행 연속체, 즉 다음과 같은 비격식 대화의 상호작용에 거시규칙을 적용해 보자.

(19) (a) A: 안녕?

    (b) B: 안녕, 슈, 나 데이비드야!

    (c) A: 데이비드! 어때? 오랫동안⋯

    (d) B: 잘 지냈어. 어떻게 지내고 있어?

    (e) A: 좋아. 고마워. 나는 공공 도서관에서 일하고 있어.

    (f) B: 좋아. 괜찮아?

    (g) A: 매우 좋아. 여기 사람들이 좋아. 연구는 어때?

    (h) B: 다음 가을까지 준비됐으면 좋겠어.

    (i) A: 벌써?

    (j) B: 응, 그래서 너에게 전화했어. 여전히 여가 시간을 타이핑하는 데 보내니?

    (k) A: 때때로, 내가 돈이 좀 더 필요할 때. 왜?

    (l) B: 글쎄, 네가 알다시피, 나는 논문 주제를 거의 완성해 왔어, 그리고 그것이 다시 타이핑되어야 하지만, 나는 시간이 없어⋯

    (m) A: 길어?

    (n) B: 이 백 페이지.

    (o) A: 언제까지 마무리되어야 하지?

    (p) B: 9월말까지.

    (q) A: 좋아, 내가 할게.

    (r) B: 오, 좋아. 정말로 시간 내 줄 수 있니?

(s) A: 정말로, 걱정 마. 언제 원고를 받을 수 있니?

(t) B: 두 주나 세 주. 괜찮겠니?

(u) A: 응, 나는 거기 있을 거야. 네가 오기 전에 전화해.

(v) B: 그렇게 할게. 도와줘서 고마워.

(w) A: 천만에. 내가 고마워. 곧 볼 수 있기를 바라.

(x) B: 응. 나도 곧 볼 수 있기를 희망해. 건강해.

(y) A: 잘 있어.

(z) B: 잘 있어, 슈.

분명히 이것은 만들어진 것이며 자연스러운 비격식 대화는 아니다.[4] 일상 말하기에서 입말 상호작용의 수많은 속성들은 겹침, '비종결된' 문장, 수정, 부분적 오해 등으로부터 나왔다. 하지만 핵심은 화행들이 수반되면서 더 총체적 층위에서 무엇이 '진행되는지'에 관한 것이다.

직관적으로 이 대화를 읽으면서 이를—화용적 층위에서—우선적으로 B의 논문 입력을 위한 B의 A에 대한 요구로 해석할 수 있다. 이 총체적 요구는 26개의 대화 순서에서 실행된다. 이는 전체 26개 중에서 최소한 B에 의해 수행된 것 중의 절반을 총체적 요구로 간주하도록 어떤 규칙을 적용해야 함을 의미한다. 이러한 규칙은 각 화행에 적용되며 몇몇은 각 순서에서 발생한다. 이 예에서 화행은 다음과 같다.

(20) (a) : 환기.

(b) : 인사. 단언(확인)

(c) : 감탄. 질문/대응. 단언(평가)

---

4) 자연스러운 대화에 관한 경험적 조사가 이 절의 과제는 아니다. 우리는 화행 연속체로 받아들여지는 대화가 화용적 거시구조를 가질 수 있는지를 논증하기를 원한다. 대화의 다른 속성에 대해서는 서드나우(Sudnow, 1972), 터너(Turner, 1974), 색스와 쉐글로프 그리고 제퍼슨(Sacks, Schegloff & Jefferson, 1974), 쉔킨(Schenkein, 1977), 그리고 프랭크(Frank, 1979)와 같은 대화 분석에서 현재의 작업을 참고할 수 있다.

(d) : 승인. 질문.

(e) : 단언. 감사. 단언.

(f) : 단언(평가). 질문.

(g) : 단언. 단언. 질문

(h) : 단언.

(i) : 질문.

(j) : 단언. 단언. 질문.

(k) : 단언. 질문.

(l) : 단언－단언－단언(설명)

(m) : 질문.

(n) : 단언.

(o) : 질문.

(p) : 단언.

(q) : 단언/약속.

(r) : 단언(평가)/감사. 질문.

(s) : 단언(안심시킴). 질문.

(t) : 단언. 질문.

(u) : 단언/약속. 주장/충고

(v) : 공표. 감사.

(w) : 단언(수용/안심시킴). 단언(안심시킴). 단언/요구.

(x) : 단언(승인). 응대.

(y) : 인사.

(z) : 인사.

이 목록을 보고 대화의 실제 발화와 비교했을 때 우리는 우선적으로 구체적 화행을 명확하게 부여하는 것이 결코 쉽지 않다는 점에 주목해야 한다. 많은 예에서 매우 '일반적인' 단언성 화행을 보지만 동시에 누군가를 안심시키고, 무엇인가를 알려주는 등의 그 밖의 많은 것이 이루어진다. 다양한 화행 하위 유형에 관한 관습적 용어를 가지고 있다면 지금과 같이 오히려 직접적인 질의 응답(단언) 구조를 가지지 못했을 것이다. 유사한 문제가 분석의 다른 층위들에서도 가능하다. 예로, 더 구체적인 분석이 요구되는 참여자들의 몇 가지 지엽적 전략들이 있다. 따라서 (20, w)는 A의 희망을 드러내는 최종 단언을 보여주는데, 이는 대화에서 작별을 고하기 위한 절의 의례적 화행일 뿐만 아니라, 동시에 A가 B를 보기 위한 실제 요구, 즉 논문 원고를 건넬 때뿐만 아니라 그녀를 좀 더 일찍, 혹은 더 자주 보기 위한 초대가 될 수 있다. 나아가 지엽적 층위에서는 추가적인 모든 세부 사항과 전략을 무시한다.

총체적으로 비격식 대화의 몇몇 '부분들' 간을 구별할 수 있다. 이 부분들은 '내용', 즉 의미론적 거시구조 관점에서 설명을 요구하거나 도식 속성을 지니는 화제들을 기반으로 한다. 나중에 대화의 상위구조로 돌아가지만 대화의 다른 부분들로부터 구분되는 것으로서 처음과 끝의 인사를 구분하는 것은 분명하다. 그리고 그것의 다양한 '중심' 부분들에 대해서도 마찬가지이다.

화용적 거시구조에 관한 논의에서 중요한 것은 전체적으로 대화가 B의 총체적 요구로 해석될 수 있지만, 그 요구는 오히려 직접적인 방향에서 지엽적으로 구성되지 않는다. 순서 교대 (20, l)에서 B는 지엽적 층위에서만 간접적인 요구로 함께 고려되는 다수의 단언을 구성한다. 하지만 화행들이 요구를 준비하기 때문에 그것에 선행하는 화행들도 총체적으로 요구에 속한다. 먼저 신분 확인을 하는데, 이는 전화 통화에서 일반적이다(서로의 목소리를 매우 잘 알고 있는 사람들과 함께 전화로 이야기하는 이들에게는 예외이다). 그런 다음 대화 상호작용의 규범상의 사회적 틀에 속하는 인사를 한다. 살펴본 바와 같이, 인사는 '어떻게 지내'라는 형식적인 것으로부터 명시적인 답변을 요구하는 더 강조된 형태로까지 진행되며 다른 이가 요즈음 무엇을 하고 있는지에 관한 요구에까지 이른다. 이것은 어떤 시점에서 서로를 볼 수 없는 사람들 간의 전화 대화의 첫 부분을 구성한다. 우선 그것은 서로에 관한 공유 지식을 갱신시키며 다른 이가 대화 소재가 되는 바를 최근에 경험했는지의 여부도 발견하도록 해 준다. 이런 경우에 그것은 그 소녀의 새로운 직업과 그 소년의 연구 분야가 된다. 차례로 B는 전략적으로 대화의 도입부 부분을 그의 관점과 (즉 총체적 요구) 연결시키며 실제 요구를 구성하는 다양한 화행을 시작한다. 적절한 요구를 달성하기 위해 화자는 청자가 원칙적으로 그 요구에 따를 수 있거나 원하는지를 믿어야만 한다. 이 정보를 얻기 위해 B는 (20, j)에서와 같은 예비적 질문을 한다. 이 질문은 거의 긍정적으로 답변되지만 어떤 유보를('때때로', '내가 돈을 요구할 때') 드러낸다. 확인이 '왜'라는 질문으로 이어진다. 예로, 이것은 화행이 자신만의 목적을 위해서는 거의 이루어지지 않음을 보여주는 것이므로 B는 정보를 필요로 하며 어떤 것을 묻게 된다. 그리고 어떤 정보가 필요한지가 명확하지 않다면 청자에게 일반적으로 화행의 추가적인 목적에 관한 질문이 허락된다. 이런 경우, 소년의 연구에 관한 정보가 주어진다면 소녀는 이 시점에 소년이 그녀에게 왜 부탁하는지를, 가령 그는 아마도 누군가가 그를 위해 컴퓨터에 논문 내용을 입력해 주는 것을 필요로 하고 있음을 추측함으로써 그 요구 연속체를 용이하게 할 수 있다. 하지만 이런 경우에 가능한 요구는 배려 깊지 못할 수 있기 때문에(어려운 요청이나 많은 돈을 요구하는 것 같은) 소녀는 더 명시적인 요구의 움직임을 안전하게 유도한다(즉 (20, l)에서 B에 의해 이루어진 간접적인 요구). 그런 점에서 간접적 요구는, B가 요구하는 것과(컴퓨터에 입력된 어떤 것) 그것에 관한 기회를(연구를 마치고, 주제를 쓰는 것) 세분화하는 것도 동기부여가 된다. 동시에 B는 요구의 '비자기 충족성'에 관한 더 구체적인 정보를 제공한다. 즉 화자는 스스로 요구된 행위를 쉽게 이룰 수 없으므로 우리는 그 요구에 대해 필요한 결정적인 조건을 가지며 A는 B가 현재 내가 p를 하도록 요구하는 것이라는 총체적 개념을 구성할 수 있다. 직접적으로 그 요구 수용에 동의하기 전에 A는 승낙이 원치 않는 임무를 발생시키지 않음을 확신하기 위해 두 가지 매개 연속체를 [즉 (20, m)과 (20, o)] 개시한다. 즉 그 과제는 실현 가능해야 한다. 사실 이 두 질문은 결국 (20, q)에서 명시적으로 표현된 그녀의 동의나 수용의 총체적 행위에 관한 준비이다. 또한 예로 이런 종류의 동의는 (20, m)과 (20, o)와 같은 질문을 제기함으로써 이후에 수용된 요구를 따르는 행위의 배치로 암시적일 수 있다. 하지만 A에 의한 수용은 (20, r)에서와 같이 B에 의해 인식되어야만 하는데, 동일한 차례에서 B는 그 수용이 심각한지, 너무 막중한 임무를 함의하지 않는지, 그리고 너무 막중한 책무를 불러일으키지는 않는지를 알려고 한다. B에 의한 이 '모든 것이 좋다고 확신하려는' 움직임은 실제로 (20, r)에서 부호화되며 (20, s)에서 A의 재확신의 답변에서 다시 드러난다. 그 동일한 말차례에서 A는 B를 재확신시키며 그렇게 해서 실제 요구 연속체를 종결할 뿐만 아니라 이후 요구 연속체를(즉 수용된 과제에 관련된 미래 행위들의 조직) 시작한다. 필수적 정보는 요구된 행위의(그 시점에 청자는 거기에 없고 휴가 중이다) 미래 상황에 관한 안정성의 추가적 수립에 요구되고, 그리고 주어진다. 그런 다음 우리는 일반적으로 고마움―궁정 응답 연속체를 접하며 후자 부분은 이런 경우에 심지어 명시적이다. 그 요구는 단순한 공손함에 의해 따르기보다는 오히려 우정 때문이다. 이는 더 민감하고 간접적인 방식에서도 이루어질 수 있다. 가령 A가 "그것은 나에게 잘 맞는 것 같아, 혹은 나는 어떤 여분의 돈을 사용할 수 있다"와 같이 말할 때이다. 이는 요구하는 어떤 이가 누군가가 그를 위해 어떤 것을 할 수 있는가를 느끼도록 요구하는 것만이 아니라, 그 도움이 공유되므로 추가적인 책무가(돈 이외에) 수반되지 않는다는 것을 의미하는 것이다.

그런 다음 결론적으로 곧 서로를 보기 희망한다는 (다소) 관습적 표현의 최종 부분에 도달하고 일반적인 인사가 이어지면서 대화가 종결된다.

이 단순하고 양식화된 예로부터 총체적 화행이 대화에서 수행될 수 있는 방법 중의 하나임을 살펴보자. 우선 실제적인 핵심 화행을 준비하는 다수의 (하위) 연속체가 있다. 그것의 기능은 화자가 청자를 혼란스럽지 않도록 하는(예로, 우스꽝스럽고 서투른) '안전한' 화행을 구성하는 데 필요한 정보를 구성하도록 해 주는 것에 있다. 동시에 그것은 청자가 화자 화행의 핵심, 현재 구성 중인 화용적 거시구조에 관한 가설을 세울 수 있도록 해 준다. 6장에서 좀 더 세부적으로 살필 이 가설은 요구의 사례에서 지엽적 화행의 이해와 조직뿐만 아니라, 총체적 화행에서 전략적으로 올바른 반응에 대해서도 중요하다. 예로, 청자가 무엇이 올지를 추측한다면 그는 총체적 화행에 관한 핵심 화행이 적절하게 수립될 수 없는 곳에서도 이미 맥락을 수립할 수 있다. 이는 그 요구의 필수 조건을 부인하거나 명확하게 확신하지 않음으로써 발생할 수 있다. 구체적으로 우리의 사례에서 (20, j) 이후에 "예, 하지만 나는 도서관 일로 꽉 매어 있다"와 같은 발화에 의해서이다.

이 총체적 요구의 도입부 이후에 우리는 직접적으로 화자의 요구와 다른 중요한 적절성 조건을 드러내는 핵심 화행을 사용한다. 그런 다음 모든 종류의 감사하기·확신하기·재확신하기 등으로 총체적 화행의 마무리 연속체를 사용한다. 그것의 기능은 대체로 여기에서 이 요구의 사회적 상호작용에서 화행의 적절한 끼워 넣기, 즉 누군가에게 원하지 않는 책무를 강요하지 않거나 다른 이들이 죄책감을 유발하지 않도록 하기 등과 일반적으로 공손하거나 친절하기에 있다. 물론 반대의 경우는 갈등의 상황에 봉착할 수 있다. 향후 상호작용을 조절하는 이 총체적 화행들에 대해, 우리는 중심 연속체에서, 즉 관여하게 된 책무에 관한 향후 상호작용의 조직에서 최종적 부분을 갖게 된다.

이 총체적 화행들의 연속적 단계나 국면이 몇몇 말차례, 종종 질문—단언(대답)에서 몇몇 화행으로 이루어지는 것을 살펴보자. 물론 다른 예, 질문-고소-변호의 세 부분처럼 많은 화행의 결합이 가능하다.

(21) (a) A: 피터, 네가 그 기계 고장 냈지?

(b) B: 어, 어떤 기계? … 아니, 오 아니!

(c) A: 말도 안 돼. 정말로 네가 그랬구나.

(d) B: 미안하지만 일부러 그런 건 아니야. (…)

이 연속체도 고발과 변론이 매우 복잡할 수 있는 법정 재판과 같이 매우 정교화되고 제도화될 수 있다.

5.3.4. 대화의 '그' 총체적 요구에 대해 지금까지 이야기해 왔던 것에 주목해야 한다. 첫째, 대화나 다른 담화도 동일한 화자에 의해 수행된 몇몇 총체적 화행이 있을 수도 있다. 둘째, 특히 대화에서 화행뿐만 아니라, 발화 상호작용을 수행함을 기억해야 한다. 따라서 우리는 한 화자의 주요한 총체적 화행이 있으며, 이러한 상황에서 다른 참여자는 이 총체적 화행의 성공에 협력적으로 수반된다고 말해야 한다. 혹은 대화에서 각 총체적 화행은 다른 참여자의 화행을 재개하면서 총체적 짝도 가진다고 가정해야 한다. 우리의 사례에서 이는 A의 총체적 '수용'이나 '동의'가 된다. 이 경우에 그것은 마음속에 명확한 계획과 목적을 가지고 있는 화자의 것이기 때문에 실제로 주요한 총체적 화행이 요구이고, 다른 화자는 총체적 화행에 주도권을 가지고 있던 그 화자의 결과와 목표를 실현시키기 위해 협력하고 있다고 말할 수 있다. 한 화자의 주요한 총체적 화행이 다른 화자의 협력을 요구하지 않는 사례도(예로, 위협이나 명령) 있을 수 있지만, 반면에 일반적인 의사결정 과정에서 동일 층위에서의 협력은 필수적이다.

5.3.5. (19)의 예는 다른 의미에서 전형적이다. 많은 다른 일상 대화와 반대로 그것은 B에 의해 총체적으로 계획됨이 분명하다. 가령 그는 마음속으로 특별한 요구를 위해 A에게 전화를 한다. 이것은 B가 어떤 총체적 화행 결과에(A로부터 요구된 어떤 것) 도달하기 위해 특별한 전략을 이어가고 어떤 목표에 도달하기 위한 목적을(유형화된 어떤 것을

가지고) 가지고 있음을 의미한다. 물론 B는 A가 집에 있을지, A가 결국 대화에서 무엇을 이야기할지를 모르기 때문에 지엽적 층위에서 대화를 계획할 수 없다. 어떤 경우에 A의 각 화행은 이 지엽적 수준에서 B의 적절한 반응을 요구한다. 총체적 화행의 구성을 위해 각 국면과 움직임을 시작함으로써만 그로 하여금 그것에 구체적인 지향성을 주어 대화를 통제할 수 있도록 한다. 우리는 조건이 총체적 화행에 대해 만족스럽지 못한 경우도 있다는 점을 살펴 왔다. 이런 경우에 B는 그의 계획을 그만두거나 바꿀 것이다. 6장에서 그것의 실행에 관한 계획하기와 전략의 더 세부 사항을 논의할 것이다.

5.3.6. 결론적으로 우리는 각 거시규칙이 예시 대화에서 만들어 왔던 직관적인 분석을 확증할 수 있을지의 여부를 살펴야 한다. A와 B에 의해 이루어진 약 50개의 화행이 주어진다면 총체적 화행에 어떻게 도달할 수 있을까?

거시규칙을 적용하기 위해 지엽적 세부 사항으로부터의 추상화가 전체적으로 그 연속체와 관련해서 발생한다는 사실을 인식해야 한다. 이는 어떤 화행들이 지엽적 층위에서 관련이 없거나 오히려 필요하지 않다는 것을 의미하지는 않는다. 거시규칙도 이론적 작용이라는 점이 반복되어야만 한다. 그것은 그 연속체의 화용적 요지를 한정하며 총체적 화행을 부여한다. 그것은 실제 화행을 삭제할 뿐만 아니라, 어떤 화행이 총체적 화행에 대해 관련이 없는지, 덜 관련되는지, 간접적으로만 관련되는지를 나타낸다.

이런 방식에서 우선 도입부와 마무리 인사를 삭제할 수 있다. 즉 이 부분은 어떤 발화 상호작용의 시작과 끝에서 단순한 사회적, 관습적 표현일 뿐이다. 같은 점이 (20, e)의 차례를 시작하는 두 번째 하위 연속체에도 적용된다. 즉 그것은 이어지는 화행에 대해 의미적 조건도 화용적 해석 조건도 아니기 때문에 삭제될 수 있다.

그런 다음 (20, j) 차례의 끝에서 총체적 요구의 핵심을 유도하는 첫 번째 화행에 이른다. 그것들은 화행에 관한 예비 조건을 구성하기 때문에 구성 규칙으로(즉 일반적인 조건으로) 처리될 수 있다. 또한 이 경우에 A의 질문과 대답은 상호작용으로서 진행 중인 총체적 화행의 필수 요소로 간주될 수 있다. 그것들은 요구를 구성하는 필수적인 정보를 제공하고 동시에 총체적 화행을 성공적으로 이끌 수 있는 사실적 결과를 수립한다. (20, r)로부터, 우리는 그 요구의 정상적인 결과를 얻는데, 이는 역시 구성 때문에 총체적 화행에서 받아들여질 수 있다. 결과의 첫 번째 집합은 다른 화자의 요구의 수용 이후에 그 요구를 한 화자의 고마워하기와 '확신하기'로의 이동이다. 결과의 두 번째 집합은 그 목표 실현의 화용적 준비이므로 총체적 요구의 강한 성공을 한정하는 결과도 포함된다.

B에 의해 실행되고 더 낮은 층위에서 A에 의해 받아들여진 바와 같이 총체적 요구를 직접적으로 진행하는 대신에, 연속되는 총체적 화행을 다음과 같이 구성할 수도 있다.

(22) (a) A와 B는 서로 인사를 하다.
　　 (b) A와 B는 서로의 현재 '상태'에 관한 안부를 묻다.
　　 (c) B는 A에게 그의 논문을 타이핑하도록 부탁하다.
　　 (d) A는 논문을 타이핑하는 것에 동의하다.
　　 (e) A와 B는 그 요구의 향후 실행에 관한 실제적인 합의를 이루다.
　　 (f) A와 B는 서로 인사를 하다.

우리는 일방향 화행이 아니라 '합의하기'와 '인사하기'와 같은 오히려 상호작용적 화행의 유형을 구분할 수 있다. 논의하기, 결정하기, 숙고하기 등의 수많은 총체적 화행은 이런 속성을 지닌다.

5.3.7. 의미론적 거시구조의 경우와 같이 화용적 거시구조도 지엽적 의미 연결의 수립에 중요하다. 즉 연속되는 화행은 (20, m), (20, n)과

같이 질문—대답의 짝으로 연결될 뿐만 아니라, 그것의 의미 연결은 그 연속체의 화용적 요지를 통해 수립될 수 있다. 따라서 만약 A가 그것에 동의할 수 있는 필수 정보를 얻기를 요구하는 것처럼, B가 요구하고 있는 것을 A가 이해한다고 가정한다면, (20, m)이 (20, l)를 이어질 수 있는 이유를 이해할 수 있다. (20, q)에도 그대로 적용되는데, 그런 것이 (20, p)와 연결되기보다는 요구의 동의 표현에 연결된다. (20, l)를 총체적 요구의 핵심 (간접) 화행이라는(즉 요구) 점에서 화제적이라고 부를 수 있지만, 총체적 해석이 가능하도록 만드는 것이 충분하지 않다는 점에 주목해야 한다. 이는 A가 수용할 수 있기 전에 추가적인 정보를 요구하기 때문인데, 결과적으로 (20, m)−(20, n)도 요구하기와 수용에 속한다.

　대화에서 화자의 화용적 움직임의 연속화는 연결의 지엽적 전략과 의미 연결, 그리고 동시에 총체적 화행의 전반적 계획과 해석으로 결정된다고 결론내릴 수 있다. 후자의 관점에서만 그것의 각 화행에서 참여자들에 의해 받아들여진 방향을 설명할 수 있다.

5.3.8. 총체적 화행은 총체적 명제 내용을 가져야만 한다. 즉 화용적 거시구조는 의미론적 거시구조를 요구한다. 우리는 여기에서 담화와 대화에서 총체적 의미를 구별하기 위한 추가적인 정당성을 발견한다. 실제로 예시 대화에서 의미론적 거시구조의 어떤 직접적인 표현도 없다. 그렇지만 총체적 요구는 그것의 총체적 내용으로서 'B가 A에게 그의 논문을 타이핑하도록 부탁하다'를 함의한다. 그의 주제를 유형화하기 위해'를 함의한다. 반대도 사실이다. 담화가 총체적 의미 내용을 가진다면 화제나 주제의 총체적 화용 기능이 무엇인지를 물어야 한다. 우리는 발화의 요지, 즉 그것이 왜 이야기되었는지에 관한 정보를 요구한다. 총체적 기능은 수행된 총체적 화행으로 제공된다. 실제로 총체적 (함의된) 정보 'B의 논문이 타이핑되어야 한다'는 요구의 맥락 내에서만 관련된다.

이 관찰에서 흥미로운 이론적 결론도 의미론적 거시구조의 형성이 맥락의 화용적 제약들로 결정된다는 점이다. 우리는 동기·계획·상호작용·목표도 종종 주요하며 그 화행도 상호작용의 부분이 된다고 가정한다. 내용, 그리고 의미론적 거시구조와 관련되는 것은 반드시 구체적인 총체적 화행(들)에 달려 있다. 예를 들어 수반된 총체적 요구가 없는 우리의 사례에서도 총체적 화행이 논문의 어려움에 대한 B의 단언이나 불만인 (20, l), 심지어 (20, p)까지도 가정할 수 있다. 그렇지만 (20, j)에서의 마지막 질문은 이러한 주제나 핵심에 거의 부합하지 않는다. 이 사례에서 질문은 총체적 층위에서는 거의 관련이 없는 것으로 A의 실제 행위에 관한 정보를 얻기 위한 지엽적 의미로만 파악될 수 있다. 총체적 요구가 수립되면 이러한 각 문장은 요구와 같이 총체적 요구의 선행 조건의 일반적인 부분이 됨으로써 더 중요해진다.

우리는 이 몇몇의 예에서 담화와 행위에서 거시구조가 매우 유사할 뿐만 아니라, 동시에 매우 밀접하게 입말 상호작용에서 연결된다는 사실도 알 수 있다. 총체적 주제는 총체적 핵심이며 그 반대도 마찬가지이다. 사람들이 무엇에 대해 이야기하는지, 그들이 그렇게 할 때 그들의 상호작용은 무엇인지를 알아야 한다. 이는 더 나은 상호작용을 위해서도 중요하다. 이러한 대화의 세부 요소가 무엇이든, A는 B의 논문이 타이핑되어야 하고, 그녀가 그것을 하도록 B가 요구했었다는 것을 이후에 알아야 할 필요가 있다. 나머지는 지엽적 층위에서 관련 없는 세부 요소이거나 총체적 정보의 구성 요소이다.

화용적 거시구조와 그것의 의미론적 거시구조와의 관계에 관한 이론적 분석이 언어 의미와 행위의 형식적 분석의 잘 알려진 제약으로 인해 명시적이지 못했음은 분명하다. 하지만 그 원리는 분명해 보인다. 분석이 다소 추상적이지만, 가령 실제적 복잡성은 총체적 화행과 그 담화의 총체적 의미 연결의 계획하기·실행하기·통제하기·이해하기 등에 놓인다는 점에 주목해야 한다. 이는 6장에서 간략하게 논의할 것이다.

5.4. 화용적 상위구조

5.4.1. 우리는 이미 간략하게 화행 연속체도 기능적 역할을 가지거나 총체적 도식 범주에 삽입될 수 있다고 제안해 왔다. 이는 화용적 거시 구조도 이른바 화용적 상위구조라 불리는 것으로 추가적으로 조직될 수 있음을 의미한다. 그리고 이러한 구조는 일상 대화, 모임, 논의, 면담, 재판, 국회 표결, 수업, 강의 등과 같이 관습적인 화행 연속체에서 (하위) 화행 연속체의 전체적인 조직이다.

관습적 담화 유형에 상응하는 의미론적 거시구조는 3장에서 논의되었다. 논증의 결론, 실험 논문의 논의와 같이 수반된 어떤 도식 범주는 동시에 화용적 양상을 지닌다고 관찰되어 왔다. 가령 결론짓기·토의하기·시작하기·끝내기도 행위이고 때로는 심지어 화행이기도 하다.

5.4.2. 일상 대화는 꽤 분명한 도식적 상위구조를 지닌다. 우선 우리는 다양한 시작하기 환영사, 그리고 아마 질문의 하위 범주를 포함해 유사한 발화 움직임에 관한 환영사를 접하는데, 참여자들은 서로의 건강, 현재 상황이나 과거 경험을 묻는다. 이후에 대화의 실질적인(계획되거나 계획되지 않은) 주요 화제가 시작된다. 주요한 범주는 화제 확인과 같은 몇몇 범주로 더 세분화되며 대화의 주요한 주제와 핵심에 주의를 모으는 범주로 기능한다. 그런 다음 우리는 화제 논의 그 자체를 접하며 이는 논증이나 이야기, 고소와 변호, 축하와 감사로 내포될 수 있다. 예에서 화제 확인은 (19, j)로 시작하며 이후에 화제 논의의 모든 화행이 이어진다. 즉 그것들은 모두 직접적이거나 간접적으로 (총체적) 요구와 관련된다. 결론적으로 논의의 핵심이었던 화행의 실행에 관한 정리 이후에 화제 마무리하기를 접하며 이는 사례에서 감사의 말로 완성된다. 분석의 이 화용적 층위에서 도식적 상위구조는 화행 연속체에 관련된다는 점에 주목해야 한다. 하지만 이는 그것들이 문장 연속체의 의미론적 내용을 동시에 조직하는 것을 의미하지는 않는

다. 가령 화행은 문장들의 발화를 통해서만 수행될 수 있으므로 여기에서 '화제'에 관한 개념은 총체적 화행과 동시에 총체적 주제를 포함한다.

대화는 (최종) 인사 범주로만 끝나기보다는 '마지막에서 시작하기'를 수반하는 오히려 꽤 복잡한 움직임의 연속체로 종결된다. 가령 화자들 중의 한 사람은 직접적으로나 간접적으로 A에 의해 발화된 (19, w)의 최종 문장에서와 같이 대화가 끝나야 한다고 생각하고 있음을 알린다.5) 이 움직임은 수용될 수 있으며 그렇게 한 이후에야 우리는 여러 종류의 인사를 하고 명확하게 대화를 마무리 한다. 하지만 이전에 화자들 중의 한 사람이 관련되는 어떤 것을 말하기 위해 갑자기 생각할 수 있고 이어 새로운 화제 범주를 시작하므로 이는 반복되는 것이 분명하다. 대화의 총체적 최종 범주에 속하면서 향후 모임, 상호작용 등을 나열하는 화행들을 포함하는 개시 하위 범주도 드러낼 수 있다. (19, w)의 마지막 문장은 이 경우의 간략한 예이다.

여기에서 대화에 관한 논의는 대화의 다양한 속성에 초점을 모으지는 않는다. 우리는 총체적 화용 핵심과 그것을 조직하는 도식적 상위 구조를 가지는 화행 연속체로서 대화를 가져온다. 지금까지 지엽적 의미 연결과 결합에 관한 모든 종류의 지엽적 전략과 문제를 무시해 왔으며 일상 대화의 중요한 말차례 주고받기 체계를 논의하지 않은 채 남겨 왔다. 우리의 예도 이런 의미에서 구성된다. 즉 말차례는 하나나 몇몇 문장 이후에, 그리고 문장 내의 주요한 범주 이후에 거의 '규칙적으로'만 변한다. 다른 화자에게 차례를 남겨두는 것은, (19, l)에서와 같이 주요한 전략 기능을 가진다. 가령 화자 B는 그의 문장을(머뭇거리다, 쉼을 두다 등) 종결하지 못하므로 그는 A에게 개시를 남겨두며 명시적인 요구를 필요로 하지 않는다. 담화와 (입말) 상호작용에서 총체

---

5) 이런 종류의 '열린 결말'에 관한 잘 알려진 분석은 쉐글로프와 색스(Schegloff & Sacks, 1973)에 의해 제공되어 왔다.

적 구조에 관한 일반적인 논의를 위해서 화용론의 도식적인 상위구조는 중요한 역할을 한다. 즉 그것은 의미론적·화용적 거시구조를 총체적으로 조직하고, 3장에서 논의된 상위구조에 관한 더 넓은 틀을 제공하는 관습적 범주이다.

5.4.3. 유사한 도식적 상위구조는 제도화되는지 여부에 따라 다른 관습적 화행 연속체에 대해 수립될 수 있다. 구체적으로 일상 대화에 관한 변이는 갈등의 총체적 범주가 수반된 비난/질책과 변호 화행, 그리고 우리가 경영주나 중요 정치인과 함께 할 때의 더 공식적인 대화를 조직한다고 "논의된다". 차이는 도식적 범주보다는 오히려 지엽적 층위, 가령 더 긴 도입부, 시작하기나 끝맺기, 더 정치적인 질문과 대답들, 특별한 화행의 존재 등에 요구된다. 즉 사회적 맥락이(4장에서 보듯이) 바뀌면 문체의 변이가 될 수 있다.

공식적 모임도(예로, 대학에서 학과의) 종종 도식적 화행 구조를 지닌다. 이는 다시 문화·제도·사회적 맥락 전체에 걸쳐 드러난다. 하지만 일반적으로 그것은 공식적으로 의장에 의해 시작되고 끝이 난다. 도식 범주는 규칙, 위치나 기능을 가진 화자에 의해 이루어진 화행에 제약된다. 구체적으로 시작 이후에 우리는 이전 모임에 대한 사고구술이 올바른 것으로 수립될 동안 평가 범주를 수립한다. 이후에 모든 종류의 정보가 실행된 이전 정보, 보내고 받은 편지, 집단이나 조직의 실제 상태 등에 관해 주어질 수 있다. 하지만 그 모임의 중심 부분은 주로 반복적 범주인 화제 논의이다. 이 범주는 복잡한 내적 구조를 지니며 보통 논증 도식적 구조를 지닌다. 그것의 논증으로부터 다양한 참여자에 의해 도출된 결론은 이후에 주요한 도식 범주인 결정에 관한 그 모임의 제안이 될 수 있다. 또한 이 경우에 결정의 총체적 화행이 관습적 범주로 기능한다는 것을 볼 수 있다. 즉 그것은 모임의 중심 결과이다. (다양한) 결정 이후에 참여자 간의 질문의 최종 끝맺음과 의장에 의한 마무리와 같은 최종 범주에 도달한다.

유사한 방식으로 강의에서 관습적이거나 심지어 제도적인 범주를 파악할 수 있다. 3장의 학위논문과 논증 개념틀에서 설득하기나 전체 종교 제의, 재판, 혹은 고발과 변론, 공공 재판, 드라마와 같은 총체적 구성 요소의 양상을 살핀다. 하지만 화행 연속체의 다양한 도식 조직의 세부 요소는 제공할 수 없다. 우리는 화용적 거시구조도 관습적 범주들로 추가적으로 조직된다는 점을 간략하게 보여주기만을 희망한다. 이는 수반된 발화 상호작용의 특별한 유형뿐만 아니라, 그 연속체의 전체 '통사론'을 한정한다. 우리는 화용적 도식과 담화에서 의미와 화행 기능 간의 연결도 관찰한다. 이런 방식에서 각각의 담화는 의미론적 거시구조와 상위구조, 화용적 거시구조와 상위구조의 네 가지 방식으로 총체적 층위에서 조직될 수 있다. 6장에서는 이런 종류의 총체적 조직이 담화와 상호작용의 계획하기·실행하기·통제하기·이해하기·기억하기·적용하기에서 결정적인 역할을 한다는 점을 보여줄 것이다.

5.4.4. 이 마지막 '구조적' 장의 끝에서 우리는 담화, 상호작용, 화행의 총체적 구조에 관한 충분하고 명시적인 이론에 도달했다고 주장할 수는 없다. 하지만 이러한 거시구조와 상위구조가 성공적으로 구별될 수 있으며, 그것들이 행위나 문장 연속체로부터 반(半)형식적으로 유도될 수 있는 규칙이 있고, 행위와 담화의 지엽적 구조도 그것의 총체적 구조에 관한 참조 없이 적절하게 이해될 수 없다는 점도 제시해 왔다. 다양한 이론적 개념이 '화제'·'주제'·'핵심'·'도식'과 같은 몇몇 직관적 개념들의 설명 관점에서 전개되어 왔으며, 이는 담화와 상호 작용의 자연스러운 계획하기·실행하기·이해하기·기술하기에 중요한 역할을 한다. 우리는 거시구조 형성의 주요한 기본원리가 담화와 (내적) 행위 모두에 대응됨을 살펴 왔다. 이는 근본적인 '의미'의 표현이 되며, 담화와 (내적) 행위가 교차되는 화행 연속체에서 총체적 구조 분석에 특히 명확하다. 결론적으로 우리는 한편으로 화용적 거시구조

와 상위구조 간, 다른 한편으로 의미론적 거시구조와 상위구조 간의 밀접한 관련성을 살핀다. 이는 우리의 분석이 충분히 체계적이므로 담화와 (내적) 행위, 형식과 내용, 내용과 기능의 상호 의존성이 잘 드러난다는 점을 제안하는 것과 같다.

이 결론은 아마도 다른 종류의 담화와 (내적) 행위에서의 총체적 구조가 앞으로도 발견될 수 있다는 사실을 숨기지 못한다. 여기서는 모든 거시구조의 양상이 논의되어 왔다고 주장하지 않았다. 특히 특별한 담화 상호작용 유형들에 대해서는 추가적인 거시제약을 발전시키거나 추가적인 도식적 상위구조 범주를 분석할 필요가 있다. '상징적'이거나 담화와 상호작용과 연합된 다른 더 높은 층위(혹은 '더 심층적') 종류의 총체적 개념도 논의하지 않았다. 하지만 이들이 마지막 소수의 장에서 논의된 기본적인 의미와 화용적 원리의 관점에서 설명될 수 있다고 생각한다.

우리는 1~5장까지를 '구조적'이라고 불러왔다. 이는 우리가 담화와 (내적) 행위의 다분히 추상적인 구조, 즉 언어적·사회적 이론의 관점으로부터 단지 논의해 왔음을 의미한다. 즉 우리가 지금부터 시작하려는 거시구조의 실제적 인지기능화로부터 추상화해 온 것이다.

제6장 거시구조와 인지

6.1. 거시구조의 인지적 기반

6.1.1. 이 책에서는 거시구조가 인지적 기반을 가진다고 반복해서 논의된다. 담화의 총체적 의미와 총체적 (내적) 행위 분석에서 우리는 거시구조의 다소간 추상적인 구조 분석을 제공함으로써 기억에서 거시구조의 형성·실행·해석·저장의 기반이 되는 표상과 과정을 추상화했다. 담화와 행위의 지엽적 분석이 문장과 행위 연속체의 총체적 조직 원리의 추가적인 설명 없이는 적절할 수 없지만, 이 복잡한 정보 처리 양상에 수반된 인지적 원리는 무시하였다.

따라서 이 장에서 우리는 거시구조의 더 구체적인 인지적 양상에 주목한다. 앞선 장에서의 더 추상적이고 구조적인 설명과 이 장에서의 처리 간의 차이는 많은 점에서 자의적이다. 첫째, 인지적 모형도 언어 사용과 상호작용에 수반된 바와 같이 모든 종류의 유의미한 행위에 관한 설명이 요구되는 추상적·이론적 구성물이다. 둘째, 앞선 장에서 구조적 기술과 거시규칙은 부분적으로 인지에서도 거시구조 표상에 중요한 역할을 한다. 언어학·사회학·인지심리학은 명확하게 이 점에서 겹친다. 즉 이 영역은 각각 언어 사용과 (발화) 상호작용에 관한 고유의 이론을 제시한다.

그렇지만 담화와 상호작용의 해석은 경험적으로 언어 사용자와 사회적 참여자에 의해 수행되며 언어와 사회적 이론의 인지적 기반을 요구한다. 인지적 모형은 거시적 해석이 실제로 어떻게 수행되는지, 어떤 과정과 국면이 수반되는지, 거시구조의 어떤 표상이 기억되고, 그것이 미시구조의 처리에 어떻게 영향을 주는지를 구체화해야만 한다. 개략적으로 이 장은 기억의 속성, 산출 전략, 추론, 지식, 다른 인지 체계, 저장, 처리 한계, 회상, 그리고 재생산과 같은 인지 이론의 개념에서 정의된 다양한 종류의 인지적 과정에 관한 것이다.

거시구조의 인지적 분석의 또 다른 중요 양상은 거시 처리에 영향을 주는 다양한 구조·체계·표상과 관련된다. 앞서 살펴보았듯이, 담화와 상호작용의 총체적 구조의 부여는 지식과 신념이 수반될 뿐만 아니라, 욕망·희망·선호·흥미·과제·목적·태도·가치·규범과 같은 요소도 수반된다. 담화 처리의 특별한 맥락에서 거시구조에 영향을 주는 이 요인들의 집합은 언어 사용자나 참여자의 인지 집합으로 불린다. 따라서 언어 사용자가 특별한 관심이나 흥미를 가지고 있다면 담화 이해 시에 화제의 형성이 상이한 인지 집합을 가지고 다른 개인과는 차이가 있을 것이라고 추측할 수 있다. 이 가정은 인지 집합 그 자체에서 다양한 요소의 속성에 필요한 폭넓은 처리 없이 간략하게 이 장에서 논의된다. 우리는 거시 처리에서 지식과 신념의 역할에 우선적으로 관심을 둔다. 인지 집합의 다른 요소와 거시 처리 간의 상호작용에 관한 이론적·경험적 작업은 그 영역의 향후 연구조사에서 처리를 필요로 하는 인지·사회심리학의 주요한 화제이다.

이 장의 또 다른 제약은 총체적 과정에 관한 주요한 초점이다. 가령 지엽적(미시적) 구조의 산출·실행·이해·저장에 수반된 인지적 처리는 무시된다. 이러한 연구는 인지심리학·인공지능·심리언어학에서 대다수의 현행 작업을 수반한다. 그러므로 기본적으로 중요하지만 복잡한 정보의 총체적 처리에 관한 더 구체적인 양상에 주목해야 한다. 기본적인 행위·낱말·구·문장에서 행위와 담화가 어떻게 이해되고 산출되는지는 이 장의 관심사와는 거리가 멀다. 미시구조가 거시구조와 연결되는 방법에만 주의를 모은다.

결론적으로 거시구조의 인지 이론에 관한 두 가지 다른 중요 영역은 무시된다. 즉 거시구조 원리(규칙, 전략)의 습득, 그리고 더 높은 층위에서의 산출과 이해, 담화와 상호작용 같은 더 다양한 인지적 영역에서의 미시층위에서 거시층위로의 이동을 제약하는 실어증이나 정신분열증과 같은 총체적 처리의 정신병리학은 무시된다. 이 영역들도 '성인'의 그리고 '정상적인' 거시원리들의 기능화에 관한 통찰력을 얻는 데 매우 중요하다. 하지만 거시 처리에 관한 이 영역들에서의 현재의 자료와 이론은 의미론적 전개와 의미론적 병리학의 적절한 모형에 관한 의견을 제공하기에는 너무 부족하다.

6.1.2. 이 장의 기본적인 생각은 담화와 사회적 상호작용의 처리에 관련된 복잡한 정보는 조직되어야 하고 그렇게 해서 더 높은 층위의 총체 구조의 구성을 통해 축소되어야 한다는 데 있다. 더 구체적으로 복잡한 사회적 상호작용에 관여할 때 동작주는 그들의 지엽적 행위의 실행을 조직하고 통제하는 계획을 형성해야 한다고 가정된다. 이는 화행과 담화의 계획과 실행에도 적용된다. 반대로 언어 사용자와 참여자들은 이해와 기억에서 행위와 담화로부터 복잡한 정보를 이해하고 저장하기 위해서 복잡한 의미론적 투입물에 총체적 구조를 부여할 필요가 있다. 즉 그들은 이 총체적 내용 양상을 조직하는 주제·화제·요지·핵심·도식을 기대하거나 구성한다.

따라서 중심적인 문제는 개인이 이를 어떻게 수행하는지, 즉 매우 어려운 인지적 과제를 수행할 수 있기 위해 그들이 사용하는 단서와 전략에 있다.

우리는 담화와 (내적) 행위의 중요한 인지기능에 주의를 기울여 왔지만, 이는 거시 처리의 기본적인 원리가 사고하기, 문제 해결하기, 지각, 결정하기, 태도 형성, 평가와 같은 관련되거나 다른 영역에 적용될 수 없음을 의미하는 것은 아니다. 이러한 다른 영역들은 간략하게만 논의한다.

6.1.3. 정보의 총체적 처리에 관한 생각은 심리학에서는 새로운 것이 아니다. 게슈탈트 전통과 가장 최근의 인지와 인공지능 연구에서의 개념은 거시구조에 관한 우리의 개념과 유사하거나 연결된 것으로 사용되어 왔다. 이 장에서 이러한 다양한 개념들과 역사적 배경과 전개를 논의할 수는 없다. 도식·틀·각본·시나리오와 같은 다른 관련 개념이기는 하지만 거시구조를 구분하기 위해서 (총체적) 처리의 적절한 모형에 요구되는 다양한 이론적 개념들이 잠정적으로 정의되는 절을 덧붙인다. 구체적인 저자들에 관한 참조는 텍스트가 아닌 각주에 제시되며, 여기에 도입한 접근 방식을 강조하기 위해서 이 분야에 관련된 연구보다는 현상과 문제에 초점을 둔다.

거시구조의 인지 양상 연구에 관한 가장 중요한 역사적 배경은 물론 게슈탈트 이론이다.[1] 이 책에서 사용된 총체적·전체적, 그리고 관련 개념과 같은 견해는 이 전통에서 특별한 주목을 받아왔다. 지각 영역에 세심한 주의를 기울여왔지만, 수반된 생각은 우리와 유사하다. 즉 '배경'에 대비되고, 세부 사항의 집합에 대해 우리는 '전체'를 특별한 '발생' 지각 단위로 지각한다. 이 전체 단위의 속성은 그것의 요소와 구성 성분의 관점에서 설명될 수 없으며, 그것은 거의 자율적이다. 물론 현재 심리학과 인공지능의 발전에서 이러한 비유적 이론화는 더

---

1) 코프카(Koffka, 1935)와 퀼러(Kohler, 1940)를 보라. 지각과 같은 인지적 기능이 '총체적' 개념의 관점에서도 설명될 수 있어야 한다는 생각은 형태심리학자의 전통(Thomson, 1968: 245) 이전에는 알려지지 않았다. 그러나 우리는 여기에서 이 역사적 배경을 추가적으로 조사하지는 않는다.

이상 수용될 수 없다. 하지만 기본 원리 중 일부는 갱신된 이론적, 실험적 처리를 정당화하는 데 충분하다. 그리고 그것은 복잡한 정보 처리 모형에 관한 새로운 시도를 위한 논쟁이다. 이러한 모형은 이론적으로 명백하고, 정확한 규칙·작용·표상 등에서 분명하게 형성된다.

전통적인 게슈탈트 이론과의 분명한 연계에서 중요한 차이가 있음을 숨겨서는 안 된다. 한 가지 이유는 이 단위의 더 기본적인 구성 요소와는 다소간 독립적인 전체적이거나 총체적인 신비스러운 '발생' 단위가 거시구조에 관한 우리의 관점과는 일치하지 않는 것에 있다. 거시구조는 이해에서 지엽적 정보와 우리 지식으로부터의 정보나 인지 집합에서 다른 요인들을 기반으로 특별한 작용에 의해 구성된다. 그렇게 해서 우리는 이 '발생' 과정의 인지적 속성에 관한 정당화된 비판적 의문에 답하고자 한다. 지각에서의 거시해석도 더 기본적인 수준에서는 담화와 상호작용과 유사하리라는 점이 강조되어야 한다. 가령 지각은 담화 이해에서 역할을 하지 않는 모든 종류의 시각적 속성을 수반하며 사회적 상호작용의 더 높은 해석에 간접적으로만 관여한다.

6.2. 지엽적 담화 이해

6.2.1. 담화의 총체적 이해에 수반된 과정을 이해하기 위해 지엽적이거나 미시적 층위에 먼저 주의를 기울여야 한다. 이 과정에서 접하게 되는 다양한 문제와 생각은 이 장의 이어지는 절에서 추가적으로 다루게 된다.

담화 이해의 인지적 과정에 관한 우리 지식은 여전히 매우 제약적이다. 오히려 어떤 특정한 예측이 경험적으로 검증되어 온 몇몇 단순한 모형이 있다.[2] 이 모형들은 아직도 비교적 추상적이다. 이들은 다양한 국면·단위·층위를 따라 적절하게 작용하는 꽤 '이상적인' 이해 과정을 구체화한다. 이 과정을 통해 사람 간에 변화하는 지식과 다른 요소들의 정확한 상호작용은 실험적인 세부 사항에서 거의 연구된 적은 없지만, 이는 담화가 듣기와 읽기의 자연스러운 맥락에서 이해되고 더 구체적으로 처리되는 방식이다. 최근 인지심리학에서 어떤 이론적 소견이 실험적 결과에 기반을 두고 있지만 많은 다른 요소는 체계적인 모형에 관한 그저 (그럴 듯한) 가설이다. 모형의 부분은 앞선 장에서 도입된 이론적 단위와 규칙이다. 하지만 우리가 해야 할 것은 이들이 실제로 처리에서 작용하는 인지적 관련성과 방식을 보여주는 것이다.

---

2) 심리학에서 담화 이해 연구조사는 메이어(Meyer, 1975), 손다이크(Thorndike, 1975), 반 데이크와 킨취(van Dijk & Kintsch, 1977)에서 제공되어 왔다. 이 영역에 관한 손다이크(Thorndyke, 1978)의 참고문헌 목록은 몇 백편에 관한 제목을 기록하고 있다. 1940년대에서 1960년대까지의 더 간헐적인 연구 이후에, 실제로 제안된 다양한 모형 중에 우리는 프레드릭슨(Frederkisen, 1972, 1975b, 1977), 메이어(Meyer, 1975), 룸벨하트(Rumelhart, 1975, 1977), 킨취(Kintsch, 1974, 1976, 1977a), 그리고 킨취와 반 데이크(Kintsch & van Dijk, 1978)의 모형을 언급할 수 있다. 이 장의 주요한 개념은 반 데이크(van Dijk, 1977b, e, 1978b·c·d·e), 반 데이크와 킨취(van Dijk & Kintsch, 1977), 그리고 킨취와 반 데이크(Kintsch & van Dijk, 1978)에서 발전되어 왔다. 인공지능에서 이해 모형은 췌니악(Charniak, 1972)와 쉥크(Schank & Abelson, 1977)에 힘입어 왔다. 이 참고문헌은 결코 완벽하지 않으며 연구의 주요 방향만을 제시한다.

  담화 이해의 심리학에 대해 저술해 온 몇몇 저자들도 분석과 이해의 총체적, 거시구조적, 더 높은 층위적, 주제적이거나 화제적 층위를 인식해 왔다. 앞서 언급된 최근 연구에 덧붙여 다음 논문들은 더 앞서 이 개념들을 논의해 왔다. 곰물리키(Gomulicki, 1956)는 담화 본문들의 '중요한' 부분들의 역할과 텍스트 요소와 본문의 '전체적인 의미'간의 연결들을 논의한다. 상이한 인지 유형들에 관한 바렛(Bartlett, 1932)의 실험을 되풀이하는 폴(Paul, 1959)은 전체적으로 텍스트에서 '수치들'로 텍스트의 '주제'에 대해 말한다. 리(Lee, 1965)는 제목·요약문·결론에 의해 표현된 '더 높은 층위의 구조'의 역할을 논의한다. 폼피와 라흐만(Pompi & Lachman, 1967)은 주제·이미지·도식·추상물·요약물의 결합이 되고 본문의 '본질적인 개념'을 표상하는 것으로서의 '대용 구조'의 개념을 도입한다. 라흐만과 둘링(Lachman & Dooling, 1968)은 의미 구성 요소들이 '핵심'(즉 주제나 중심 생각) 주변에 조직되며 동시에 실행 프로그램으로 기능한다고 주목한다. 프리들(Freedle, 1972)은 담화의 주제적 양상에 광범위한 초점을 모은다. 바우어(Bower, 1974)는 주요한 범주들(대 세부 요소들)이 표상되는 곳에 '거시구조'라는 용어를 사용한다. 버나드(Barnard, 1974)는 담화의 (하위) 단위들을 조직하는 주제상으로 중요한 명제들에 대해 이야기한다.

  이 모든 사례들에서 담화의 더 높은 층위적·주제적 조직에 관한 기본적인 직관은 유사하다. 하지만 어떤 경우에도 명시적 표상, 규칙이나 범주들이 실제적인 담화들로부터 이들을 이끌어내어 이루어진 경우는 없다. 이는 더 최근의 연구에서도 종종 마찬가지이다.

6.2.2. 우리는 담화 이해 영역으로 논의를 시작한다. 그것에 대해 거의 아는 것이 없지만, 이 장 이후에 논의할 화제인 담화 산출에 수반된 과정보다는 여전히 더 잘 이해되고 있다.

한 장 안에 우리의 처리 방식을 유지하기 위해서는 다른 제약이 필요하다. 대개 모든 종류, 가령 음운적·형태적·통사적 구조 등의 담화 표면 구조는 무시된다. 우리는 이해 시에 언어 사용자가 종종 동시에 몇몇 층위에서 혹은 혼합된 방식으로 이러한 구조를 분석·종합하는 복잡한 과정을 거치며, 그렇게 해서 개념적 구조를 점차적으로 구성한다고 가정한다. 여기서는 담화의 이러한 의미론적 이해에 초점을 모으고 의미론적 정보를 조직하는 도식적 상위구조의 처리 과정에 관한 의견을 제시한다.

유사하게 여기에서 우리는 의미론적 문장 이해에 수반된 처리 과정의 충분한 설명을 제공할 수는 없지만, 세부 사항은 무엇이든지 간에 이들 과정에 대해 잘 구성된다.3) 그래서 우리는 언어 사용자가 어떻게 낱말, 구, 절, 문장을 이해하고, 문장 연속체의(예로, 연속적인 문장들 간의 접속과 의미 연결 관계의 이해) 이해에 초점을 두는지를 우리가 알고 있는 것처럼 앞서 나아간다. 잠정적으로 우리는 또한 언어 사용자가 '충분한' 의미적 해석을 부여한다고 가정한다. 하지만 실제로 주의와 다른 요인들의 부족은 종종 단편적인 이해를 유도한다.

의미론적 해석과 언어학에서의 최근 인지 모형 간에는 중요한 차이가 있어 왔는데, '실제적' 이해가 '추상적' 의미론적 이론의 개별적 단위와 층위를 따르지 않는다는 점이다. 그것이 전략적으로 필요하다면 언어 사용자는 실제 음운 구조에 관한 가설을 제공하기 위해 형태 음소적 정보와 동시에 통사적 정보를 사용한다. 가령 절의 그럴 듯한 통사적 정보에 관한 가정은 차례로 수반된 형태음소를 제약하는 범주

---

3) 이 작업의 연구조사는 클락과 클락(Clark & Clark, 1977), 그리고 르펠트(Levelt, 1978)에서 발견될 수 있다. 이런 종류의 의미적 이해에 관한 다양한 문제는 클락(Clark, 1976)에서 다루어진다.

지식을 제공한다.

이는 의미론적 해석의 수준에서 훨씬 더 흥미롭다. 분명히 언어 사용자는 '표면 층위'에서 완전한 절과 문장을 '읽지' 않고서도 그것을 해석하기 시작한다. 반대로 그는 낱말과 구의 해석을 즉시 시작하고 부분적으로 의미적 기대에 기초해 추가적인 통사적 구조에 관한 가설을 세운다. 문장 분석 수준 간의 이 상호작용에 관한 세부 사항은 거의 알려져 있지 않다.

논의에서 중요한 것은 단순한 종류의 '혼합된' 해석이 의미론적 층위 그 자체에서만 일어난다는 그럴 듯한 가정이다. 적어도 가끔은 문장이 해석 가설의 수정, 상세화나 덧붙임, 혹은 '관망책' 전략으로 연속된 문장들의 해석 이후에만 충분히 해석된다는 것은 당연하다. 이 가정은 지엽적 층위뿐만 아니라, 총체적 층위에도 적용된다. 즉 개인은 하나의 절이나 문장 해석 이후에 즉시, 그리고 연속된 문장으로부터 필요한 추가적 정보를 접하기 전에 그 문장 연속체의 화제에 대해 가설을 세우기 시작한다.

여기에 수반된 가정은 하위절인 6.2.3에서 논의된다. 여기에서는 모든 층위와 단위, 범위에 관한 자연스러운 언어 이해는 문법의 체계적 방법이 아닌 더 유효한 절차에 의해 일어난다는 점이 단지 강조된다. 다시 말해 화용적 해석과 사회적 상호작용에 관한 의미론적 해석에도 같은 점이 적용된다. 우리는 한 문장의 의미/지시체의 일부를 가정 혹은 기대된 수행 화행과 실제 사회 맥락의 지식에 의해서만 예측할 수 있다.

6.2.3. 복문과 문장 연속체의 이해에 관한 우리의 이론적 모형은 의미론적 정보 처리의 일반적인 기본 인지 개념에 기초한다. 이는 우선 상이한 '종류'의 기억 간을 구별할 수 있음을 의미한다.[4] 우리는 다양한

---

4) 여기에 구성된 요약하기 언급의 세부 사항에 대해서는 노먼(Norman, 1970), 털빙과

기억이 '실제로' 존재하거나 심지어 '한' 기억 체계의 상이한 위치, 영역, 층위나 접근 가능성의 문턱 값을 증명해야 하는지 여부의 문제를 무시한다. 상이한 기억 간의 차이는 아무튼 이론적이다(예로, 처리에서의 차이와 정보의 이용도를 설명하기 위한 것에서).

따라서 단기기억과 장기기억 간의 일반적인 차이가 요구되며 후자는 종종 '의미적'이거나 '개념적'이라고 불린다. 기억에 관한 이 두 종류나 영역들 간, 혹은 그것에 전형적으로 수반된 정보 간의 정확한 경험적 차이가 무엇이든 단기기억은 심각한 처리 제약을 가진다는 논의는 중요하다. 즉 유입되는 정보에 관한 그것의 임시 저장고는 제약되어 있으므로 정보는 일시적으로 저장되며 반복적으로 갱신된다. 그 경우에 적어도 몇몇의 정보는 장기기억에 저장된다. 단기기억은 전형적으로 작업 기억이다. 가령 여기에서 표면 구조 정보는 유입되는 음운적이거나 시각적 연속체로 부여되며 이 표면 구조는 의미론적 해석이 부여된다고 가정된다. 이런 종류의 작업 기억도 의미론적 정보를(예로, 문장들의 의미 구성에서) 다루게 되는 결과가 된다.

장기기억은 두 가지로 다른 양상들을 보인다. 한편으로 그것은 실제로 처리된 유입 정보를 모든 종류의 맥락 자료와(시간, 장소, 처리 환경) 함께 저장한다. 이 양상은 일화적이라고 불린다. 언어에 대해서 일화 정보는 실제로 듣고 읽은 문장과 담화에 관한 기억이나 그 의사소통 맥락에 관한 정보와 함께 그것으로부터 유도된 정보와 관련된다. 다른 한편으로 장기기억은 개념적 지식, 신념, 태도와 관련된 더 추상적인 저장고이다. 가령 세상·규칙·문법 등에 관한 지식이다. 동일 기억 체계의 부분이지만, 지시의 간결성을 위해 현재 각각 일화기억과 의미 기억이라고 부른다.

도널드슨(Tulving & Donaldson, 1972), 코퍼(Cofer, 1976), 킨취(Kintsch, 1977b)를 보라. 우리는 다양한 기억 모형 간의 차이나 그것과 결합된 상세한 문제를 고려하지 않는다. 담화 이해에 관한 우리 자신의 분석은 이 차이에 달려 있지 않다.

6.2.4. 먼저 문장과 문장 연속체의 이해는 명제의 구성을 수반한다고 가정된다. 개략적으로 명제들은 진실이나 만족의 최소 운반자인 개념 구조이다. 따라서 '존'은 개념이지만 더 일반적인 방식에서 참이나 거짓 혹은 만족될 수 있는 정보는 아니다. '존은 아프다'는 그것이 참이나 거짓이 될 수 있기 때문에 명제가 된다. '존은 아픈가?'도 그것이 만족되거나 혹은 그렇지 못하기 때문에 명제가 된다. 여기에서 명제에 관한 철학적 논쟁을 계속하지 않지만 처리 모형에서 다루기 원하는 일종의 명제는 논의에 관련된다. 1장에서 우리는 원자 명제들, 예로 형태 $g(a)$ 나 $b(a, b)$, 그리고 논항 자리에 접속사나 심지어 내포 명제를 수반하는 더 복잡한 명제도 가질 수 있음을 논의한다. 한 문장은 다음과 같다.

(1) 존은 피터가 아팠다고 생각했다.

는, 가령 생각했다(존, (아프다(피터))의 형태를 지닌 경우이다. 여기에서 한 명제는 생각하기에 관련된 (내포적인) 개체이다. 다음으로 다양한 의미론적 관련성이나 술어의 각 논항들의 역할에 관한 문제가 있다. 우리는 이들이 각 논항이나 논항 자리에 관하여 개별적인 격 표지로 명제에 도입될 수 있다고 살펴 왔다. 하지만 약간은 상이한 접근법을 선택해 왔다. 적절한 격 표지를 지닌 복잡한 명제를 허용하는 대신에, 우리는 사실들이라고 불러왔던 것으로 원자 명제를 단지 유지하고, 조직하는 것을 제안하기를 바란다. 원자 명제는 의도된 가능 세계에(예로, 존의 존재, 존이 아프다는 사실, 존이 누군가를 부른다는 사실, 그리고 이 사람이 의사이다) 관하여 '적용된' 최소 정보를 표상하므로 원자 명제의 정보는 술어에 위치하며 논항들은 분명한 순서에서 단지 변수나 상수가 된다. 이 논항의 다양한 기능과 명제가 부여하는 원자적 사실들의 관련성은 사실들의 개념적 표상에서 분명하게 만들어진다.

하나의 사실은 특정한 시간, 장소, 특정한 환경, 가능 세계에서 발생하는 한 사건, 행위나 일의 상태에 관한 인지적 표상이다. 사실들은

1장에서 구체화되었듯이 도식적 사실 구조를 가진다. 예로, 사건에 수반된 각각의 개별적인 '것들'에 관한 다양한 하위 마디를 가진 사건 마디와 장소, 시간, 가능 세계 등의 배경 마디가 구체화된다. 행위가 수반될 때 그 역할은 동작주·경험주·피동작주·수혜주 등이 된다.

사실들도, 즉 도식의 어떤 위치에서 내포된 사실들을 가지므로 복잡하다. 따라서 (1)은 논항 마디의 개체가 또 다른 사실에 의해 구체화될 수 있는(존이 생각하는 것을 구체화하는 것으로) 복잡한 사실을 드러낸다.

그러면 담화 이해의 인지적 모형에 관한 문제는 언어 사용자가 개별 사실들을 어떻게 구성하는지를 아는 데 있다. 사실들은 복잡하기 때문에 복잡한 사실이 구성될 때와 사실들의 연속체가 구성되어야 될 때를 알아야 한다. 예를 들어 2장에서 분석된 범죄 이야기의 첫 번째 연속체를 기초로 한 간략한 텍스트를 살펴보자.

(2) 켄은 소녀를 보았다. 그녀는 키가 크고 날씬했다.
(3) 켄은 키가 크고 날씬한 소녀를 보았다.

두 번째 텍스트는 한 객체(혹은 수혜주) 마디하에 두 가지 수식어를 가진 하나의 사실에 의해 표상된다. (2)는 동일한 표상이나 그 밖의 두 가지 나누어진 사실에 관한 것인데, 두 번째는 상태 기술이 된다. 두 가지 상이한 표상은 단순히 자유 변이가 아니라, 표면 구조에서의 차이가 가리키듯이 두 가지 사실들에 부합한다. 실제로 사실들은 인지적 단위이며 세계에 관한 정보가 어떻게 표상되는지를 가리킨다. 가령 우리는 하나의 '전체'나 단위 결합, 사실들 연속체의 복잡한 장면이나 그것의 기술을 볼 수 있다. 실제가 '보이는' 방식 간의 차이는 상이한 사실들에서 인지적 표상에 의해 강조되어야 한다. (3)에서 소녀들의 속성은 다소 '후순위'이지만 (2)에서는 그것이 첫 번째 사실과 동일 층위에서 초점이 맞추어진다. 우리는 절이나 문장들에서의 표면 구조의 구분이 사실 연속체의 구성에 관한 단서가 되는 것에 따라(가능할 때마다) 이해 전략이 있음을 가정한다. 따라서 독자가 충분히 관련되거나 중요한 것으로, 독립된 문장에 의해 표현된 하나의 사실을 고려한다면 독자는 독립된 사실로 그것을 표상하고, 이는 곧 텍스트의 단서가 된다. 하지만 이는 꼭 그렇지는 않다. 담화 이해에서의 전략은 반드시 따라야 하는 규칙이라기보다는 정보를 처리하기 위한 편의상의 과정이다. 이 과정은 인지 집합에 의존한다. 예에서 그 소녀가 날씬하고 금발이라는 사실이 가설상의 가정으로 독자에 대해 특별한 관련성을 가진다면 또 다른 사실이 구성될 수 있다. 그렇지 않다면 그 사실도식은 독자가 추가적인 수식어나 내포된 사실들을 가진 하나의 사실을 구성하도록 한다. 이 과정을 사실 무너뜨리기라고 부른다. 우리는 그 전략이 독자의 서로 다른 과제, 흥미 등이 단지 고려될 수 있다는 점 때문에 실제로 유연하며, 그것이 어떻게 되어야 하는지를 살핀다. 물론 중립적 이해 과제가 발생한다면 특별한 과제, 흥미 등도 적용될 수 없는 과정이다. 가령 주요한 전략은 독자가 텍스트 단서를 단지 따른다는 것이다. 즉 그는 (2)에서 두 가지 사실, (3)에서 한 가지 사실을 구성한다.

사실 구성이 구조적 관점에서 자의적이지 않다는 것을 깨닫는 것이 중요하다. 즉 사실들은 제한된 도식 구조를 가지고 있다. 이 도식은 의미론적 정보의 조직에서 중요한 수단이다. 독자(청자)는 담화의 각 지점에서 표상된 현재 사건(행위, 상태)과 참여자와 배경이 무엇인지를 구성하기를 원한다. 더욱이 그 마디들 중의 한 마디에 관한 구체화는 연속적인 문장에서 각 수식어 마디에도 부착될 수 있다.

사실들에서 명제적 정보의 조직은 인지적 관점에서는 결정적이다. 문장들은 범죄 이야기의 첫 번째 문장에서와 같이 대략 20개 원자 명제로 표현될 수 있다. 주어진 단기기억의 제약으로 인해 이러한 명제 수는 사실들에서 조직에 의한 정보의 축소를 필요로 한다.

6.2.5. 독자/청자가 첫 번째 문장의 시작으로 담화를 읽고/듣기 시작

했다고 가정해 보자. 방금 언급된 가정에 따르면 이 첫 번째 문장은 ─여기에서 간결하게 설명되지 않은 낱말과 구의 복잡한 해석 과정 이후에─명제 연속체의 분리로 이해된다. 동시에 이 명제는 사실 도식 에 따라 사실들에서 조직된다. 문장의 표면 구조는(즉 참여자들의 가능 한 역할에 관한 의미적 정보뿐만 아니라, 낱말순서, 형태적 정보, 다른 통사적 단서) 도식 구성에 사용된다. 예로, 첫 번째 명사구가 주어의 통사적 기능으로서 받아들여질 수 있고 인간임이 부여될 때 그것은 의미론적 으로 그 사실의 동작주로도 해석될 수 있다. 물론 이는 전략적 가설일 뿐이다. 가령 문장의 나머지가 이 가설을 반박할 수 있다. 하지만 그 전략은 영어에서 문장의 규범적 구조가 이러한 가설을 따르기 때문에 임시방편적이다.

첫 번째 문장의 (원자적) 명제를 조직하는 사실 구조가 구성되면, 우 리는 그 문장이 독자/청자에 의해 (의미적으로) 이해되어 왔다고 말한 다. 우리의 관심은 거기에서 시작된다. 가령 두 번째 문장은 어떻게 이해될까, 특히 그것이 첫 번째 문장과 어떻게 연결되고, 그 경우에 인지적 기억의 제약에 관한 역할은 무엇일까?

다음 문장도 대략 20여 개의 원자 명제를 가지고 있고, 추가적으로 전체 첫 번째 문장과 두 번째 문장 간의 조건적 관계 수립이나 두 번째 문장에서 대명사를 올바르게 해석하기 위해 공지시적 관계를 수립하 는 것이 필수적이라고 가정한다. 그렇다면 독자는 양쪽 문장 모두를 가용할 수 있는 모든 정보를 가지고 있어야 한다는 점이 분명해진다. 우리는 단기기억 임시저장고가 최소한 두 가지 연속된 문장의 정보를 항상 포함한다고 가정한다─이들이 연결될 필요가 없는 명백한 단서 가(예로, 한편으로 문단, 절이나 장의 끝, 다른 한편으로 다음 시작) 없다면.

이는 연속된 두 문장이 오히려 길고 복잡하다면 40개 혹은 심지어 더 많은 명제를 단기기억 임시저장고가 포함한다는 점을 의미한다. 단 기기억 임시저장고의 정확한 크기가 얼마든지 간에 실험상의 증거는 이러한 많은 의미 단위를 포함하는 것은 이들이 조직되어 있지 않다

면 가능할 수 없다는 것을 보여준다.5) 여기에서 원자 명제가 왜 최소
한 사례 틀을 가진 복잡한 명제나 그 밖의 우리가 주장한 사실들에서
각각 조직되는지에 관한 강력한 이유를 발견한다.

　따라서 이 시점에 담화의 연속적인 문장에 의해 표현된 두 가지 사실
들을 포함하는 임시저장고를 갖게 되며, 이는 임시저장고에 수용될만
한 첫 번째 부담량이 된다. 이 모형에서 다음으로 중요한 단계는 단기
기억의 해석 절차에 의해 작용된 두 가지 사실 간의 접속이다. 우리는
이 지점에 수반된 작용에 대해서 단지 추측할 수 있다. 먼저 문장 간
의미 연결의 수립이 다음 문장의 충실한 해석 시점까지 기다릴 필요
가 없다고 가정할 수 있다. 구체적으로 305쪽 (2)의 예에서, 다음 문장
의 첫 번째 단어인 그녀에 관한 투입과 해석은 아마도 첫 번째 문장의
소녀와 공지시를 직접적으로 수립하도록 유도할 것이며, 이는 각 사실
들에서 참여자 마디 간의 정체성을 구성한다. 물론 몇몇 참여자가 수
반되고 대명사가 개체나 인물을 명확하게 하지 못하면 추가적인 의미
적 해석이 올바른 의미 연결 관계를 발견하기 위해 필요하다. 참여자
간의 개체, 인물, 시간, 공간 등이 될 수 있는 임시적인 의미 연결 수립
이후에 사건, 행위나 상태가 전체적으로 어떻게 연결되는지를 결정지
어야 한다. 이 연결은 접속사에(따라서, 그러므로, 이후, 그러나 등) 의해
지시되지만 (2)에서 드러난 바와 같이 필수적인 것은 아니다. 그 점에
서 세계 지식은 사실들의 어떤 결합이 조건이 될 수 있는지, 사실들이
정상적인 연속체나 형태의 부분인지 등을 구성하는 데 필요하다. 즉
그 사실들이 연결되는지의 여부나 일반적인 결합에 더 일반적인 지식
이나 사건과 행위에 관한 순서화를 결정내리기 위해 틀이나 각본이
필요하다. 이하에서 담화 이해에서 틀과 같은 지식의 역할로 돌아간
다. 동시에 2장의 더 추상적인 장면에서 드러난 바와 같이 두 가지

---

5) 킨취와 반 데이크(Kintsch & van Dijk, 1978)에서 단기기억 임시저장고의 용량에 관한
　변수 값은 여기에서 사실들로 도입되어 온 바와 유사하게 복잡한 명제들에 대해 측정,
　검정되어 오고 있다. 이 값은 대략 다섯 단위가 극대치이다.

사실들이 어떻게, 왜 연결되는지를 가리키는 것을 그 연속체의 화제라고 가정한다. 이 점에서 담화 지엽적 이해에서의 거시구조의 역할이 중요해진다. 이후에 화제 가정의 형성으로 돌아갈 것이다.

임시저장고에 저장된 두 가지 사실들 간 의미 연결 수립이 상정된 작용 이후에, 현재 우리는 임시저장고에서 연결된 사실 연속체, 가령 다수의 의미 연결 고리들에 의해 관련된 두 가지 사실들을 저장해 왔다. 따라서 이 고리가 구성될 수 있기 위해서는 기억으로부터 다양한 종류의 지식이 필요하며, 단기기억도 최소한 간략하게 이 지식을 포함해야만 한다는 점이 기억되어야 한다. 연결된 화제에도(거시명제) 같은 점이 적용된다. 이는 임시저장고가 임시 기억 장치에서 두 가지 추가적인 의미 단위를 가질 수 있음을 의미한다. 이 필수적 정보가 장기기억에서 어떻게 탐색되고 발견되며 실제화되는지는 잠시 무시한다. 살핀 바와 같이 분명하게 필수적인 정보도 담화 도중에 담화의 앞선 문장이나 의사소통 맥락에 관한 일화기억으로부터 나올 수 있다.

6.2.6. 사실들의 의미 연결된 연속체가 단기기억 임시저장고에 저장되면 우리는 그 텍스트의 두 문장(혹은 아마도 절들)과 그것의 필수적 의미 연결 관계를 이해한다. 의미 연결 관계가 구성될 수 없거나 부분적으로 구성된다면 그 담화의 나머지로부터 추가적인 정보가 언어 사용자에 의해 기대된다. 독자는 한 사실로서 다음 문장을 해석해야만 하며 그 연속체의 앞선 사실(들)에 관해 동일한 기능을 적용한다.

하지만 여기에서 단기기억 처리 용량의 제약은 필수적이다. 가령 우리는 그 사실 연속체에 자의적인 다수의 새로운 사실들을 단기기억 임시저장고에서 단순히 추가할 수 없다. 따라서 특별한 작용이 단기기억에서 공간을 만들기 위해 요구되므로 텍스트 기반에서 각각의 사실 F_i에 대해 2장에서 형성된 추상적 의미 연결 조건이 주어진다면, F_{i-1}이나 F_{i+1}에 그것을 연결할 수 있다. 이 의미 연결 과정의 수립은 주기적이다. 가령 하나의 사실이 주어진다면 그것은 다음 사실과 연결되어야만 하고 다음 사실은 다시 이전과 이후의 것, 그리고 따위 등등과 연결되어야 한다. 하지만 이는 F_3이 F_2와 연결되면 더 이상 F_1을 지속하지 않는다는 것을 의미한다. 이 경우에 우리는 F_1이 부분적으로 적어도 일화기억으로 이동한다고 가정한다.6) 하지만 그것은 담화의 다음 문장들의 해석이 필요하면 일화기억으로부터 재진술될 수 있다. 이런 방식으로 이해 과정은 쌍으로 주기적이 된다. 가령 단기기억의 용량 제약이 주어진다면 연속된 문장들 간의 쌍 연결이 수립되기 위해 조정된다. 그렇지만 과정은 약간 더 복잡할 수 있다. 첫째, 문장이 충분히 짧고 필요하다면 단기기억 임시저장고가 세 가지나 심지어 네 가지 사실을 저장할 수 있다는 점은 당연하다. 즉 F_i가 F_{i-1}와 연결되는 것이 아니라, F_{i-2}나 심지어 F_{i-3}과 연결되는 일이 다음과 같이 예 (2)의 계속되는 연속체에서 발생할 수 있다.

(4) 켄은 소녀를 보았다. 그녀는 키가 크고 날씬했다. 그녀는 하얀 여름 원피스를 입고 있었다. 그는 그녀가 깜짝 놀랄 만하다고 생각했다.

분명히 네 번째 문장의 대명사 '그'가 첫 번째의 '켄'을 공지시한다. 이는 개념 '켄'은 일화기억으로부터 재진술되어야 하거나 단기기억 임시저장고에서 여전히 사용할 수 있다는 것을 의미한다. 이 텍스트는 첫 번째 문장 이후 소녀에 초점을 두는데, 이는 연속된 문장 간 의미 연결의 기초가 된다. 그런 다음 S_4와 S_3 간에도 마찬가지이다. 하지만 추가적인 전략이 있을 것이다. 켄은 첫 번째 문장에서 주어이며 동작

---

6) 불가피하게 담화 이해의 모형은 수많은, 기껏해야 편의주의적인 비유를(예로, 정보가 기억 체계에서 다루어지는 방식들) 특징으로 한다. 따라서 단기기억이나 장기기억에서 저장되고 인출되는 정보는 보통 정보 '흐름'의 관점에서 기술된다. 더 앞서 언급해 왔듯이, 이러한 비유는 직접적인 경험적 관련성을 가질 필요는 없지만, 결국에는 두뇌 처리 과정의 신경학적 관점에서 정당화되어야 한다. 이는 우리가 인지적 모형의 층위에서, 가용성의 가변적인 정도나 유사한 개념들에 관해 말할 수 있음을 의미한다. 우리의 설명에서는 이 시점에서의 다양한 기억 모형들이 형식적으로 동일하다고 가정한다.

주를 드러내기 때문에 독자는 이 이야기에서 주로 켄이 수반될 것이라고 가정한다. 그러므로 우리는 최소한 연속체에서 곧 켄이 다시 언급될 것이므로 단기기억 저장고의 내용을 갱신하는 주기적 과정에서 앞선 문장의 어떤 전제가 저장되어(예로, 연속체의 주요한 참여자) 있을 것이라고 가정한다. 이는 어떤 기간 시에 가능한 중심 참여자 개념을 유지하도록 허용하며, 곧 이는 공지시에 의해 의미 연결 수립에 필요할 수 있다. 사실상 이 가정은 예에서 네 번째 문장이 실제로 '그는'이라는 대명사를 사용하고 있다는 사실에 의해 확증된다. 이 경우에 빠른 해석은 주요한 참여자 마디가 여전히 단기기억에 있음을 요구한다. 그렇지 않다면 관련 참여자는 일화기억으로부터 재진술되어야 한다. 이 경우에 보통 우리는 완전 명사구(예로, 그 소년)나 거리가 더 멀어진다면 그 소녀를 보고 있었던 그 소년이나 우리가 그 이야기의 발단부에서 이야기해 왔던 그 소년과 같은 표현을 필요로 한다. 이 경우에 평범한 '그는'은 지시에서 애매하거나 인출 과정에 대해 매우 구체적이지 못할 수 있다. 동일 연속체에서 문장의 의미 연결 요소 간의 최대 거리가 무엇인지는 경험적인 문제이다. 이는 어떤 참여자의 현저성의 정도와 같은 몇몇 요인에 의존한다. 현저성은 범죄 이야기 부분에서의 소녀와 같이 한편으로 연속적이며 다른 한편으로는 거시구조 층위에서 정의되어야 한다. 참여자가 구성된 거시사실의 참여자이고 각 문장 연속체에 대해 거시사실도 지엽적, 총체적 의미 연결 수립을 위해 단기기억 저장고에 제시되어야 한다고 가정한다면 우리가 실제로 그렇게 해 왔고, 더 구체화했듯이 관련 정보는 쉽게 단기기억 저장고에서 사용될 수 있다.

이 논의로부터의 결과는 다음과 같다. 가령 담화 이해에서 문장의 연속체(2개나 3개로 된 짝)는 의미 연결된 사실 연속체로 해석되며 단기기억 저장고에 저장된다. 새로운 문장이 해석되면 새로운 사실은 가급적 바로 이전 사실이나 때로 끝에서 두 번째 사실(혹은 거시사실과 함께)과 연결되어 구성된다. 이후에 첫 번째 사실은 일화기억, 세 번째 사실은 단기기억 저장고, 그리고 그 밖의 것도 주기적으로 저장된다. 일반적으로 한 연속체의 관련된 개념과 전제도 가설상으로 다양한 주기시에 단기기억 임시저장고에 유지될 수 있다.

이는 매우 개략적이고 비형식적인 지엽적 담화 처리의 모형에 관한 이론적 개괄이다. 즉 독자나 청자가 어떻게 문장을 연결하는지의 모형이다. 이 과정에 수반된 몇몇 다른 요인이 이 장의 마지막 절에서 논의될 것이다.

6.3. 총체적 담화 이해

6.3.1. 6.2절에서 지엽적 의미 연결의 이해도 총체적 이해의 어떤 양상을 수반한다고 관찰되었다. 이 양상 중의 하나는 독자가 하나나 몇몇 연속체 문장의 주어인 동작주는 동시에 더 총체적 층위에서의 동작주라고 가정하는 전략이다.

반면에 2장에서 개괄된 구조적 모형에서, 거시구조는 어떤 거시규칙에 의해 문장의 연속체로부터 유도된다고 드러났다. 지금부터 우리는 이 총체적 해석이 그럴 듯한 인지 모형에서 어떻게 일어나는지를 살펴야 한다. 이러한 모형에서는 문장 연속체로부터 유도된 거시명제가 전체 연속체의 이해 이후에만 부여된다고 가정하면 안 된다는 점이 강조되었다. 즉 독자는 하나나 그 이상의 문장이 이러한 가설을 만드는 데 충분한 정보를 제공하면, 바로 관련 거시명제에 관한 가설을 만든다. 수반된 정확한 절차에 대해 경험에서 우러난 추측만을 할 수 있지만 우리는 담화 이해 모형의 '총체적' 부분에 관한 일부 개요를 기술하고자 한다.

6.3.2. 첫째, 텍스트 기반의 거시명제 부여가 텍스트 그 자체의 정보만으로 결정되지 않는다는 점을 기억해야 한다. 세계와 맥락에 관한

지식은 어떤 화자들의 담화와 대화의 가능하거나 있을 법한 화제에 관한 개략적인 가정을 생성한다. 이 기대는 실제 거시명제의 가설적 구성에 관한 더 제약된 영역을 산출한다. 가령 그 경우에 관련된 개념은 더 쉽게 가용될 수 있다.

둘째, 매우 중요한 단서는 제목과 화제 문장으로 주어질 수 있다. 담화 화제에 관한 가설들은 이러한 표현의 해석에 의해 더 구체적으로 구성되므로 제목은 전체적으로 텍스트 화제에 대해 정보와 담화의 다음 문단이나 절에 관한 화제 문장을 제공할 수 있다.[7] 분명히 이는 글말 담화에만 적용된다. 입말 의사소통에서 너는 … 알고 있었니?, 내가 너에게 …에 대해 이야기했었니? 등은 이전 담화 요소들의 발언이나 다른 유형들에서 발생할 수 있다. 즉 심지어 담화의 첫 번째 문장을 읽기 전에 언어 사용자는 이미 가능한 거시명제의 영역이나 심지어 일반적이거나 더 구체적인 거시명제를 가지고 있을 수 있다. 이는 그가 담화의 첫 번째 문장을 주요하거나 종속적인 화제와 직접적으로 관련시켜 이해할 수 있도록 해주며, 이 경우에도 이러한 문장이 특별한 화제에 관한 가설을 보장하기 위한 충분한 정보를 포함하지 않을 수 있다.

6.3.3. 담화 첫 문장의 해석 과정에서 독자는 6.3.2. 하위절에서 기술된 지엽적 이해에 관한 작용을 우선적으로 고려한다. 즉 사실들의 의미 연결된 연속체는 단기기억 임시저장고에서 구성되고 저장된다. 하지만 의미 연결의 수립은 그 연속체의 화제에 의존하며 독자는 현재의 거시명제에 관한 가설을 수립한다. 이는 첫 번째 문장이나 첫 번째 두 문장의 해석 이후에 일어난다. 따라서 310쪽 (4)의 첫 번째 문장을 '보는' 행위, 소년/남성이 동작주, 그리고 소녀가 피동작주라고 해석한 이후에, 독자는 이 부분이 소년/남성, 그리고 소녀에 관한 것인지

---

7) 제목과 유사한 거시구조 표현의 영향은 담화 처리에 관한 실험적인 참고문헌에서 반복적으로 언급되어 왔다. 둘링과 라흐만(Dooling & Lachman, 1971), 코즈민스키(Kozminsky, 1977)를 보라.

를 가정할 수 있다. 즉 다수의 잠정적 거시명제가 만들어질 수 있는 동시에 독자는 적절한 방식에서 이들을 조직하거나 여기에서 진행되는 총체적 행위나 사건은 무엇이고, 누가 관련되는가와 같은 첫 번째 거시사실들을 구성하려고 한다. 이 전략의 이점은 총체적이거나 사건이 아직 알려지지 않았지만, 관련된 참여자들이 이미 사실 도식에서 그들의 예비적 위치를 받아들인다는 것에 있다. 그런 다음 (4)에서 두 번째 문장은 그 소녀는 아름답다와 같이 사실 도식의 수식어 구에 관한 총체적 정보를 제공한다. 이는 거시규칙(즉 일반화)이 적용됨을 의미한다. 실제로 거시사실의 가능한 참여자들에 관한 추론과 더불어 언어 사용자들은 2장에서 논의된 작용을 적용한다. 하지만 거시규칙의 '구조적' 적용과 인지적 거시작용 간의 중요한 차이가 있음을 주목할 필요가 있다. 일반화와 같은 규칙은 원칙적으로 일련의 명제만을 기초로 해서 적용된다. 하지만 우리의 사례에서 이 규칙은 두 가지 명제를 드러내는 단일 문장을 기초로 해서 이미 적용된다. 날씬함과 같은 단지 하나의 명제에도 같은 점이 적용된다. 아름다움의 속성을 부여하는 추가적인 명제는 동일 거시명제에 의해 얻어지며 동시에 가설을 확증한다.

구성의 가설 적용도 유사하다.

(5) 존은 역에 갔다.
(6) 존은 식당에 갔다.
(7) 존은 대학 도서관에 갔다.
(8) 존은 공항에 갔다.

위와 같은 문장으로 시작하는 담화는 관습적 틀이나 각본 지식에 기초하여 '기차 타기', '식당에서 밥먹기', '도서관에서 책 빌리기', '비행기 타기'와 같은 각본의 전체 개념에 관한 예시가 되는 첫 번째 총체적 화제로 부여될 것이다. 물론 거시명제의 부여는 잠정적이다. 가령 추가적인 정보는 첫 번째 문장이 관습적 각본을 구체화하기보다는 다른 사건의 연속체를 구체화함을 보여줄 수 있다. 인지 모형에서 작용하는 이 규칙을 위해 첫 번째 문장의 이해 직후에 장기기억에서 적절한 각본과 그것의 전체 개념이나 명제에 대해 탐색이 이루어진다고 가정해야 한다. 이 지식구조가 이해에서의 적용을 위해 단기기억에서 어떻게 탐색되고, 활성화되고, 초래되는지는 이후에 다시 논의될 문제이다.

각본의 전체 개념이 거시명제나 거시사실의 형태에서 실제화되면 언어 사용자도 일화의 가능한 연속 사실과 담화에서 표현된 가능 명제에 대해 필요한 기대치를 사용할 수 있어야 한다. 이들이 실제로 일어난다면 그들은 가설적 거시구조를 확신한다.

삭제 규칙의 인지적 적용은 더 복잡하다. 일반화는 언어 사용자가 단지 문장 개념의 적절한 상위개념을 생성해야 하고, 반면에 구성은 적절한 각본이 발견되어야 한다. 삭제는 독자가 그 명제의 가능한 관련성에 대해 복잡한 '연산'을 요구한다. 이 관련성은 형식적으로 관계 해석의 관점에서 정의된다. 가령 한 명제가 연속체에서 이어지는 해석 조건이 아니면 관련되지 않는다. 하지만 텍스트가 일반적으로 맨 먼저 연속적으로 읽히기 때문에 추측만이 이 관련성에 대해 이루어질 수 있다. 이는 독자가 어떤 사실들의 가능한 결과에 대해 일반적인 세계 지식을 가지고 있다면 가능하다. 따라서 우리의 예에서 소녀가 아름답다는 사실은 이러한 사건의 상태가 여성의 행위에 영향을 준다는 점이 사회적으로 알려져 있기 때문에 관련성이 더 있다. 하지만 그 소녀가 하얀 여름 원피스를 입고 있고 있는 것은 관련되지 않거나 덜 관련되는 사실이다. 이러한 특정한 종류의 정보는 아마도 장기기억에서 정상적인 조건 – 결과에 관련되지 않는다. 더욱이 그것은 누군가 옷을 입고 있는 방식에 관한 지극히 지엽적 사실인 것으로 정상적으로 받아들여진다. 독자들도 이야기에서 이러한 세부 사항이 더 자연스럽거나 '시각적인' 표현을 만들기 위해 주어진다고 안다. 이러한 세부 사항의 진실은 담화의 나머지에서 그것의 관련성이 영향을 주도록 요구하지 않는다. 탐정 소설의 특별한 속성 중의 하나는 독자가 명확히 중요하지 않은 세부 사항들이 악인의 정체를 결정짓는다는 것을 모른다는 사실에 있다. 어떤 종류의 문학 작품에서도 이러한 세부 사항들이 모든 종류의 상징적 기능을 지닐 수 있지만 동일 담화의(예로, 사회학적 관점에서) 특별한 대본에서는 이러한 세부 사항이 반대로 전형적인 사회적 상황, 체제나 문화의 지시가 될 수 있다. 하지만 거시구조 정보는 후자의 사례들에서, 예를 들어 특별한 과제나 관심을 포함하는 실제 인지 집합의 다양한 요인들의 상호작용에 종속된다. 이후에 이 상호작용으로 다시 돌아간다.

다른 한편으로 우리가 사건이나 행위의 흥미로운 연속체에 관한 정상적인 구성 요소들이나 조건들이라고 알고 있는 개념을 포함하는 문장을 이해한다면, 그것은 삭제되면 안 된다고 가정한다. 구체적으로 다음 예들을 비교해 보라.

(9) (a) 승객은 매표소로 갔다.
　　(b) 권총을 가진 사람이 매표소로 갔다.

(10) (a) 나무에서 잎이 도로에 떨어졌다.
　　(b) 나무가 도로에 쓰러졌다.

(11) (a) 존은 정원에 있는 장미에 물을 주었다.
　　(b) 존은 그의 집에 불을 질렀다.

담화에 관련되고 관련되지 않은 정보간의 차이가 (9)에서 (11)의 (a)와 (b)에서와 같이 항상 그처럼 분명하지는 않지만 이 문장들은—심지어 분리된 상태에서도—언어 사용자들이 사실들의 중요성에 대해 '일반적인' 기대를 가지고 있다는 것을 보여준다. 여기에서도 의사소통의 어떤 화용적이고 사회적인 양상을 만난다. 일반적으로 담화는 순수하게 사소한 것들에 관한 것이 아니다. 따라서 중요성의 개념이 상대적이지만 전체 텍스트와 의사소통 맥락에 의존하면서 독자는 기껏해야 묘사적이고 흥미로운 결과 상황을 거의 일으키지 못하는 세부 사항은 삭제될 수 있다고 가정한다. 이러한 결과 상황은 그 부분의 화제가 되는 위험한 사건, 어려운 행위, 놀랍거나 흥미 있는 사건의 상태 등을 포함한다. 즉 담화에서 이야기하는 어떤 것이 흥미롭고 어떤 사건이 다른 사건을 조건화할 수 있는지―또한 흥미로운지―에 관한 지식이 주어진다면, 독자는 명제들이 다음의 명제들을 조건화하고, 그리고 그렇지 않을 수도 있다는 심각한 가설을 세울 수 있다.

6.3.4. 텍스트나 단편의 첫 문장이 주어지면 언어 사용자가 어떤 근거로 그 담화의 잠정적 거시구조를 전략적으로 부여할 수 있는지를 계속 살펴보자.

(12) (a) 맥락의 지식(화자, 사회적 상황 등)이 화제 집합을 한정
     (b) 제목, 하위제목, 발언들, 선행 담화
     (c) 이전 담화들(예로, 특히 특별한 화행 이후에 편지 쓰기나 대화에서)
     (d) 텍스트나 단편의 시작에서의 화제 문장들
     (e) 텍스트의 첫 번째 사실의 참여자 구조로부터의 거시참여자의 추론
     (f) 첫 번째 술어에 기초한 총체적 의미 영역 추론
     (g) 거시규칙의 예비적 적용
        ―삭제: 흥미로운 사실에 관한 지식과 사실의 연결에 기반
        ―일반화: 한 문장/명제에 관한 최상위개념의 추상화
        ―구성: 각본, 각본 개념이나 다른 관습적 지식의 실제화

우리는 독해 시에 화제나 주제를 부여할 때 다양한 단서들로부터 포괄성에 의해 [(12, b)와 (12, c)가 위치를 바꿀 수 있는] 순서가 매겨졌음을 알고 있다. 가령 첫 번째 종류의 지식은 그것 자체로는 특별한 사회

적 상황에(또한 일련의 가능한 화제를 제약하는데, 가령 버스나 침실에서보다 수업에서 여러 가지 것들에 대해 이야기한다) 내포된 일반적인 의사소통 맥락으로부터 추론된다. 그런 다음 실제 담화의 가능한 화제와 텍스트 그 자체, 가령 제목들, 발언 등에 대해 수반된 정보 모두를 명확하게 결정짓는 이전 담화(예로, 질문들)를 접한다. 결론적으로 텍스트의 실제적인 시작 문장으로부터 정보가 있다. 즉 독자는 거시명제의 실제적인 구성을 시작하기 전에 이미 많은 것을 알고 있다. 가령 공식적인 시험 시에 학생이 우리가 자전거를 사도록 설득하기 위해 명확한 의도를 가지고 자전거 값을 매기기 시작한다면 꽤 놀랄 수 있다. 실제 이해 과정에서도 거시규칙이 2장에서 형성된 엄격한 의미적 제약을 따를 필요가 없다는 것을 볼 수 있다. 정보가 관련 없는 것으로 취급되면 삭제를 적용한다. 가령 그것이 일반화에 적합하게 보이면 그 규칙을 적용한다. 그리고 다른 경우에 그것을 틀이나 각본과 연합된 관습적 개념으로 구성될 수 있는 연속체의 부분이라고 가정한다.

지금까지 독자에 의해 만들어진 거시구조 가정은 담화의 첫 번째 문장에만 관련된다는 점에 주목해야 한다. 동일한 원리는 연속된 문장이 이해되면 더 강하게 적용된다는 점은 분명하다. 가령 적용된 거시규칙은 가정된 거시명제를 확증하고(혹은 부당성을 증명하고 결국 전환한다), 언급되고 있는 추가적인 참여자는 한 참여자의 총체적 역할을 확증할 수 있으며 의미 영역은 더 제약된다. 그리고 틀이나 각본의 결정적 사건은 언급될 수 있다. 충분한 문장이 이용될 수 있으면 거시명제는 명확하게 확인될 수 있다. 즉 텍스트나 단편은 이것 혹은 저것에 관한 것이다.

6.3.5. 담화 이해에서 총체적 해석의 단서와 전략에 관한 다양한 가정은 이제는 앞서 상정된 기억 구조에 관련되어야 한다. 첫 번째 문장을 읽기 전에 단기기억 임시저장고가 비어 있을 필요는 없다. 우리가 읽을 것에 관한 실제적인 기대를 하고 있을 때 총체적 명제는 이미 맥락에

관한 일화 정보나 맥락, 사회적 틀 등에 관한 일반적인 지식으로부터 가져온 임시저장고에 저장될 수 있다. 제목과 다른 화제 요소로부터의 정보가 사용될 수 있으면 단기기억 임시저장고는 아마도 하나의 거시명제나 거시사실을 포함할 것이다. 그런 다음 첫 번째 문장은 화제의 가정을 확인하거나 더 구체적인 다른 거시명제를 생성할 것이다.

이 모형은 거의 영구적으로 단기기억이 하나(아마도 둘이나 셋)의 거시명제(들)에 직접 접근한다고 가정한다. 우리는 일찍이 이 정보가 문장과 문장 연결체의 이해에서 어떻게 사용되는지 살펴 왔다. 처음에는 거시명제가 여전히 매우 총체적이고, 부분적이거나 애매하지만, 처음 몇 문장 이후에 첫 번째 낮은 층위의 화제는 이미 형성될 수 있다. 원칙적으로 이해의 주기적 작용이 단기기억 임시저장고의 제한된 용량에 기인하기 때문에 거시명제는 정보가 일화기억에 저장되기 전에 임시저장고에서 사용될 수 있어야 한다. 독자는 일부분이 무엇인지 알게 되면 아마도 더 이상 세부 사항은 지엽적 의미 연결의 수립에 필요하지 않기 때문에 틀림없이 그것을 일화기억으로 보낸다. 현재 이 관계 해석 기반에 요구되는 것이 거시명제이다. 그와 동시에 간략하게 살폈듯이 거시명제는 일화기억에서 담화 표상의 첫 번째 사실에 추가적인 구조를 부여하고 이 사실을 최종적 복원이나 (이후에) 재생산 인출을 위해 더 낮게 쓰일 수 있도록 한다.

두, 세 가지 사실(즉 직접 연결된 문장들에 기반 한 것들)과 함께 단기기억 임시저장고는 한 가지나 심지어 두세 가지 거시명제나 거시사실이 덧붙여지면 현재 세 가지에서 여섯 가지 정도의 의미 단위를 포함한다.[8] 즉 독자는 그가 읽고 있는 본문의 실제적 화제뿐만 아니라 장,

---

8) 작업 기억 임시저장고에서 의미론적 단위(명제나 사실들)의 수에 관한 측정치는 물론 거의 이론적이다. 즉 이 모형은 단지 단위가 최소한 담화에서 문장들의 즉시 처리 과정에 대해 가용될 수 있음을 구체화한다. 308쪽 주석 5에서 서술된 바와 같이, 이 값도 거의 경험적으로 정당화된다. 우리는 많은 것이 단위의 속성, 조직의 정도, 그리고 저장 용량에 대해 개인적으로 변화 있는 요인들의 집합에 의존하기 때문에 '거의'라고 말한다. 우리 모형은, 특히 명제적 텍스트 기반의 사실 구조에 관한 가설은 형식적으로 동기

절, 전체 텍스트의 더 일반적인 화제를 구성할 가능성을 남겨 둔다. 연속적으로 중요하게 가정되는 이전 문장의 가능한 전제도 포함되지만 거시구조의 부분일 필요는 없다.

단기기억 임시저장고는 목록이 아닐 수 있다는 점에 주목해야 한다. 더 앞서 명제들의 연속체는 지엽적 이해 시에 사실들에서 이미 조건적으로 연결되거나 조직된다. 그런 다음 사실들 그 자체는 수많은 방식으로 연결되며 다른 의미 연결 관계를 구성한다. 부가적 거시명제들과 거시사실들에서의 그것의 조직은 임시저장고의 맥락에서 구조를 추가적으로 부여한다(〈그림 6.1〉을 보라). 예로, 〈그림 6.1〉에 표상된 구조는 텍스트 시작의 세 문장을 읽은 뒤에 단기기억 임시저장고의 임시 내용이 될 수 있다. 거시사실은 아마도 첫 번째 문장을(즉 첫 번째 사실의 추론으로) 읽은 이후에 이미 수립되어 왔다. 이 예의 구조는 앞서 범죄 이야기로부터 쓰인 예인 텍스트(4)에 적합하다.

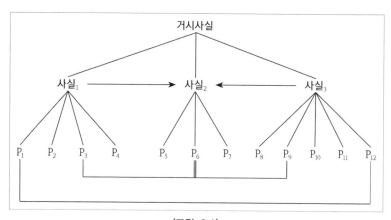

〈그림 6.1〉

화될 뿐만 아니라, 단기기억–임시저장고 용량(Miller, 1956을 보라)과 같은 인지적 처리 과정의 잘 알려진 사실들을 따른다. 대략 일곱 가지 의미 '덩이'의 수가(예로, 명제이나 사실들) 다시 조직된다는(즉 접속사와 거시사실들과의 관련성에 의해) 것이 추가되어야 한다.

이 사례에서 거시사실은 '켄은 예쁜 소녀한테 반했다'가 될 수 있다. 위계적 관계 이외에[즉 명제로부터의 구성된 사실들과 사실 연속체로부터 (거시)사실들을 이끌어내는 규칙] 우리는 그림에서 조건적이며 다른 의미 연결 관계를 지적해 왔다. 예로, 소녀가 날씬하다는 사실은 켄이 그녀가 예쁘다는 것을 발견한다는 사실에 가능 조건이 된다. 마찬가지로 사실들 각각에서 소녀를 나타내는 원자 명제 논항을 발견한다. 물론 이 그림은 단지 기술적 예이다. 이 제안은 단기기억의 엄격한 용량 제한과 지엽적 처리에서 정보의 빠른 이용가능성의 필요성이 주어진다면 임시저장고에서의 정보가 조직된 방식에서 저장되어야만 한다는 것이다. 그 정보가 즉시 이용가능하지 않으면 일화기억으로 그것을 가져가는 대신에 단기기억 임시저장고에서 정보를 저장하는 이점을 잃게 된다.

다른 이론적 모형이 가능하지만, 우리는 담화 이해에서 복잡한 정보 처리의 바로 그 속성이, 가령 의미 연결 관계와 관계의 전달자들(예로, 사실들의 명제들)의 제시, 그리고 이 단위의 빠른 이용 가능성은 그 모형에 어떤 제약을 가한다고 강조하고 싶다. 접속사, 대명사, 문장 부사, 불완전 문장, 화제－논평 구성, 정관사 등의 직접적인 해석은, 예를 들면 그 모형이 일화기억에서 그 정보를 모두 직접적으로 저장한다면 가능하지 않다. 이 점에서 세 문장 짝들의 처리는 몇몇 절을 가진 복문의 처리와 밀접하다. 실험은 그 모형의 이론적 가정의 다양한 함의를 검증하기 위해 마련되어야 한다. 즉 일반적으로 여전히 직접적인 연결을 요구하는 명제와 사실들 간의 차이는 무엇인가? 언어 사용자가 얼마나 쉽고 빠르게 그것을 할 수 있는가? 문장 경계의 단서 값은 무엇인가? 각 문장들이 의미 연결되지 않거나 거의 의미 연결되지 않으면 임시저장고의 역할은 무엇인가? 마지막은, 가령 아름다운 날이었다. 바닷물은 매우 고요했다. 여행자들은 넓은 베란다에 모여들었다… 등과 같이 때때로 동일한 장면의 다른 양상이 기술될 때 지엽적으로 가능하다. 하지만 일반적으로 임시저장고의 요소가 일화기억에 저장된 정보보다도 더 우수하고 빠르게 쓰일 수 있다고 예측될 수 있다.

단기기억 임시저장고는 아마도 대략 일곱 개의 의미적 단위를 저장할 수 있지만 이 최대 용량은 충분하게 사용될 필요가 없다. 종종 독자가 지엽적 이해 시에 임시 저장고 자체의 탐색을 쉽게 하고 특히 더 복잡한 정보가 유입되고 이해가 요구되면 필요한 '예비고'를 확보하기 위해 가능한 낮게 부담량을 유지할 것이라고 가정된다. 따라서 그 부담량도 처리되는 정보의 속성에 의존한다. 가령 길고 복잡한 문장은(화제와 피험자들 간의 인지적 집합의 변이들에 의존하면서) 독해 시에 짧고 단순한 문장보다—물론 이들이 잘 접속되고 의미 연결되어 있다면—더 많은 시간이 걸리고 덜 쉽다는 점은 실험적으로 잘 구성된다.[9] 복잡한 정보에 관한 단기기억 임시저장고의 부담량은 아마도 보통 다음과 같은(복잡한 담화 읽기 이후에 두통, 피로함 등) 시간 이후에 매우 특별한 심리적 중요성을 가져올 수 있는 상황에서 그것의 최대치가 될 수 있다. 아마도 더 단순한 담화에서 세, 네 가지 요소들만 지엽적 의미 연결을 처리하기 위해서 임시저장고에 필요하다. 독자는 정보가 다음 문장의 이해에 아마도 관련이 없다고 가정하면 그것을 직접적으로 일화기억에 보내기 위해 허용되는 전략이 있음을 가정할 수 있다. 예로, 이는 절의 마지막 문장과 함께 일어난다.

6.3.6. 총체적 이해에 관한 논의에서는 언어 사용자가 거시구조 구성에 가용하는 다양한 단서에 관한 몇몇 가설과 거시구조의 저장고와 단기기억 임시저장고에서 그것의 미시구조와의 관련성에 관한 가설이 있다. 하지만 담화의 총체적 이해에서 단기기억의 실제 작용 과정에 대해서는 거의 아는 것이 없다. 거시명제는 텍스트에 표현된 초기 사실들로부터 가능한 전략적으로 추론된다고 제안되어 왔다. 이 작용은 귀납적인 추론의 하나이다. 즉 세상사에 관한 다양한 종류의 지식은 장

---

9) 관련 실험에 대해서는 킨취(Kintsch, 1974)를 보라.

기기억으로부터 실현되며 인지 집합으로부터의 정보도 이 작용에 상호작용하고 있음이 가능하다. 구체적으로 우리가 특별한 과제나 흥미로운 초점거리를 가지고 있다면 텍스트 정보는 이미 단기기억 작용에서 유효화되거나 선택될 수 있다.

표면 구조 층위 및 절과 문장 이해에서의 단순한 가정과 마찬가지로 거시구조는 보통 문장들의 연속체가(예로, 첫 번째 절이나 문장) 이해되기 전에 이미 형성된다고 가정되어 왔다. 현재 문제는 이런 방식에서 거시구조의 형성이 선조적이거나 병렬적이냐에 있다. 가령 한 문장의 의미, 그것에 부합하는 거시구조를 먼저 연산하고, 다음 문장으로 진행하는지, 지엽적 구조와 연결을 해석하는 동시에 거시구조를 형성하는지? 선조적 가설의 경우에 그것은 거시구조의 형성에 관한 매개 시간이 가정되고, 그렇지 않으면 거시구조가 이미 임시저장고에서 가용되기 때문에 이론적으로 한 문장에서 다음 문장으로의 전환이 더 느릴 수 있다. 화제가 바뀔 때에 문단이나 절의 끝에서 새로운 부가적 더 높은 층위의 작용이 필요하다. 병렬 가설은 새로운 화제가 시작되는 문장들 간을 읽고/이해하는 시간에 특별한 차이가 없음을 예측해 왔다. 복잡한 정보 처리가 다수의 병렬 분석적 과정을 지니지만 형태음소적, 통사적, 의미적 분석과 같이 서로 상호작용한다. 우리는 잠정적으로 의미적 작용이 선조적으로 일어나지만, 그 표상은(예로, 단기기억 임시저장고나 일화기억에서) 위계적이라고 가정한다. 그 가정에 관한 특별한 실험적 증거를 가지고 있지는 않지만 동일한 종류의 두 가지 작용이 동시에 발생하지 않는다고 가정한다.

실험 설계에서 거시구조 형성의 과정을 분리시키는 것이 가능한지의 여부는 여기에서 해결할 수 없다. 한 문장이 이해되면 독자가 특별한 텍스트 부분의 주제에 대해 적절한 가설을 세울 것이라고 가정해 왔기 때문에, 이 순간에 추론을 막기 위한 직접적인 방식은 없는 것 같다. 하지만 가능한 화제하에 분명하게 포함될 수 없고, 따라서 구성될 수 없는 연속된 문장들을 우리가 제공하면 독자는 더 앞선 가설을 기각하고 '관망' 전략을 따르는 것은 당연하다. 가령, 소급해서 정보를 제공하는 다음 문장들은 마지막 문장들에 가능한 화제를 제공하는가? 하지만 애초에 총체적으로 의미 연결되지 않은 문장들은 그 사이에 일화기억에 저장되어 왔으며 이후 해석의 과정에서 회복됨이 분명하다.

이 경우에 거시구조 형성은 병렬적이며 우리는 더 높은 층위의 이해 형성이 더 지엽적인 해석 시에 가능한지의 여부를 알기 위해 노력할 수 있다. 우리는 이 순간에 간섭 과제를 상상할 수 없지만 더 높은 층위에서만 실행될 것이므로 더 낮은 층위 과정은 손상 없이 계속된다.

6.4. 상위구조의 이해

6.4.1. 언어 사용자가 담화의 상위구조를 '이해하는' 과정에 대해서는 알려진 것이 거의 없다.10) 하지만 이런 종류의 이해는 일어나며, 오히려 이른 유년시절에 직관적으로 이야기가 이야기 같거나 그렇지 않을 때를, 또는 이야기가 끝났는지의 여부 등을 안다.11) 더 제도적 상위구조 도식에 있어서 지식은 덜 암시적이다. 가령 적절한 전제나 결론이 없이도 논증을 인식할 수 있으며 결과나 결론의 논의에 관한 절의 언급 없이도 심리적 실험 보고를 인식할 수 있다. 여기에 수반된 문제는 단순하지 않다. 담화에 기초한 상위구조 도식의 구성은 더 높은 순서의 복잡한 행동에 속한다. 반면에 그것의 관습적 속성은 쉽게 장기기억에서 가용되는 것을 함의하는 것으로 보인다. 그렇다면 의문

---

10) 하지만 맨들러와 존슨(Mandler & Johnson, 1977), 맨들러(Mandler, 1978), 메이어(Meyer, 1975), 반 데이크와 킨취(van Dijk & Kintsch, 1977), 킨취와 반 데이크(Kintsch & van Dijk, 1978), 킨취(Kintsch, 1976, 1977a), 숀다이크(Thorndyke, 1975, 1977a), 룸멜하트(Rumelhart, 1977), 바우어(Bower, 1976), 그리고 킨취, 맨델, 코즈민스키(Kintsch, Mandel & Kozminsky, 1977)에서 상위 구조 도식에 관한 실험적 결과를 보라. 반 데이크(van Dijk, 1980a)와 드 보그란데(de Beaugrande, 1979)도 보라. 하지만 숀다이크(Thorndyke, 1977b)는 이런 종류의 도식의 역할에 관한 증거를 거의 발견하지 못했다.

11) 맨들러(Mandler, 1978)를 보라.

324

은 담화에서 관습적 지식으로부터 다양한 범주, 규칙이나 도식을 활성화시키는, 가령 우리가 이야기의 갈등이 무엇이고 논증이 어떻게 종료되는지를 알게 하는 단서가 무엇인지에 있다.

6.4.2. 상위구조는 거시구조에 관한 관습적인 조직 도식으로 받아들여져 왔다. 즉 그것은 담화의 총체적 내용을 조직한다. 그것의 범주는 보통 (거시)명제 간의 기능적 관계로부터 전개된다. 미시구조 층위에서 이 기능적 관계는 담화의 추가적인 의미 연결에 기여하므로 우리는 언어 사용자가 의미론적 분석 시 사실들 간에 관련성을 수립할 수 있는 가용할 만한 범주를 가진다고 가정한다. 가령 사실$_2$는 사실$_1$의 상세화나 설명으로 받아들여질 수 있다. 그렇게 해서 우리는 단기기억 임시 저장고에서 연속적 사실들 간의 추가적인 선조적 연결을 얻는다. 이러한 기능적 관계는 이해에 중요하다. 구체적으로 그것은 독자가 정보가 관련되는지를(예로, 거시구조 층위에서) 결정하도록 허용한다. 가령 그런 경우에 단순히 추가적인 상세화가 되는 사실은 다른 사실의 설명이나 결론으로서 기능하는 또 다른 사실보다 덜 중요할 수 있다.

6.4.3. 하지만 관습적 상위구조의 이해는 상이한 방식으로 발생하는 것처럼 보인다. 상위구조는 개별 문장으로부터 단순히 추론되기보다는 거시명제의 집합에 관한 작용을 요구하거나 맥락이나 일반적 지식으로부터 직접적으로 가용될 수 있다.

수많은 의사소통 맥락에서 청자나 독자는 전체적으로 화용적이고 의사소통적인 맥락의 속성에서뿐만 아니라, 담화의 유형에 대해 알거나 그럴 듯한 기대를 한다. 즉 이는 텍스트의 도식 구조에 관한 앞선 가정들을 가지고 있음을 의미한다. 일상 대화에서 참여자들은 대화의 가능한 구조를 안다. 가령 교실과 법정에서는 단지 어떤 종류의 담화가 가능한지, 이는 교과서, 과학 저널이나 신문 읽기도 마찬가지이다. 이 맥락 지식과 더불어 텍스트 유형은 당신은 …에 관한 이야기를 들었느냐?, 나는 너에게 …를 보여줄 것이다와 같이 하위 제목으로 부호화되거나 다른 명확한 방식에서 알려진다. 이러한 사례에서 관련 총체적 도식은 기억으로부터 가져올 수 있고 처리의 전형적인 하향식 방식에서 담화의 총체적 해석 시에 적용될 수 있다.

선조적 담화 이해에서 이는 가설상으로 이야기의 '일반적 형식'과 같이 규범적 상위구조의 첫 번째 범주가 첫 번째 문장으로부터 유도된 초기 거시구조에 부합한다는 것을 의미한다. 이것이 상태 진술이라면 예비적으로 이야기의 배경으로 받아들여질 수 있다. 이는 단기기억 임시저장고에서 거시사실이 담화로부터 추가적인 증거가 이 가설을 반박할 때까지 이 범주에 예비적으로 부여된다. 그렇게 해서 추가적인 '내용' 대신에 임시저장고는 추가적인 구조를 수용하지만 '서사'·'배경'처럼 임시저장고에서 거시구조를 조직하는 마디 표지는 하나의 의미론적 단위와 동일하게 개념적 공간을 차지하는 것이 가능할 수 있다. 이 부가적 부담량은 여전히 앞서 가정된 이론적 용량의 한계 내에서 임시저장고의 전체 부담량을 유지한다.

6.4.4. 실제 도식에 관한 가정을 이끌어 내는 맥락 정보 이외에 담화는 일반적으로 도식의 적절한 구성에 관한 다수의 입말 단서를 제공한다. 이는 담화가 항상 규범적 도식을 표현하는 것은 아니기 때문에 필수적이다. 가령 다양한 종류의 변형이 가능하다. 독자도 도식의 다음 범주를 실제화하거나 구성할 때를 알 수 있어야 한다. 첫째, 가장 명확한 단서는, 가령 들머리·마무리·교훈 등의 학문적 담화에서 발생할 때와 같이 텍스트에서의 명시적 범주 표지들이다. 둘째, 다수의 표면 단서와 어떤 낱말들은 종종 화제의 전환과 도식 범주의 전환을 알린다. 가령 이야기에서 어려운 문제는 갑작스럽게(Suddenly), 뜻밖에(Unexpectedly) 등의 표현들로 유표화된다. 마무리는 따라서(So), 그러므로(Thus), 결과적으로(Consequently)와 같이 유표화된다.

하지만 가장 결정적 단서는 텍스트 그 자체의 의미론적 정보로부터 도출된다. 즉 이야기에서 심각한 결과로 알려진 사건들은 문제와 해결로서의 동작주의 반응으로 해석되지만 일반적인 결말과 미래 행위에서 지시는 교훈으로 받아들여지기에 상이한 도식의 범주는 특별한 의미론적 제약과 관련된다.

담화의 총체적 이해에 수반된 구조적 추론은 여기에서 제안한 바와 같이 항상 단순하지는 않다. 첫째, 그것은 3장에서 강조되는데 모든 담화 유형이 관습적 상위구조를 가지고 있는 것은 아니다. 그런 경우에 거시사실들 간의 기능적 관계가 거시구조의 총체적 조직으로 대체된다. 둘째, 소설, 교과서나 학술논문과 같은 특히 더 길고 매우 복잡한 담화에서 도식은 부족하고, 명시적으로 유표화되지 않거나 매우 복잡해서 쉽게 구성될 수 없다. 이해 시에 반복, 재낭독, 필기하기, 도식적 도안과 같은 구체적인 자료는 도식의 구성에 필수적이다.12) 이 경우에 구성 과정은 보통 짧은 이야기에서와 같이 자동적이라기보다는 의식적이고 심지어 계획적인 행위가 된다.

6.4.5. 여기에서는 거시명제의 범주 부여에 의한 지엽적 층위에서의 담화 도식 해석은 일화기억에서 담화의 전체 도식 조직이 단기기억에서 구성된 본래 구조를 모방하는 것을 의미하지 않는다는 점이 간략하게 상기되어야 한다. 우리는 일화기억에서 바로 담화의 표상으로 돌아오지만, 여기에서는 이 원래 구조가 본래의 도식 구조를 재변형함으로써 이후에 우리가 형성할 수 있는 일화기억에서 규범적 구조가 될 필요는 없다는 점이 강조되어야 한다.13)

이 가정과 관련된 가설은 상위구조가 고정된 도식의 관점에서 연구

---

12) 브뢰커(Breuker, 1979)를 보라.
13) 맨들러(Mandler, 1978)를 보라. 그는 아이들이 특별히 규범적인 것으로서 비규범적인 도식을 산출할 것이지만 어른들은 '표준에서 벗어난' 도식을 더 잘 기억할 수 있다는 것을 보여주고 있다. 그렇지만 이 실험이 뒤섞인 이야기를 사용한다는, 즉 변형된 도식보다는 혼재된 거시구조를 사용한다는 것을 주목해야 한다. 물론 후자도 간접적으로 수반된다.

될 수 없다는 점이다. 규범적 도식의 사용이 담화 조직에서 편리한 전략이지만 실제 담화는 종종 상이한 도식 구조를 가지며, 이는 언어 사용자들이 상위구조 규칙을 처리할 때에만 이해될 수 있다. 이 규칙은 상위구조 범주의 가능한 순서가(그리고 변형) 무엇인지를 구체화하므로 이야기는 이로 인해 심지어 텍스트에서의 도식이 규범적이지 않더라도 서사로 이해되고 받아들여질 수 있다. 문장의 해석에서도 유사한 점이 있는데, 가령 각 언어에서 일반적이고 선호된 문장 '도식'의 집합이 있지만, 규칙은 결국 문장의 실제 구조를 수립하기 위해 적용되어야 한다는 점이다. 하지만 규범적 도식 구조는 때때로 매우 복잡한 정보 구조의 재빠른 구조적 해석을 용인하기 때문에 인지 모형에서 중요하다.

현재 이해 시에 상위구조 도식의 실제적 기능에 관한 실험적 증거는 거의 없다. 회상이나 요약 사고구술 분석은 도식이 있다는 것을 보여주지만 그것의 관습적 속성이 회상 사고구술 산출 시에 그 도식이 간단히 구성되지만 쉽게 재생산되지 않도록 한다. 특별한 과제 조건하에서만 이러한 특별한 도식이 재생산된다.

6.5. 기억에서 담화의 표상

6.5.1. 담화 이해 모형에서 다음으로 중요한 구성 요소는 단기기억에 구성된 의미론적 정보가 어떻게 기억에 저장되는지를 구체화하는 것이다. 즉 담화는 어떻게 표상되는가? 앞 절에서는 단기기억에서의 해석 과정과 단기기억 임시저장고에서 담화 조각의 애초 조직만을 살펴 왔다.

담화 이해의 주기적 속성은 의미론적 정보가 규칙적으로 더 확장된 범위의 기억 저장고에 옮겨지는 것이 필수적이라는 데 있다. 이 저장고가 일화기억이라고 가정해 왔다. 표상의 맥락 속성은 특히 여기에 관련된다. 즉 텍스트로부터 얻은 정보는 그것을 누가 언제, 어디서 말했는지, 그 발화의 추가적인 화용적·사회적 맥락이 무엇인지와 같은 모든 종류의 맥락 정보로 표시된다.

표면 구조 정보의 부분도 분명하게 일화기억에 저장되지만(예로, 문체, 특별한 표현, 억양, 쪽에서의 위치나 문자 유형), 우리는 일화기억이 대부분 의미론적이라고 가정한다.14) 표면 구조가 저장된다면 그것은 최소한 어떤 시점 이후까지는 인출될 수 없는 것처럼 저장된다.

6.4절에서의 가정에 따르면 일화기억에 도달하는 것이 사실들의 조직된 연속체라고 가정해야 한다. 실제로 우리는 기억에서 담화의 표상이 단기기억에서 그것에 부여된 구조의 직접적인 기능이라는 부가적인 강한 가설을 구성한다. 재조직이 필요하다면 이는 단기기억에도 발생한다. 단기기억에서 의미론적 정보에 부여된 조직은 일화기억에서 표상된 바와 같이 그 순간에 다음 속성들을 수반한다.

(a) 명제의 사실 구조
(b) 사실들 간의 조건 관계
(c) 사실들 간의 다른 의미 연결 관계
(d) 사실들 간의 기능적 관계
(e) 거시사실들하에서 사실들의 위계 조직
(f) 도식에서 거시사실들의 상위구조 조직

이는 담화가 일화기억의 몇몇 층위에서 매우 고도로 조직화된다는 것을 의미한다. 이 저장은 순차적이다. 즉 각 의미론적 단위는 일화기억으로 들어오고 단계적으로 전체 표상에 연결된다. 각 요소가 각 층위에서 기존 구조의 빈자리에 추가되기 때문에 이런 경우에 필수적인

---

14) 이 가정은 특히 '정상적인' 담화 처리 맥락하에 적용된다. 물론 특별한 과제하에서 그것도 장기기억(Keenan, 1975b를 보라)에서 더 표면적인 정보(예로, 통사적)를 저장하는 것이 가능하다. 일반적으로 언어 사용자들이 어떤 시간 이후에 통사 구조에 의해 그들에 전달되었던 정보를 더 이상 기억할 수 없지만(Bransford & Franks, 1971), 그럼에도 불구하고 문체의 재인지는 더 낫다.

구조 연결들은 이미 단기기억에서 구체화된다.

6.5.2. 보통 일화기억에서 텍스트 표상 부분이 단기기억에서 어떤 문장이나 문장 연결을 해석하는 데 요구되는 일이 일어나는데, 특히 단기기억 임시저장고가 매우 제약되어 있기 때문이다. 사건은 회상되어야 하고 결과는 바로 언급된다. 가령, 참여자들은 복귀되어야 하고, 바로 새로운 사실들에서 재등장한다. 더욱이 그것은 우리 논의에서 주목할 만한 핵심이다. 즉 거시명제 연속체는 더 높은 층위 거시구조의 부여로 추가적인 총체적 해석을 요구한다. 어떤 조건하에서는 이 과정이 발생하는 것을 무시한다. 단기기억 처리기가 일화기억에서의 정보가 추가적인 조직을 필요로 하는지를 어떻게 아는가? 우리는 일화기억의 저장고 용량에 관한 어떤 구체적인 개념도 가지고 있지 못하기 때문에, 일화기억에서 어떤 문턱값 이상의 복잡성 증가가 일화기억으로부터의 복귀된 거시구조에 관한 단기기억에서의 거시작용의 추가적인 적용을 요구한다는 점을 가정하기는 어렵다.

6.5.3. 기억에서 의미론적 정보의 저장에 관한 또 다른 문제가 있다. 이해 모형은 읽기 시에 담화에 의해 표현된 모든 명제와 사실들이 실제로 단기기억 임시저장고에서 이해되고 저장된다고 암묵적으로 가정해 왔다. 물론 이 가정은 타당하지 않다. 주의 부족, 다른 정보 간섭, 건너뛰기 등으로 인해 최소한 지엽적으로 다수의 낱말, 구나 문장이 개념적 구조로 읽히거나 옮겨지지 않는 경우가 있다. 이는 일반적인 조건이 단기기억에서 처리되고 있다면 일화기억에서 저장이 일어나지 않는다는 점을 함의한다. 동일한 현상이 단기기억에서 일화기억으로의 작용의 전달 시에 일어나지만, 우리는 개념적 구조의 부여에 의해 단기기억에서 처리된 모든 정보도 일화기억에서 텍스트의 부분 표상임을 잠정적으로 가정한다. 이는 그 정보도 회상이나 재인의 과정에서 인출될 수 있음을 의미하는 것은 전혀 아니다. 반대로 우리가 한 때 읽어 왔던

대다수의 명제가 더 이상 인출되지 않을 수 있다. 하지만 원칙적으로 텍스트의 어떤 세부 요소는 이후에 추가적인 해석과 관련될 수 있기 때문에 우리는 최소한 재인으로 독자가 일화기억으로부터 이 세부 요소를 인출할 수 있다고 가정한다.

6.5.4. 거시구조의 충분한 인지적 중요성은 일화기억의 담화 표상에서 명백해졌다. 반면에 단기기억에서 그것들은 단순히 사실들 간의 임시적인 총체적 의미 연결 고리들로 작용하며, 일화기억에서 그것의 조직적 영향력은 미시층위의 긴 연속체 사실들이 거시사실들하에 포함될 수 있고, 차례로 거시사실들의 연속체가 더 높은 층위의 거시사실들에 의해 지배될 수 있다는 가정에 의해 기술된다. 그렇게 해서 일화기억에서 담화의 표상은 단기기억의 총체적 해석 작용에 의존하면서 위계적 구조를 얻는다.

　이런 종류의 담화 정보의 조직은 표상에서 각 명제와 심지어 각 개념이 다른 구조적 값을 가질 수 있다는 점을 함의한다.[15]

6.5.5. 예상했던 바와 같이 기억에서 담화의 표상은 그것의 거시구조뿐만 아니라, 만약 있다면 그것의 상위구조에 의해 조직된다. 거시사실들 간의 가능한 기능적 관계 외에도 이는 상위구조 도식의 빈자리에도 부여된다. 원칙적으로 이는 단기기억에서 구성된 도식이다. 하지만 도식은 이러한 도식들에 관한 일반적 지식으로부터 직접적으로 끌어올 수 있다. 그 경우에 각각의 거시사실들은 조립된 규범적 구조에 따라 조직될 수 있다. 이 가정은 언어 사용자들이 이미 수립된 기억 구조

---

15) '구조적 값'의 개념은 이 순간 잠정적이다. 이러한 값은 표상에서 구조적 관계의 횟수와 '가중치'(중요성)를 기초로 연산될 수 있다. 매 정의의 거시사실들은 몇몇 더 낮은 층위의 사실들과 관련되므로 더 낮은 사실들보다 더 높은 구조적 가치를 가진다(그 가치들이 위계적으로 합산된다면). 마찬가지로 더 낮은 수준의 사실들은 그것이 몇몇 다른 동일 수준의 사실들이나 다른 기억 정보와 연결된다면 더 높은 층위의 구조적 값을 가지게 된다.

에 따라 입력 정보를 재조직하려는 경향이 있다는 사실을 설명하기 위해 필수적이다.16)

6.5.6. 우리가 개괄해 왔던 담화의 기억 표상에서 의미적, 도식적 정보의 총체적 조직에 대한 상황은 오히려 복잡하지 않으며 단순하다. 담화 처리 과정이 모든 종류의 다른 정보가 텍스트 정보에 간섭받거나 연결되지 않고 진공 상태에서 일어난다고 가정하는 것이다. 하지만 담화는 화용적 맥락에서 화행 연속체의 부분으로서 우선적으로 이해되는데, 이는 우리가 이후에 돌아가게 될 핵심이다. 동일한 상황이 의사소통적이고 사회적인 맥락의 추가적인 양상에도 적용된다. 이 지식도 일화기억에서 표상되며 그것은 텍스트의 표상과 상호작용할 것으로 짐작된다. 따라서 화용적 기능을 가지고 있는 거시구조는 추가적인 구조적 조직을 수용하고, 그렇게 해서 일화기억에서 표상된 바와 같이 조건, 관습, 참여자나 맥락 틀들과 구체적으로 연결된 텍스트로부터 어떤 정보를 받아들인다.

마찬가지로 우리는 이른바 언어 사용자의 인지적 집합이라고 부르는 것을 모두 형성하는 개인적 요인(예로, 신념·과제/목적·흥미·태도)의 복잡한 집합을 가지고 있다. 이는 기억에서 텍스트의 표상을 방해한다. 부분적으로 이는 이미 초기 이해에 영향을 준다. 가령 부분적으로 이 구조는 일화기억에서 표상되며 텍스트의 다양한 의미론적 단위를 연결시킨다. 구체적으로 이는 특별한 요소가 이런 맥락에서 더 관련되고, 중요하거나 기능하는 것으로 발견되는 것을 의미하며 그것의

---

16) 우리는 담화 처리가 상향식(거시구조와 상위구조 정보)과 하향식(지식으로부터 추론과 그것에 의해 결정된 지엽적 이해) 과정을 모두 수반한다고 알고 있다. 두 전략은 필요한 정보의 완전성과 가용성에 의존하면서 발생한다. 따라서 우리는 매 정의 시에 상위구조가 관습적이기 때문에 그것들을 처리하는 과정은 종종 하향식이라고 가정한다. 거시구조 처리에서 우리는 종종 혼합된 전략을 접한다. 가령 우선 화제는 상향식으로 (예로, 이야기 이해에서) 형성되며, 이후에 그 화제는 '확실하게' 되기 위해 관련 미시 정보(하향식)에 대해 탐색된다.

구조적 값을 강화한다. 이제 이 문제를 논의하기로 한다.

6.6. 담화 이해에서 지식의 역할: 도식, 틀, 각본 등

6.6.1. 이 책 전체를 통해 담화와 상호작용의 해석은 중요한 지식 구성 요소를 요구한다는 점이 종종 강조된다. 일반적으로 세상사, 특히 발화와 상호작용의 실제 맥락에 관한 이러한 지식이 없다면 의사소통은 불가능하다. 우리는 담화에서 문장이 그것 '자체'의 의미론적 구조를 기반으로 할 뿐만 아니라, 때때로 상황, 장면, 일화가 일반적으로 무엇과 같은지에 관한 지식을 기초로 해서 몇몇 암시적 추론의 단계로 연결된다는 것을 더 특별하게 살펴 왔다. 마찬가지로 거시규칙의 적용은 우리가 어떤 종류의 속성과 사건이 다른 것과 관련해서 비교되고 어떤 일반적인 조건, 구성 요소, 결과가 사회적 일화의 총체적 개념을 한정했는지를 알아야만 가능한 것으로 보인다. 이는 담화의 해석뿐만 아니라, (상호)행위에 대해서도 해당된다. 가령 다양하게 가능한 종종 더 높은 순위의 행위들로 관찰된 동작들의 짝짓기는 단지 관습적인 지식 때문에 가능하다. 결론적으로 방금 개괄된 인지적 모형의 첫 번째 부분은 지속적으로 이해의 복잡한 작용을 수행하기 위해 요구되는 지식 항목을 참고해야 한다. 그런 다음 이 절에서는 담화 이해에서 지식의 역할을 간략하게 논의한다. 이상의 언급은 필요한 부분만 약간 수정해서 (상호)행위의 해석에도 적용된다.

6.6.2. 담화 이해에서 지식의 중요한 역할에 관한 논의는 상대적으로 간결해질 필요가 있다. 가령 충실한 논의는 최소한 한편의 완벽한 논문을 요구한다. 다른 한편으로 우리는 지식 표상의 문제가 특히 인공지능 분야에서 최근 인지과학의 많은 주목을 받아 왔기 때문에 짧게 논의할 것이다.[17] 이 논의들에서도 담화 이해에서의 지식 역할이 분

석되어 왔다.

최근 이 영역에서의 수많은 논의가 있어 왔고 세상 지식 없이는 담화와 같은 복잡한 정보를 이해할 수 없다는 점이 의심할 여지없이 드러나 왔지만, 우리는 여전히 의사소통 상호작용에서 지식의 형성, 전환, 사용에 수반된 실제 과정에 관해 제대로 통찰하지 못하고 있다. 이는 한편으로 지식이 학습의 과정에서 더 밀접하게 획득되는 방법과 다른 한편으로 읽기 및 이해와 같은 모든 종류의 인지 과제가 지식을 얻게 되면 그 지식이 어떻게 처리되는지를 연구해야 한다는 것을 의미한다. 즉, 지식이 어떻게 사용되는지는 여전히 다수의 열린 문제이다.

최근 연구는 기억에서 지식의 표상에 수반된 다양한 양상을 강조해 왔다. 지식은 의미론적이거나 개념적 (장기)기억의 부분이 되는 것으로 이해되며, 일반적인 속성을 지닌다. 사람이 기억할 수 있는 실제 맥락과 삼라만상에 관한 특별한 지식은 일화 정보로 더 잘 기억된다. 명확히 일반 지식은 단순한 추가(예로, 구체적 사실들의), 일반화, 귀납과 연역 추론, (재)구성, 다양한 종류의 지식 도식의 형성과 같은 다수의 상이한 작용에 의한 일화 지식으로부터 유도된다.

지식 표상에 관한 최근의 작업에서 가장 중요한 결론 중의 하나는 의심할 여지없이 지식이 조직화된다는 매우 중요한 가정이다. 의미 기억 분야의 더 초창기 작업에서 이 가정은 특히 개념들 간의 모든 종류의 의미적 관계에 초점이 주어졌다. 최근에 더 복잡한 개념적 구조, 특히 (상호)행위와 입말 의사소통과 같은 일상 과제의 설명에 필수적인 것들이 논의되어 왔다. 수많은 개념이 이러한 복잡한 개념적 구조에(예로, 도식, 틀, 각본, 시나리오, 디몬demons) 대해 도입되어 왔다.18) 여기

---

17) 이 영역에서의 초창기 작업은 주의가 담화에 있는 캐롤과 프리들(Carroll & Freedle, 1972)에 의한 것이다. 인공지능 분야에서 맨 먼저 췌니악(Charniak, 1972)의 논문은 지식이 동화(童話) 이해 시에 수반된다는 것을 상세하게 다루었다. 현재 연구 작업은 노먼, 룸멜하트, 보브로우와 콜린즈(Norman, Rumelhart, Bobrow & Collins, 1975)에 보고되어 왔다.

18) 위의 주석 17의 참고문헌과 쉥크와 아벨슨(Schank & Abelson, 1977)을 보라. 그들은

에서 다양한 제안을 논의할 수 없지만, 그것 자체의 강점과 약점을 통해 우리가 생각하는 다양한 개념이 복잡한 정보 처리의 더 일반적 이론에서 구성 요소인 (인지적) 지식 이론에서 필요하다는 점을 간략하게 정의한다.

6.6.3. 추가적인 방법론상의 언급이 필요하다. 우리는 여기에서 지식 이론과 지식 표상을 인지 이론의 한 부분으로 가져온다. 이는 연구조사의 필수적 방향은 아니다. 동일한 방식에서 언어와 행위를 실제적인 인지적 과정과 기억 저장고로부터의 추상적 견지에서 다루어 왔듯이 지식은 더 추상화된 방식에서 분석될 수 있다.

첫째, 이런 종류의 체계적, 추상적 지식의 속성은 철학적 논리와 철학에서의 지식 논리와 관련 영역들의 대상이 되어 왔다.[19] 이러한 논리는 특히 실행 가능한 지식 언어를 알아내기 위해 노력했으며 지식에 관한 다수의 꽤 확고한 일반 원리를 마련했고 통사와 해석 규칙에 관한 편차 규칙과 의미에 관한 모형 이론을 형성하였다.

'각본'의 개념을, 노먼과 룸멜하트(Norman & Rumelhart, 1975), 그리고 그들의 동료들은 '도식'이라는 용어를, 췌니악(Charniak, 1972)은 다소 상이한 의미에 사용되었던 '디몬(demon)'이라는 용어를 사용했다. 이 개념들은 민스키(Minsky, 1975)에 의해 도입된 '틀' 개념의 충실한 발전이다. 거시구조 형태에서도 틀(들)/각본(들)의 역할에 대해서는 반 데이크(van Dijk, 1977a, e)를 보라. 이 수많은 개념의 역사적 배경은 현재 개념들이 가지고 있는 몇몇 속성을 공유하는 '도식' 개념인 바틀렛(Bartlett, 1932)의 연구가 덤이 여기에 추가될 수 있다.

(역자 주) 디몬(demons)은 컴퓨터 시스템에 상주하여 응용 프로그램이나 시스템이 특정한 상태로 되었을 때 자동적으로 각종 서비스를 제공하는 시스템 프로그램이다. 유닉스나 윈도즈 NT 등이 이것을 갖추고 있다. 이는 명시적인 기동, 호출 절차가 불필요하기 때문에 사용자에게는 운영체계(OS) 기능의 일부인 것처럼 보인다. 인쇄, 장애 복구, 프로그램 간 통신 기능 등을 실현하기 위해 많이 사용된다. 원래는 인공지능(AI) 분야의 용어로, 시스템의 상태 등을 감시하여 다른 처리를 호출하는 프로그램을 디몬이라고 불렀다. 예를 들면 전문가 시스템에서 사용되는 프레임형 지식 표현으로, 어떤 특정의 값이 특정의 슬롯(변수의 일종)에 주어지거나 제어될 때 기동하는 절차를 가리킨다. (네이버 IT용어사전)

19) 지식논리학에 대해서는 힌티카(Hintikka, 1962)와 필립스 그리피스(Phillips Griffith, 1967)의 고전적 설명을 참고해야 한다. 믿음의 추론에 관련된 양상 논리에 대해서는 레셔(Rescher, 1968)와 쿠머(Kummer, 1975)를 보라.

이러한 논리 언어의 표현은, 가령 'p로 알려진 것'에 대해서는 Kp이 거나 'x는 p가 무엇인지를 안다', 그리고 'a는 p가 무엇인지를 안다'에 대해서는 변수나 상수 지표를 가진 $K_x p$(혹은 $K_a p$)와 같다. 구체적으로 이런 종류의 논리에 대해 잘 알려진 진술의 하나는 알기의 개념 사용에 관한 전제적 속성에 기반한 것이다(즉 $K_a p \supset p$: a가 p를 안다면, p는 사례이다). 이러한 표현에서 K는 명제로부터 명제를 만들어내는 조작 자이다. 그것은 가령 $K_a K_b p$, $K_a K_b K_a p$와 같이 반복될 수 있다. 이런 종류의 반복은 4장에서 논의된 화행의 적절성 조건에서의 규범적 조건이다.

이런 종류의 지식 논리에서 문제는 기본적 가정들의 경험적 기초에 관한 것에서 제기된다. 첫째, 조작자들의 다양한 반복은 아마도 세 개나 네 개의 깊이를 벗어나지 않는 자연스러운 경계를 가진다. 둘째, 규범적 명제 논리가 그 체계에 내포되면 어떤 명제들의 지식도 그것의 논리적 함의의 모든 지식을 수반하는지의 여부를 질문 받게 된다. 이는 꼭 그렇지는 않다. 유사한 경우가 그 체계의 일관성에도 적용되는데, 가령 한 사람이 p를 '안다', 그리고 독립적으로 '$\sim p$'를 '안다'도 당연할 수 있다. 이러한 사례에서 자연스러운 언어 사용은 보통 신념의 개념으로 넘어가는데, 이는 주관적 지식, 수반된 개연성이나 확실성의 더 낮은 정도의 지식이다. 철학에서 신념은 양상 논리학에서 체계화되는데, $B_x p \supset p$라는 전형적 형태는 포함하지 않는다. 지식과 양상 논리학 간의 연결은 $K_x p \supset B_x p$라는 진술에 의해 수립된다(물론 반대는 아니다). 마지막으로 이 체계에 관한 적절한 의미론을 구성하는 것은 존재론적이고 경험적인 문제들이 그것의 전면적인 복잡성에 드러나기 때문에 결코 쉽다.

지식과 양상 논리학의 이 간략한 언급은 지식 개념의 체계적인 분석에 관한 상당한 연구조사가 이루어져 온 인지과학에서 추가적인 작업을 강조하기 위해 여기에서 이루어진다. 지식의 인지적 모형에 관한 향후의 형식화는 이 작업으로부터 혜택을 입지만, 반대로 그 논리학은 지식(현재 사용된 그럴 듯한 직관을 대신해)의 경험적 양상에 관한 더 나은 통찰력을 요구한다. 하지만 인지 모형은 우선적으로 지식 관계의 추상적 형식에 관심을 두기보다는 오히려 어떤 사회와 문화의 구성원들의 지식에 관한 내용과 이 내용이 획득, 조직, 사용되는 방식에 관심이 주어져야 한다.

그러면 이 인지적 관심에 더 밀접한 것은 어휘부의 구조에 관한 언어학에서의 연구이다.[20] 전통적으로 언어학에 대해서 낱말과 규칙에 의한 구와 문장의 의미도 어휘부에서 구체화된 기본적이고 복잡한 의미에 기반한다. 이러한 이론에서 문제가 있었다면 항상 언어 지식으로서의 '의미'와 세상 지식으로서의 '의미' 간의 경계를 어디에 두어야 하는지에 관한 것이었다. 후자와 같은 종류의 의미는 언어 이론의 대상이 아니다. '고정된', '관습적인' 언어의 낱말 의미만 어휘부에 속하며, 이러한 방식에서 체계적인 구별은 그 언어의 다른 낱말들의 의미로 가능하다. 모든 가능한 사회적 관계와 물질적이거나 다른 속성들 대신에, 일반적으로만 알려진 제약된 덩이, 각 낱말 의미의 결정적인 의미 구성 요소는 어휘부에서 구체화된다. 그럼에도 불구하고 아마 구분은 언어 지식과 세상 지식 간의 이론에서 구성될 수 있지만, 이러한 구분은 결코 어떤 어휘부나 문법적 이론에서 명시화될 수 없으며 우리는 최소한 담화 처리의 인지 이론에서의 이러한 구분은 생산적이지 않다고 가정한다.

6.6.4. 기억에서 개념적 구조로 표상되는 언어 의미와 세상 지식 간을 명시적으로 구분하는 것이 쉽지 않거나 심지어 가능하지 않지만, 개인적 지식과 사회적 지식 간을 구별하는 것은 의미가 있다. 사회적 지식은 사회 구성원에 의해 공유된 지식이다. 이런 의미에서 이 지식은

---

20) 특히 리온(Lyons, 1977, 13장 여러 곳), 페토피와 브레드마이어(Petofi & Bredemeier, 1978)를 보라.

관습적이라 불린다.[21] 일반적으로 개인적이고 사회적 지식은 물론 동일하기보다는 겹친다. 가령 각 개인은 다른 이들이 모르는 수많은 개인적 일들이 있다. 담화 이해에서 이는 항상 해석, 저장(즉 이 개인적 지식과의 '연합'), 재산출에서 개인적 변이가 있다는 것을 이론과 실험 계획에서 의미한다. 반면에 이해와 의사소통은 수많은 공유된 사회적 지식 때문에 가능하다.

이는 잘 알려져 있지만, 또한 일반적 지식의 조직에 관한 중요성을 지닌다. 논증을 위해 기억에서 작동하는 두 가지 상이한 조직인 체계적 조직과 원형적 조직 사이를 구별할 수 있다.[22] 체계적 조직은 의미론적 관계와 기본적인 의미론적 속성에 기반을 둔다. 가령 그것은 우리가 개, 동물, 집, 빌딩을 인식하고 이름 부르며, 일반적으로 그것을 분류하도록 한다. 원형적 조직도 세상의 '구조'에 관한 것이지만 다른 의미에 놓이는데, 가령 그것은 상황, 특히 복잡한 사회적 상황들이 어떻게 정상적·일반적·전형적인지 등에 대해 뭔가를 이야기한다. 우리는 체계적 지식에서 의자와 식탁 간, 개와 고양이 간, 부르기와 울기 간의 관계에 대해 매우 일반적인 어떤 면을 안다. 하지만 원형적 지식은 의자가 현재 우리 문화에서 정상적으로 어떻게 보이는지, 따라서 의자는 재미있거나, 놀랍거나, 이상한지를 우리에게 말해준다. 집, 사람들의 표정, 방, 옷에도 같은 점이 적용된다. 하지만 여전히 흥미로운 것은 장면, 상황, 상호작용, 사건과 행위의 과정, 일화 등과 같은 세상의 더 높은 순위의 구조에 관한 원형적 지식의 기능이다.

원형적 지식에 수반된 정상성은 상이한 전제들의 집합에 기초하므

---

21) 여기에서의 '관습적'이라는 것은 루이스(Lewis, 1968)의 의미에서 사용되어 온 것이다.
22) 물론 이들은 일련의 지식만이 아니다. 그 차이는 사회적 참여자로서 언어 사용자들의 일반적 지식에 대해 특히 관련되며, 여기의 일화 지식에 적용되는 것을 의미하지 않는다. 그 차이는 언어 철학에서 '통사적' 대 '분석적' 간과 어떤 유사성을 가진다. 하지만 우리가 가지고 있는 어떤 종류의 일반적인 지식이 분석적인 속성임에도 불구하고 세상에 관한 가장 일반적인 지식은 통사적이거나 '사실적'이다(즉 가능 세계에 관한 특별한 구조에 의존한다). 원형적 지식도 통사적 종류이지만 많은 추가적인 속성을 지닌다.

로 물질적 전제는 일반적으로 번개가 친 이후에 천둥소리가 들리고, 공기보다 무거우면 떨어지고, 버터는 열에서 녹는 등의 지식을 표상한다. 앞에서와 같이 소박한 생물학적 지식, 또한 물리적·사회적 지식도 마찬가지이다. 사람들은 우리가 그들을 꾸짖을 때에 화를 내고 친구를 잃었을 때 슬퍼하는데, 어떤 상황에서는 서로를 환대하고, 또 다른 상황에서는 논쟁한다. 즉 이런 종류의 지식은 우리가 생각하는 것이 실제 세계나 그것과 유사한 가능 세계나 상황들에서 가능하거나 있음직하거나 필요한지와 관련된다.

도식·틀이나 각본과 같은 개념은 세상에 대해 알고 있는 이런 원형 지식을 파악하기 위해 개발되어 왔다. 특히 그것은 심리적·사회적 전제를 수반하는 실제의 복잡하고, 더 높은 순위의 구조와 관련된다. 상호작용과 담화 이해는 특히 이런 종류의 지식을 수반한다.

방금 언급된 개념이 다른 방식에서 사용되어 왔지만, 종종 서로 겹친다. 추가적인 구분이 이루어지거나 상이한 정의가 주어졌지만, 우리는 담화 과정에 관련된 개념을 잠정적으로 구분한다.[23]

1. 도식. 도식의 개념은 지식의 원형적 조직에 있어 아마도 가장 일반적이다. 그것은 속성과 사건이 조직화된다는(예로, 선조적이거나 위계적으로) 사실을 수반한다. 우리는 더 앞서 상위구조 도식이라는 더 특별한 개념을 이야기나 논증 도식과 같은 담화의 전체 범주 구조를 부여하면서 사용했다. 이 관점에서는 더 일반적 방식에서 상황 및 일화와 같은 복잡한 개념 단위의 전체 구조 조직을 부여하기 위해 이 개념을 사용한다. 이 구조는 범주와 규칙, 혹은 선조적·위계적 순서화의 규칙 관점에서 정의된다. 더 기본적 층위에서 도식은 '수평적'·'수직적'·'표면'·'바닥'

---

23) 다양한 지식 조직의 유형에 관하여 이 절에 주어진 간략한 구체화는 심리학과 인공지능 문헌에서의 이 개념의 사용에 관한 요약일 뿐만 아니라, 추가적인 구분과 이 개념에 관한 우리의 사용을 더 명확하게 하기 위해 의도된다. 따라서 우리는 다른 구분 간, 이러한 각본에 대해서는 각본과 틀 간의 차별화를 제안해 왔다.

'정상'과 같은 범주에 따라 지각 조직에서 그것의 기원을 지닌다. 사회적 상황과 사건을 위해 그 범주는 상호작용과 대화의 조직에 대해 특히 살펴 왔던 '시작'·'끝'·'중요성'·'층위' 등과 관련될 수 있다.

2. 틀. 더 최근에 틀의 개념도 지식 조직에서 방, 거리나 도서관뿐만 아니라, 생일잔치, 강의나 버스 타기의 원형적 형식 및 '내용'과 관련하여 오히려 일반적 적용인 것처럼 보인다.

하지만 우리의 용어 사용은 여기에서 더 제약적이다. 우선 복잡한 개념 구조에 관한 개념을 보류한다. 그러므로 책·의자·빌딩·동물·화·고통·먹기 등에 관한 원형적 지식은 개념 속에서 조직되고 물론 다른 개념들과 연결될 수 있으므로 틀은 개념의 원형적 결합을 통해서만 수반된다. 원칙적으로 이것은 개체·사람·사건이나 행위를 수반할 수 있다. 특히 사건과 행위가 일어나는 원형적 상황·배경·환경이나 맥락을 부여하기 위해 이 용어를 사용한다. 이런 의미에서 틀의 개념은 상대적이다. 즉 그것은 그 밖의 어떤 것에 관한 얼개를 의미하므로 틀은 시·공간 속성, 개체와 사람의 원형적 집합, 그리고 그것의 원형적 속성과 관계에 의해 정의될 수 있다. 방·도서관·식당·거리·해변·버스·대학은 이러한 틀이다. 사회적 사건과 행위는 이러한 틀에 전형적으로 등장하는 개체와 사람에 관해 정의된다. 특징적으로 틀은 문화적으로 가변적이다. 가령 원형적 방은 아프리카의 어떤 고장에서보다 암스테르담에서 다양하게 제공된다. 그 틀은 기존 문화의 구성원들이 특별한 상황에서 무엇을 발견하기를 기대하는지, 어떤 개체가 드러나야 하는지, 무엇이 드러나는지, 그것이 지니는 속성은 무엇인지, 그것들 간의 관계는 무엇인지, 그것들은 어떻게 조직화되는지 등을 구체화한다. 즉 틀은 위계적으로 조직되며 다른 더 높은 순위 틀의 부분이 될 수 있다. 가령 방은 집의 틀이 되며 거리와 도시 등의 일부가 된다. 마찬가지로 버스는 더 높은 순위 교통수단의 틀이 된다. 사회적 틀의 다양한 예는 4장에서 논의되었다. 틀은 개념적 지식을 조직한다. 하지만 틀에 저장된 원형적 정보 이외에,

우리는 상황과 같은 구조를 부여하거나 처리하기 위해 더 일반적이고 추상화된 개념을 인식할 수 있다. 가령 우리가 '방'·'식당'·'거리'의 개념을 알고 있다면 개체나 장소의 일반적이고 결정적인 속성들을 단순하게 포함한다(예로, 방은 집의 구체적인 일부라는 사실). 개념은 그것에 부합하는 틀의 상위 수준으로 받아들여질 수 있다. 그것은 다른 개념(그리고 틀)과 관련해 미세한 차이를 포함한다. 이 차이가 여전히 명시적이지 않지만, 그것은 그 순간을 위해 실행해야 한다. '틀'의 더 제약된 개념 사용의 주된 이유는 개념 조직을 간단하게 적용한다면 그것은 실질적으로 의미가 없거나 너무 일반적이 될 수 있다는 점에 있다.

3. 각본. '각본'의 개념은 더 '역동적' 속성을 지닌다. 그것은 원형적 일화를, 즉 틀에서 발생하는 연속적 사건과 행위를 부여하기 위해 사용된다. 각본은 전형적으로 습관·규칙·법 등과 같은 상이한 종류의 관습에 기초한다. 이는 행위가 장소·시간·순서에 따라 이루어지거나 이루어질 수 있음을 말한다. 관습은 정의에 의해 더 앞서 판에 박힌 일이라 불렀던 사회적 일화를 부여하는 사회적 각본에 관련된다. 대개 개인들이 '개별적 각본'을 가지고 있지만, '각본'이라는 용어를 사용할 때 이러한 사회적 일화를 고려하며 그들의 습관적 행위를 조직한다. 따라서 버스를 탈 때, 식당에서 밥을 먹을 때, 강의를 할 때, 시위에 참여할 때나 모임에 갈 때 일반적으로 하는 것은 각본 지식으로 조직된다. 사건과 (상호)행위의 원형적 조직은 자연스러운 행위 연속체의 조직으로부터(예로, 밥 먹을 때, 우리가 입으로 뭔가를 넣고, 삼키고) 구분되어야 한다. 하지만 자연스럽고 원형적인 행위 연속체 간의 경계는 풍부하다. 가령 자연스럽고 '문화적인' 것 간의 갈등은 따라서 원형적 속성을 수반한다.

각본과 계획 간도 구분되어야 한다. 가령 각본은 세계에 관한 우리의 일상적, 원형적 지식의 일부이다. 하지만 계획도 행위와 관련되지만, 특별한 상황에서 특별한 목표에 도달하기 위한 행위이거나 동작주 집단의 특별하고 복잡한 의도이다. 이후에 이 개념으로 돌아간다.

6.6.5. 지식 조직에서 핵심 개념들 대부분에 관한 첫 번째 한계 설정 이후에 추가적인 견해가 틀과 각본의 내적 구성에 대해 필요하다. 그것은 복잡한 개념 구조를 조직하기 때문에 우리는 그것 자체도 조직된다고 기대한다. 그러므로 틀이나 각본은 단순한 명제의 목록이 아니다. 틀과 각본의 내적 구조가 그것의 사용에서(예로, 담화와 행위 이해의 과정에서) 매우 중요하지만, 여전히 그것의 내적 구조에 대해 거의 아는 바가 없으므로 여기에서 우리의 견해는 잠정적인 추측에 불과할 수 있다.

첫째, 관습적 각본들이 틀 안에 내포된다고 가정한다. 즉 다른 상황에서 연속된 상호작용은 틀의 개체·사람·속성·관계에 의해 정의된다. 예로, 슈퍼마켓에서 바구니를 가지고 있다는 것은 슈퍼마켓 틀의 전형적 목적과 관련된 전형적 행위이다. 그리고 기차에서 좌석에 앉기, 식당에서 종업원 부르기, 비행기 여행에서 보안 검사 통과하기 등도 마찬가지이다. 반대로 비행기 여행 시에 걸이 침대를 선택할 수 없는 것은 그것이 각본에 없기보다는 오히려 걸이 침대가 비행기 틀의 일반적인 장비에 속하지 않기 때문이다.

틀에서 각본의 삽입은 틀의 도식 구조도 각본상의 상호작용에 도식 구조를 부여한다는 점을 함의할 수 있다. 버스·방·식당과 같은 다수의 밀폐된 공간은 입구/출구를 가지고 있기 때문에 이러한 틀에서의 전형적 행위는 틀의 범주적 속성과 관련하여 시작하고/끝낼 수 있다(예로, 입장하기와 퇴장하기).

둘째, 각본상의 상호작용의 조직은 연속적이고 총체적인 결과와 목표에 의해 형성될 수 있다. 가령 참여자는 전형적인 목표와 계획을 실현하기(예로, 슈퍼마켓에서 식료품을 사서 가져오거나 식당에서 뭔가를 주문하고 먹기 위해) 위해 수많은 상호작용을 한다. 후자의 예들은 연속적인 결과와 목표를 수반한다(즉 실현되는 구체적 최종 상태들). 하지만 파티에 가는 것은 스스로 즐기고 사람들을 만나는 것과 같은 총체적 결과와 목표를 가진다. 첫 번째 사례에서 행위는 조건화의 가능하거나 있음직하거나 필요한 방식을 따라 다른 행위를 달성할 수 있기 위해 수행된다. 즉 승차권을 구입하는 것은 차를 타기 위한 필수 조건이 되며 돈을 지불하는 것은 식당에서 필수 조건이나 결과가 되지만 기차에 앉기는 기차 여행에 가능하지만 필수적 요소는 아니다. 그러므로 각본에 의해 조직된 상호작용 연속체는 전형적 조건들, 구성 요소, 결과와 전형적이고 자유로운 보조 행위도 갖춘다. 구체적으로 종업원을 부르는 것은 그것의 기능으로서 음식을 주문하는 전형적 구성 행위를 드러내는 전형적인 보조 행위이다. 그런 다음 그녀와의 이야기는 구체적으로 음식을 더 빨리 나오게 하기 위한 자유로운 구성 행위이거나 보조 행위이다.

마지막으로 각본은 일반적으로 복잡한 상호작용 연속체가 예상될 수 있기 때문에 거시구조[24]에 의해 위계적으로 조직된다. 즉 (내적) 행위 연속체는 더 총체적 (내적) 행위에 대응될 수 있고, 그밖에 가장 일반적인 전형적 (내적) 행위가 도달될 때까지 앞서 정의된 거시규칙을 따른다. 따라서 식당에서 음식 주문하기는 종업원을 부르는 행위와 다수의 화행(메뉴 등에 대해), 다수의 예비적·구성적 행위에 의한 먹기, 끝으로 돈 지불하기로부터 구성된다. 그 경우에 가장 높은 순위의 행위는 '먹기'가 되며 가장 높은 순위의 틀 개념은 '식당'이 된다. 반면에 더 낮은 순위의 행위는 일상의 판박이 행위가 되며 더 높은 순위의 행위는 그것의 속성과 순서화 모두에서 관습적이 된다. 가령 테이블에 돈을 남겨두는 것은 '누군가의 돈을 분실하는' 것이 아니라, '봉사료를 주는' 것이고 식사 이후에 돈을 지불하는 것은 버스 승차하기와 같은 다른 상황에서는 돈 지불이 차에 타면 이루어지기 때문에

---

24) 각본은 거시구조이지만 우리가 거시구조의 개념을 이해하는 방식이 아니라는 점이 논의될 수 있다. 거시구조는 정보의 더 높은 층위의 표상이므로 각본도 조직한다(Schank & Abelson, 1977, 그리고 그들의 '주요 개념들'을 보라). 하지만 각본은 또한 일상의 더 낮은 층위의 세부 정보를 포함하므로 거시구조와 동일하지 않을 수 있다. 따라서 거시구조는 전형적인 '처리 과정의 단위'(Frederiksen, 1977을 보라)이지만 틀은 의미론적 지식의 조직 단위들이다.

관습적이다. 후자의 예에서 다시 각본의 거시구조는 도식에(즉 '시작'과 '끝'과 같은 범주를 수반하는 것들) 의해 조직된다는 것을 볼 수 있다. 반면에 도식은 각본의 총체적 구조를 지시하지만 거시구조는 그것의 총체적 내용, 계획하기와 해석의 다양한 층위를 한정한다.

각본의 거시구조는 각본의 인지적 사용에서 중요하다. 즉 그것은 누군가 지식이 필요한 구체적 과제나 기능에 의존하면서 가변적 층위들 '에서' 각본을 실제화할 수 있도록 한다.

6.6.6. 도식·틀·각본은 정적 구조나 고정된 행위 과정으로 정의되지 않는다. 첫째, 그것의 전략적 적용은 특히 더 낮은 층위에서 매우 융통성 있는 조직을 요구한다. 그것들은 일반적, 전형적 지식을 조직하기 때문에 먼저 상이한 개체로 구성된 상이한 상황에 적용되기 위해 가변적 소통 장치를 요구한다. 둘째, 그것들의 관습은 다소 엄격할 수 있으며 무엇이 이루어져야 하는지, 종종 무엇이 이루어지는지, 그 틀에서 무엇이 이루어질 수 있는지를 구체화한다. 셋째, 각본이 내포된 틀은 어떤 경계 내에서와 그 각본의 각 행위에서도 변화할 수 있다. 가령 식당에서 남녀 종업원은 없고 음식을 제공하기 위한 배식대만 제공한다면 고객은 배식대로부터 음식을 가져와야 한다는 것을 알게 된다. 넷째, 전형적 정보의 개념은 정상 상태와 예외, 특별한 사례, 변칙 상황도 수반한다. 이는 각본이 정상적이거나 선호된 과정이 받아들여질 수 없다면 대안의 상호작용 꾸러미를 가져야만 한다는 것을 의미한다. 선택된 실제적인 대안은 특별한 동작주의 특별한 계획과 목적에 의존하며 틀과 각본은 단지 가능한 대안의 경계를 구체화한다.

이 소략한 언급은 너무 정적이고 고정된 틀과 각본의 개념은 인지 모형에 유익하지 않다는 점을 강조하기 위해 의도된다. 이런 경우는 그것들이 맥락상으로 가변적인 행위 형식들에 부합하지 않기 때문이다.

6.6.7. 기억에서 지식의 조직에 관한 이러한 간주곡 이후에, 당연히

논의는 수반된 가장 중요한 차이를 단지 구성할 수 있다. 우리는 이들 종류의 지식이 담화 이해에서 어떻게 역할을 하며 특히 그것이 담화의 총체적 이해를 어떻게 결정하는지를 탐구해야 한다.

담화 이해에서 지식의 역할을 이해하기 위해서는 먼저 특별한 담화 이해가 특별한 맥락에서 일어난다는 점을 자각해야 한다. 이는 맥락에서 접근 가능한 지식만이 관련성 있는 역할을 한다는 것을 의미한다. 다른 종류의 상황에서 다른 과제나 목표를 가지고 있다면 사람들은 이 지식에 다르게 접근을 할 것이다. 마찬가지로—진부하지만 중요한 —지식은 고정되기보다는 상황에 따라서 담화 이해 시에도 변한다. 일화기억에서 드러났듯이 텍스트에 관한 지식 습득을 적용할 뿐만 아니라, 세상 지식에서 더 일반적이고 항구적인 변화를 수반한다. 이어서 우리는 텍스트적 의사소통에 기인한 이러한 지식 습득으로 돌아간다.

먼저 지식은 담화의 의사소통 맥락에 관한 더 일반적인 지식으로 담화 이해에 역할을 한다. 독자나 청자는 담화가 산출되는 사회적 맥락과 어떤 가능한 화행, 화제, 문체, 그리고 일반적인 목표와 동기가 맥락에서 정의되어야 하는지를 알고 있다. 일반적인 지식은 실제 맥락(청자·환경 등)에 관한 특별한 지식에 추가된다. 더 앞서 이러한 맥락 지식이 화자의 (총체적) 화행에 대해, 그리고 화행의 의미적 기반이 되는 총체적 화제에 관한 기대나 믿음을 산출한다고 살펴 왔다. 낯선 누군가가 거리에서 우리에게 접근한다면 우리는 모욕이나 비난이 아닌 질문이나 어쩌면 요구나 중요한 정보도 기대할 수 있다. 따라서 동시에 특별한 상황에서 화자의 화제 집합이 무엇인지를 알게 된다. 이는 파티, 버스에서의 잡담, 심리학 교과서 등에도 적용된다. 그러므로 담화의 가능하거나 그럴 듯한 총체적 화제에 관한 첫 번째 가정은 의사소통 맥락에 관한 일반적이고 특정한 지식에 의해 산출된다. 이 지식은 일반적 관습, 틀 지식, 참여자의 범주(역할 등) 지식, 개인별 특성에 관한 지식, 관련된 전형적 행위를 포함한다. 이후에 좀 더 상세하게 이 모든 속성이 화행과 상호작용의 총체적 이해에서 어떻게 수반되는지를 고찰한다.

우리는 처리 이론의 관점에서 의사소통 맥락의 해석은 이전에 언급된 일련의 지식을 일화기억에서 그것들을 표상함으로써 실제화한다고 가정한다. 그러면 그것들이 요구될 때 단기기억의 의미 처리기로 이동될 수 있다.

지식은 담화 그 자체의 이해 과정에서 상이한 역할을 한다. 지식은 문장 이해 층위에서, 우선 여기에서 논의되지 않은 낱말, 낱말 의미, 통사적 유형, 과정에 도입된다. 그것의 해석, 즉 사실들의 구성에도 동일하게 적용된다. 일반적 의미 지식은 사실들의 가능한 도식 구조에 관한 지식을 수반하는데, 참여자들의 범주와 역할은 상태, 사건, 행위 개념에 의해 조직된다. 시작 부분의 개념은 구체적으로 시작 동작주, 시작된 개체, 아마도 개시가 작용하는 도구를 수반한다. 이 지식은 다음 문장의 이해에서와 같이 어떤 범주가 암시적임을 가능하게 한다.

(13) 그는 복숭아 통조림을 열었다.

우리는 암시적으로 그가 캔 따개를 사용해 왔을 것이라고 알고 있다. 이 암시적 개념의 출현은 다음 절이나 문장에서 따개에 제한된 지시를 허용한다. 이 지식은 문화적으로 가변적임을 주목해야 한다. 가령 우리 문화에서 지불하기의 개념은 상품이나 도움을 받기 위해 현금이나 수표의 교환을 의미한다.

담화 이해 이론에 대해서 흥미로운 점은 문장 간 결속과 의미 연결의 수립에서 지식의 역할에 있다. 주어진 문장의 이해는 개념, 틀, 각본을 문장에서 언급된 개념의 속성이 무엇인지, 혹은 사건이나 행위의 연속된 구성 요소나 결과가 무엇인지를 구체화하면서 활성화한다. 이 경우에 함의된 사실은 그 담화에 의해 표현될 필요가 없지만 여전히 결속과 의미 연결 수립을 위해 요구된다.

(14) 그는 극장에 갔지만, 그는 그 공연을 좋아하지 않았다.

(15) 그는 플랫폼으로 달려갔다. 그 기차는 이미 출발하고 있었다.

(16) 그는 그 책을 매우 필요로 했지만, 그 도서관은 문을 닫았다.

이 연속체들을 이해하기 위해서 극장에서 공연이 실행되고, 공연을 보기 위해 거기에 가야 하고, 역에서 플랫폼으로 가며, 기차는 플랫폼에 도착하고, 그리고 필요로 하는 책들은 도서관에서 발견될 수 있다는 것을 알아야 한다.

처리 이론의 관점에서 우리 지식 체계로부터의 사실 명제의 간섭은 단위가 담화에 표현된 문장 간 결속과 일반적으로 의미 연결 관계를 수립하기 위해 단기기억으로 옮겨져야만 함을 의미한다. 첫 번째 문장이 총체적으로 의미론적 영역, 더 특별한 틀이나 각본을 도입하지만 독자는 명제나 사실이 필요한지를 알지 못한다. 따라서 특별한 영역, 틀이나 각본을 대신하는 활성화만 있을 뿐인데, 이는 특정한 사실들의 빠른 접근과 구체화를 허용한다. 다음 문장은 단기기억에서 그것을 가능한 표상하면서 필요한 항목을 선택할 수 있다. 단기기억 임시저장고는 특별한 지식 사실을 저장하기 위한 공간이 요구된다. 더 앞서 임시저장고의 용량이 실제로 이를 허용한다고 고찰해 왔다. 즉 지금까지 우리는 이 임시저장고에서 담화에 의해 표현된 두, 세 가지 사실들, 거시사실, 가능한 도식적 정보 등의 대략 다섯 가지 정보 단위만을 지닐 수 있었음을 살폈다.

방금 제시된 예들은 거의 직접적이다. 즉 첫 번째 문장은 명확하게 적절한 영역, 틀이나 각본을 선택한다. 다른 맥락과 텍스트에서 독립된 문장은 텍스트 일부분의 화제나 발화의 맥락에 관한 지식 없이는 충분하지 않다.

(17) 그녀는 그 나무 아래로 그를 데리고 갔지만, 불빛이 충분히 환하지 않았다.

(18) 그는 그녀를 몇 번이나 불렀다.

　　　그녀가 오지 않았을 때 그는 화가 나 있었다.

(19) 그렇게 기분이 많이 좋지는 않았는데, 너무 많이 덜컹거렸기 때문이다.

　하지만 이러한 문장들은 화제가 '그림 그리기', '식당에서 주문하기', '당신의 타이어가 공기로 채워졌다'인 것을 안다면 완벽하게 이해될 수 있다.

　이 마지막 예들로부터 담화 이해에서 지식의 역할도 지엽적 의미 연결의 수립에만 국한되지 않는다는 점도 드러난다. 앞서 더 상세하게 드러난 바와 같이, 담화의 지엽적 의미 연결은 화제의 기능, 즉 거시구조의 기능이다. 하지만 실제의 더 높은 순위의 구조화에 관한 지식이 활용된다면 거시규칙이 적용될 수 있다. 가령 우리가 상황과 일화의 기술에서 속성과 사건의 상대적인 관련성에 대해 안다면 삭제만 적용할 수 있고, 일반화는 개념 간 위계적 관계에 관한 지식을 요구하며, 구성은 특히 일반적인 조건, 구성 요소, 총체적 사건과 행위의 결과에 관한 지식을 요구한다. 물론 연속체의 실질적 거시명제에 관한 이 지식은 명시적인 화제 문장이나 그 담화의 앞부분의 제목에 의해 유도될 수 있다. 하지만 설령 그렇다하더라도 독자는 다음 연속체 문장이 심지어 거시명제에 의해 지배되고, 따라서 세상 지식을 필요로 한다는 것을 알아야 한다.

　가능한 화제에 관한 어떤 지시도 없다면, 앞서 살펴 본 바와 같이 독자는 화제에 대해 가설을 수립한다. 주어진 문장의 이해로부터 유도된 정보를 가지고 의미 기억 관련 영역에서의 탐색이 만들어진다. 그 사실이 틀이나 각본의 구성 요소라면, 가변적 빈자리에 항구적인 것을 부여하는(x는 기차를 타러 간다 ⇒ 존은 기차를 타러 간다) 것으로 구체화된 틀이나 각본 표지는 최소한 추가적인 언급 때까지 거시명제로 기능한다고 잠정적으로 가정된다. 거시명제는 단기기억 임시저장고에 담화 연속체의 지엽적 이해를 관리하기 위해 저장된다.

사실이 틀이나 각본의 인식될 수 있는 부분이 아니라면, 그것은 먼저 다소 '중요한' 쟁점들에 대해서 세상 지식과 관련해서 평가된다. 물론 이는 특별한 맥락에서만 유지된다. 가령 화행에 의존적인 화자나 청자, 그리고 의사소통 사건의 목표에 대해 중요한 것이 사실이 될 수 있다. 그 사실이 중요한 가치를 지닌다고 가정될 수 있다면 다른 거시명제에 관한 분명한 증거가 가용될 때까지도 잠정적으로 단기기억 임시저장고에 기억될 것이다. 구체적으로 범죄 이야기의 부분에서 날씬한 금발 소녀가 이 이야기에 전혀 관련되지 않으므로 이 작은 일화('K가 예쁜 소녀를 본다')는 애초의 총체적 해석 이후에 일화기억 속으로 완전하게 옮겨질 수 있는 것으로 곧 드러난다.

　일반화 적용의 전략은 덜 직접적이다. 저장고에 많은 사실들만 있다고 일반화를 즉시 적용하는 것은 가능하지 않다. 하지만 삭제의 경우와 같이 독자가 참여자들의 구체적인 애초 속성, 그리고 행위나 사건이 그 담화에 더 이상 관련될 것 같지 않다는 지식을 가지고 있으므로, 그는 일반화의 방식에 의한 잠정적 추상화를('a는 날씬하다', 'a는 키가 크다', 'a는 금발이다' ⇒ 'a는 예쁘다') 시도한다.

　삭제되고 추상화되거나 구성된 세부 사항들은 지엽적 연결 수립 이후에 일화기억에 저장된다. 이는 그것이 더 이상 사용되지 않는다는 것을 의미하는 것은 아니다(예로, 의미 연결의 수립이나 거시가설의 수정에 관한 회복에 대해). 어떤 세부 사항은 결국 한 개인이 생각했던 것보다 더 중요할 수 있다. 일화기억에 저장된 세부 명제와 일반적으로 그것들로부터 유도된 거시명제 간의 관계는 최소한 재인지에 의해 최신 명제의 회복을 허용한다. 간단히 살펴본 바와 같이, 담화 세부 사항의 능동적 회상은 더 어렵게 될 수 있다. 하지만 다시 세상 지식은 세부 사항들의 인출을 효과적으로 돕는다는 것에 주목해야 한다. 즉 틀과 각본의 총체적 사실들의 일반적 구성 요소는 알려져 있으므로, 틀과 각본 지식을 훑어보는 것에 의해 재인식될 수 있거나 (재)구성에 의해 능동적으로 회상될 수 있다. 이후에 거시구조의 기능으로서 기억으로부터의 담화 정보 인출에 수반된 다양한 과정으로 돌아간다.

6.6.8. 담화의 복잡한 정보에 관한 이해에서 세상 지식의 역할은 낱말, 구, 절의 이해, 사실들의 구성, 결속과 지엽적, 총체적 의미 연결의 수립(즉 거시작용들에 의한 화제의 부여)에만 있는 것이 아니라, 동시에 (일화)기억에서 담화 표상의 구성에 중요한 역할을 한다. 언어 사용자들이 텍스트의 의미론적 구조가 의미 연결되도록 필요한 지식을 더해서 멋진 복사본을 만든다고 생각하는 것은 잘못이다.

첫째, 그들은 아마도 그것이 저장되기 전에 정보에 관한 수많은 변형, 이미 논의된 일반적인 거시변형뿐만 아니라, 세부 사항들의 대치, 삭제나 재순서화와 같은 다른 작용들을 적용한다. 이 변형도 인출에도 발생할 수 있기 때문에 6.10에서 그것을 논의한다.

이 시점에 더 중요한 것은 독자가 텍스트의 표상뿐만 아니라, 세상의 부분에 관한 표상(즉 담화의 부분으로 부여되는 단편)을 구성한다는 것이다. 이 경우에 세상 지식의 적용은 담화 표상의 의미 연결을 수립할 뿐만 아니라, 다양한 방법으로 상황을 더해 놓는다. 가령 추론이 이루어지고, 세부 사항이 이해되지 못하면 삭제되고, 다른 세부 사항은 설명된다.[25] 즉 텍스트로부터의 정보는 표상된 바와 같이 여러 방식으로 우리의 세상 지식에(그리고 우리 인지 집합의 다른 요인들에) 받아들여진다. 독자는 '말해진 바'를 기억할 뿐만 아니라, 그 담화에 의해 기술된 상황에서 '무엇이 일어났는지'를 (재)구성하려고 노력하며 담화의 이런 '이해'는 지식과 추론된 기대에 수많은 적용을 수반한다. 이런 방식에서 표면 구조는 비교적 중요하지 않게 되므로 인출될 수 없을 뿐만 아니라, 그 텍스트 자체의 의미적 정보는 그것 자체의 기능을 가지기보다는 가능 세계에 관한 정보를 전달하기 위한 목적을 가진

---

25) 담화 이해와 세상 지식('도식들') 간의 연결은 이미 바렛(Bartlett, 1932)에서 논의되어 왔다.

다는 것을 알 수 있다. 그러므로 독자는 실제의 부분으로 이를 구성하며, 물론 개념적으로 말하기는 많은 점에서 텍스트의 의미 정보와 일치한다. 특히 텍스트의 총체적 정보는(즉 거시구조) 실제에서 직접적인 대응쌍을 가지기보다는 실제의 총체적 해석이 되며, 이 경우에 텍스트-세계 표상의 의미론적 핵심이 된다. 즉 거시구조의 중심적이면서 조직화된 양상은 회상에서 매우 분명하게 드러난다.

우리의 연구에서 중요한 것은 틀과 각본에 관한 지식이 상황, 맥락, 전형적 (다른) 행위, 속성, 참여자의 가능 표상에서 자동적으로 텍스트로부터 정보를 내포하므로, 텍스트의 표상은 최소한 초기 단계에서는 텍스트 그 자체보다는 훨씬 더 풍부하다는 가정이다.

6.6.9. 논의된(6.4절에서) 담화 이해에서 지식의 또 다른 분명한 기여는 상위구조 도식의 실제화이다. 언어의 일반적인 지식 이외에도 우리는 가능한 담화 형식에 대해 알고 있다. 가령 일반적인 이야기가 어떻게 드러나는지를 알고 어떤 것을 보거나/읽을 때 논증, 신문 기사, 혹은 심리 논문인지를 인식한다. 앞서 제시된 많은 경우에도 의사소통 맥락이(예로, 상황, 사회적 틀이나 화행) 담화 유형과 가능한 상위구조에 대해서도 기대를 생성한다는 것을 살펴 왔다. 이 가정 없이는 독자/청자는 내용, 문제, 다른 텍스트 양상(예로, 배치)이나 총체적 도식이 수반되는 통로의 속성을 추측해야 하거나 이러한 개념의 범주가 실제화되므로 가능한 도식(들)이 여기에 관련된다는 점을 귀납적으로 구성해야만 한다. 하지만 일반적으로 독자/청자는 담화 유형과 도식에 대해 진지한 기대를 하므로 그의 담화 지식은 각 범주를 실제화할 수 있도록 한다. 이들은 각각 텍스트 단편에 부합하는 거시명제의 기능적 역할을 기록하기 위해 단기기억 임시저장고에 저장된다.

아마도 이 가설은 관련 담화 유형에 관한 규범적 구조를 실현한다. 담화의 정보가 이 규범적 구조의 연속적 범주에 맞지 않을 때에만 독자는 다른 범주를 실현한다. 하지만 표상은 일화기억에서 그런 경우에 오히려 다시 규범적이 될 수 있다.

6.7. 담화 이해에서 인지 집합

6.7.1. 담화의 지엽적이고 총체적 이해는 언어 사용자의 지식뿐만 아니라, 다수의 다른 중요한 인지적 요인들의 기능이다. 우리가 정보를 이해하고 저장하는 방식도 현실적인 요구·희망·욕구·욕망·선호·목적·의도·의무/과제·흥미·신념/의견·규범·가치·태도 등에 의해 결정되는 것이 분명하며, 사회심리학에서 그렇게 기술되어 왔다. 이 요인들의 수와 인지적 복잡성, 그리고 그 다수가 현저하게 개인적이라는 사실이 최소한의 자연스러운 의사소통 상황에서, 기억에서 담화 표상에 관한 정확한 설명을 제공하는 것을 매우 어렵게 한다. 이 많은 요인들의 관련성은 실험실의 실험적 구성에서 아마도 줄어들 것이므로 어떤 기본적인 관심, 규범 등을 무효로 하는 것은 어렵다. 더욱이 실험에서 피험자들이 맥락의 화용적 속성에 대해 가정하고 있음은 잘 알려져 있다. 가령 그들은 실험자가 그들에게 보고하도록 요구하는 것을 믿고 있다. 다른 한편으로 설사 담화 처리에 관한 실제적인 통찰력을 가지기를 원한다 해도, 이것이 자연스러운 의사소통 맥락에서 어떻게 일어나는지를 알아야 하며, 기억에서의 다양한 요인과 담화 표상의 상호작용과 이 표상이 기반으로 하는 이해 과정을 알게 된다. 아예 불가능한 것은 아닐지라도 방금 언급된 각 인지적 요인을 통제하는 것은 결코 쉽지 않다.

그러나 실험상의 실제적 어려움을 제쳐두고 수반된 다양한 요인에 관한 더 일반적인 이론적 설명을 구성할 수 있다. 물론 그것들 각각은 그 자체에 관한 광범위한 논의로 의의가 있지만 이 절이나 책의 과제는 될 수 없다. 정보 처리에서 지식의 표상과 적용에 관한 실제적이지만 심지어 배타적인 관심은 다른 중요한 인지적 영역이 사회심리학에

대해 무시되거나 자의적으로 남겨지는 한 편파적이라는 점이 강조되어야 한다.[26]

6.7.2. 이것이 지식에 관한 경우인 것처럼 앞서 언급된 요인들은 맥락에서 맥락까지 변하기 때문에 특별한 의사소통 맥락에 관한 담화 처리에만 관련된다. 이는 물론 각 언어 사용자에 대해, 우리가 거의 일반적이거나 영구적인 선호·신념·태도 등이 있음을 가정하기 때문에 그것이 완벽하게 바뀐다는 것을 의미하지는 않는다. 마찬가지로 그 요인들이 각 개인에 대해 차이가 있지만, 또한 전체 집단, 공동체, 문화에 의해 공유된 신념·규범·태도도 있다. 어떤 맥락에서 앞서 언급된 다양한 체계를 구성하는 인지 체계에 관한 전체적인 현재 상태는 체계나 개인의 인지적 집합으로 불려왔다. 이 경우에 '집합'이라는 개념은 심적 태도 'Einstellung'라는 독일어의 개념과 유사하다. 그러면 독자의 인지적 집합은 그가 현재 알고, 믿으며, 원하고, 의도하고, 생각하고 발견하고자 하는 것 등이다. 전체적으로 인지 집합은 연속적인 시간의 순간에 맥락에서 읽힌 담화에 관한 그의 이해와 표상을 결정한다.

먼저 문제를 조금 단순화하도록 조금 더 큰 집단에서 다양한 요인/체계를 분류해 보자.

첫째, 우리는 개인의 일반적인 동기 집합으로서 전체 집단의 요구·희망·욕구·선호 그리고 욕망을 포착한다. 무엇보다도 그것은 활동과 다른 행위를 결정한다. 둘째, 우리는 개인이 활동을 통해 이루기 원하는 결과 상태와 목표가 무엇인지를 결정하면서 실제 활동의 기초를

---

26) 여기에서 논의된 어떤 개념들의 최근 처리에 대해서는 피쉬바인과 아지젠(Fishbein & Ajzen, 1975)을 보라. 이 개념에 관한 더 인지적이고 '도식적인' 설명은 스토트랜드와 캐논(Stotland & Canon, 1972)의 책에서 이미 주어졌다. 다른 한편으로 인지심리학에서 인지사회학에서의 문제들과의 충실한 결합을 지적하는 어떤 최근의 진전이 있다(예로, Carrol & Payne, 1976; Abelson, 1976). 또한 프리들, 나우스, 그리고 슈워츠(Freedle, Naus & Schwartz, 1977)를 보라.

이루는 결정·목적·의도를 갖는다. 더 높은 순위의 의도(다음을 보라)에 관한 계획의 개념을 보류하기 때문에 실제 행위의 기초를 이루는 요인의 집합에 대해 기획이라는 용어를 사용한다. 과제도 동작주의 한 목표이며 이도 다른 이들의 욕구에 의해 결정될 수 있기 때문에 그 기획의 일부이다. 인지적으로 과제는 누군가 자신만의 목표와 차이가 없으며 기본적인 동기만 다를 수 있다(모든 과제가 요구되지 않는다). 셋째, 우리는 지식·신념·의견의 중심적인 체계를 갖는데, 이들은 지식이 논의되어 온 다른 속성의 기본적인 집합이다. 앞서 살펴본 바와 같이 신념은 더 개인적이고 주관적인 속성을 지니지만 인지적으로 그것은 지식과 다르지 않음을 요구한다. 즉 지식은 오히려 사회심리학적 개념으로 화자와 문화의 범주에 따라 옳고, 참되거나 정당화된 신념을 부여한다. 수반된 전체적 집합은 단순히 신념으로 불린다. 하지만 신념은 어떤 평가도 포함한다. 즉 그런 경우에 개인이 생각한 것보다는 개인이 발견한 것, 가령 a는 멋있다, a는 아름답다, a는 못생겼다, a는 어리석다 등과 같이 어떤 가치 척도에 기초한 가치 있는 판단을 포함한 것이 이러한 경우가 된다. 물론 묘사적 술어를 단순화하기 위한 이러한 술어의 전이는 예리하지 못하다. 가령 누군가 행복하고, 키가 크다 등을 동시에 생각하거나 발견할 수 있다. 평가가 수반된 곳에서 신념의 체계는 의견의 체계이다.

결론적으로 우리는 가치·규범·태도의 세 가지 일반적인 체계를 갖는다. 실제적 사실에 관한 신념과 마찬가지로 우리는 더 앞서 논의되어 온 일반적·관습적 지식인 일반적 신념도 가질 수 있다. 마찬가지로 우리는 부여된 의무에 기반을 두는 과제도 가질 수 있다. 하지만 이들도 일반적일 수 있으며 어떤 상황에서 무엇이 이루어져야 하든지 그렇지 않든지 일반적으로 행위와 관계가 있다. 이러한 일반적인 규범의 체계는 지식과 마찬가지로 문화 의존적이다. 마찬가지로 일반적인 가치 체계는 실제적인 의견 및 평가와 상관관계가 있다. 결국 꽤 복잡한 태도의 개념도 가치와 동시에 규범과 신념을 수반한다. 태도는 규범 및 가치와 마찬가지로 사회적 성격을 띤다. 태도는 특별히 사회적으로 관련된 개인들, 개체들, 혹은 문제들(흑인들, 핵에너지 등)과 관련된 인지적 요인의 총체적 조직이다. 이런 점에서 그것은 소위 인지적 집합 개념의 일반적인 변수이다.

물론 이 간략한 논의와 분류가 수반된 개념들의 세부 사항들을 결코 철저히 다루지는 않는다. 우리는 단지 인지적 체계의 어떤 기본적인 차이와 기본적 분류를 수립하기를 원한다. 결과적으로 담화 이해에서—그리고 물론 상호작용에서—그것의 기능에 관한 분석은 더 쉬워질 것이다. 분류는 〈표 6.1〉과 같이 제시될 수 있다.

〈표 6.1〉 인지적 집합

구체적/개인적		일반적/사회적
신념		지식
의견	태도	가치
동기/정서		(사회적 요구 등)
기획/과제		관습/규범

우리는 이 일람표를 매우 단순하게 유지해 왔다. 과제와 규범은 한 개인이나 사람이 일반적으로 해야 하는 것으로 기획과 관습의 필수적인(의무적인) 부분으로 받아들여져 왔다. 다양한 정서적 요인도 인지적 요인으로(예로, 욕망과 희망은 동기·사랑·미움·분노 등의 부분이며 정서에 의해 요약되어 왔다) 받아들여져 왔음에 주목해야 한다. 정서의 체계가 그것 자체로 산출될 수 있지만 우리는 그것을 일반적인 인지적 틀에서 (즉 다른 인지적 영역들과 관련해서) 취급한다. 정서는 이러한 동기의 부분이 될 수 있으므로 행위의 기초를 이룬다. 예로, 정서는 행위에 관한 이유와 설명으로('존은 화가 났기 때문에 피터를 구타한다') 받아들여진다. 실제로 이 일람표를 꼼꼼하게 읽는다면 그것은 행위의 기초를 이루는 구조에 관한 모형이 동시에 된다는 것을 발견한다. 따라서 이 책의

두 가지 주요한 화제인 담화 읽기와 상호작용에 참여하기는 일람표에서 언급된 다양한 영역들로 개략적으로 얼개화될 수 있다. 동일한 예를 가져온다면 다음의 기본적인 연속체를 이해할 수 있다.

(20) (a) 존은 피터가 메리를 화나게 했다고 믿는다.
  (b) 존은 모욕이 받아들여질 수 없음을('좋지 않음') 발견한다.
  (c) 존은 화가 난 상태이며, 따라서 그는 피터가 벌을 받기를 원한다.
  (d) 존은 피터를 때리기로 결정한다/목표로 한다/계획한다.

이후에 행위 산출의 총체적 속성을 논의할 때 이 기본적인 행위 구조로 되돌아간다.

일람표에서도 태도는 다양한 영역을 포함하며 어떤 사회적 양상에만 관련하는(예로, 비판적·논쟁적 것들) 개인과 사회적 인지 체계의 경계에 있음을 주목해야 한다. 태도는 도식 속성을 가진다. 즉 그것은 신념, 의견, 동기, 그리고 기획을 조직하는 일반적이고, 더 높은 순위의 조직 원리이다. 그것은 흑인, 극우파, 제국주의자, 공산주의자, 타 지역으로의 강제 버스통학 등이 무엇인지를 우리가 알고/믿는 것, 이들에 관한 의견, 그것에 관해 희망하거나 선호하는 사례, 구체적인 상황에서 그것들에 관해 기획하는 것이 무엇인지를 결정한다. 그것은 거시명제, 틀, 각본을 수반하는 매우 복잡한 것이다. 다른 영역은 체계인데, 여기에서 우리는 다른 체계로부터 개인적이고 사회적인 일반적인 항목을 수집하는 상호체계의 형식을 갖게 되었다.

인지적 집합에 어떤 다른 요인의 매우 간략한 논의는 여기에서 끝내야만 하므로 우리는 (총체적) 담화 이해 과정에 대해 다시 주의를 기울일 것이다. 논의된 바와 같은 인지 집합이 완벽하거나 요인들이 담화 이해에서 상호작용하는 유일한 것은 아니라는 점에 주목해야 한다. 우리는 간략하게 추가적인 정서적 요인에 대해 언급해 왔다. 이는 성격의 다양한 요인에도 적용되는데, 매우 복잡하고, 사회적으로 맥락상으로 의존적인 체계이다. 또한 그것은 각 정서적·인지적 집합 요인이 다른 기능의 논의(즉 개인들)에 관한 가치일 수 있는 총체적 기능이다. 이 수학적 은유는 다음과 같은 의존성을 강조한다. 가령 그녀는 불안감 때문에 친구들이 그녀를 보는 것을 좋아한다고 믿을 수 없으므로 그들이 신뢰할 만한 친구들이 아니라는 것을 발견했고, 그들을 방문하는 것을 원하지 않았으므로 집에 있기로 결정했다. 인지적 집합과 성격 간의 관련성은 여기에서 논의되지 않는다. 성격과 담화 이해에서의 총체적 경향 간의 관련성이 있다면 말해진 것을 믿지 않으려는 경향, 말해진 것이 과장되었다고 생각하는 경향, 이 연결은 다양한 인지 체계의 요소를 매개로 해서 역할을 한다. 추가적인 연구조사는 담화 산출/이해와 성격 간, 특히 문체와 같은 담화의 양상이 일반적으로 성격의 유효한 지표로 간주되기 때문에 이 (간접적인) 연결들을 밝혀낼 것이다.

6.7.3. 다양한 인지 집합 요인/체계가 담화 이해에서 어떻게 상호작용할까? 이 사례에 관한 기본적인 가정은 앞서 논의되었던 해석과 표상에서 지식의(무엇보다 인지적 집합의 부분인) 상호작용에 관한 것과 유사하다. 가령 요인들은 문장의 초기 해석을 결정하고, 접속과 의미 연결을 수립하며, 거시규칙의 적용에 영향을 주고, 결론적으로 기억에서 담화의 표상을 결정한다. 다시 말해 이 표상은 동시에 담화로부터 전달되거나 추론되는 세계의 (간접적인) 표상이다. 이는 일반적으로 동기·의견·태도가 작용하는 것을 의미한다. 가령 '존도 피터가 마리를 모욕하는 것을 들었다면 화가 날 것이다'와 같이 그것은 세상에 관한 관찰 결과와 관련해서 작용하는 것과 같다.

먼저, 인지 집합은 전체로서 의사소통 상황과 수반된 일련의 담화에 관련성이 있다. 가령 수강생들은 강의에 거의 관심이 없고, 강사를 좋지 않게 생각하고 있으므로 듣고, 이해하는 등에 매우 낮은 동기를 지닌다. 반대의 경우는 특별한 흥미와 주의를 유지하고 한정하며, 이는 어떤 담화 유형이나 화제에 초점을 모으는 인지 작용이다. 이런 경우에 모든 종류의 다른 인지 활동들은 주변적이 되므로 담화의 이해와 평가는 주요한 계획이 된다. 특별한 과제가(예로, 어떤 담화를 읽는 것이 특별한 목적, 이른바 실험실 실험에서와 같이 어떤 누군가에 관한 행위를 성취하거나 특별한 결과를 얻거나 문제를 해결하기 위해) 환경이 될 때도 같은 점이 적용된다. 이해의 전체적인 과정은 모든 경우에 총체적으로 다수의 미리 결정된 집합 요인으로 결정된다.

지엽적 층위에서 인지 집합 요인은 특별한 주의와 어떤 문장의 처리를 허용한다. 즉 그것들은 주어진 특별한 과제, 흥미나 독자의 의견에 특별한 관련성을 부여할 수 있다. 독자가 하나의 사실을 고려하는 것도 전체적으로 담화 이해에 중요하다면 차례로 거시구조 부여에 관한 조건이 될 수 있다. 따라서 앞선 범죄 이야기 예에서는 이러한 K의 예쁜 소녀에 관한 주시가 최소한 욕구불만의 화제에 대한 일반화와 구성을 요구하는 사소한 세부 사항이다. 하지만 동시에 동일한 사건은 일반적인 남성 행위의 사례로 해석될 수 있으며 이는 더 높은 순위의 층위에서 남성 우월주의자로 평가될 수 있다. 이 해석은 독자의 특별한 과제가 동시대 미국 범죄 이야기에서 여성의 역할에 대해 연구되면 꽤 선호된다. 유사하게 벌리츠(Berlitz) 담화에서 사업 경력의 역할에 관한 평가는 외국어 학습의 동기에 관한 광고에서 우리의 문장 이해를 잘 결정할 수 있으므로, 벌리츠 방법에 관한 평가에 영향을 줄 수 있다. 마지막으로 베커(Bakke) 사례의 대법원 판결에 관한 텍스트의 의견은 관련 사회적 문제가 수반되기 때문에 이해에 매우 중요한 역할을 한다. 독자의 태도에 의존하면서 주의는 그 법정의 결정에 반하는 것을 선호하는 논의들에 더 많이 놓인다.

인지 집합의 요소들도 문장 접속과 의미 연결의 해석에서 결정적인 역할을 할 수 있다. 가령 사실들은 일반적인 지식과 믿음뿐만 아니라, 사실들 간의 인과 관계에 관한 견해에 따라 관련된다. 이러한 경우에 다음 텍스트는 태도에 의존하면서 덜 의미 연결되는 것으로 판단될 수 있다.

(21) 법정은 베커 개인의 승리를 선고했는데, 왜냐하면 그것은 미국에서 백인의 힘과 기득권의 부분이기 때문이다.

(22) 법정은 민족적 배려가 입학 허가 계획에 역할을 한다고 규정했는데, 왜냐하면 그것은 교육에서 공평한 기회가 장려되어야 한다는 점을 고려했기 때문이다.

따라서 담화에서 표상된 사실들의 연속체는 가능하거나 있음직할 뿐만 아니라 사회적으로 바람직하거나 그렇지 않은 것으로 받아들여질 수 있다. 왜냐하면 각각의 이유가 그것을 뒷받침하는 일반적 진술에 의존하기 때문이다. 그 연결의 수용은 인지적 집합에서 일반적 진술의 출현에 의존한다. 이것이 사례가 안 된다면, 그 연결은 논리에 맞지 않는 것으로 판정되거나 일반적인 결론은 필자/화자의 견해에 대해 일반화에 의해 구성될 수 있다.

이 소수의 예로부터 인지 집합 요인의 상호작용이 종종 담화의 거시구조에 관련되거나 다른 거시구조의 형성을 유도하는 것으로 볼 수 있다. 첫째, 인지적 집합 요인은(태도, 관심이나 과제) 화제에 대해 특별한 주의를 결정할 수 있다. 둘째, 독자의 과제나 의견 때문에 특별한 관련성의 부여는 명제의 총체적 중요성의 부여로 귀결되므로 독자에 관한 거시명제가 된다. 즉 텍스트에서 거시명제의 부여는 담화의 일반적인 의미적 속성과 화자/필자의 의도에 관한 텍스트에서의 지시분만 아니라, 독자/청자가 중요하다고 발견한 것에도 의존한다. 이 중요성은 특별한 민음, 의견, 관심, 행위 계획(목표), 그리고 일반적인 규범과 가치의 관점에서 정의된다. 결론적으로 텍스트의 어떤 화제는 일반적인 평가의 부여나 더 높은 층위의 사회나 정치적 틀에(예로, 대법원의 판결 사례에서) 관한 구성에 의해 추가적 해석으로 받아들여질 수 있다.

추가적인 해석 대신에 인지 집합과의 상호작용도 대안의 거시구조에 귀결될 수 있다. 이런 경우에 대법원 판결에 관한 텍스트는 화제에 대해 독자의 의견에 의존하면서 '백인의 차별은 헌법에 위배되거나',

'소수 민족은 여전히 입학 허가 계획으로부터 이익을 받는다'와 같은 거시명제가 부여될 수 있다. 모든 경우에 법원 판결의 거시명제는 새롭고 더 관련된 거시명제의 조건으로 고찰된다.

6.7.4. 기억에서 정보의 저장을 결정하는 기본적인 원리는 이해 시에 담화에 부여된 구조이다. 그러므로 이 구조가 동기·믿음·계획이나 태도의 요인에 의존한다면 표상도 '편향된' 속성을 지닐 것이다. 일화기억에서 담화의 내적 구조는 인지 집합 정보의 기능으로 이해 전이나 이해 시에 형성된 거시구조에 의존한다. 이와 더불어 그것은 텍스트 이해에(예로, 지엽적, 총체적 의미 연결 수립에 의해) 필요한 삽입된 정보 외에, 예로 인지 집합으로부터 다른 정보가 일화기억에서 어떤 기대나 가능한 평가로 실제화되어 왔거나 저장되어 온 경우가 될 수 있다. 따라서 한정된 표상은 단기기억에서 부여된 것과 같이 대체적으로 더 이상 중립적이거나 '편향된' 텍스트 구조만은 아니다. 그것은 해석 맥락에서 관련될 수 있는 모든 종류의 다른 요소도 포함한다. 우리는 이후에 이것이 다양한 종류의 읽기 자료의 산출물에서 피험자들이 새로운 정보로 바꾸거나 덧붙이는 경향이 있다는 발견을 설명한다고 고찰한다. 물론 이 전환의 일부는 인출과 재산출시에도 일어날 수 있으며, 이는 산출 과정의 인지 집합의 기능이다.

이 점에서 결과를 간략하게 되짚어보는 것이 필요하다. 기억 표상에서 텍스트 의미 구조의 꽤 정확한 복제 대신에, 우리는 먼저 이 표상이 이해 시에 지식과의 결정적인 상호작용과 일화기억에서 지식 단편의 출현 때문에 가능하다는 것을 발견해 왔다. 따라서 이 표상은 더 이상 단순히 담화의 표상이 아니다. 이는 그것이 드러낸 세상 단편(상황, 사건, 행위 등)의 표상이다. 동기·계획·믿음·의견·태도와 같은 요인도 동시에 이해와 일화기억 표상의 최종 삽입에서 역할을 한다. 이 요인은 때때로 주의, 선택 접속에 상당한 영향을 끼치며 특히 청자에 대해 담화에서 무엇이 관련되는지를 결정하는데, 이는 거시구조의 추가적이거나 대안의 부여를 함의한다. 마찬가지로 담화는 (총체적) 화행에 관해, 그리고 의사소통 맥락의 다른 양상과 관련되어 해석되며 일화기억에서 거시구조의 부여와 텍스트의 총체적 조직에도 영향을 준다.

6.8. 담화 이해에서 관련성 부여

6.8.1. 이 책에서 몇 차례 관련성이라는 용어를 사용해 왔다. 이 절에서는 담화 이해 시에 어떤 다른 양상들이 관련성 부여에 수반되는지를 간략하게 요약하며 거시구조 이론의 얼개에 필요한 몇 가지 추가적인 관찰을 더한다.

최소한 관련성의 두 가지 기본적인 종류, 즉 텍스트와 맥락 관련성을 구분하는 것은 의미가 있다. 텍스트의 한 요소가 그 텍스트의 다른 요소들과 관련되면 텍스트상으로 관련되며, 의사소통 맥락(예로, 화용적 맥락), 인지적 맥락이나 사회적 맥락의 요소와 관련되면 맥락상으로 관련된다. 우리는 이 개념도 상대적이라는 점에 주목한다. 즉 그것은 다른 요소에 관해서만 정의된다.

관련성은 해석상의 개념으로 받아들여진다. 가령 그것은 요소들(예로, 낱말·구·문장·텍스트의 연속체와 같은 표현)이나 더 높은 층위에서 이들의 해석에 부여된다. 이는 관련성이 의미적·화용적·인지적 혹은 사회적 용어로 정의될 수 있음을 의미한다.

6.8.2. 의미론적 관련성은 지엽적·총체적 수준에서 정의될 수 있다. 예를 들어 그것은 지엽적 층위에서(예로, 문장 내에서) 어떤 개념이 다른 개념보다 더 관련된다는 것을 의미한다. 관련성은 상대적이기 때문에 다른 개념과 관련해서 세분화될 필요가 있음을 의미한다. 하지만 문장 내에서 이러한 차이는 일반적으로 적절해 보이지 않는다. 물

론 2장에서 논의된 화제와 논평 간을 구별해 왔지만, 우리는 논평이 '새롭거나', '기대하지 않은' 정보를 제공한다고 말할 수 있으며, 그 경우에 직접적으로 관련성의 차이를 말하는 것은 간단하지 않을 수 있다. 오히려 사실들에 최소한 관련성의 개념을 보류해 두어야 한다.

이는 의미론적 관련성이 절이나 문장 관계의 층위에서 최소한 정의될 수 있어야 함을 의미한다. 실제로 관련성 차이에 관한 지표로 하위와 상위의 절에 의해 구조적으로 표상된 복잡한 문장의 위계적 조직을 받아들인다면 텍스트나 필자가 실제로 문장의 위계적 구조화에 의한 관련성 차이를 조정할 수 있다고 말할 수 있다. 이는 단순히 구조적 종류의 관련성임을 주목해야 한다. 가령 맥락 요인들은 관련성 분포가 이러한 경우에 다르게 결정할 수 있다.

6.8.3. 원칙적으로 우리는 사실들 관계에 관한 관련성의 개념을 유보하지만, 또 다른 언어적 현상은 또한 일련의 관련성 부여로, 즉 강음의 강세, 억양이나 특별한 활자 기제와 같은 요소들에 의해 강조된 의미론적 요소로 고찰할 수 있다. 이 일련의 구조적(텍스트적) 관련성은, 즉 이러한 관련 요소들이 삽입되는 구조에 관해 대조적이라 불린다.

(23) 나에게 사과를 주세요. 나는 배를 좋아하지 않아요!
(24) 선생님을 부르세요!?
(25) 내가 필요한 것은 침대야!
(26) 암스테르담은 네가 구경해야 하는 도시이다.

이 예들에서 대조적으로 관련되는 개념은 특별하게 강조된 낱말들, (가상의) 단절이나 주제화와 같은 통사적 구성으로 표현된다. 수반된 관련성은 어떤 개체 등 특별한 주의를 요구하기 때문에 반대가 수반되는지의 여부에 따라 차이가 날 수 있다. 가령 동일한 부류의 개념은 비교되며 어떤 개념의 사용은 개체, 사람이나 사건 혹은—인지적으로

—적절하다. 왜냐하면 어떤 개체 등은 특별한 주의를 요구하기 때문이다. 이런 종류의 개념적 관련성을 지엽적 층위에서 가리키는 수많은 문법적 방법이 있다.

6.8.4. 상호문장 간의 관계와 총체적 구조에 초점을 모으면서 관련성 부여는 우선 문장 간의 접속에서 역할을 한다. 문장 내 절의 관련성 정도 간에 의미론적 차이가 있듯이 동일한 방식에서 이러한 차이는 그 연속체에서 일정한 역할을 한다. 그렇지만 그 경우에 이러한 차이의 어떤 통사적—위계적—표식도 없다. 하지만 접속사가 어떤 사실이 제일 중요하지만 일부 다른 사실이 의미적으로 종속된다고 지시하는 것은 당연하다. 예를 들어 하나의 사실이 다른 '주요한' 사실의 구성 요소, 속성, 조건이나 결론일 경우이다.

⑵⑺ 존은 오늘 안 올 것이다. 그는 아프다.
⑵⑻ 농작물이 망쳐졌다. 이번 여름에 비가 너무 안 왔다.

이런 경우에 문장의 순서도 첫 번째 문장이 그 연속체의 주요한 사실을 드러냄을 지시할 수 있다. 다른 사실은 그 사실의 설명으로만 언급된다. 명제 간의 기능적 관계도 상이한 관련성 부여에 수반됨을 볼 수 있다. 가령 조동사, 지정사, 설명적 타당성 등은 종종 '주요한' 사실에 기능적으로 종속되는 것으로 간주되므로 연속적 관련성을 갖는다.

6.8.5. 의미론적 관련성 부여의 중심 양상은 거시층위에서 발생한다. 관련성이나 중요성의 직관적 개념은 애초에 거시구조 바로 그 개념으로 설명된다. 정의에 의한 거시규칙은 전체적으로 텍스트에 대해 의미적으로 무엇이 관련되는지를 한정하므로 우리는 총체적 (텍스트적) 관련성을 말할 수 있다. 거시규칙은 정확하게 텍스트에서 다른 명제의 해석과 관련되는 명제를 선택하는데, 즉 그것은 일반화로 관련성을

부여하고 총체적 사실에서 사실들의 공동의 결합에 기인해서 관련성을 구성한다. 다양한 층위에서 구성된 거시구조는 텍스트의 의미가 어떻게 위계적으로 관련되는지에 관한 추상적 정의인데, 가장 높은 층위가 전체로서 텍스트의 해석을 결정하기 때문에 관련성이 가장 높다. 삭제 규칙에서 관련성은 해석 조건(혹은 전제)의 관점에서 정의되어야 한다는 것을 기억해야 한다. 가령 명제 p는 그것이 Σ에서 어떤 다른 명제에 대해 필수적인 해석 조건이 된다면 연속체 Σ에서 관련된다. 그 경우에 다른 명제는 내포적이거나(그것이 부분적으로 의미가 없다) 외연적으로(그것은 어떤 진리값이나 만족치도 갖지 않는다) 해석되지 않을 수 있다.

6.8.6. 텍스트에서 구성 요소들의 화용적 관련성은 일종의 맥락 관련성의 부여이다. 그것은 특히 한 구성 요소가 특별한 화행의 성취에 중요하다는 것을 의미한다. 이는 강조된 수행 동사, 어떤 관사, 혹은 문장의 다른 화용적 지표들이 될 수 있다. 하지만 논의에 대해 더 흥미로운 것은 다른 화행과 관련된 화행의 관련성이다. 이러한 분석에서 우리는 5장에서 살펴본 바와 같이 주요하거나 최상위 화행에 대해 종속적이거나 보조적 화행 혹은 담화에서의 총체적 화행의 형성과 같은 명제에 관해서 유사한 절차를 갖는다.

6.8.7. 결론적으로 담화 이해에는 다양한 종류의 인지적 관련성 부여가 있다. 이는 우선 앞선 논의된 바와 같이 담화의 구조적 속성에 (즉 표상에서 구조적 위계성의 부여에 의해) 바탕을 둔다. 지엽적 층위에서도 어떤 낱말에 관한 특별한 주의나 심지어 표면적 속성(문체)을 수반할 수 있지만 총체적인 인지 관련성은 거시해석의 관점에서 우선적으로 설명될 수 있다. 이해에서도 사실들의 관련성 부여는 세상 지식을 수반한다. 즉 중요한 사실들(예로, 많거나 중요한 결론들과 관련된 것들)은 맥락상으로나 일반적으로 독자에게 알려져 있다.

다음으로 인지적 집합의 다른 요인 각각은 개인적 동기, 계획, 의견, 태도가 수반되기 때문에 독자에게 대략적으로 무엇이 관련되는지를 결정한다. 이런 경우에 관련성 부여는 텍스트에 의해 지시된 구조적 관련성과 유사할 필요는 없다. 즉 어떤 개념들, 사실들, 사실연결들, 그리고 화제는 읽기의 목적, 일반적인 관심이나 그것에 관한 특별한 의견에 일치해서 선택되거나 구성될 수 있다.

　기억의 담화 표상 관점에서 상이한 관련성 부여는 앞서 논의된 구조적 가치에 의해 우선 정의될 수 있다. 가령 높은 구조적 가치와 관련된 요소는 이런 경우에 더 관련된다. 하지만 이런 종류의 관련성은 오히려 '내적'이다. 유사한 방식에서 지식의 요소나 인지적 집합의 다른 요인의 관계 수가 역할을 할 수 있다. 독자 지식의 구조와 목적, 의견 등에서 요소의 더 많은 연결이 있을수록 그것의 (맥락) 관련성은 더 높아질 수 있다.

　결론적으로 이런 관점에서 이른바 현저한 세부 요소라 불리는 가능한 관련성을 언급할 수 있다. 지금까지 인지 집합의 개별적 변수의 속성으로 서로 다른 독자가 관련 텍스트의 다른 요소를 발견할 수 있으며, 이는 추가적인 처리 과정과 회상에도 드러난다는 점을 고찰해 왔다. 하지만 어떤 맥락과 명백히 즉각적인 방식에서 텍스트의 어떤 세부 사항이—혹은 지각과 정보 처리에서 일반적으로—독자에게 가장 두드러지지만, 그것이 세분화된 목적, 관심, 태도나 세분화되기만 한 다른 인지적 요인의 관점에서 설명될 수 없음은 당연하다. 가령, 구조적으로만 관련 없는 세부 사항이지 '현저할' 수 있다. 상이한 관점에서의 설명을 완벽하게 배제하기를 원하지 않지만, 우리는 독자에 의해 명시적이 될 수 없고 의식적으로 설명될 수 없거나 투입 과정에 오히려 즉각적인 속성에(우연한 지각과 주의 등) 의존하는 인지적 (정서적) 요인이 수반된다고(예로, 평가) 상상할 수 있다.

6.9. 장기기억에서 담화 이해와 인지적 변화
: 학습, 의견, 그리고 태도 변화

6.9.1. 다양한 관점들로부터 흥미로운 바는 기억에서 담화 정보의 추가적 운명에 대한 것이다. 매우 개략적으로 담화가 일화상으로 어떻게 이해되고 표상되는지를 개괄해 왔지만, 또한 이 일화 지식 중의 일부는 '의미' 기억에서 더 영구적으로 저장되는 것으로 기대될 수 있다. 최근의 기억 이론은 정보 입력의 맥락 속성으로부터 추상화, 유사한 일화기억 구조로부터의 몇몇 사례를 넘어서는 일반화, 결론적으로 의미적 기억의 더 영구적 체계로부터 통합화와 같은 몇몇 과정을 수반할 수 있다.

하지만 이 과정들은 엉성하게 이해된다. 여전히 그것은 지식 형성이나 학습, 의견과 태도 형성, 전환과 같은 중요한 인지적 사건, 그리고 가치와 규범 체계의 구성에 수반된다. 우리가 알고, 배워왔거나 무엇에 관한 의견과 태도를 갖게 된 많은 부분은 텍스트상의 의사소통에 의해서 얻어 온 것이다. 그러므로 문제는 담화 이해하기가 장기기억에서 학습과 다른 인지적 변화를 어떻게 이끌어내는지에 있다. 우리는 담화 이해에 관한 현재의 연구조사에서 거의 무시되어 온 이 기본적인 화제에 대해 상세하게 설명할 수 없지만, 담화 처리에서의 이러한 문제는 교육심리학자의 관점에서 주요하게 관련되어 왔다.[27]

6.9.2. 장기기억의 속성에 관한 어떤 통찰력은 의미적 관계, 틀, 지식의

---

27) 담화 이해 과정의 통찰력에 기반한 '담화로부터의 학습하기'의 더 특별한 문제는 캐롤과 프리들(Carrol & Freedle, 1972)에서 이미 주목받아 왔다. 이 문제는 로스코프(Rothkopf, 1972), 로스코프와 빌링톤(Rothkopf & Billington, 1975), 가네와 로스코프(Gagne & Rothkopf, 1975), 프라세(Frase, 1967, 1972, 1973)와 같은 교육심리학자들에 의해 논의되어 왔다. 앤더슨, 스피로, 그리고 몬테규(Anderson, Spiro & Montague, 1977), 와이어(Wyer, 1974)에서의 기여도 살펴보라. 우리가 여기에서 '담화로부터 정보 획득하기'(즉 [일화 같은 것의] 텍스트 표상 구성하기)와 더 영구적이고 일반적/의미적 지식의 획득으로서의 적절한 '학습하기' 간을 구별한다는 점에 주목해야 한다.

각본, 다른 인지 체계의 유사 조직적 유형의 측면에서 의미 기억의 개념적 조직에 관한 연구로 획득되어 왔다. 장기기억에서 정보를 더하거나 바꾸기 위해서는 원칙적으로 이 전환이 조직적 원리의 제약 아래에서 실행되어야 한다는 점이 설명되어야 한다. 이는 단순히 어떤 것을 배울 수 없다는 사실에 의해 입증된다. 예로, 주요한 제약은 획득된 정보의 유효한 인출 능력이 될 수 있다. 즉 다른 인지 집합에서 학습이나 유사한 변화라고 부르는 특별한 종류의 정보 저장에 대해 장기기억에서 이야기하는 경우 우리는 이 정보가 필요할 때에 인출되고 적용될 수 있음을 함의한다. 그렇지 않다면 이 정보는 '망각된다고' 말한다.

이어서 장기기억에서 두 가지 종류의 (대략적인) 영구 지식 간, 즉 실제적인 사실들에 관한 지식과 일반적인 원리·규칙·법 등의 지식을 구별하는 것은 의미가 있다. 실제 사실은 그것의 가능 세계 대응물의 관점에서 정의되지만 더 일반적인 가능 세계, 상황, 사건이나 행위, 그리고 그것의 기본적인 규칙의 속성은 추상적인 속성을 지닌다. 따라서 정보의 추가/전환은 새로운 사실들과 일반화를 더함으로써 작용될 수 있다.

새로운 사실들은 입력의(담화, 지각) 이해, 그리고 다른 사실들로부터의 유도와 규칙, 혹은 작용의 두 가지 방식의 기억 체계에 의해 생성될 수 있다. 이것이 학습 개념의 적절한 속성은 결코 아니지만, 우리는 담화로부터 지식 획득의 과정에 대해 더 구체적으로 고찰할 수 있다.

맥락과 지식에 관한 '내포된' 정보나 이해 시에 실현된 다른 정보에 더해 담화 그 자체의 일화 표상은 특별한 담화의 맥락적 '유일함'에 여전히 연관되지만 우리는 의미적 정보가 더 체계적으로 분포된다고 가정해야 한다. 적어도 대부분의 지식은 특별한 담화에 대해 기억을 통해 역으로 인출되지는 않는다. 하지만 만일 그렇다면 이는 일화 정보의 부분이 된다. 현재의 의문은 일화 정보가 이러한 더 영구적·체계적 저장이 가능한지에 대해 어떻게 작용하는지의 문제이다. 그럼으로써 문제는 실험적 증거가 이러한 논쟁점의 해결에 부족하다는 점에 있다. 가령 담화에 관한 실험을 상기한다면 일화 저장고를 도입할 수 있다. 즉 우리는 더 장기적 범위의 학습 실험에서만 담화로부터의 정보가 '추상화되고', 체계적으로 저장된다는 것을 관찰한다.

6.9.3. 담화로부터 지식의 습득이 일화기억에서 담화 표상의 구조 기능이라는 점을 가정하는 것은 의미가 있다. 즉 구체적으로 가장 높은 구조적 가치를 지니는 정보는 다른 정보와의 수많은 연결 때문에 변형 과정의 훌륭한 후보가 되므로 그것이 지식 체계에 더해진다는 것은 그럴 듯해 보인다. 지식 습득, 적어도 학습하기는 인출 가능성을 전제하기 때문에 우리는 정보가 재인이나 회상에 의해 심지어 인출될 수 없을 때 그것이 일반 지식의 부분도 구성할 수 없다는 것을 분명하게 가정할 수 있다. 낮은 층위의 거시구조는 가끔 회상될 수만 있는데, 매개 회상에서 그렇다. 오래 지연된 회상은 텍스트로부터 가장 두드러진 세부 요소와 '개인적 표지들'을 더해 더 높은 층위의 거시구조만 유지한다. 이후에 이 결과로부터 추가적으로 논의되는데, 우리는 우선 학습의 개연성이 직접적으로 거시구조 층위나 일반적으로 읽기 시에 획득된 담화 정보에 관한 구조적 가치와 서로 관련된다고 결론 내린다. 즉 텍스트로부터 학습된 것은 원칙적으로 가장 잘 영구적으로 회상되는 것과(즉 그것의 거시구조) 관련된다.

따라서 베커(Bakke) 소송에 관한 텍스트를 읽으면서 우리는 그 속에서 혹은 그 신문이나 주간지에서 그것의 주요한 화제를 읽어 왔다는 것을 우선 기억한다. 이후에 대법원의 베커 재판에서의 (읽었거나 들었던) 특별한 판결만을 기억한다. 많은 미국인(그리고 다른 나라들로부터 관심 있는 사람들)은 그것에 관한 (새로운) 담화를 읽었을 때 그 소송에 관한 사실적 지식을 갖게 될 것이다. 이는 그 화제에 관한 그들 지식이 변할 수 있다는 것을 의미한다. 이 변화는 텍스트에서의 정보, 특히 새로운 정보에 기초한다. 즉 그 텍스트의 대부분이 실제로 그 소송의 주요한 속성을 상기시킨다. '역사'에 관한 정보와 그 소송에 관한 '배경지식'은 쌍으로 기능한다. 즉 그 화제에 대해 알지 못하는 독자들에 대해 그것은 새로운 지식으로 저장될 수 있고 그 전에 텍스트가 이해될 수 있는 것과 관련한 최소 지식 기반의 구성을 허용한다. 다른 독자들에 대해서도 그것은 담화를 이해하는 데 필요한 장기기억으로부터의 지식의 실제화를 제공한다. 동시에 그것은 변화 과정의 중심과 기본을 제공한다. 가령, 독자는 어떤 정보가 더해져야 하고(즉 아직 저장되지 않은 정보), 그것이 어디에 저장되어야 하는지를(즉 베커 화제의 표지 이하에) 알게 될 것이다. 이 지식 부분은 자의적으로 저장되기보다는 미국 흑인과 다른 민족들, 시민권, 교육에서의 균등한 기회 등에 대해 가지고 있는 사회적, 역사적 지식과 연결된다. 이런 종류의 일반적 정보가 어떻게 조직되고 접근되는지는 충분히 알려져 있지 않으므로 학습에 관한 정확한 가정은 여전히 구성되어 있지 못하다. 하지만 독자가 관련 정보를(예로, 대법원이 이런 판결에서 베커는 입학이 허가되지만 동시에 입학 허가 프로그램은 민족적 고려를 감안해야 한다고 판결내린 사실) 더할 것이라고 가정할 수 있다. 이것이 대개 텍스트의 거시구조이고 또한 이 거시구조가 일반적으로 이 문제나 소수 민족의 문제에 관한 독자의 태도에 따라 달라질 수 있다. 비교적 영구적으로 획득된 낮은 개연성은 법정이 갈렸다는 정보이다. 여전히 더 낮은 개연성은 판사들이 어떻게 표결했고 표결을 위한 논의가 무엇이었는지에 관한 것이지만 잠재적 세부 요소들(예로, 판사들 중의 한 명이 닉슨에 의해 지명되었다는 사실)을 회상할 수 있고 재판관의 가능한 정치적 입장에 관한 가정을 산출할 수 있다. 논의에 대해 중요한 것은 다음과 같다. 즉 6.9.2 하위 절에서 상세화된 범주와 층위에 따라 텍스트에 깊이 있게 관련되는 정보는 높은 구조적 가치를 가질 것이므로 지식 체계에서도 높은 관련성을 가질 수 있다. 그러므로 대법원의 나누어진 표결, 표결의 다른 세부 요소나 논의에 관한 지식이 장기기억으로부터 다른 지식 정보와 체계적으로 연결되어 있지 않으면 학습의 개연성은 아마도 비교적 낮을 것이다. 따라서 법정의 판결에 관한 지식은 (1)

대법원의 일반적인 정치적 입장, 특히 시민권, (2) 평등한 기회를 위한 흑인들의 투쟁, (3) 대학의 입학 허가 프로그램 등에 관한 지식과 직접적으로 연결될 수 있으므로 우리는 담화 표상의 다음 속성들이 독립적이거나 동시에 의미 기억 속으로 통합되는 비교적 높은 기회를 갖게 될 것이라고 가정한다.

(a) 의미론적 거시구조
(b) 높은 구조적 값에 결부된 다른 구조
(c) 다량으로 실현된 지식과 관련된 구조
(d) 잠재적 세부 요소들

높은 구조적 값도 인지적 집합(예로, 특별한 과제, 흥미, 의견)의 다른 요인에 관련될 수 있음을 주목해야 한다. 물론 여기에서 중요한 것은 실현된 지식 체계이다. 텍스트에서 정보가 대법원 텍스트에서의 판결과 같이 장기기억 지식과 매우 밀접하게 관련된다면 이 정보도 획득된다고 가정할 수 있지만 사실적 지식이 거의 실현되지 않았다면 학습의 기회는 더 낮아질 것이다. 즉 사실적 지식이 이해에서 거의 요구되지 않았다는 것에 대해 범죄 이야기와 벌리츠 텍스트로부터 우리가 사실이나 원리에 관한 '일반적인' 지식을 얻은 것으로 보이지 않는다.

　결정적으로 중요한 것은 앞서 언급된(즉 독자의 관점으로부터 기억에서 정보의 기능적 관련성) 네 가지 종류의 정보를 지배하는 일반적인 원리이다. 이 관련성은 다양한 형식을 취할 수 있다.

(a) 다른 사실들을 설명할 수 있는 일반적인 규칙이나 원리의 습득
(b) 사실의 일반화
(c) 다른 특별한 사실들과의 연결(이 사실들의 이해에 제공됨으로써)
(d) 현존하는 기억 정보의 순서화나 재순서화

즉 우리는 일반적으로 기억 체계가 기능적 고려에 기초한 선택 절차를 가진다고 가정한다. 가령 정보가 이후에 사용될 수 있다고 가정된다면 그것은 획득될 수 있는 더 높은 확률을 갖게 될 것이다.

이 기능적 원리에 기초한 또 다른 의사소통적 조건이 있다. 일반적으로 독자도 의도된 화행과 의사소통 맥락의 다른 양상에 대해 알고 있다. 즉 모든 발언에서와 같이 그는 화자가 그에게 무엇을 알기를 원할 때를, 그리고 그 정보가 맥락상으로만 관련되거나 일반적으로도 관련되는지를 안다. 대개 일상 대화의 발화에서 우리는 이후에 회상할 필요가 없음을 알고 있는 세부 요소들에 관한 정보를 얻는다. 일반적으로 화자, 다른 사람들, 혹은 세계에 대해 결정적인 새로운 사실들을 제공하는 이 사실들만이 선택되며 이들이 이후의 적절한 상호작용에 대해 필요한 것이기도 하다. 따라서 신문에서의 새로운 소식은 동일 화제에 관한 이후의 새로운 소식들을 이해하고 세상에서 무엇이 진행되고 있는지에 관한 필수적 최소 지식과 관련되는 것으로 알려진다. 과학 논문과 교과서에 대해서도 같은 점이 적용된다. 즉 어떤 담화 유형과 의사소통 맥락에 대해 이해하기의 전반적인 조건은 더 영구적인 저장고 쪽을 가리키지만 다른 사례들에서는(예로, 항구적 지식을 얻을 필요가 없는 이야기나 광고로부터) 이러한 기능이 수반되지 않는다.

현재 우리가 장기기억에서 체계적인 지식 습득에 대해 실질적으로 아무것도 알지 못하지만, 담화 정보가 관련되는 한, 이 근원적인 이해와 매우 유사한 어떤 기본적인 원리를 접한 것 같다. 첫째, 거시정보는 특별히 더 '중요한' 텍스트 정보를 표상하면서 저장된다. 둘째, 가장 잘 이해된 정보가 많이 실현된 지식과 연결되면서 저장된다. 셋째, 맥락상으로 의도된 기존 정보는 특별한 주의를 받는다. 넷째, 기억에서의 기능적 관련성은 학습에서 결정적인 요인이다. 이 기능적 관련성은 그것이 더 많은 정보를 조직하면 더 높아지므로 일반적인 원리, 법, 일반적인 사실들은 그것들이 수많은 다른 사실들을 점유하기만 하면 잘 수립된다. 따라서 내가 미국에서 정치권력 관계에 관한 어떤 일반적인 통찰력이 있다면 민족적 차별에 관한 특별한 사실들과 기타 더 구체적인 층위까지도 더 잘 이해할 수 있다. 그러므로 텍스트가 장기기억에 높은 관련성 정도를 지니는 정보를 제공한다면 그것은 저장의 높은 개연성을 갖는 것이다.

역은 아마도 지식의 변환에 적용될 것이다. 우리가 가지고 있는 지식이 새로운 정보에 일치하지 않는다면 원리, 일반적인 사실들 등의 가장 높은 관련성을 지니는 정보로 대체하기가 가장 어려울 것이다. 애초의 믿음이 잘못되었다는 (수용할 만한 논의에 의해) 반복된 반증이나 논증은 이러한 변환을 달성하는 데 필수적이다.[28]

앞선 논의에서 무시되어 왔던 담화로부터의 지식 습득의 한 양상이 있는데, 즉 지식의 형성과 전환은 수용의 한 과정에 의존한다는 가정이다. 가령 언어 사용자는 단언의 화행에 화용적으로 내포된 유입 정보를 진실하며, 옳고 정당화되었는지 등의 여부를 결정하기 위해 평가에 종속시킬 것이다. 이러한 평가는 기존 지식과의 비교, 의사소통 맥락 유형처럼(예로, 술집 대 교실) 화자의 역할, 개성, 신뢰성, 인지 집합(관심, 믿고자 하는 요구 등)의 맥락 요인에 관한 신념에 의존한다. 따라서 정보는 그것의 내용과 구조에 따라 일화기억에서 표상될 뿐만 아니라, 다양한 확률, 신뢰성이나 수용 가능성 값에 부여될 수 있다. 지식의 개념은 진실이나 정당화된 신념을 수반하기 때문에 정보는 우선 의미 기억에서 지식으로서 부여될 수 있기 전에 진실이나 정당화된 것으로 수용됨이 분명하다. 하지만 우리는 이 정보의 수용과 평가에 수반된 정확한 과정을 무시한다.

6.9.4. 이 시점에서 우리는 의견과 태도의 형성 및 변화에 관한 사회

---

28) 이는 의견과 태도의 변화에 대해 '인지적 조화'나 '인지적 부조화'의 회피 관점에서 설명된 사회심리학에서의 잘 알려진 결과이다(Festinger, 1957). 이 영역에서의 다른 작업은 힘멀파브와 이글리(Himmelfarb & Eagly, 1974), 그리고 피쉬바인과 아이젠(Fishbein & Ajzen, 1975)을 보라. 와이어(Wyer, 1977)도 참조해야 한다.

심리학에서의 잘 알려진, 가령 인지 집합의 다른 체계가 담화의 처리 과정 때문에 어떻게 변화하는지의 문제를 마무리하고자 한다.

다른 인지 기억 체계의 형성과 변화에 수반된 원리는 지식 결정의 원리와 유사하다. 일화기억에서 표상된 바와 같이 담화 이해 시에 사실들의 평가 역시 우리 의견의 전환에 관한 가능한 항목을 산출한다. 지식 체계가 다른 체계와 체계적으로 연결되어 있다고 가정할 수 있기 때문에 평가는 담화 거시구조의 총체적 사실들에 주요하게 관련된다. 첫째, 그 경우에 구체적으로 대법원 텍스트 예에서 그 판결에 관한 의견은 판사 구성원들의 각 논의들의 더 세부적인 지엽적 평가보다 오히려 기억에 저장될 것 같다. 둘째, 이 의견은 특히 의견 체계와 관련해서 선호된다. 가령 한 의견이 다른 의견을 총체적으로 조직하고, 설명하고, 그 체계를 더 잘 의미 연결되게 필요한 연관성을 제공하면 아마 이들은 획득될 것이다.

지식의 경우에서와 같이 그 역도 역시 유지된다. 의견의 변화는 더 높은 층위의 의견이 수반되면 더 어려워진다. 일반적인 의견은 동시에 일반적인 지식, 일반적 가치와 규범, 행위에 관한 계획에서의 기본적인 원리를 수반하는 태도 체계의 일부이다. 기억 체계의 더 높은 층위의 항목이 변화되면 우리는 비의미 연결된 체계를 발견하거나 모든 하위 항목을 바꾸어야 한다.

일반적으로 더 높은 층위의 의견이나 한 담화에 기초한 꽤 전반적인 태도 체계를 바꾸는 것은 매우 어려울 수 있다. 사람들은 인지 체계의 대부분을 조직하는 이러한 일반적인 원리를 기꺼이 포기하기 전에 수많은 독립된 정보 단위를 요구한다.[29] 즉 화자의 존경과 신뢰, 사실들의 속성, 담화의 논증과 같은 그 밖의 다른 요인이 역할을 한다. 사

---

29) 사회심리학에서 잘 알려진 이 절에서의 논의는 물론 의미적 기억이 체계적으로 조직된다는(예로, 최소한 부분적으로는 위계적으로) 가정에 달려 있다. 그럼에도 불구하고 모든 정보가 체계적으로 조직되거나 인출/재산출 과정이 항상 체계적이라는 것은 아니다. 이는 정확한 실험상의 예측을 어렵게 만든다(Kintsch, 1974).

실들과 논증이 진실되며 정당하다고 판정되지만 그것들과 결합된 의견들이 의견과 태도 체계와 의미 연결되지 않는다면, 그 체계가 그 정보에 기인해서 바뀌지 않기 때문에 전략이 뒤따라야 한다. 설명은 이 사실들이 진실인 이유와 화자들이 논증을 하는 이유에 대해 추구될 것이고, 이런 방식에서 기존의 의견과 태도는 바뀔 필요가 없다.

의견과 태도 (변형) 형성의 이론을 제공하는 것이 이 장에서 우리의 과제는 아니다. 우리는 이러한 이론과 관련될 수 있는 더 앞선 논의로부터 나온 다음 양상들을 단지 강조하고자 한다.

(a) 입말 의사소통에 기인한 인지 체계의 (변형) 형성은 기억에서 담화 표상의 기능이다. 이는 어떤 종류의 담화 정보만이(예로, 거시구조와 관련된 의견) 이 (변형) 형성에 관한 후보가 될 수 있다는 것을 의미한다.

(b) (변형) 형성은 원칙적으로 그 체계에서 의미 연결의 유지와 간접적으로 적절한 이후 행위에 대해 필수적인 조건이 된다는 의미에서 기능적으로 관련된다.

(c) (변형) 형성은 그 인지 체계의 (위계적) 조직의 기능이다. 즉 더 높은 층위의 항목은 더 낮은 확률로 전환될 것이다.

(d) (변형) 형성도 인지 체계 관계의 기능이다. 따라서 일반적인 의견은 복잡한 일반 태도보다 더 쉽게 바뀌며 믿음, 규범, 계획 등의 변화도 요구한다.

특히 첫 번째 관점으로부터 의견과 태도 형성 이론에서의 향후 전개는 담화의 각 이해 과정들이 설명되는 강력한 인지 구성 요소를 가져야 하는 것으로 결론내릴 수 있다. 이러한 구성 요소가 없다면 담화에서 어떤 정보가 왜 가장 잘 기억될 수 있고 그 정보에 의존하는 의견들이 형성되거나 전환될 수 있는지가 이해될 수 없다. 더욱이 이러한 구성 요소는 이해 시에 담화의 '구조적' 이해가 인지 체계의 복잡한 요인의(예로, 화행·화자·발화의 사회적 맥락에 관한 의견들과 독자의 구체적 관심·과제·태도) 상호작용과 어떻게 연결되는지를 구체화해야 한다. 따라서 사회심리학에서 추가적인 작업과 이 영역에서의 대중 매체 의 사소통은 담화 처리 인지 이론의 결과를 설명할 수 있어야 한다.

6.10. 기억에서 담화 정보의 인출, 재산출, 그리고 재구성

6.10.1. 담화 처리에 수반된 처리 과정에 대해 이루어진 대다수의 고찰은 인출과 재산출 자료에 기초한 증거에 의해 실험실에서만 경험 적으로 평가될 수 있다. 담화에 관한 회상, 재인, 요약하기에 관한 최 근의 작업은 가설의 일부가 매우 타당한 것으로 밝혀져 왔지만, 수반 된 정확한 처리 과정에 대해 통찰력은 거의 얻지 못했다.[30] 담화 정보 의 인출 과정도 비슷하다. 회상 사고구술 분석은 저장된 것과 담화로 부터의 정보 저장 과정에 대해 가정할 수 있도록 해주지만 인출의 상 세한 과정은 여전히 거의 알려져 있지 않다. 그러므로 우리는 다시 인출과 재산출에서 작용할 수 있는 더 일반적인 원리에 대해 몇 가지 만 언급한다.

6.10.2. 더 앞서 게슈탈트 전통에서 형성되었고 회상에 관한 더 최근 의 작업에서 몇 차례 재형성된 첫 번째 기본 원리는 정보의 회상이 재산출적일 뿐만 아니라, 심지어 대부분 재구성적이라는 점이다. 구체 적 과제에 의존하면서 피험자는 또 다른 담화나 (상호)행위에서 기억 으로부터 이용할 수 있는 정보를 단순히 있는 그대로 가져오거나 이 를 사고구술 과정에서 단순하게 드러내기보다는 정보를 구성하거나 재구성할 것이다. 이에 관한 첫째 이유는 이러한 작용들은 정보 저장 의 경제적 원리를 전제하고 있다는 점에 있다. 가령 정보가 그렇게

---

30) 300쪽, 주석 2에 주어진 참고문헌들을 보라.

기억될 필요보다는 회상 시에 다른 정보로부터 추론될 수 있다면 이는 중요한 기억 공간을 절약할 수 있다. 둘째, 정보의 재구성은 향후 맥락에서 그것의 사용에 관한 요구 때문에 필요하다. 이 맥락은 구체적인 목표, 제약, 요구된 산출을 결정하는 다른 요인과 함께 그것 자체의 구체적인 속성을 가질 것이다. 언어 사용자가 이들 향후 맥락이 무엇과 같을 것이라고 알지 못한다면 그 정보는 복합적 적용을 허용하는 형태에 저장될 수 있다. 이 가정은 거시구조가 특히 기억에 저장되고, 향후 인지적 기능에 관련된다는 발견을 추가적으로 설명한다. 마지막으로 어떤 일련의 입말 형태에서의 재산출은 이후에 돌아가게 될 담화 산출의 일반적인 규칙과 제약을 함의한다. 두 가지 과제는(즉 적절한 회상과 적절한 담화 산출) 항상 병렬적으로 진행되지는 않을 것이다. 이는 회상 사고구술이 기억으로부터 회상되거나 인출될만한 정보에 대해 간접적인 증거만 될 수 있음을 의미한다.

담화로부터 정보의 올바른 재산출은 실험실과 어떤 교육 형태의 맥락 바깥에서는 거의 제기되지 않은 과제라는 언급이 추가되어야 한다. 자연스러운 의사소통 맥락에서 다른 이들이 말한 것, 신문에서 읽은 것, 소설이 무엇에 관한 것인지를 재산출해야 할 때 우리는 적절한 재산출에 관한 매우 총체적인 제약만을 갖는다.

6.10.3. 제안하고 싶은 두 번째 일반적 원리는 인출 작용이 일화기억에서 담화 표상의 정보 구조에 의존한다는 것이다. 즉 항목의 구조적 값은 인출 확률의 유효한 지표이다. 특히 구조적 값이 높을수록 인출의 확률도 높다고 말할 수 있다. 예를 들어 담화 산출에서 거시명제들이 인출의 첫 번째 후보가 된다. 재산출 맥락이 인출될 수 있는 것의 다소간 올바른 표출을 목표로 한다면 그 결과로 우리는 회상 실험의 사고구술에서 비교적 많은 양의 거시명제를 우선적으로 발견한다. 이 예측은 실제로 몇몇 실험들에 의해 증명되어 왔다.[31]

거시구조와 함께 우리의 이론에 따라 지식이나 다른 인지 체계와의 수많은 연결 때문에 높은 구조적 가치를 지니는 총체적 명제도 발견한다. 따라서 피험자들에게 그들의 의견을 제시하도록 허용하는 맥락에서 광범위한 평가를 제기해 왔던 (거시)명제들을 주요하게 발견할 수 있다.

한편으로 인출 과정의 구조적 설명은 인출이 '위계적'이어서 구조적 연결을 따라 최상위에서 최하위까지의 정보 구조를 따른다는 가정에 기초한다. 다른 한편으로 그것은 높은 구조적 값과 더 많이 연결된 마디가 주어지면 거시명제를 유도하는 탐색 과정 시에 그 마디들 중의 하나가 발견되는 확률이 특별한 미시명제를 유도하는 마디보다 더 높다는 가정에 기초한다.

결론적으로 기억의 사고구술 회상 실험에서 대다수 거시명제의 재산출도 대개 가장 관련성 있는 정보가 전달되는 자연스러운 의사소통의 일반적인 산출 제약에 의존한다. 이는 재차 가장 빈번한 거시구조임이 상기되어야 한다. 심지어 말해진 것의 세부 요소를 회상했지만, 청자가 그것들에 관심이 없을 수 있기 때문에 종종 산출에서 무시된다. 심지어 실험실에서의 맥락이 차이가 있지만, 피험자들은 담화 (재)산출의 일반적인 제약들을 완전히 포기하지 않을 수 있다.

6.10.4. 인출의 세 번째 일반적인 원리는 지식 체계에 의해 뒷받침된다. 가령 피험자는 담화의 기억 표상을 탐색만 하는 것이 아니라, 이해에서와 같이 일화기억에서 정보를 발견하기 위해서 전략과 다른 기능 혹은 재인을 역동적으로 적용할 것이다. 살핀 바와 같이 이 원리는 산출의 구성적 속성과 밀접하게 연결된다. 그것은 왜 피험자들이 종종 텍스트에도 없고, 표상에도 없었던 정보를 재산출하는지를 설명한다. 따라서 특히 탐색에 의해 단독으로 발견될 수 없었던 정보는 재인 과

---

31) 회상, 그리고 다른 재산출과 재구성 과제에서의 거시구조의 역할에 관한 실험적 증거에 대해서는 반 데이크와 킨취(van Dijk & Kintsch, 1975, 1977), 킨취와 반 데이크(Kintsch & van Dijk, 1978)를 보라.

정에 의해 구성되고, 부합될 것이고, 그런 다음 대략적인 확신으로 재산출될 것이다. 이 절차는 인출된 정보가 틀이나 각본 같은 지식의 부분이 될 때 지속된다.

인출 과정의 재구성적 속성은 입력 정보나 일화기억에서 담화 표상과 관련한 정보의 상이한 변형으로 귀결된다. 이 변형 중 일부는 이미 이해 시에 발생한다는 것을 앞서 표명해 왔다. 이런 경우에 변형된 구조는 이미 표상의 부분이 된다. 이해 시의 변형은 일반적으로 인지 집합의 다양한 요인에 의존하며 의미 연결된 표상의 구성에서 일어나고 그 담화가 가리킨 세상 속 일부에 관한 지식과 가능한 일치한다. 인출 변형은 다음과 같은 형식을 취할 수 있다.

(a) 삭제. 정보는 배제되는데, 그것이 원본 텍스트에 없거나 재산출에 관련 없는 것으로 고려된다고 가정되기 때문이다.

(b) 추가. 정보는 더해지는데, 그것이 원본 텍스트에 있는 것으로 간주되고 그것이 텍스트를 더 의미 연결되게 하거나 더 '논리적'으로 만들기 때문이다.

(c) 치환. 정보의 순서는 바뀌는데, 애초 순위가 덜 의미 연결되는 것으로 가정되거나 새로운 순서화가 재산출에서 더 나은 이해로 간주되기 때문이다.

(d) 대체. 정보 단위는 다른 정보 단위로 대체되는데, 새로운 단위가 더 나은 의미 연결과 이해로 가정되기 때문이다.

(e) 재결합. 정보 요소는 다른 단위와 재결합한다.

(f) 층위 이동. 위계적 표상에서 높은 정보는 등급이 떨어지고 낮은 정보는 등급이 올라간다(예로, 정보의 관련성에 관한 새로운 정보나 다른 인지 집합 요인 때문).

원칙적으로 이 변형은 텍스트로부터 나온 재산출이 텍스트에서의 정보와 차이가 난다는 것을 허용한다. 이는 이미 이해, 저장, 구조적

인출 제약들에 수반된 과정에 기인하는 사례이다. 원칙적으로 이 변형들은 일화기억에서 가정된 텍스트 표상이 주어진다면 회상 사고구술에서 대다수의 변이를 설명한다.

변형에서 추가의 경우는 거시규칙의 전도된 적용을 수반한다는 점에 주목해야 한다. 거시규칙이 정보를 삭제·일반화·구성하지만 추가는 다음과 같은 형태를 취한다.

(a) 묘사적인, 관련 없는, 세부 요소의 추가
(b) 일반화된 명제의 특수화
(c) 틀이나 각본 정보의 상세화
    —일반적인 조건의 추가
    —일반적인 구성 요소나 속성의 추가
    —일반적인 중요성의 추가

이 규칙을 적용하기 위해 세상 지식, 즉 참여자들과 개체들이 있는 전형적인 상황, 그리고 틀과 각본의 내적 구조의 지식이 적용되어야 한다. 이 다양한 추가 항목은 회상 사고구술에서 발생하는 빈번한 '간섭'을 설명하지만 간섭의 일부는 회상 텍스트의 산출 제약에(예로, 의미 연결, 이해가능성, 독창성의 수립) 의해서도 결정된다. 텍스트, 화제, 입력과 출력 맥락, 그리고 이들과 관련된 독자의 의견에 관한 모든 종류의 상위 인지적 논평에 부분적으로 같은 점이 적용된다.

6.10.5. 담화의 정보 회상은 지연이 계속되면 줄어든다는 점도 잘 알려진 실험 결과이다. 이것이 쇠퇴 과정이거나 일화기억에서 새로운 정보와의 상쇄에 기인하는 것인지는 여기에서 논의되지 않는다. 망각의 과정이 앞서 구성된 구조 가설을 쉽게 따른다는 점만은 흥미롭다. 표상(거시구조)에서 더 높은 층위의 위치이거나 지식과 다른 인지 체계와 특별한 연결 때문에 가장 높은 구조 가치를 가지는 정보는 다른

정보보다 '망각하기'에 더 잘 견딜 것이다. 따라서 즉시 회상에서 수많은 세부 요소가 여전히 인출될 수 있지만 몇 주 이후에는 회상 사고구술에서 주로 거시명제가 발견된다.

여기에서 첫 번째 문제는 즉각적 재산출에서 유지된 세부 요소는 전 피험자들에 걸쳐 매우 가변적이지만 거시구조는 대다수의 피험자에 의해 회상된다는 점이다. 이론적으로 이 현상을 피험자들이 가변적인 인지 집합 자료에만 의지하는 것으로 설명할 수 있다. 그들은 상이한 동기(따라서 가변적인 주의, 이는 회상된 양에 영양을 끼친다), 관심, 의견을 지닌다. 피험자들의 집단에 수반된 그 체계의 합리적인 부분들을 상세화하고 통제할 수 있을 때에만 이러한 변이에 대해 설명할 수 있다. 그러면 현재의 문제에 관한 더 많은 지식을 가지고 있고 화제와 구체적인 목표에 대해 더 많은 관심이 있는 피험자들이 더 잘 이해할 것이고 표상을 더 구조화할 것이다. 따라서 이 조건에 부합하는 더 나은 텍스트의 회상을 하게 된다고 기대할 수 있다.

6.10.6. 이 장의 이론적 고찰을 고려할 때 담화 처리 과정에서도 다른 종류의 실험적이거나 자연스러운 과제를 설명할 수 있다. 예로, 가장 눈에 띄는 것은 요약 실험에서의 결과였다. 주어진 담화 거시구조에 관한 이론적 기술을 고려할 때, 우리는 요약의 구조가 산출 과정과 개인적 차이의 일반적인 제약 아래 인지적 집합에 기인해서 대체적으로 이 거시구조에 밀접한 표현일 것이라고 기대할 수 있다. 이는 언어 사용자도 거시규칙을 의도적으로 적용하고 담화 표상의 더 높은 층위의 구조를 분리할 수 있음을 의미한다.

6.10.7. 담화의 재산출은 총체적 내용뿐만 아니라, 총체적 형식, 즉 담화의 상위구조 도식에 의해서도 결정된다. 담화 유형의 재산출에서 원본 텍스트의 도식이 표준적 도식으로 전환되는 것은 일반적인 경향이다. 이는 이미 도식 정보를 기억하기 위한 특별한 요구가 없다면(예

로, 글말 의사소통의 심리적 관점에서) 담화 이해 시에 발생한다.

반면에 상위구조도 인출 단서와 산출 계획으로 기여한다. 우리는 그 담화가 이야기이거나 논증이고 거기에서부터 각 범주를 생성할 수 있었다는 것을 단지 기억할 수 있다. 산출에도 같은 점이 적용된다. 즉 도식을 산출하는 대신에 피험자는 회상된 정보에 관한 도식만을 구성한다. 회상된 것은 특별하게도 거시구조인데, 상위구조 범주가 거시명제로 채워지기 때문에 회상 사고구술과 요약물도 일반적으로 적절한 도식 구조를 가진다는 점에 주목해야 한다. 가령 그것들도 이야기이거나 (짧은) 논증의 형식을 갖는다.

6.10.8. 결론적으로 여기에서는 의미론적 정보 처리에 초점을 모아왔고, 우선적으로 거시구조가 회상된다고 논의해 왔지만, 표면 구조와 의미적 세부 요소들의 회상이 불가능하지 않다는 점이 추가되어야 한다. 특히 즉각적 회상에서, 특별히 문체적으로 현저한 표현이 당연히 회상될 수 있거나 최소한 재인지 된다. 또한 앞서 살펴보았듯이 의미적 세부 요소에도 같은 점이 적용된다. 우리는 심지어 텍스트와 특정한 저자의 특정한 유형들의 일반적인 문체적 속성에 관한 장기기억을 가지고 있다. 첫째, 이 일반적인 문체적 지식은 언어와 의사소통의 규칙에 관한 지식의 일부분이기 때문이다. 둘째, 시각적 정보 처리 과정에서와 같이 재귀적 속성 집합을 기반으로 한 순수하게 구조적 정보를 기억할 수 있기 때문이다. 하지만 담화의 표면 구조 속성에 관한 피험자들의 특별한 기억을 강조하는 원리가 무엇인지는 무시한다.

6.11. 상호작용과 화행의 이해 및 처리 과정

6.11.1. 우리는 상호작용과 화행으로부터 담화에 관한 복잡한 정보 처리의 의미적 원칙들이 본질적으로 동일하다고 가정하기 때문에 정

보의 이해와 기억 저장의 기본이 되는 과정에 대해 간략하게 정리할 수 있다. 하지만 논의해야 하는 수많은 차이와 추가적인 문제도 있다.[32]

먼저 행위들에 관한 정보의 최초 입력은 물론 차이가 있다. 상징적 표면 구조의 형태에서 시각적이거나 청각적 정보 대신, 우리는 실행에 관한 지각적 정보를 가지고 있다. 우리는 한 사람이나 그 이상의 실행 연속체를(즉 행위 맥락에서 몸의 움직임과 결과적인 사건들) 관찰한다. 그림과 영화에서의 행위 표상에도 같은 점이 적용된다. 입력 부호 자체의 속성은 별도로 하고 담화는 본질적으로 선조적이지만, 동작은 선조적인—그것의 연속체에서—동시에 병렬적이라는 오히려 중요한 차이가 있다. 즉 수많은 동작에서 몸의 움직임과 결과는 동시에 일어날 수 있으며 사건은 하나의 동작 사건으로 통합된다. 가령 은행에 출입하는 누군가는 걸을 뿐만 아니라 그의 손과 몸을 움직이며, 가령 그의 머리에 관한 특정한 자세를 취하는 등 그렇게 해서 문이 열린다. 물건 수리하기와 같은 다른 동작들은 심지어 더 복잡하다. 이 복잡한 동작은 그 행위에 적절하게 속하지 않으면서 동시에 발생하는 다른 동작으로부터 분리되어야 한다. 가령 은행에 들어가는 이는 동시에 담배를 피우고 넥타이를 맞출 수 있다. 동작 연속체는 이러한 복잡한 몸의 움직임으로부터의 추상물이다. 이 추상물은 의미 연결된 행위 연속체로서 동작의 해석에 기인하기 때문에 가능하다. 이 책에서는 표면 구조의 처리하기를 무시해 왔기 때문에 행위로서의 다양한 동작의 지각, 추상물, 해석에 수반된 다양한 과정을 더 이상 논의하지 못한다. 지각 처리자가 동작의 속성 도식과 장기기억에서 정보를 비교하고 그렇게 해서 동작의 행위를 부여한다고 단순하게 가정한다. 물론 이는 동작주의 그럴 듯하고 있음직한 목적과 의도에 관한 세상 지식과 맥락 지식을 기반으로 가능하다. 그런 다음 행위 이해하기는 가정된

---

32) 슈미트와 뷔르츠(Schmidt, Wurtz, 1978)를 보라.

목적과 의도가 본질적인 구성 요소인 행위 개념의 구성을 본질적으로 수반한다. 은행 문을 열고 있는 동작주의 목적이 은행에 들어가는 것이라고 가정한다면, 예를 들어 그 동작은 '문을 열기 위해 노력하는' 것으로 해석되지 않는데, 이는 수리공이 손상이나 파손 이후에 그 문을 다시 여는 상황에서는 가능하다.

이 표면 층위에서 또 다른 문제는 행위의 분할에 있다. 유사한 문제가 입말 의사소통, 음성적 연속체의 분할에도 있다. 이런 경우에 그것은 그 언어의 관습적인 유의미 단위에 관한 지식을 고려할 때 그 분할을 부여하는 '기본적인' 음성적, 그리고 특히 형태적 분석이다. 유사한 것이 행위 분석에도 일어난다고 가정한다. 가령 동작 단위는 행위로 해석될 수 있는 추상적 동작을 기본으로 분리된다. 예를 들어 문으로 걸어가기, 문을 열기, 집으로 들어가기는 이러한 단위들이다. 사회적 관습과 인지적 관련성은, 따라서 문손잡이 쪽으로 손을 뻗치는 것만이 구체적인 상황하에서 이러한 단위가 될 수 있다는 점을 결정한다.

6.11.2. 이 동작 분석 이후에 행위 이해에 관한 처리 모형은 먼저 단기기억에서 개념적 행위 구조를 구성한다. 우리는 이 개념 구조가 명제 종류라는 것을 가정함으로써 문제를 상당히 단순화하고 시각적 정보도 최초 처리 과정 이후에 부호화되는 가능성을 무시한다. 그러므로 누군가 은행에 들어가는 것을 봤을 때, 우리는 동작주·참여자·참여자의 가능한 속성들, 시간·장소 등이 표상되는 적절한 사실 도식에 따라 복잡한 명제나 사실(즉 'a가 은행에 들어가고 있다')을 간략히 구성한다. 따라서 문장과 같이 복잡한 실행은 사실들에서 조직된 원자 명제들에서 분석된다. 사실은 실제로 '무엇이 일어나는지'(예로, 하나의 행위)의 지각적·인지적 조직이다.

하지만 논의는 은행에 들어가는 사람은 창구까지 걸으며, 수표를 바꾸며, 그것에 서명을 하고, 창구에 있는 사람에게 그것을 주는 등과 같이 행위 연속체에서 더 복잡한 행위에 초점이 맞춰져 있다. 4장에서 이런 종류의 연속체에 대해 어떤 조건이 연결되어야 하고 의미 연결되는지를 살폈다. 특히 각 행위는 다음 행위에 성공적인 조건이 되어야 하고 동일 참여자(들)가 수반되고 연속적이거나 총체적인 결과나 목표가 그 동작주에 의해 표상되어야 한다. 행위 연속체 이해하기는 연결체와 동작주에 의해 표상된 연속적 결과와 목표들에 관한 가설의 형성을 수반하므로 보조 동작주나 관찰자는 그 행위 개념 구조의 부분으로 관찰된 동작주의 심적 상태와 사건을 표상한다. 실행과 개별적 행위가 가정된 목적과 의도에 일치되면 그 행위 연속체는 유의미한 것으로 이해된다. 그 이상의 해석은 동작주의 가능한 동기(예로, 어떤 것을 사기 위해 돈을 가지기 원하는 것)에 관한 가설의 구성을 수반한다.

단기기억 처리의 제약이 행위 해석에 대해서도 적용된다고 가정한다. 즉 단기기억 임시저장고는 제한된 용량을 가지므로 어떤 행위 사실들만이 하위 연속 행위 간의 연결을(예로, 은행에 들어가기와 창구에 가기) 부여하기 위해 거기에 저장될 수 있다. 이 연결은 일반적으로 세계지식, 특히 사회적 얼개와 각본에 관한 지식에 기초해서 수립된다. 그렇지 않으면 창구에 가고, 수표를 바꾸고, 그것에 서명하는 연속체가 유의미하게 연결되는지 혹은 창구에 가고 그 창구에 누군가의 구두를 두는지의 여부를 모른다.

행위 연속체의 해석 이후에는 행위 연속체에 총체적 행위의 부여가 필요함을 살펴 왔다. 분석의 더 총체적 층위에서 진행되는 것이 무엇인지도 알아야만 한다. 이전에 언급된 행위도 전체적으로 그것이 은행으로부터 현금을 찾기 위한 총체적 행위를 표상하기 때문에 의미가 있다. 이 총체적 해석은 관찰자가 그 행위 연속체에 대해 거시규칙을 적용할 수 있기 때문에 가능한데, 그럼으로써 관련 없는 행위를 삭제하고, 다른 것을 일반화하고, 총체적 행위들로서 예비적, 구성 요소적, 결과적 행위를 구성한다. 다시 말해 틀과 각본 지식, 개별 행위의 가능한 관계에 관한 지식 등은 이런 종류의 거시구조를 구성하는 데 한번 더 필요하다. 그런 다음 실제적이거나 표상된 행위 연속체를 관찰할 때 총체적 행위 개념(즉 거시사실)은 새로운 거시사실이 다음 행위 하위 연속체를 포함하기 위해 요구될 때까지 단기기억 임시저장고에 저장되어 유지된다고 가정된다. 주기적 과정에 의해 그 정보는 그 행위 연속체의 표상이 구성되는 일화기억에 저장된다. 인지적 집합 요인에 의한 구체적 해석은 관찰과 저장 시에도 수반되므로 그 행위 연속체에 관한 특별한 의견이 저장될 수 있다. 세부 요소는 담화로부터 저장해 온 정보와 대개 동일한 형태이기 때문에 일화기억에서 기억 표상에 대해 여기에 주어질 필요가 없다.

6.11.3. 그렇지만 행위 이해의 추가적인 내용에 관한 어떤 언급은 적절하다. 첫째, 담화는 실제의 불완전한 상황만을 표출한다. 가령 의사소통상으로 관련되는 것만이 표현되고, 다수의 연결된 명제가 언어 사용자들의 공유된 지식에 기인해서 표현될 필요는 없다. 그림, 만화, 영화에서의 유사한 어떤 것이 표상된 행위에서의 사례가 될 수 있지만, 자연스러운 (실제) 행위 이해하기에서 관찰자는 수반된 행위의 모든 복잡성에 직면한다. 예를 들어 이는 바로 그 실행의 추상화와 선택 과정이 담화 이해에서보다 더 복잡하다는 것을 의미한다. 둘째, 규칙과 전략은 추가적인 처리 과정에 관련되는 행위를 분리해서 적용해야 한다. 다른 한편으로 지식 체계는 행위 연속체가 지속적이기 때문에 생략된 연결로 인해 의미 연결을 수립하기 위해 덜 요구된다. 하지만 일반적으로 행위의 관찰과 해석에서 처리된 정보의 양은 담화 처리에서보다 더 많으며 이 처리는 이미 담화/저자/화자에 의해 '사전 구성되어' 온 것이다.

행위의 실제 관찰은 항상 지엽적 층위에서도 발생한다는 점에 주목해야 한다. 이 층위에서의 실행은 우선 행위로 해석되어야 하며, 이 행위는 거시규칙에 의해 추상화되므로 총체적 행위가 부여된다. 그 연속체로부터(은행에 가기, 은행에 출입하기…) '그 은행에서 돈 찾기'를 구성하며, 이는 차를 구입하는 더 높은 층위 행위의 일반적인 조건이 될 수 있으며 차례로 더 높은 층위 (상호행위)구조의 부분이 될 수 있다. 더 낮은 층위의 행위는 보통 더 일반적 해석에 의미가 주어진다. 이는 연속체에서 행위 연결과 의미 연결에 대해서도 적용되므로 담화 해석과 반대로 우리는 총체적 의미를 직접적으로 표현하는 '화제 문장들'과 같은 어떤 것을 갖지 못한 것으로 보인다. 사실 행위의 총체적 구조는 종종 언어를(즉 행위 기술로) 통해서만 기술된다.

6.11.4. 총체적 담화와 총체적 행위 처리 과정이 차이가 날 수 있는 또 다른 지점이 있다. 일반적으로 담화는 화용적 의사소통의 기본적인 제약을 만족시켜야 한다는 점을 기억해야 한다. 예로, 우리는 사람들에게 알리거나, 어떤 약속을 하거나, 요구를 한다. 수많은 경우 적절한 담화 맥락상에서 담화의 발화에 의해 성취된 이러한 화행은 청자의 추가적인 인지적 상호작용적 행위에 관한 조건 수립에 관련되어야 한다. 그는 그런 경우에 지식을 얻을 것이다. 이는 앞서 고찰해 왔듯이 담화가 화용적으로 관련 있는 정보(즉 화자가 청자에 대해 관련 있는 것으로 고려하는 정보)만을 표현하는 것을 의미한다. 물론 이것은 일반적으로, 그리고 다소의 이상적인 제약이다. 가령 일상 대화에서와 같이 실제 담화에서는 이런 종류의 화용적 관련성을 지니지 못한 수많은 정보의 예들이 있다. 다시 말해 우리는 담화에서 세계에 주어질 수 있는 가능한 정보의 선택이 있어야 한다는 점을 알고 있다.

하지만 행위와 행위 관찰에서 이 관련성은 직접적으로 주어지기보다는 총체적 행위와 추가적인 해석과 관련하여 동작주와 관찰자에 의해 해석됨이 분명하다. 이는 수많은 일상의 관찰 행위들이 엄격하게 지엽적 유의미성만을 갖는 것을 의미한다. 그것들은 중요한 총체적 행위의 부분도 아니거나 중요한 향후 상호작용에 관한 결정적인 조건도 아니다. 추가적인 처리 과정의 인지 결과는 분명하다. 가령 기억 속에 이 정보를 저장하는 것은 의미가 없으므로 그것은 쉽게 인출될 수 있다. 즉 이러한 행위 정보는 그것들 간에 적용된 거시규칙이 없거나 다른 일련의 관련성이 그것들을 다른 행위·지식 혹은 인지 집합 체계로부터의 항목과 연결시키지 않는 한, 일화기억에서 더 낮은 층위에 단순히 저장된다. 담화는 사실상 특별한 행위 기술과 이야기에서 오직 더 흥미롭거나 관련되는 행위에 관한 것이므로 원칙적으로 그것은 기억에서 더 잘 조직되고 저장된다. 일반적인 (상호)행위는 그렇게 종종 틀과 각본을 따르는데, 구체적인 각 사례는 유효한 인출에 대해 저장될 필요가 없다. 가령 내가 오늘 아침에 커피를 한 잔이나 두 잔 먹었는지, 은행에 차나 자전거를 타고 갔는지는 이후에 알아야 할 이유가 거의 없다. 따라서 이후 행위에(예로, 집을 구입하기) 중요한 더 높은 층위 행위나 더 흥미로운 더 낮은 층위 행위들만(10,000달러를 지갑에서 발견하는 것과 같은) 이야기 말하기나 다른 행위 설명에 대해 특별하게 기록될 필요가 있다.

6.11.5. 물론 화행의 총체적 이해는 총체적 담화와 총체적 행위 이해 속성을 결합한다. 먼저 이는 한 화자 담화의 각 문장은 다른 화자의 문장에 대해, 그런 다음 그 연속체에서 수행된 화행에 대해, 대화에서 이전 차례의 이전 문장들과 관련해서 해석되어야 함을 의미한다. 가령 대화에서 문장들의 총체적 관련성은 의미적 거시규칙뿐만 아니라, 화용적 거시규칙에 의해 결정될 수 있어야 한다. 구체적으로 이는 한 명제가 다른 명제의 해석에 직접적으로 관련되기보다는 오히려 화행의 수립이—그 명제를 표현하는 문장을 발화하는 것으로—다른 문장의 발화로 수립된다는 것을 의미한다. 물론 한 화자의 발화 교체와 하나의 총체적 화행 내에서는 총체적 의미 연결이 의미적 층위에서 특별하게 작용하는 것은 당연하다. 하지만 독백이나 대화에서 청자/독자는 원칙적으로 담화로부터의 의미적 정보와 담화의 발화에 의해 수행된 각 화행으로부터의(예로, 하위 연속체 교대에서) 개념적 정보 모두를 파악해야 한다. 이론적으로 이는 이해 이론에서 심지어 몇몇 (미시와 거시) 층위에서 일어나지만 지금까지 '단일 궤적'의 의미 이해 과

정만을 접해 왔기 때문에 모형화하기가 결코 쉽지 않았다. 하지만 이 복잡성은 적절한 화행을 발화에 부여하고 동시에 청자는 그 맥락을 분석해야 한다는 것을 우리가 인식하게 될 경우는 더 확대된다. 이러한 분석이 없이는 그는 무슨 화행이 달성되고, 그리고/혹은 주어진 화행이 그 맥락에서 적절한지의 여부를 알기 위해 맥락 속성이 유용한지를 판단할 수 없다. 화행 이해의 다양한 과정에 관한 상세한 설명은 우리를 극단적으로 여기까지 옮겨 놓을 수 있었으므로 우리는 여전히 실험적으로나 이론적으로 거의 조사되지 않은 그 과정의 주요한 속성만을 주요하게 제공한다.[33]

물론 발화에서 화행의 부여는 기본적으로 명시적인 실행에서의 행위의 부여와 비슷하다. 차이는 발화 그 자체가 자체의 해석을 요구하는 매우 복잡한 상징 (기호학적) 단위인 '동작'이라는 사실에 있다. 화행이 화자에 의해 이루어진 것을 알기 위해서 청자는 두 가지 분석을 해야 하는데, 텍스트와 맥락, 그리고 그것을 부합시키는 것이다. 우리는 그 순간 화용적 맥락이 어떻게 분석되는지를 추측만 할 수 있을 뿐이다. 우선 우리는 의사소통 사건이 발생한 사회적 맥락이 관련되는 화용적 속성에 대해 분석되어야 한다고 가정해야 한다. 이 과정은 아마도 훑어보기, 부합시키기, 재인지의 수동적 과정이라기보다는 최소한 그것은 구성적 양상을 지닌다. 즉 언어 사용자들은 이미 어떤 종류의 속성들이 역할을 하는지를 알고 있으므로 그들은 맥락 속성이 획득되고 결합될 수 있는 적절한 범주의 도식을 가지고 있다. 5장에서는 지식, 믿음, 욕구, 의도, 평가와 같은 화자의 다양한 인지 상태, 이어서 사회적 틀, 역할, 지배와 같은 화자와 청자 간의 다수의 사회적 역할이 여기에 수반되는지를 살폈다. 화용적 맥락이 구성되는 것에 의해 사회적 맥락의 도식 분석은 위계적 속성을 가진다고 가정된다. 즉 독자는 어떤 총체적인 사회적 체계, 하위 체계, 틀이 수반되는지를(예로,

---

33) 화용적 이해의 이론적 설명을 위해서는 반 데이크(van Dijk, 1977c, 1978a)를 보라.

대중, 교통, 거리) 파악하거나 추론할 것이다. 그런 다음 가능하다면 그는 특별한 화자(예로, 경찰관)에게서 참여자들을 확인하고 범주화할 것이다. 그는 이 지식을 가지고 화자 참여자와 그 자신의 가능한 행위, 또한 권리·의무 등을 알게 된다. 이런 일반적인 분석 내에서 특별한 사실들이 분석된다(예로, 그가 교통 행위에서 사고를 저질렀다는 맥락에서의 사실). 이 행위에 관해서 그는 가능하거나 심지어 필수적인(예로, 경찰관에 의해) 다른 참여자의 어떤 행위를 기대할 수 있다. 이 분석은 앞서 개괄된 행위의 해석, 틀과 각본 지식의 실제화, 그 상황의 총체적 개념에 관한 형성(예로, 방향을 잘못 바꾸기, 속력내기 등)과 같이 이해 과정의 선상을 따라 단기기억에서 일어난다.

이런 복잡한 분석의 얼개 내에서, 참여자인 청자는 일화기억에서의 복잡한 표상에 대해 다른 참여자(예로, 우리의 경찰관)의 말하기 행위에 직면한다. 그 발화가 그에게 도입되어야 하는지를 확신하는 것과 같은 몇몇 지엽적 분석 단계 이후에, 그 청자는 앞서 간략하게 개괄된 과정에 따라 그 발화의 의미적 해석을 시작할 것이다. 그 동안 청자는 참여자의 가능한 행위를 포함해 그 상황의 다소 복잡한 표상을 지니며 가능한 화행 및 화제에 관한 기대를 포함한다. 우리 예에서 이는 심지어 명백하다. 가령 경찰관은 내가 저지른 교통사고에 대해 이야기할 것이다. 즉 그것은 때때로 사회적 맥락이 이미 화자 참여자에 의해 수행된 총체적 화행의 가설과 총체적 내용도 허용하는 경우이다. 우리는 이러한 사례에서 청자는 단기기억 임시저장고에 저장된 이 정보를 가지고 있다고 가정한다. 그런 다음 그 발화의 지엽적 분석은 총체적 화제가 확신될 수 있거나 다른 것이 구성될 수 있는지의 여부를 점검한다.

유사하게 단기기억 임시저장고는 이미 어떤 분명한 맥락에서 총체적 화행의 개념을 포함한다. 이 경우에 의미적 해석 이후의 문장들은 화용적 해석을 받고 그 다음 화행은 총체적 화행에 관련되어 (거시) 해석될 수 있다. 그렇지 않으면 이 총체적 화행은 그 다음 지엽적 화행을(즉

5장과 이 장의 규칙과 원리를 따라) 기반으로 구성되는데, 즉 각 화행에 대해 그것은 연속체에서 역할이 무엇인지가 결정되어야 한다. 일상 대화나 다른 전형적 틀의 도식적 구조 내에서 이러한 분석은 화행의 관습적 속성이 주어진다면(예로, 시작과 끝에서의 응대) 비교적 단순하다. 그러면 그것은 화행 연속체가 다른 화행(예로, 요구)이나 총체적 화행의 이행(예로, 불평)에 관한 조건들을 수행한 것이 분명해질 수 있다. 청자가 지금 실행되는 총체적 화행에 대해 가설을 갖고 있으면 그는 단기기억 임시저장고에서 총체적 개념을 저장한다. 이는 우리가 '지금, 여기서' 가지고 있는 정보 단위와 더불어(즉 최소한 두 가지의 사실들, 하나나 두 가지 거시사실들, 도식적 정보, 지식과 다른 인지 집합의 요소로부터의 정보) 현재 추가적인 다수의 정보 단위를(즉 실제적인 화행과 실제적인 총체적 화행) 발견하는 것을 의미한다. 화용적 해석이 의미적 해석 (그리고 일화기억에서의 저장) 이후에 발생하지 않는다면 의미적, 화용적 해석의 지엽적 층위에서 밀접한 상호의존성이 주어질 개연성이 낮다. 우리는 현재 최소한 임시저장고에서 일곱 개의 정보 단위를 갖는데, 이는 이론적으로 가능하다. 하지만 이 경우에 저장의 문제는 화행 부여에 요구되는 모든 종류의 맥락 정보에 대해 아마 어떠한 자리도 임시저장고에 없다는 점에 있다. 이 문제에 관한 가능한 해결책은 이 모형에서 일화기억이 지엽적, 단기 저장고와 모든 종류의 개념적 정보의 재진술에서 더 능동적 역할을 한다고 가정하는 것이다.

화행 연속체의 총체적 해석이 개괄된 방식에서만 가능한지에 앞서, 여전히 발화로서의 문장 발화의 적절한 확인이 필요하다. 이는 맥락 분석이 발화 분석에 부합해야 한다는 것을 의미한다. 이 발화 분석은 표면 분석과 의미적 해석뿐만 아니라, 화자의 음의 높이, 억양, 소리의 세기, 속도, 몸짓, 움직임, 표정 등과 같은 모든 종류의 음운적, 준언어적 속성의 분석을 수반한다. 현재 유용한 전략인 맥락 분석과 발화 분석의 자료는 주어진 화행 달성의 추론을 구성하거나 허용하는 데 필요한 조건을 구성하기 위해 결합된다. 의미론은 화자나 청자에 의한 어떤 사건이나 행위가 그 시점에 수반되는지를 가리킨다. 통사론은 개략적으로 직설법·의문법·명령법 문장 형식 간의 차이를 가리킨다. 결과적으로 총체적 화행 부류가 지적되고, 준언어적 속성은 약속과 위협을 구별 짓는 화자의 가능한 심적 상태를(화·성급함·요구 등) 가리킨다. 맥락 지식은 청자에게 그 자신과 다른 참여자의 이전(말하기) 행위에 관한 정보와 사회적 맥락으로부터 화용적 도식에 의해 수집된 필요한 속성을 제공한다. 이는 진술, 요구, 명령, 위협, 약속의 가능성, 타당성에 관한 추론을 허용한다. 이런 전체 과정에서 중요한 것은 화자의 관련 심적 상태에 관한 청자의 올바른 가정이다. 이는 화자, 앞선 행위, 화행들에 관한 이전 지식으로부터, 그리고 화자의 준언어적 행위로부터 추론된다.

여기에서 진행된 바가 극단적인 인지적 복잡성이라는 점은 반복될 필요가 거의 없다. 많은 종류의 자료는 동시에 산출된다. 사회적 지식, 화용적 지식, 언어 지식은 정보에 대해 탐색되고, 실현되고, 적용되어야 한다. 그리고 해석된 정보는 연결되고, 총체적으로 해석되고, 도식 구조에서 정리되고, 저장되어야 한다 등. 그러므로 수반된 순서와 의존성에 관한 세부 처리 과정 모형은 이 시점에 주어질 수 없다.

하지만 처리 과정 모형의 정확한 세부 요소가 무엇이든지 발생한 정보 처리 과정의 고도의 복잡성도 다양한 층위에서 거시구조의 작용 없이는 거의 처리될 수 없다는 점은 분명하다. 청자는 어떤 사회적 맥락과 틀이 관련되는지와 어떤 행위나 상호작용이 실행되어야 하는지를 총체적으로 안다(예로, 경찰관에 의해 딱지를 받는 것). 그는 화자의 연속된 문장의 화제와 문장에 의해 수행된 총체적 화행이 무엇인지와 총체적 화행의 기능이 전체 상호작용 내에서 무엇인지도 안다. 나아가 그는 모든 층위를 위해 관습적 도식이 총체적 사실을 조직하는지도 안다. 총체적 해석은 청자가 총체적 방식에서 각 층위의 개별 지엽적 혹은 미시자료의 필수적인 부합이 없이도 자료 분석의 다양한 층위를 연결하는 것을 허용한다. 마찬가지로 총체적 단위는 미시자료의 해석을 조정하며, 필요한 접속과 의미 연결을 수립하며, 동시에 필요한 구조를 일화기억에서 복잡한 자료 구조에 제공한다. 결과적으로 자료의 재진술과 추가적인 처리 과정이 가능해진다.

6.11.6. 화행의 이해와 화행 연속체에 거시 화행의 총체적 부여에 관한 이 가정 이후에, 결론적으로 이런 종류의 정보 기억 저장고에 대해 몇 가지를 언급하고자 한다.

화행에 대해 우리는 행위의 '지엽적' 관련성에 대해 구성된 논의만을 반복할 수 있다. 일반적으로 화자의 개별적 화행의(예로, 일상 대화에서) 추가적 사용에 대해 거의 기억할 필요가 없다. 이 화행은 그것의 유일한 기능으로서 행위의 지엽적 조정력을 지닌다. 가령 버터를 요구하기, 거리에서 누군가를 반기기, 식당에서 와인에 대해 조언하기 등은 지엽적으로 당면한 행위 연속체에만 관련된다. 이는 화용적 정보가 짧은 시간에만 접근 가능할 필요가 있으며, 일반적으로 어떤 화행이 수반되었는지 이후에 더 많은 것을 기억하는 것은 불가능하다는 것을 의미한다. 따라서 향후의 상호작용(예로, 약속)에 장기간의 관련성을 가지거나 다른 방식에서 인지적 집합(예로, 위협)에 의해 결정된 예측들을 감안할 때 특별한 관련성을 갖는 화행만 행위나 입말 설명(이야기들)에 대해 이후 인출이 가능한 이러한 방식에서 저장된다. 이러한 화행은 가능하다면 거시구조 층위에 대응되므로 '피터는 나에게 어느 정도의 돈을 요구했다', '그는 나를 해고할 것이라고 위협했다'와 같이 개별적 화행이 아닌 오히려 전체적인 화행이 기억된다. 때때로 화행에 관한 전체적인 회상은 '그는 강의를 했다', '그는 이야기를 했다', '우리는 ~에 대해 논의했다⋯'와 같이 특별한 텍스트 유형과 결합된다. 하지만 이 총체적 화행의 저장은 보통 '무엇이 일어났는지'의 설명에만 관련된다. 지식·의견·태도를 형성하는 더 항구적인 정보는 보통 화용적이기보다는 오히려 의미적인데(즉 화행의 '내용'에 관련되는), 가령 그것은 이후 사용에 중요한 진술로 전달되는 정보 그 자체이며, 이러한 경우에 우리는 보통 수행된 특별히 지엽적이거나 나아가 총체적 화행의 일화적 양상을 추상화한다. 그러므로 특별한 담화나 대화에 대해 총체적 화행이 의사소통 사건의 일화적 표상에서 중요한 위계적 위치를 지니지만, 지식과 수많은 체계적 연결의 부족, 그리고 인지 집합의 다른 요소가 (총체적) 화행의 장기-지연 회상을 막는다고 가정해야만 한다. 예외들은 장기적인 약속, 일반적인 요구나 결정적인 위협과 같은 실제 맥락에서 관련성을 분명하게 넘어서는 화행들이다. 그런 사례에서 수많은 이후 (내적) 행위와 그것의 계획은 이러한 총체적 과거 화행에 관한 기억을 통합한다. 추가적인 연구조사가 행위와 사건에 관한 기억이 어떤 점에서 (입말) 정보의 기억과 다른지에 필요하다. 양쪽이 모두 의미론적 개념 구조로 바뀌기 때문에 선험적인 차이는 없지만 입말 정보와 행위의 상이한 기능은 그럼에도 불구하고 더 상세한 비교 분석이 보장될 수 있다. 거시구조가 모든 종류의 복잡한 정보에 관한 이해와 저장에서 결정적으로 중요하다고 살펴 왔지만, 인지 집합의 지식 형성과 변화, 개개의 향후 (내적) 행위에서의 정보의 기능과 관련성은 다른 관련성에서 설명될 필요는 없다. 그러므로 거시구조의 역할은 특히 이해, 저장, 인출과 같은 복잡한 정보의 처리에서 그것의 기능에 대해 찾아져야 한다. 정보 그 자체의 역할은 거시구조에 의한 그것의 총체적 조직을 넘는 관점에서 결정되어야 한다.

6.12. 복잡한 (내적) 행위 계획하기와 실행하기

6.12.1. 지금까지는 담화와 행위 정보의 해석/이해, 저장, 인출 과정에서의 거시구조의 역할에 대해 초점을 맞추어 왔다. 하지만 거시구조는 담화와 (내적) 행위의 산출과 실행의 다양한 과정에서도 중요한 역할을 한다. 즉 청자와 관찰자들을 살펴보는 대신에 동작주와 화자들

에게서 무엇이 진행되는지를 살펴보아야 한다. 우선 간략하게 행위의 산출 양상을, 그리고 다음으로 담화 산출의 추가적인 분석을 다룬다. 행위의 인지 이론과 언어 산출의 인지 이론에서 산출 과정에 대해 거의 알려진 바가 없지만, 다시 지엽적 층위에서 세부 요소를 추상화해야만 한다. 예를 들어 문장 산출에 관한 중요한 현재의 작업을 무시하고, 연속체의 총체적인 의미적·화용적 구조의 계획하기와 실행에 대해 초점을 모은다.

6.12.2. 우리는 복잡한 행위 연속체의 산출에서 세 가지 국면을 구분한다.[34] 첫 번째 국면은 요구·희망·선호·결정과 같은 수많은 심적 상태와 작용을 수반하며, 이를 이미 동기라는 총체적 개념하에서 결정해왔다. 이 동기는 최초 행위의 '원인'(즉 그것의 원인)을 포함한다. 두 번째 국면은 특별한 행위의 실제적인 심적 '준비'이고 목적과 의도의 형성을 포함하며, 앞서 이를 행위의 기획이라고 했다. 계획들의 개념하에서 일반적으로 알려진 행위의 거시구조를 구성하는 것은 이런 국면에서이다. 세 번째 국면은 실행과 작업 활동의 형태에서 행위의 실제적인 실행과 통제를 포함한다. 우리는 다음으로 동일한 방식에서 총체적 개념들이 행위 연속체의 이해와 저장을 통제하듯이, 총체적 계획이 행위 연속체의 실행을 통제하는 것을 제시한다.

6.12.3. 우리는 행위 산출의 어떤 '근원적인' 동기 속성들만을 요약

---

34) 우리는 먼저 여기에서 밀러, 갈란터와 프리브람(Miller, Galanter & Pribram, 1960)에 의한 행위와 계획의 고전적 연구에 빚을 지고 있다. 여기에 담화의 거시구조에 관한 우리의 앞선 연구가 추가되어야 하는데(van Dijk, 1972), 이는 총체적 해석의 진지한 언어 모형 없이 진행되며 수반된 기본적인 가설 일부에 대해서는 이 책에서 다수가 확인되었다. 특히 담화에 대해서는 바렛(Bartlett, 1932)에서도 견지되는데, 이는 심리학과 인공지능에서 담화 이해, 역할이나 도식, 틀/각본에 관한 현재의 수많은 연구에 주요한 영감의 원천이 되었다.

(내적) 행위의 다양한 국면에 관한 상세한 분석을 위한 다양한 예들, 특히 레바인(Rehbein, 1977)도 보라. 이의 결과는 우리 모형에 아직 충분하게 통합될 수 없었다.

할 수 있다. 행위 계획들이 매우 복잡한 과정에 기초가 되며 동기와 결정적인 구조에서 총체적 정보 처리가 수반되지만, 근원적인 인지 분석은 이 책의 과제에 속하지 않는다. 따라서 행위 산출의 최초 국면에 수반된 요인의 일부만을 다음과 같이 제시한다.

(a) 생체·생리학적 요구
(b) 이들 요구에 관한('수면' 등) 인지적 해석
(c) (a)와 (c)의 사회적 맥락, 즉 사회적 요구와 규범
(d) 구체적인 욕망, 희망, 욕구
(e) 일의 가능한/실제적인 상태, 그리고 사건과 행위, 자신만의 능력, 실제적인 맥락 등의 가능한 과정에 관한 지식
(f) 구체적인 사건, 상태나 행위의 선호도 추정

행위 준비의 각 단계를 연결하는 정확한 인지적 과정과 전략이 무엇인지는 여전히 알려져 있지 않으므로 우리는 그것들을 분석하려고 시도하지 않는다.

6.12.4. 행위 기술에서 근원적인 동기 구조의 다양한 속성은 다른 이들과 우리 자신의 행위에 대해, 가령 배가 고프기 때문에 햄버거를 먹으며, 자동차를 필요로 하고 요구하기 때문에 그것을 산다 등과 같이 우리가 부여하는 설명에 드러날 수 있다. 여전히 행위는 바로 앞서 논의된 다양한 동기들의 결과가 아니다. 먼저 원했던 상태나 사건이 이러한 복권에 당첨되거나 승진되는 것과 같은 행위에 의해 전혀 달성되지 않을 수 있다. 가령 그것은 운, 사건의 물리적이거나 다른 과정이나 다른 이들의 행위에 의존할 수 있다. 이런 경우 우리는 원했던 상태나 사건이 실현되거나 성취될 수 있을 것이라고 단지 희망하거나 기대할 수 있다. 다른 이들에 의한 사건이나 행위로 이어질 수 있는 행위들이 원했던 상태나 사건을 실현할 것이다.

반면에 우리의 요구를 실현하는 하나의 방식은 행위의 성취에 있으므로 요구는 행위에 의해 그 요구된 상태를 실현하는 개념 '형성'을 불러일으킬 수 있다. 가령 우리는 어떤 것을 하기로 결정한다.[35] 그렇지만 이러한 결정은 원했던 상태나 사건을 유도하는 수많은 행위가 있기 때문에 오히려 일반적이므로 복잡한 결정 절차는 어떤 행위가 '최고'인지를 아는 데 필요하다. 수반된 이상적 범주는 원했던 결과이거나 결말의 최고치, 그리고 '비용'의 최소치를 가진 행위인 최적의 행위 연산이 된다. 물론 이러한 결정 절차도 행위의 가능한 결말에 관한 세상 지식, 우리 자신의 역량과 능력, 특별한 행위 상황에서의 조건에 관한 지식, 그리고 기타 등등에 의존한다. 그런 다음 이 절차의 결론은 원했던 상태나 사건의 실제화에 관한 가능한 (최적의) 조건으로서 개념적으로 표상된 특별한 행위가 될 수 있다.

단지 이 결정을 기초로 해서 실제 행위를 준비하는 것이 가능하다. 즉 이러한 결정은 행위가 수행되는 시간, 장소, 방법을 여전히 결정하지 못한다. 가령 그것은 단순히 상황, 다른 행위들, 가능한 결론, 기타 등등의 복잡한 표상 내에서 한 행위의 개념 표상이다. 추가로 이러한 행위가 다른 가능한 행위보다 선호된다는 사실의 표상이다.

지금부터 동작주는 적절한 행위에 관한 기획을 시작할 수 있다. 먼저 이러한 기획의 주요한 구성 요소는 행위에 의해 실현되는 상태나 사건의 구체화된 표상이다. 이는 보통 근원적인 요구나 선호된 내용이지만 필수적이지는 않다. 가령 그것은 요구된 상태의 단순한 한 부분만이 그 행위에 의해 실현될 수 있다. 그것은 일반적으로 그 행위의 목표라고 부르는 행위의 결말이 되는 상태나 사건이다. 그것의 인지

---

35) 결정 과정은 철학(예로, Rescher, 1967), 경영관리 이론, 인공지능(예로, Newell & Simon, 1972; Simon, 1947), 그리고 사회심리학에서(예로, Festinger, 1964)에서 더 상세하게 분석된다. 명확하게 이것의 모든 관련 결과와 다른 연구가 여기에서 개괄되는 것은 불가능하다. 기본적인 참고문헌을 위해서는 레셔(Rescher, 1968)와 동기에 관한 또 다른 추상적 분석을 위해서는 노와코스카(Nowakowska, 1973)를 보라. 심리적 양상의 연구조사는 빈드라와 스튜워트(Bindra & Stewart, 1971)의 독본에서 얻을 수 있다.

적 표상은 행위의 의도나 목적으로 불려왔다. 결론적으로 동작주는 특별한 행위를 수행하기 위해 그 의도를 유효하게 형성할 것이다. 우리는 행위의 의도를 어떤 시점에서 실제 동작의 표상을 포함한 행위 개념의 인지적 표상으로서 단순하게 간주한다. 4장에서 행위의 목적과 의도에 수반되어야 하는(예로, 자각과 가능한 통제) 인지적 속성의 일부를 요약했다.

경험적으로나 이론적으로 의도와 행위의 실제적인 신체적 실행 간의 인지적 과정이나 표상을 여전히 가정해야 하는지의 여부가 충분히 명확하지 않다. 직관적으로 어떤 것을 하기 위한 의도를 가지고 있지만 환경 때문에 의도를 바꾸고 그 밖의 것을 하기로 결정할 수 있다. 그렇지만 이는 행위의 실행을 지금 시작하기로 결정해야 되는 구체적인 지점이 있다는 것을 의미한다. 이후에 필수적인 부호들이 더 낮은 층위에서 동작을 조정하는 감각 운동적 실행 프로그램에 주어지지만 여기에서 논의되지는 않는다. 그러므로 결정이 이루어지는 세 지점, 즉 어떤 것을 하기 위한 결정, 특별한 행위를 달성하기 위한 결정, 그리고 지금 의도된 행위를 달성하기 위한 결정이 있다. 우리는 이런 결정이 연속된 행위의 연속체를 통제하는 심적 표상임을 상상할 수 있다. 그것은 어떤 사고 과정이나 운동 과정이 더 많이 요구되는지의 방향을 결정한다.

결론적으로 행위의 의도와 그것을 실행하기 위한 결정이 주어질 때 행위는 실제적으로 동작의(즉 신체적 움직임의 조정된 연속체) 수행에 의해 실제적으로 이행된다. 앞서 대다수 동작이 몇몇 층위와 복잡한 연속체에서 일어난다는 것을 살펴 왔다. 가령 은행에 들어가기와 같은 실행은 심지어 더 기본적인 행위/동작들로 분석될 수 있다. 우리는 여기에서 동작주가 영속적으로 진행 중인 동작의 국면과 그 행위의 표상을 부합시키기 때문에 행위의 의도가 그 행위의 실행 시에 유효한 통제 기제임을 가정한다. 행위의(즉 결과의) 최종적 상태가 의도에 속하므로 동작의 통제는 결과가 이루어지거나 도달될 수 있는지를 점검할 수 있다는 점을 살펴 왔다. 행위가 달성되는 방식에서의 변화는 결과를 실현하는 데 요구된다. 결과가 실현되면 세상에 대해 관찰된 상태의 표상이 의도의 결과 표상과 동일하거나 유사하기 때문에 동작이 멈추게 되는 신호가 주어질 수 있다. 그 이후에 사건이나 다른 행위가 발생할 것으로 기대되고, 그것들 자체로 행위의 목표가 되거나 그것만의 최종적 상태나 심지어 결과로서의(간접적 목표들이 수반될 때) 목표를 지닌다. 동작의 실행 시에 정확한 인지적 통제 과정에 관한 세부 요소는 여기에서는 무시된다. 즉 그 문제에 관해서는 여전히 거의 알려져 있지 않다.

6.12.5. 이 시점에서 인지적 행위 형성의 근원적인 구조에 관한 우리의 개요가 매우 추상적이라는 점을 강조하는 것은 불필요하지 않다. 행위의 실제적인 실행은 과정의 전체 연속체가 검토된 이후에 항상 발생하는 것은 아니다. 우리는 '생각 없이', '충동적으로' 등으로 행동하는데, 즉 매개적인 연속체 부분은 생략될 수 있다. 가령 그 상황의 광범위한 분석은 이루어지지 않으며, 결과는 잘 표상되지 않고, 능력은 잘 분석되지 않는다. 그리고 선호는 잘 연산되지 않는다. 일반적으로 이 모든 과정이 필요하지 않으며 대개는 '의식적이지' 않다. 이런 의미에서 정확하게 그것들을 사고구술 과정에서 드러낼 수 있다. 결정하기 과정을 결정짓는 기본적인 요구, 일반적인 지식, 가치나 태도의 대부분은 결정하기, 기획, 실행 시에 명시적인 방식에서 접근되지 않는다. 더 높은 층위와 복잡한 행위에서만 최소한 결정하기 과정의 일부분이 의식적으로 통제되며('심적 행위들로서') 표출 가능하다. 이러한 표출은 최초 자료, 어떤 행위의 찬반 논쟁, 행위와 사건의 과정을 지배하는 일반적인 원리 등과 최종적으로 실용적 논쟁의 결정을 표상하는 결론과 같이 보통 논증의 형태를 취한다. 경험적인 연구조사가 행위 형성의 각 단계, 수반된 인지적 집합의 다양한 인지적 요인의 상호의존성과 실행의 통제에 필요하다.

6.12.6. 우리는 심지어 꽤 기본적인 행위의 층위에서도 매우 복잡한 인지적 과정이 수반된다는 것을 살펴 왔다. 물론 살펴본 바와 같이 이는 대부분 의식적이거나 반(半)의식적인 통제하에서만 일어나지는 않는다. 실행들 다수는 전체 과정이 인지적 틀에서 보통 자동화된 것으로 실행되어 왔다. 이러한 틀은 특히 실행의 통제에 관련된다. 이는 우리가 고정된 프로그램에 의해 수행된 동작의 양상과 성공의 의도적 점검을 접할 수 있으며, 부차적 인지 의도만을 필요로 함을 의미한다. 그러므로 틀에 박힌 행위의 실행 시에 다른 인지 과정들이 초점하에 있다. 가령 우리는 운전을 하면서 동시에 누군가와 이야기한다. 즉 의도의 구조와 통제의 과정은 동작에 관한 유입 정보의 분석을 실행하고, 실행 조작기에 신호를 보내는 도식 프로그램에서 조직될 수 있다.

이 프로그램화는 틀에 박힌 행위와 동작의 더 낮은 층위에서 발생할 뿐만 아니라, 복잡한 행위 연속체의 형성과 실행에 대해서도 필수적이다. 행위 산출에서의 거시구조가 역할을 하는 것은 바로 이 시점이다. 즉 행위 연속체를 실행하기 원한다면 우리는 첫 번째 행위만을 실행하려고 단순히 의도하지 않고, 이전 행위의 결과와 최종 환경 등을 가정하면서 두 번째 행위를 실행하려고 의도한다. 이런 종류의 행위 연속체의 지엽적 통제는 통합되거나 의미 연결된 연속체의 성공적인 실행을 불가능하게 한다. 먼저 최종의 연속적 결과에 관한 항구적 표상을 가질 필요가 있다. 이런 결과가 없이는 연속체의 각 시점에서 다음 행위가 가장 최적의 것이 되는 것을 결정하는 것이 불가능하다. 우리가 단지 우연하게 행위를 달성하거나 그렇지 않으면 그 연속체에 의해 실현시키고자 하는 결과가 무엇인지를 분석하거나 다시 결정해야만 한다. 그러므로 연속체의 개별적 행위에 관한 의도의 지엽적 형성과 더불어 전체적으로 연속체 결과의 총체적 표상을 필요로 한다. 즉 의도 표상의 거시구조 층위가 필요하다. 이러한 행위의 거시구조 표상은 계획으로 불린다. 그러므로 뉴욕에 가거나 식당에서 밥을 먹거나 오늘 오후에 정원에서 산책하기의 의도는 계획이다. 그것은 더 낮은 층위 행위의 연속체 실행으로 실행된 총체적 행위의 의도이다. 더 낮은 층위의 의도와 같이 계획은 연속체의 실행을 통제한다. 즉 그것은 개별적 행위가 전체적으로 연속체의 결과를 이끌어 낼 수 있는지의 여부를 분석한다. 인지적으로 이는 행위의 단기 표상에서 담화와 행위의 총체적 이해에 대해 앞서 기술된 것과 유사한 방식으로 현재 실행된 총체적 행위의 거시표상을 동시에 가진다는 것이다.

행위 연속체의 실행 시에 연속체 결과의 달성이 더 이상 가능하지 않은 구성 요소 행위의 결과가 있을 수 있다. 그런 경우에 동작주는 그의 계획을 바꾸고, 대신 다른 총체적 행위를 시도하려고 결정한다. 심지어 이는 행위 조건이 (예로, 대개 상호작용의 형태로) 동작주에 의해 통제될 수 없는 모든 행위 맥락에서 그럴 것이다. 우리는 무엇이 발생할지, 그 밖의 다른 이들이 어떻게 행동할지를 모르기 때문에 어떤 결과에 도달하기 위한 실제적 가능성에 대해 근접한 가정만을 한다.

일반적으로 계획이 왜 한 연속체의 개별 지엽적 (내적) 행위를 포함하기보다는 총체적 행위와 결과의 하나 혹은 그 이상의 층위를 구성할 것인지에 관한 이유가 있다. 뉴욕으로 여행하려는 계획에서 여전히 비행기에서 어디에 앉을지, 누구와 이야기할지 등을 표상할 수 없다. 첫째, 이러한 지엽적 행동만을 결정하기 위한 정보를 여전히 가지고 있지 못하기 때문이고, 둘째, 이러한 '간격'에서의 결정은 일반적으로 관련이 없기 때문이다. 기껏해야 총체적으로 결정하고 그 계획 속으로 들어가게 되는데, 이는 어떤 비행기를 탈 것인지, 공항에 가기 위해 자동차나 버스를 타야 하는지, 그리고 비행하게 될 날짜의 시간이 언제인지에 관한 것이다.

단지 필수적인 행위들 이전에만 우리는 계획의 총체적 부분들을 실제 하위 계획으로, 그리고 하위 계획을 실제 의도로 전환시킨다. 행위의 이 상세화는 우리가 앞서 접해 왔던 전도된 거시규칙과 아마도 유사한 과정을 구성한다. 틀, 각본, 사건과 행위의 과정, 그리고 일반적으로 그것의 그럴 듯한 산출이 주어진다면 총체적 행위의 예비적 행위와 구성 요소 행위를(예로, 비행기를 타기 위한 첫 번째 구성 요소로서의 공항으로 가기, 여전히 더 낮은 층위에서 공항으로 가는 도중의 첫 번째 구성 요소로서 누군가의 자동차 타기) 전략적으로 계획할 수 있다. 그러므로 각 층위에서 각 연속체에 대해서 연속체를 적절하게 실행하기 위해서는 (하위) 계획의 형태에서 인지적 총체 표상이 있어야 한다. 연속체는 계획의 통제하에서만 유의미하게 접속되고 의미 연결될 수 있다. 각 본 기반 총체적 행위의 정상적인 준비와 구성 요소의 실행과 더불어 우리는 총체적 행위를(예로, 비행 시에 '스스로 즐기기'의 구체적 사례로서 책을 읽는 것) 자세히 다룰 것이다. 마찬가지로 다수의 행위를 실행시켜야 하는데, 이러한 것은 총체적 행위의 필요조건이 되지 않는다. 이는 지엽적으로 의도되며(예로, 갈증이 날 때 맥주 마시기) 실행된 총체적 행위와 독립적인, 우연하거나 더 일반적인 요구와 희망에서 비롯된다.

6.12.7. 총체적 결과와 더 낮은 층위 행위 연속체의 실행을 통제하는 행위의 총체적 계획도 필요한데, 그것은 총체적 목적이나 목표를 더 포괄하는 부분이기 때문이다. 즉 실현하기를 원하는 수많은 상태나 사건은 (내적) 행위 연속체에 의해 실현될 수 있다. 뉴욕에 있기를 원한다면 이 상태를 실현하기 위해 달성할 수 있는 단일한 기본 행위는 없다. 즉 우리는 공항에 수반된 복잡한 행위 연속체에 참여해야 한다.

이러한 표상된 목표가 주어지면 행위 기획의 형성은 필수적으로 총체적 층위에서 일어난다. 가령 거리, 운송 수단의 편의성, 돈 등을 고려한 비행기 타기, 자동차 타기, 혹은 보트 타기나 걷기와 같이 총체적 행위가 결과를 가져올 것이고, 결과적으로 원하는 목표가 실현될 수 있다고 결정해야 한다. 그런 다음 총체적 목적은 일련의 대안들 중에서 '최적의' 행위로 결정된, 누군가 총체적 행위의 달성으로 실현하기를 원하는 (총체적) 목적의 표상이다.

우리는 동기의 전체 근원적 과정이 몇몇 층위에서 발생한다는 것도 알고 있다. 가령 지엽적으로 맥주를 원하고, 주문하고, 이를 마신다.

하지만 요구와 희망의 더 총체적 층위에서 뉴욕에서 친구를 만나기를 원하고 거기에 가기를 원하므로 각 층위에서의 개별 행위는 그것 자체 층위의 '총체적' 동기와 목적과 결합하며 총체적 계획 통제하에 시행된다. 담화와 행위 이해, 그리고 그것의 더 높은 층위의 충실한 '해석'처럼 반대의 위계적 구조를 여기에서 보게 된다. 가령 일반적인 요구, 희망, 욕구, 선호 등으로부터, 그리고 유사하게 총체적인 목적과 계획에 대해서도 더 특정한 것들을 이끌어낸다. 이는 행위의 매우 높은 층위에서(즉 행위의 일반적인 경향 층위에서) 일반적인 요구와 욕구는 총체적으로 개별적인 총체적 목적과 계획의 형성을 통제한다는 것을 의미한다. 여행하기를 좋아한다면 이는 구체적인 여행을 구성하는 결정 과정을 통제할 것이다. 음주를 좋아한다면 그것은 술을 한잔 마실 것인지 그렇지 않을 것인지를 여러 면에서 지엽적으로 결정해야 할 것이다. 심지어 동일한 지엽적 층위에서 일반적인 요구나 욕구는 구체적인 상황에서 특정하게 다루어지고 만족되지 않는 지엽적 이유에 대해 때때로 결정될 수 있다. 다른 이들의 행위에 관한 해석과 자신만의 행위 계획 모두에서 이러한 전체 거시동기(삶, 삶 유형, 삶의 목적 등에 관한 기획)는 실제 계획을 결정하는 복잡한 결정 과정에서 영구적인 주요 논증을 제공하기 때문에 일상의 행위를 결정하는 인지적 전략에서 매우 중요하다. 동시에 그것은 다른 이들과 우리 자신이 행하는 행위의 총체적 경향에 관한 지식을 몇몇 이유에서 총체적 의미 연결에 부여함으로써 조직화한다. 즉 우리는 주어진 어떤 행위 연속체에서 일반적으로 그것들을 왜 해야 하는지를 안다. 상호작용에서 이는 다른 이들의 행위에 관한 총체적 기대의 구성에 대해 결정적이고, 이것이 없다면 우리 자신의 미래 (재)행위를 결정하고 계획할 수 없다. 행위 담화(예로, 이야기)의 해석에서 이러한 참여자들의 거시동기에 관한 일반적 지식은 특별한 사회적 맥락의 상호작용에서 담화의 화제에 관한 필수적 거시가설을(예로, 기술된 사람들에 의해 아마도 실행될 수 있는 총체적 행위) 제공한다.[36]

6.12.8. 행위 산출의 총체적 조직에 대해 여기에서 개괄된 원칙은 화행의 총체적 계획에도 적용된다. 하지만 다시 화행들은 행위의 총체적 연속체가 계획되어야 하고 독백이나 대화 담화의 총체적 내용이 표현되어야 하기 때문에 (내적) 행위의 특별히 어려운 예이다. 5장에서 좀 더 상세하게 살펴본 바와 같이 대화에서 이 계획하기는 발화 상대방의 가능한 화행을 알지 못하기 때문에 오히려 총체적 층위에서만 일어난다. 화행 연속체에 관한 계획의 구성은 앞선 논의된 바와 같이 총체적 화행 이해에 대략적으로 반대가 될 것이다. 즉 총체적 목표는 총체적 화행(예로, 요구)에 의해 그 목표에 도달하기 위한 목적과 총체적 결정에서 표상된다. 하지만 실행의 순간에 적절한 상호작용과 화행의 일반적인 지엽 조건들이 따라야 하므로 개별적 화행은 말하기 계획의 총체적 통제와 지엽적 상호작용 맥락의 통제하에 있다. 가령 전략들은 응대, 의문에 답변 제시하기, 공손하기 등과 같은 총체적 행위(즉 요구)와 지엽적 화행 모두에서 성공적으로 달성될 필요가 있다. 수많은 상황에서 수행된 준비 행위의 결과는 더 이상 총체적 목표를 달성하기 위해 지속될 필요가 없으므로 그 계획은 포기되거나 바뀔 수 있다.

우리는 일반적으로 대화와 (상호)행위에 대해, 예로 동작주(들)이 요구하거나 욕망하는 연속적 최종 상태의 형태에서 구체적이거나 잘 정의된 (총체적) 목표들이 없으므로 구체적인 결과들이 없을 수도 있다는 점에 주목해야 한다. 산책하러 가기, 휴가가기, 일상적이고 자발적인 대화는 어떤 기본적인 요구나 희망을 그와 같이 만족시키기 때문에 실행된 행위들의 예들이다. 이는 그것이 목표 지향적일 필요가 없고 하나의 총체적 계획에 의한 통제는 직접적인 의도에 포함된 계획들과는 다르다는 것을 의미한다. 그렇지만 분명하게 (총체적) 행위의

---

36) 이야기에서 (삶의 주제) 거시 동기와 표상된 행위 이해 간의 연결 분석에 대해서는 쉥크와 아벨슨(Schank & Abelson, 1977)을 특히 보라.

총체적 표상이 있는데—만약 그렇지 않다면, 참여자들은 무엇이 진행되고 있는지를 알지 못하며 모든 종류의 다른 것들의 실행을 시작할 것이다—그것은 결과 지향 행위와 같은 동일 방식에서 계획될 필요가 없다. 예를 들어 기쁨의 상태가 지속되는 그런 경우에 통제는 이러한 사례들에서 총체적 행위가 실행되는 방식들에 영향을 준다.

대화, 모임이나 법정 재판에서와 같이 총체적 행위 실행도 계획의 (의미적) 거시구조뿐만 아니라, 거시구조의 도식적 조직에 의해 통제된다는 점에 주목해야 한다. 이는 중요한데, 그것들이 총체적 행위(혹은 하위 계획)의 실제적 순서, 실행된 행위 연속체의 범주, 이 범주들의 위계적 구조를 한정짓기 때문이다. 대화의 도식적 상위구조에 관한 지식에 기인해서 우리는 유사한 방식에서 인사라는 부분으로 시작해야 하고 유사한 방식에서 상호작용 연속체를 끝내야 한다는 것을 안다. 이는 다른 관습적, 제도적, 관례적 행위에 대해서도 같은 점이 적용된다. 즉 도식은 계획된 거시 행위들에 추가적인 구조를 제공하고, 가능한 순서와 그에 따른 실행이 수용될 수 있거나 효과적인지를 결정하는 계획에서 편리한 통제 얼개를 제공한다.

총체적 요구를 성취하기를 원하고 그 요구의 다양한 조건들이 만족되는지를 확실하게 알지 못한다면, 이 조건들에 관한(즉 의문의 연속체에 의해) 지식을 얻기 위해 하위 계획들을 수립해야 한다. 요구의 실제적인 구성 요소들, 그리고 준비하기, 감사하기 등과 같은 일반적인 결과들의 수행에도 같은 점이 적용된다. 지속적으로 점검되고 아마도 수정된 전체적 말하기 계획에서 거시 화행과 대화 도식의 통제는 이 상호작용적으로 어려운 화행 연속체를 수행하기 위해 필요하다.

더불어 우리는 앞으로 보게 되는 복잡한 발화 행위들(즉 문장과 담화의 연속체 산출)을 계획하고 실행해야 한다.

6.13. 담화 산출

6.13.1. 지난 몇 년간 담화 처리 과정에 관한 많은 관심이 있어 왔지만 산출 과정이 아닌 거의 이해 쪽으로만 기울어져 왔다. 문장 처리의 심리 언어적 연구에서도 유사한 사례가 있어 왔다.[37] 이런 상황에 관한 이유들 중 하나는 분명히 '최초' 자료 속성에서의 차이에 있다. 즉한 문장이나 담화를 일단 받아들이면 모든 종류의 이해, 저장, 바꿔쓰기, 기억 행위를 시험할 수 있다. 반면에 산출에서 '최초' 자료는 '생각'이나 '욕구'와 같이 확실하지 않으며, 애매하고, 비특징적인 것이다. 이는 결국 더 구체적인 의미 구조를 거쳐 낱말, 문장, 담화에 의해 표현될 수 있다. 표면구조 산출, 즉 통사적으로 순서화된 형태소와 그것의 음운/음소적 실현화의 형성을 단순하게 연구하기보다는 오히려 의미 구조 형성에서의 다양한 과정을 연구하게 되면 심각한 실험적인 문제가 발생한다. 물론 이러한 과정에 대해 숙고할 수 있고, 사고구술을 분석할 수 있으며, 내적 통찰을 기록할 수 있고, 의미적 산출 모형을 수립할 수 있다. 하지만 이 검정은 이해 모형 검정과는 차이가 있다. 담화와 담화 처리를 다루게 되는 이 마지막 절에서 자료의 부족은 합리적인 고찰과 비형식적 이론 형성 간 다수의 언급에서 우리 스스로를 제한하도록 한다.

6.13.2. 이 분야에서 가장 강력한 총체적 전략 중의 하나는 산출의 복잡한 정보 처리 과정의 기본적인 원리가 이해에서의 작용과 기본적으로 다르지 않다는 가정이다. 이는 행위 산출에 관한 그럴 듯한 개괄을 산출했음과도 관련된다.

담화 발화의 실제적인 '실행'은 연속적인 문장들의 발화로만 가능하다는 점이 처음부터 강조되어야 한다. 통사적, 형태 음운적 형성,

---

37) 하지만 로젠버그(Rosenberg, 1977)에서 보고된 연구를 보라.

어휘적 선택, 그리고 문체들의 어떤 양상들에 관한 기본적인 원리는 문장 층위에서 작용한다는 점이 가정된다. 그렇지만 또한 담화 이론에 대해 흥미로운 것은 이 '지엽적' 처리 과정이 여기에서 논의될 수 없다는 것이다. 이는 이 책의 주제에 속하지 않는다. 또한 문장 형성기는 개념적 표상(예로, 복잡한 명제나 사실)으로부터 그것의 형성을 받아들인다는 것이 가정된다. 여기에서 의미적 관계나 기능은 기본적인 통사적 관계, 기능, 그리고 낱말 순서로 바뀌어야 하고, 개념은 적절한 어휘적 표현에 부여되어야 한다. 이 과정은 텍스트 구조나 맥락적 제약들에도 독립적이지 않음을 주목해야 한다. 첫째, 통사적 구조는 화제−논평 구조에 의존적이며, 앞서 살폈듯이 일련의 문장들에서 의미적 정보의 분포 처리에 의해 결정된다. 대조적 강세, 전제, 연결사, 하위・상위 문장 구조, 문장 경계 수립, 억양 등에 대해서도 같은 점이 적용된다. 간략하게 통사적・형태음운론적 계획하기도 이전과 이후 문장으로부터의 정보를 포함한다. 둘째, 이 표면구조 형성은 수행된 화행의 화용적 요인에 기인해서 맥락에 의존하며, 통사적 문장 형태, 첨사의 선택, 낱말순서, 억양 등을 요구한다. 마찬가지로 어휘 선택의 본질적인 제약은 문체적 요인들을 수반하는데, 화자의 심적 상태와 화행의 사회적 틀의 속성과 같은 인지적・사회적 범주 모두에 의존한다. 추가적으로 문장 형성은 처리의 층위에서 순수하게 인지적 제약, 가령 최근 몇 년간에 발견된 단기기억 저장고의 한계, 길이와 복잡성에 관한 제약, 표면 구조 임시저장고의 더 표면적인 한계, 그리고 더 구체적인 문장 처리의 속성에 의해 기본적으로 결정된다고 말해질 필요는 거의 없다. 이로부터 우리는 문장 형성이 텍스트와 맥락 요인으로부터 독립적으로 연구될 수 없다고 결론내리고자 한다.

6.13.3. 먼저 우리는 의미 산출 과정에서 의미 표상이 일반적으로 개별적으로 형성되지 않고, 단기기억 임시저장고에 저장되지 않으므로 문장 형성기에 주어지지 않는다는 점을 가정해야 한다. 또한 의미 연

결에 제약들이 주어지면 산출 처리 과정에서 문장 의미가 앞서 산출된 문장의 의미에 관련해서만 생성될 수 있다고 가정해야 한다. 즉 이해 과정에서와 같이 화자는 단기기억 임시저장고에 가용할 수 있는 이전 문장의 의미적 표상을 가지고 있어야 한다. 화자는 이런 사실과 관련해서 다음에 표현되는 사실들과의 연결, 공지시와 같은 다른 종류의 의미 연결 관계, 그리고 화제-논평이나 다음 문장의 전체 구조를 적절하게 결정할 수 있다. 반대로 화자가 이미 표현된 사실의 표상을 가지고 있다면 이 사실은 필요한 의미적 '준비 정보'를 제공하는 사실, 가령 조건, 지시체의 도입, 다른 종류의 전제, 준비 화행을(예로, '실례지만…', '안녕하세요, …') 우선적으로 표현하기 위해 저장고에 유지될 수 있다.

이 장과 앞선 장들에서의 논의 이후에, 단기기억 임시저장고가 거시구조 단위(거시명제, 거시사실)를 포함해야 한다는 다음 가정은 놀랍지 않다. 이러한 단위는 담화 산출 계획에서 의미 계획을 형성한다. 그것은 말해질 것을(즉 진행 중인 담화나 대화의 화제) 개괄적으로 포함한다. 이 거시명제의 통제 기능은 명확하다. 즉 그것은 전체적으로 연속체의 총체적 의미 연결을 보장하며 문장 간의 더 지엽적 연결에 관한 '배경지식'을 제공한다. 우리는 이러한 연결이 거시구조 형태에서 기본적인 의미 화제가 없이는 수립될 수 없는 예들을 연구해 왔다.

이런 종류의 계획들은 이해에서 거시가설들이 있듯이 같은 의미로 잠정적이다. 우리는 상호작용이 최소한 입말 의사소통에서 주로 청자들의 언어적, 비언어적 반응인 수많은 개입 변수들을 가지며 의미적 계획은 종종 지엽적 되짚어보기로 인해 재형성을 요구한다는 것을 고찰해 왔다. 가령 또 다른 화제가 필요하게 된다. 이러한 변화에 관한 복잡한 사회적, 개인적 이유가 있다. 그 변화는 자유로우며, 선택적이며, 개연적이거나 심지어 필수적이다. 우리는 지각적 맥락은 새로운 화제를(지금 무엇이 일어나는지에 대해) 이끌어 내며, 실제적인 화제는 사회적으로 세심하고 '강요되지' 않아야 하며, 화제에 대해 이야기하는 것 이상의 것은 단지 없다 등과 같은 것을 단순히 이야기하기 원할 수 있다. 화제 전환에 관한 언어적·인지적·사회적 제약들 모두는 광범위한 추후 연구를 필요로 한다. 이러한 이론은 거시구조 이론의 중요한 구성 요소가 된다.

6.13.4. 물론 흥미로운 점은 산출에서 거시명제 형성을 유도하고, 이른바 거시명제를 지엽적 층위에서 '세분화하는' 과정이다.

담화에서 의미적 표상의 형성을 이해하기 위해서 담화가 화행의 부분이며 다시 (언어 그리고 다른) 상호작용 연속체의 부분이라는 점을 기억해야 한다—즉, 의미 계획은 (즉 청자의 인지와 행위를 바꾸기 위해) 총체적 목표를 가진 화행을 실행하기 위한 더 총체적 계획의 부분이다. 그런 다음 기본적으로 우리는 청자가 어떤 것을 알고(우리가 무엇을 아는지, 믿는지, 원하는지, 혹은 평가하는지에 대해), 결국은 청자가 이 지식에 의거해서 행동하기를 원한다. 따라서 의미 계획에서 거시구조는 지엽적인 의미 산출을 조직화하고, 의사소통 과정에 무엇이 관련되는지에 초점을 둔다. 가령 화자는 적어도 청자가 이해하고 기억할 수 있는 것을 원한다.

그러므로 산출 계획의 거시구조는 청자의 요구된 인지(그리고 간접적으로 행위들)에 관한 화자의 일화 표상에서 비롯되어야 하며 총체적 화행의 결과와 목표를 구성한다. 동기 구조로부터 목표의 인지적 형성은 앞서 논의되어 왔다. 거기에서 몇몇 총체적인 행위가 실행될 수 있으며, 이 중에서 특별한 내용을 가진 담화의 산출이(요구와 같은 특별한 총체적 화행) 있고, 이것이 거시명제이다. 그러므로 동작주의 인지 집합으로부터 화자는 일화기억에 저장된 총체적 화제(우리가 총체적으로 알고, 원하고, 발견하고자 하는 것…)의 정보를 유도하는 정보를 받아들인다. 이 총체적 화제로부터 더 구체적인 화제가 유도될 수 있고 위계적으로 더 낮은 순위에 정리될 수 있다. 그런 다음 가장 낮은 의미 층위에서 실제 산출은 일화기억에서 단기기억까지 화제의 통제하에, 단기기억 임시저장고에서 최초 화제의 저장과 각 사실들의 실제화와 더불어 시작한다. 여기에서는 몇몇 이론적 가능성이 존재한다. 먼저 명제나 사실들의 연속체가 일화기억 그 자체에 의해 생성되며, 그런 다음 단기기억 임시저장고에 주어지고, 공식화되거나 표현된다. 하지만 이는 모든 의미적 작용이 단기기억 임시저장고에서 일어난다는 우리의 견해와 일치하지 않는다. 그러므로 우리는 단기기억에서 목표/결과의 형성이 동기의 결정 과정과 화행의 총체적 내용에서도 추론된다고 가정해야 한다. 그러면 직접적인 실행과 꽤 단순한 과제들하에서 총체적 의미 계획은 산출에 대해 단기기억에서 직접적으로 사용될 수 있다. 더 복잡한 담화에서 총체적 화행은 먼저 일화기억에 저장되어야 한다. 그런 다음 하위 화제가 유도되며 위계적 의미 계획은 일화기억에 대해 구성될 수 있다.

우리는 지엽적 층위에서 단기기억 임시저장고 내의 화제를 실현하며 단기기억의 실제 사실들을 형성한다. 이 과정에서 명확하게 다시 세계 지식과 인지 집합의 다른 요인들을 필요로 한다. 가령 여행한 것에 대해 이야기하고자 한다면 우리는 그 여행에 관한 실제 기억이나 틀과 각본에 관한 일반적인 지식으로부터 지엽적 지식을 이끌어 낸다. 그렇지 않으면 수반된 지식의(예로, 차를 어떻게 수리하는지를 누군가에게 설명할 때) 도식적이거나 화용적 조직 혹은 우리가 가지고 있는(누군가 돈을 빌려 줄 것을 설득하다 등) 행위 계획을 따를 수 있다.

총체적 화제로부터(거시사실들) 사실들의 유도 과정에 대해서는 추측할 수 있을 뿐이다. 어떤 틀과 각본이 주어진다면 구성 규칙(즉 세분화)의 반대 적용을 생각할 수 있다. 그런 경우에 일반적인 조건들, 각 구성 요소들, 총체적 사실의 결과들이 세분화된다. 화용적 제약들은 어떤 흥미로운 것이 이야기되었는지, 청자에 의해 알게 된 것은 무엇인지 등의 선택을 결정한다. 의미 연결의 의미적 조건은 최소 정보가 새로운 정보를 표상하기 위해 형성되어야 하는지를 결정한다. 즉 우리는 관습적 지식을 단순히 표현하기보다는 틀이나 각본에 포함된 새로운 것을(알고, 믿고, 원하고, 혹은 발견하기를 원하는 것) 말하고자 한다. 이 새로운 정보는 과거 경험에 관한 일화기억이나 동기 체계로부터 나온다.

다음으로 의미 정보에 관한 형성 규칙은 일반화의 반대가 될 수 있다(즉 특수화). 이른바 집단의 일반적인 속성에 대해 알기와 요구하기는 더 구체적인 속성과 누가 그것에 참여하는지를 자세하게 다룰 수 있다. 화자가 '그 모임에는 참여한 회원이 거의 없다'를 총체적으로 알고 있으며, 그는 그의 청자가 이것 역시 알기를 원한다고 가정하자. 덧붙여 그는 그 회원들과 그들이 거기에 없었는지에 대해 더 구체적이기를 원한다. 그런 경우에 다음 명제들/사실들이 형성될 수 있다.

(29) 존은 아팠다. 피터는 그의 어머니를 방문해야만 했다. 존의 비행기는 폭풍우에 의해 지연되었다…

총체적으로 도움 받기를 원하는 것에서, 다음과 같이 말할 수 있다.

(30) 너는 감자의 껍질을 벗겨 줄 수 있니? 그리고 너는 이 깡통들을 열어 줄 수 있니?

결론적으로 우리는 다양한 추가 작용의 형태에서 삭제의 정반대를 접하며 상황이나 사건에 대해 지엽적 세부 요소를 구체화할 수 있다.

6.13.5. 앞에서도 이해 시에 일화기억에서 담화의 표상이 동시에 그 담화에 의해 기술된 상황이나 사건의 표상이라는 것을 살펴 왔다. 산출에서 유사한 일들의 상태가 적용될 수 있다. 가령 일화기억으로부터 도출되었거나 인지 집합에서 다른 요소로부터 생성된 상황이나 사건 연속체의 어떤 표상이 있으며 부분적으로 이는 산출된 담화의 표상이기도 하다. 상태와 사건 기억의 위계 구조나 특별한 태도와 의견

의 관련성은 동시에 의사소통 사건에 대해 관련 있는 것을 결정하는 화용적 구조에 의존하면서 그 담화의 거시구조를 제공한다. 이 의미적·화용적 거시구조의 통제 아래에서 거꾸로 거시규칙이 특별한 사실들을 생성하기 위해 일화기억으로부터 직접적으로 생겨나거나 지식이나 다른 인지 집합 체계로부터 추론될 수 있는 것처럼 단기기억에도 적용될 수 있다.

그러면 생성 과정에서 중요한 것은 정보의 선조성이다. 총체적 순서화는 한편으로는 거시명제들의 조건적 순서화로 다른 한편으로는 담화 유형에 관한 상위구조 도식들로 결정된다. 먼저 이야기를 할 때에 배경을 생성해야 하며 이는 총체적 상태 묘사로 채워져야 한다. 각각의 지엽적 사실들은 지엽적 의미 연결과 접속의 규칙과 전략에 따라 생성되어야 한다. 행위와 사건의 순서화는 일반적으로 조건적, 시간적 순서화를 고려해야 한다. 상태 묘사에서 순서화에 관한 다른 제약들이(예로, 일반적인 것으로부터 구체적인 것으로 혹은 전체에서 부분까지) 적용되어야 한다. 물론 의미적 산출에서 순서화는 어떤 사건에 관한 기억 표상에서의 순서화와 동일할 필요는 없다. 가령 그것은 특별한 의사소통 맥락에 대해 먼저 주요한 결론이나 결말에 대해 이야기하기 위해, 그리고 '설명'으로서 더 앞선 사건들을 제공하기 위해 필요하다. 즉 화자는 화용적, 그리고 다른 맥락 제약에 의존하면서 재산출에서 인출 단계에 대해 논의했던 다양한 의미론적 변형을 적용한다.

결론적으로 각 의미 표상의 실제적 실행에서 선조적 의미 연결과 접속에 관한 일반적인 의미 제약들이 앞서 그것들이 논의되어 온 바와 같이 고려되어야 한다. 따라서 단기기억 임시저장고의 의미적 내용을 고려할 때, 최소한 한 개의 거시명제와 적은 수의 사실들을 포함하면서 사실들은 연결되고 순서화될 수 있다. 근원적 의미 연결에 관한 일반 지식뿐만 아니라, 청자에 의해 알려져 있다고 가정되는 지식은 그 경우에 표현될 필요가 없으며 화자가 의미 연결을 수립하기 위해 임시저장고에만 존재한다.

6.13.6. 담화 산출의 이 잠정적 논의로부터 우리가 수반된 정확한 과정에 대해 아는 것이 거의 없다는 점은 분명하다. 하지만 총체적 의미 계획의 구성이 없이는 최소한 복잡한 담화와 대화가 수반될 때에 산출이 불가능하다는 것은 분명하다. 이 거시구조는 아마도 더 일반적인 지식 기억으로부터 유도되며 더 구체적인 하위 화제들에 의해 계속해서 구체화된다. 산출된 담화 내용의 총체적 표상은 단기기억 임시저장고에 입력되며, 그런 다음 단기기억에서 사실들의 실제적 형성에 관한 정보와 통제를 제공한다. 이 사실들은 담화/사건의 일화기억 표상으로부터(즉 실제적인 화제에 의해 지배되는 부분으로부터) 나오거나 직접적으로 더 일반적인 틀과 각본 지식으로부터 유도된다. 실제적인 선조화는 결국 조건적이고 다른 종류의 선조적 연결에 관한 지식, 의미 연결, 그리고 상황의 화용적 지식(첫 번째로 무엇이 말해져야 하는지, 말해질 필요가 없는 것은 무엇인지 등)을 기반으로 한다. 담화 산출의 이 개략적 모형의 속성에 관한 향후 추가적인 이론적·경험적인 연구조사는 당연히 필요하다. 특히 상황과 사건에 관한 일화기억과 더 일반적인 지식·의견·태도·상식 간의 상호작용은 화행과 담화 산출의 동기 구조로 관련될 뿐만 아니라, 총체적 화제 통제하의 단기기억에서 특별한 사실들의 생성은 추가적인 연구가 필요하다.

6.14. 다른 인지 영역에서의 거시구조

6.14.1. 이 장의 마지막에서 다른 인지 영역들에서의 거시구조의 역할에 관한 간략한 언급이 필요하다. 거시구조가 행위 및 담화 처리에서와 같은 복잡한 과제에서 중요한 역할을 한다는 것은 이 처리 과정에 관한 어떤 세부적인 통찰력이 여전히 부족하지만 현재까지 분명해 보인다. 거시구조는 어떤 종류의 복잡한 정보 처리 과정에 관한 필수적인 속성이라고 가정해 왔다. 이는 지각/시각, 사고, 문제 해결하기, 관

련 심적 행위에서도 역할을 한다는 것을 의미한다. '거시구조'와 같은 개념의 명시적인 사용이 없는 이 영역에서의 연구는 이런 종류의 복잡한 과제들도 다른 종류의 더 높은 순위의 조직을 요구하다는 것을 가리키는 것으로 보인다.

6.14.2. 복잡한 시각 정보 처리는 복잡한 그림, 자연적인 장면, 일화, 혹은 영화의 지각과 해석에서 일어난다. 이 상호작용 과정의 부분은 동작들이(즉 어떤 사람의 신체적 움직임) 관찰되는 곳에서 이미 (내적) 행위에 대해 논의되어 왔다. 시각 정보 처리에서의 원리는 다른 인지 영역에서의 원리와 거의 다르지 않다. 지속적이고 '병렬적'이거나 '환경 설정적인' 입력으로부터 이 최초 처리기는 유의미한 대상·속성·사건을 구성한다. 이러한 대상의 시각적 형태에 관한 지식으로부터 선택, 확인, 추론의 과정이 일어난다. 즉 대상과 대상 간의 관련성이 재인지된다. 이 과정에 수반된 지식구조는 다시 도식적이고 틀과 같거나 각본상의 속성을 가진다.[38] 우리는 의자·꽃, 혹은 인간의 기본적인 특징이나 총체적 형상에 관한 도식상으로 구성된 지식을 가지고 있다. 실제적인 대상들은 개별적으로 변화될 수 있기 때문에 일반적 지식은 유동적이어야 하고 빈자리를 가지고 있으며 실제적으로 보이지 않는 시각 영상의 속성에 관한 기본값을 제공해야만 한다.

　더 복잡한 시각 자료가 수반되면 더 이상 기존의 지식 도식을 가지 못하므로 이해는 구성, 그런 다음 규칙에 의해 발생된다. 가령 이런 방식에서 우리는 심지어 어떤 것을 처음 봤을 때에도 한 사건을 '이해한다'. 우리가 담화 사실들의 복잡한 명제 연속체의 처리 과정에서 만나게 되는 문제도 여기에서 생겨나지만, 더불어 정보가 복잡한 정적 혹은 동적인 '그림'으로부터 선택되거나 구성되어야 하는 문제를 갖

---

38) 민스키(Minsky)의 잘 알려진 논문(Minsky, 1975)을 보라. 이는 주로 시각 정보 처리에서 틀의 역할에 관한 것이다. 클래츠키와 스토이(Klatzky & Stoy, 1978)도 보라.

고 있다—즉 대다수의 시각 정보는 동시에 드러나므로 우리는 무엇이 관련되고, 중요하고, 그리고 세부 요소나 구성 요소로부터 총체적 전체를 어떻게 구성해야 하는지를 알아야 한다. 우리는 거시구조 이론에 수반된 전형적인 개념을 인식하므로 영상의 해석도 총체적 구조와 함께 발생한다고 가정한다.

시각 자료의 총체적 처리 과정은 매우 복잡한 정보를 조직·축소·이해하는 데 필요하다. 이는 그림에서 시각적 세부 요소를 이해하고, 총체적 관련성을 수립하도록 허용하는 더 높은 층위의 대상을 구성한다는 것을 의미한다. 이런 방식에서 거리 장면에 관한 총체적 이해는 대기(위로), 집(측면으로), 도로(아래로), 그리고 자동차와 (도로 위) 사람들과 같은 구성 요소들의 현존에 의해 총체적으로 구성될 것이고, 이는 가능한 도식 순서에서 정렬된다.[39]

물론 이 총체적 분석은 '0'으로부터 시작되는 것은 아니다. 첫째, 우리는 이러한 장면의 실제와 구조에 대해 진지하게 기대하고 있다. 가령 집의 문을 나설 때 이미 이러한 거리 장면의(예를 들어 바다 장면이 아닌) 총체적 표상을 단기기억 임시저장고에서 가지고 있다. 이 가설은 시각 입력의 총체적 분석으로 확신될 수 있다. 그러면 이론적 문제는 어떻게 이러한 총체적 분석이 발생하는가이다. 집이 집임을 알거나 확증하기 위해 우선 명백하게 집의 구성 요소를 살펴볼 필요가 있지만 반대로 구성 요소는 총체적 그림과 관련해서만 이해될 수 있다. 그런 다음 우리는 시각적 입력 자료가 거시분석에 종속된다는 것을 가정한다. 가령 첫째, 집의 창문 수나 색깔과 같은 비관련 세부 요소로부터 추상화하기 위해 삭제를 적용한다. 둘째, 일반화를 적용한다. 즉 다수의 어떤 크기의 움직이는 대상들(자동차·전차·버스)은 교통수단으로 해석된다. 결론적으로 일반적인 구성 요소들, 속성, 위치와 함께 총체적 대상들의 형상은 구성에 의해 더 높은 층위의 대상을(예로, 거

---

39) 바이드맨, 글래스, 그리고 스테이시(Biedermann, Glass & Stacy, 1973)를 보라.

리나 방) 산출한다. 하지만 이 규칙들은 가설의 형태와 전략에 따라서 만 적용될 수 있다. 그림의 전략적 해석이 우선 생성된 기대에 의존한 다고 살펴 왔다. 셋째, 그림의 총체적 훑어보기는 객체들의 총체적 형 상과 대상의 집합과 같은 다수의 결정적 자료를 산출하는데, 이는 이 러한 장면에 관한 기억에서의 도식 지식과 비교된다.

대상들과 복잡한 장면의 총체적 분석과 확인이 주어지면 주의는 '지엽적' 시각 자료에 초점이 주어진다. 우리는 이런 종류의 초점화가 본질적으로 동기, 과제/목표, 흥미 등과 같은 인지 집합 요인들에 의 존한다고 가정한다. 그러므로 거리에서 버스를 타고자 한다면 선택적 으로 결정적인 버스 속성들, 다음으로 이들이 가변적일 수 있음이 알 려져 있다면 올바른 번호, 형태나 색깔과 같은 그 버스의 특별한 속성 들을 만족시키는 대상들에 초점을 모은다.

6.14.3. 우리는 이 논의에서 시각 정보의 이해가 추상 개념(예로, 명제 적 표상)이나 어떤 종류의 형상(아날로그) 구조에 기초하는지 여부의 문제는 무시한다.[40] 각 가설에 관한 거시분석과 거시구성의 요구가 필요하다. 형상적 표상을 가지고 있다면, 우리는 일반적인 속성과 구 성 요소에 기초해서 '세부 요소의 삭제', 일반화, 구성에 의한 '도식화' 도 필요로 한다. 기억에서 표상된 바와 같이 자연스러운 대상이나 장 면의 산출은 앞서 언급된 전형적인 거시구조 속성과 더불어 직접적인 산출에서 어떤 우연한 세부 요소와(인지 집합 요소들에 기인해서 특별하 게 초점화된다면) 일반적인 출력이나 산출 제약을 드러낸다. 이 점에서 그림에 관한 기억은 담화에 관한 기억과 매우 유사하다. 다른 한편으 로 그것은 시각 자료에 관한 재인이, 특히 지엽적 층위에서 담화로부 터의 의미 정보보다 더 정확한 것으로 보인다. 가령 오늘 아침에 본 대상, 표정이나 특별한 거리를 오늘 아침에 들었던 문장보다 더 잘

---

40) 페이비오(Paivio, 1971)와 파일리쉰(Pylyshyn, 1973)을 보라.

인식하는 것으로 보인다. 이것이 상이한 처리 과정에(예로, 더 많은 정보 단위들과의 연결 수립) 기인하는지의 여부는 알지 못한다. 더 많은 비교 실험이 이 가정을 뒷받침하기 위해 실행되어야 한다.

6.14.4. 여전히 행위와 사건을 포함한 시각 분석과 일화 이해는 훨씬 더 복잡하다. 배경 상황이 위에서와 같이(예로, 방이나 거리) 구성되어야 할 뿐만 아니라, 동시에 변화하는 움직임, 움직임의 방향 등도 해석되어야 한다(예로, 운전하기, 걷기나 다른 사건들). 차 수리하기나 수표를 현금으로 바꾸기와 같은 더 높은 층위의 행위 해석은 더 앞서 논의되어 왔다. 여기에서 문제는 지속적 시각 자료 입력이 어떻게 더 낮은 층위에서의 사건과 행위 개념들과 부합하는지, 특히 이러한 복잡한 시각 자료 연속체가 '사건', '수리하기', 혹은 '버스 타기'와 같은 총체적 해석에 어떻게 부여될 수 있는지에 있다. 복잡하고 더 높은 층위의 해석은 즉석에서의 시각 자료보다는 구체적 구성 규칙이 적용된 해석된 자료부터 이미 유도된다고 가정한다. 거리에 움직이는 두 차가 서로 부딪치는 것에 관한 해석된 정보를 가지고—특히 추가적인 청각적 정보가 가설을 확신시켜 준다면 이미 사고의 총체적 사건을 구성한다.41) 즉 일화, 만화, 영화와 같은 영상 연속체의 총체적 해석은 더 높은 층위 개념 구조의 부여에 다시 기초한다. 비연속적 그림 연속체, 즉 우리는 이런 만화나 부분에서 해석과 비연속적(선택된) 실제 장면에 관한 '풍경'의 해석은 불완전한 담화의 해석과 비슷하다는 점에 주목해야 한다. 즉 명제나 사실들의 연결은 이전 맥락과 지식 정보로부터 유도된다. 결과적으로 필수적인 의미 연결이 수립될 수 있으며 총체적 구조가 적절하게 유도될 수 있다.

---

41) 일화 해석의 구성적 속성에 관한 실험적 증거를 위해서는 로프터스와 파머(Loftus & Palmer, 1974)를 보라.

6.14.5. 결론적으로 우리는 사고하기와 문제 해결하기에서 유사한 총체적 계획하기 과정과 복잡한 정보 분석이 수반된다고 가정할 수 있다.

문제 해결하기 과정의 사고구술에 관한 다양한 유형들에서 문제는 우선 총체적 분석과 표상에 주어진다고 관찰되어 왔다.[42] 이는 사건들('해결')의 전체적이거나 최종적인 요구 상태를 구성하는 총체적 목표나 결과, 혹은 연속적 목표나 결과가 표상된다는 것을 의미한다. 이 총체적 층위에서 최초 상태와 최종 상태가 주어진다면 추론은 각 상태의 총체적 가능 결과와 총체적 가능 조건에 대해 이루어질 수 있다. 예로, 최초 상태는 문제 해결에 관한 상황이나 배경의 표상이 될 수 있다. 이러한 문제의 총체적 분석 이후에만 상황, 목표나 결과, 혹은 이어지는 심적이거나 명백한 행위의 전체적인 제약, 더 지엽적이고 연속적인 단계의 세분화가 의미가 있다. 이 지엽적 단계의 실행 시에 단기기억 임시저장고는 더 총체적인 목표를 다시 유지하고 있어야 하므로(다음 행위에 대해 결정이 어디에서 이루어져야 하는지의 각 시점에서) 수행된 실제 작용과 최종적이거나 총체적인 결과/목표는 그것들의 간접적인 단계적 연결에 대해 부합될 수 있고 평가될 수 있다. 문제 해결하기 과정과 전략의 세부 요소는 여기에서 논의되지 않는다. 언어와 상호작용의 영역에서의 구체적인 예에 대해 5장에서 분석된 대화를 지적할 수 있다. 여기에서 화자는 그의 과제로 복잡한 요구를 구성하고, 그 목표는 타이핑된 그의 논문을 갖는 것이었다. 물론 수많은 다른 문제 해결하기 유형이 존재하지만 그것이 복잡한 속성을 지니면 우리는 총체적 분석, 총체적 평가, 각 단계의 실행에 관한 총체적 조정을 발견한다.

---

42) 뉴얼과 사이먼(Newell & Simon, 1972)을 보라.

6.15. 마무리

6.15.1. 이 장에서 복잡한 정보의 인지 모형에 관한 수많은 문제가 논의되었다. 한 장의 한계와 다양한 인지 영역들에서 총체적 처리 과정의 속성들에 관한 우리 통찰력의 현재 상태만으로 국한된 이 논의는 매우 개괄적이며 때로는 순수하게 이론적이었다. 하지만 이 고찰은 이론적, 경험적 발견의 확장 속에서(예로, 담화 이해와 기억) 체계적이었으며 심리학의 대다수 현재 작업의 수렴 결과에서 확신되어 왔다. 우리는 좀 더 작은 부분들의 상세하고, 형식적이고 실험적인 분석 대신에, 이론의 총체적 윤곽을 개괄하는 것을 선호해 왔다. 즉 이런 점에서 실제로 실제 처리 모형의 '거시구조'만을 구성해 왔다. 다양한 영역들에서 그 원리들이 동일하다는 것을 기본적인 담화와 상호작용처럼 복잡한 인지 과정에서 산출과 이해, 저장 모두를 연결하면서 보여주거나 최소한 제안하고자 했다.

기억에서 담화와 상호작용의 표상에 수반된 구조의 이론적 기초 부분은 더 앞서 '구조적' 장에서 제공되어 왔다. 이 장에서 우리는 입력의 이해와 다양한 종류의 지식, 인지 집합이라고 부르는 다른 요소 간의 인지 과정과 상호작용의 속성에 대해 추가적이지만 결정적인 제안을 더해 놓기를 오직 희망했다. 한편으로 복잡한 정보가 거시구조 형성 없이 이해될 수 없고, 다른 한편으로 이해의 지엽적 층위와 총체적 층위에서 동기, 행위 기획(과제/목표), 흥미, 의견, 태도와 같은 중요한 다른 요인이 역할을 한다는 점을 강조하고자 했다. '자연스러운' 맥락에서 담화 처리의 복잡성과 인지와 사회심리학에서의 화제의 밀접한 상호의존성을 강조하는 것이 바로 후자의 관점이다. 담화로부터의 이해와 정보 저장, 그리고 텍스트로부터의 학습 과정에 관한 더 깊이 있는, 절실한 이해에 관한 중대한 통찰력이 기대될 수 있다. 즉 믿음·의견·태도의 형성과 전환 혹은 상호작용 과정에서의 동기는 우리가 이해 시에 인지 집합의 다양한 요소 간의 상호작용에 관심을 가진다면 도달될 수 있다.

6.15.2. 거시구조 개괄의 인지적 양상에 관한 논의뿐만 아니라, 우리는 수많은 열린 문제와 심지어 '불가사의한 문제'를 만나 왔다. 우리는 문장과 담화 연속체의 이해 시에 무엇이 진행되고, 그것 자체가 이미 매우 복잡하지만 동시에 그리고 화용적·사회적·시각적 정보 처리 과정의 배경에 맞서 무엇이 발생하는지를 지속적으로 발견해 왔다. 가령 화행은 이해되어야 하고, 총체적 화행은 구성되어야 하며, 사회적·화용적 맥락은 텍스트 정보에 분석되고 부합되어야 한다. 시각적 정보도 수행된 행위와 담화의 정보에 모두 분석되고 부합되어야 한다. 우리 자신의 지식과 다른 인지 체계도 갱신되어야 하고, 동기는 결정에서 형성되고 구체화되어야 한다. 또한 목표는 추구되어야 하고, 문제는 해결되어야 하고, 그리고 전략은 기획되고 실행되어야 한다. 몇 초간에 담화의 연속적 문장들이나 상호작용 실행의 이해와 실행의 모든 것이 진행된다면, 임시저장고 체계의 용량, 일화기억의 역할, 그리고 이 모든 행위의 '의미적'이고 '유일한' 속성은 이 장에서 개괄한 것보다 여전히 더 강력한 인지 모형을 요구한다는 것은 분명하다. 그 문제의 부분은 틀림없이 거시층위에서 기본적인 규칙과 표상의 선결 조건에 의해 해결되어 왔으며 복잡한 정보의 강력한 조직과 축소를 허용하지만, 여전히 복합 층위 이해 시에 성취된 각 과제에 관한 다양한 거시구조의 상호작용 주변의 문제를 해결하지 못하고 있다. 아마도 복잡한 의미 정보의 병렬 처리의 강력한 모형은 다양한 대응이나 전환 규칙으로 복잡하게 연결된 일화기억에서 위계적이고 다층적인 표상을 산출하도록 개발되어야 한다.

이해에 수반된 다양한 인지 과제와 영역의 놀라운 복잡성은 인지에 관한 이론적 지도에 수많은 공백을 드러낼 뿐만 아니라, 연속적인 문장들 간의 연결 수립이 수많은 미해결 문제로 남겨지는 바와 같이 분명히 단순한 과제들도 포함한다. 가령 우선적으로 문장들 그 자체가 어떻게 이해되는지는 이 책에서 거의 무시되었지만 중대한 문제이다. 다음으로 연속체에서 두 문장들이 의미 있는 연속체를 만드는지를 우리가 어떻게 아는지, 그리고 지식이 기억에서 각 문장들에서의 개념들과 연결된 개념적 정보의 폭발적 증가의 실현 없이도 연결 수립을 위해 어떻게 탐색되고, 발견되고, 적용되는지에 대해서이다. 한편으로 단기기억 분석과 이해 간, 다른 한편으로 장기기억 분석과 이해 간의 중재는 거의 확인되지 않는다. 틀·각본 혹은 덩이화와 구조화의 다른 도식 형식의 관점에서 기억의 조직은 이러한 문제 해결의 첫 번째 단계일 뿐이다.

결론적으로 우리는 산출의 표상과 처리에 대해 알려진 것이 거의 없다는 것을 살펴 왔다. 단일한 행위나 문장이 어떻게 산출되는지, 근원적인 동기, 지식과의 상호작용, 다른 인지 집합 요인들이 무엇인지, 결론적으로 형성된 의미 정보가 어떻게 형식화되고, 표현되고, 실행되는지는 그 윤곽에 대해서만 추측해 볼 수 있는 문제이다. 다시 합리적인 내적 고찰을 포함한 이해에서의 발견으로부터 추정과 확장, 그리고 이론적 개념의 적용은 우리가 담화와 행위에 관한 산출 모형의 구성에서 가졌던 소수의 총체적 도구이다. 하지만 이러한 모형만을 가지고 가설을 확신하거나 그 모형의 향후 전개를 위한 자료를 제공하기 위해 수행된 직접적인 실험은 의미가 있다. 이는 역시 복잡한 정보 처리에 관한 향후 인지적 연구조사의 주요한 영역이다.

6.15.3. 담화와 상호작용의 언어적, 사회적 이론에서뿐만 아니라, 복잡한 정보 처리에 관한 인지 모형에서 거시구조의 개념이 중요한 역할을 한다는 것은 분명하다. 그렇지만 더 겸손한 어조로 우리는 그것이 이러한 모형에 수반된 중요한 개념—중요한 문제—의 단지 하나라는 점을 결론적으로 강조하고 싶다. 예로, 총체적 분석은 행위와 담화의 복잡한 지엽적 처리의 이해 없이는 불가능하다. 마찬가지로 거시구조는 복잡한 정보를 조직하지만 우리는 여전히 이 정보가 무엇인

지, 다른 어떤 조직 원리들이(즉 틀이나 각본의 관점에서) 수반되는지, 특히 어떤 과정이 저장과 인출에 수반되는지, 이 속성들이 다양한 기억 체계에 가정되어야 하는지, 마지막으로 지식·동기·의견·태도의 다양한 인지 체계가 어떻게 구성되고 서로 관련되는지를 알아야 한다. 인지 모형의 부분으로서 거시구조의 확실한 이론은 다른 문제에 관한 통찰력과 관련해서 발전될 수 있다.

6.15.4. 결론적으로 총체적 처리의 인지적 모형에 관한 수많은 양상이 전혀 언급되지 않았다. 먼저 거시구조의 발달적 속성을 무시해 왔다. 가령 거시규칙과 상위구조 규칙이 언제, 어떻게 학습되는가? 아이들은 담화(예로, 이야기)를 요약할 수 있거나 추론과 지식 조작의 복잡한 과정을 요구하는 다른 '총체적' 작용을 언제 수행할 수 있는가?[43] 이러한 문제에 관한 향후의 통찰력은 사회적 학습(상호작용 이해하기와 계획하기)과 담화로부터의 학습하기에 관한 이해에 결정적인 것이 분명하다. 이는 교육 제도에서 매우 중요한 역할을 한다.

마찬가지로 가변적인 인지 집합의 관점에서 개인적 차이를 개념화해 왔지만 다른 차이도 이 책에서 기술된 수많은 더 높은 층위 과제에 수반된다는 것은 분명하다.[44] 간략하게 성격을 언급해 왔지만 '지능'의 근본적인 차이, 전략의 적용, 기억 용량, 개인적 '양식' 등도 수반된다. 따라서 피험자는 각자 다소 지엽적이고 총체적인 정보 처리에서 강조하는 경향이 다를 수 있음이 때때로 관찰되었다.[45]

추가적인 차이는 향후 병리학적 조건에서 관찰될 수 있을 것이다. 어떤 종류의 두뇌 손상 연구에서 피험자들은 때때로 담화와 행위의

---

43) 이야기 이해의 발달적 양상은 반 데이크와 킨취(van Dijk & Kintsch, 1977), 위머와 그래쓸(Wimmer & Grassle, 1978), 덴히얼(Denhiere, 1978), 맨들러와 존슨(Mandler & Johnson, 1977), 그리고 맨들러(Mandler, 1978)에 의해 연구되어 왔다.

44) 페토피와 레즈골드(Perfetti & Lesgold, 1977)를 보라.

45) 텍스트 산출과 구성의 두 가지 기본적인 양식이 관찰된 것을 포함해서 폴(Paul, 1959)에 주어진 바렛(Bartlett, 1932)의 사본과 추가적인 전개를 보라.

총체적 이해와 계획하기에 대해 그들의 능력을 상실해서 지엽적 의미 연결만이 가능하다는 점이 주목받았다. 반대로 어려움들은 어떤 더 총체적 주제나 계획이 주어질 때 정보의 '특수화'에 제기된다.[46] 유사한 문제가 다양한 종류의 의미적 실어증과 정신 분열증에 나타난다.[47] 이 발견으로부터 거시과정이 단지 인지 모형에서의 이론적 도구일 뿐만 아니라, 인지적이거나 심지어 심리학적 '실제'를 분리한다고 결론내릴 수 있다.

이 절에서 앞에 언급된 수많은 추가적인 문제와 함께 이 최종 언급으로부터 다수의 더 민감하고 흥미로운 이론적 연구가 여전이 이루어지고 있음이 분명해졌다. 특히 교육에서의 관련 적용(담화로부터의 학습),[48] 사회심리학의 문제(지식·의견·태도 등에 관한 영향), 정신치료와 정신 병리학(두뇌 손상, 실어증, 정신분열증, 수많은 종류의 신경증 등), 그리고 인지적, 사회적 발달은 거시구조가 이러한 중요한 역할을 하는 복잡한 인간 정보 처리의 영역에서 추가적인 연구를 요구한다.

---

46) 루리아(Luria, 1973, 12장)에 의한 오래된 임상 연구 보고서를 보라.
47) 특히 담화 산출과 이해에서 실어증 조건에 관한 최근의 연구는 엔글(Engel, 1977)을 보라.
48) 프레드릭슨 외(Frederiksen et al., 1978)를 보라.

참고문헌

Abelson, R. P. Script processing in attitude formation and decision making. In J. S. Carroll & J. W. Payne (Eds.). *Cognition and social behavior*. Hillsdale, N. J.: Lawrence Erlbaum Associates, 1976.

Anderson, A. R., & Beinap, N. D. Entailment. *The logic of relevance and necessity* (Vol. I). Princeton, N. J.: Princeton University Press, 1975.

Anderson, J. M. *The grammar of case*. London: Cambridge University Press, 1971.

Anderson, R. C., Spiro, R. J., & Montague, W. E. (Eds.). *Schooling and the acquisition of knowledge*. Hillsdale, N. J.: Lawrence Erlbaum Associates, 1977.

Austin, J. L. *How to do things with words*. London: Oxford University Press, 1962.

Barnard, P. J. *Structure and content in the retention of prose*. Unpublished doctoral dissertation, University College, London, 1974.

Barthes, R. Introduction à l'analyse structurale des récits. *Communications*, 8, 1966, 1~27.

Bartlett, F. C. *Remembering*. London: Cambridge University Press, 1932.

Bartsch, R., & Vennemann, T. *Semantic structures*. Stuttgart: Athenäum, 1972.

de Beaugrande, R., & Colby, B. Narrative models of action and interaction. *Cognitive Science*, 3, 1979, 43~66.

Berger, P. L., & Luckmann, T. *The social construction of reality*. Hardmondsworth: Penguin Books, 1967.

Biederman, I., Glass, A. L., & Stacy, Jr., E. W. Searching for objects in real-world scenes. *Journal of Experimental Psychology*, 97, 1973, 22~27.

Bierwisch, M. Poetik und Linguistik. In H. Kreuzer & R. Gunzenhäuser (Eds.). *Mathematik und Dichtung*. Munich: Nymphenburger, 1965. (English version: Poetics and linguistics. In D. C. Freeman (Ed.). *Linguistics and literary style*. New York: Holt, Rinehart & Winston, 1970.)

Bindra, D., & Stewart, J. (Eds.). *Motivation*. Harmondsworth: Penguin Books, 1971.

Binkley, R. T., Bronaugh, R., & Marras, A. (Eds.). *Agent, action, reason*. Oxford: Blackwell, 1971.

Bobrow, D., & Collins, A. (Eds.). *Representation and understanding*. New York: Academic Press, 1975.

Bower, G. H. Selective facilitation and interference in retention of prose. *Journal of Educational Psychology*, 66, 1974, 1~8.

Bower, G. H. Experiments on story comprehension and recall. *Quarterly Journal of Experimental Psychology*, 2, 1976, 511~534.

Bransford, J. D., & Franks, J. J. The abstraction of linguistic ideas. *Cognitive Psychology*, 2, 1971, 331~350.

Bransford, J. D., & Franks, J. J. The abstraction of linguistic ideas: A review. *Cognition*, 1, 1972, 211~249.

Bremond, C. *Logique du récit*. Paris: Seuil, 1973.

Brennenstuhl, W. *Vorbereitungen zur Entwicklung einer sprachadäquaten Handlungslogik*. Kronberg: Scriptor, 1974.

Breuker, J. *Theoretical foundations of schematization. From macrostructure to frame*. Paper presented at the meeting of the congress of the Association for European Research and Development of Higher Education, Klagenfurt, January 2~9, 1979. [To be published in the *Proceedings*, J. van Trotsenburg (Ed.).]

Brittan, A. *Meanings and Situations*. London: RKP, 1973.

Care, N. S., & Landesman, C. (Eds.). *Readings in the theory of action*. Bloomington: Indiana University Press, 1968.

Carroll, J. S., & Freedle, R. O. (Eds.). *Language comprehension and the acquisition of knowledge*. Washington, D.C.: Winston, 1972.

Carroll,.F.S.& Payne, J. W. *Cognition and social behavior*. Hillsdale, N.J.: Lawrence Erlbaum Associates, 1976.

Charniak, E. *Toward a model of children's story comprehension*. Unpublished doctoral dissertation, MIT, 1972.

Cicourel, A. *Cognitive sociology*. Harmondsworth: Penguin Books, 1973.

Clark, H. H. *Semantics and comprehension*. The Hague: Mouton, 1976.

Clark, H. H., & Clark, E. *Psychology and language*. New York: Harcourt Brace, 1977.

Cofer, C. N. (Ed.). *The structure of human memory*. San Francisco: Freeman, 1976.

Cole, P. (Ed.). *Syntax and semantics* (Vol. 9). *Pragmatics*. New York: Academic Press, 1978.

Cole, P., & Morgan, J. L. (Eds.). *Syntax and Semantics* (Vol. 3). *Speech Acts*. New York: Academic Press, 1975. *Communications*, 1966, 8. Analyse structurale du récit.

Cresswell, M. J. *Logics and languages*. London: Methuen, 1973.

Culler, J. *Structuralist poetics*. London: RKP, 1975.

Danto, A. C. *Analytical philosophy of action*. London: Cambridge University Press, 1973.

Dascal, M., & Margalit, A. A new revolution in linguistics? Text grammar vs. Sentence grammar. A critical view. *Theoretical Linguistics*, *1*, 1974, 195~213. (Also in Projektgruppe Textlinguistik Konstanz (Ed.). *Probleme und Perspektive der neueren textgrammatischen Forschung*. Hamburg: Buske, 1974.)

Davidson, D. The logical form of action sentences. In N. Rescher (Ed.). *The logic of decision and action*. Pittsburgh: Pittsburgh University Press, 1967.

Denhière, G. *Le rappel d'un récit par des enfants de 6 à 12 ans*. Université de Paris VIII, Laboratoire de Psychologie, 1978.

van Dijk, T. A. *Some aspects of text grammars*. The Hague: Mouton, 1972.

van Dijk, T. A. Text grammar and text logic. In J. S. Petöfi & H. Rieser (Eds.). *Studies in text grammar*. Dordrecht: Reidel, 1973. (a)

van Dijk, T. A. A note on linguistic macrostructures. In A. P. ten Cate & P. Jordens (Eds.). *Linguistische Perspektiven*. Tübingen: Niemeyer, 1973. (b)

van Dijk, T. A. *Relevance in lext grammar and text logic*. Paper presented at the meeting of the International Congress of Relevance Logics, St. Louis, September 1974. (Mimeograph, University of Amsterdam.)

van Dijk, T. A. Philosophy of action and theory of narrative. *Poetics*, *5*, 1976, 287~338. (a)

van Dijk, T. A. Narrative macrostructures. Logical and cognitive foundations, *PTL*, *1*, 1976, 547~568. (b)

vanDijk, T. A. (Ed.). *Pragmatics of language and literature*. Amsterdam: North-Holland, 1976. (c)

van Dijk, T. A. *Text and context. Explorations in the semantics and pragmatics of discourse*. London: Longman, 1977. (a)

van Dijk, T. A. Complex semantic information processing. In D. Walker, H. Karlgren, & M. Kay (Eds.). *Natural language in information science*. Stockholm: Skriptor, 1977. (b)

van Dijk, T. A. Context and cognition. Knowledge frames and speech act comprehension. *Journal of Pragmatics*, *1*, 1977, 211~231. (c)

van Dijk, T. A. Connectives in text grammar and text logic. In T. A. van Dijk & J. S. Petöfi (Eds.). *Grammars and descriptions*. Berlin and New York: de Gruyter, 1977. (d) van Dijk, T. A. Semantic macrostructures and knowledge frames in discourse comprehension. In M. Just & P. Carpenter (Eds.). *Cognitive processes in comprehension*. Hillsdale, N. J.: Lawrence Erlbaum Associates, 1977. (e)

van Dijk, T. A. Pragmatic macrostructures in discourse and cognition. In M. de Mey, R. Pinxten, M. Poriau, F. Vandamme (Eds.). *CC 77. International Workshop on the Cognitive Viewpoint*. Ghent: University of Ghent, 1977. (f)

van Dijk, T. A. Sentence topic and discourse topic. *Papers in Slavic Philology*, *1*, 1977, 49~61. (g)

van Dijk, T. A. *Taal en Handelen* [Language and action]. Muiderberg, The Netherlands: Coutinho, 1978. (a)

van Dijk, T. A. *FACTS. The organization of propositions in discourse comprehension*. Working paper. University of Amsterdam, Department of General Literary Studies, 1978. (b)

van Dijk, T. A. *Relevance perception in discourse comprehension*. Working paper. University of Amsterdam, Department of General Literary Studies, 1978. (c) [To appear in *Discourse Processes*, 1979, 2.]

van Dijk, T. A. *Cognitive set in discourse comprehension*. Working paper. University of Amsterdam, Department of General Literary Studies, 1978. (d)

van Dijk, T. A. Recalling and summarizing complex discourse. In K. Hölker & W. Burghardt (Eds.). *Text processing*. Berlin & New York: de Gruyter, 1978. (e)

van Dijk, T. A. *Tekstwetenschap* [*Discourse studies*]. Utrecht: Het Spectrum, Aula, 1978. (f)

van Dijk, T. A. (Ed.). Story comprehension. *Poetics*, 9(1~3), 1980. (a)

van Dijk, T. A. *Studies in the pragmatics of discourse*. The Hague: Mouton, 1980, in press. (b)

van Dijk, T. A., & Kintsch, W. Comment on se rappelle en on résume des histoires.

Langages, *40*, 1975, 98~116.

van Dijk, T. A., & Kintsch, W. Cognitive psychology and discourse. In W. U. Dressler (Ed.). *Current trends in textlinguistics*. Berlin & New York: de Gruyter, 1977.

van Dijk, T. A., & Petöfi, J. S. (Eds.). *Grammars and descriptions*. Berlin & New York: de Gruyter, 1977.

Dik, S. C. *Functional grammar*. Amsterdam: North−Holland, 1978.

Dooling, D., & Lachman, R. Effects of comprehension on the retention of prose. *Journal of Experimental Psychology*, *88*, 1971, 216~222.

Douglas, J. D. (Ed.). *Understanding everyday life*. London: RKP, 1971.

Dressler, W. U. (Ed.). *Current trends in textlinguistics*. Berlin & New York: de Gruyter, 1977.

Dressler, W. U. (Ed.). *Textlinguistik*. Darmstadt: Wissenschaftliche Buchgesellschaft, 1978.

Dressler, W. U., & de Beaugrande, R. *Introduction to textlinguistics*. London: Longman, 1980, in press.

Dressler, W. U., & Schmidt, S. J. *Textlinguistik. Eine kommentierte Bibliographie*. Munich: Fink, 1973.

Engel, D. *Textexperimente mit Aphatikern*. Tübingen: Narr, 1977.

Festinger, L. *A Theory of cognitive dissonance*. Stanford, Calif.: Stanford University press, 1957.

Festinger, L. *Conflict, decision and dissonance*. Stanford, Calif.: Stanford University Press, 1964.

Fillmore, C. The case for case. In E. Bach & R. T. Harms (Eds.). *Universals in linguistic theory*. New York: Holt, Rinehart & Winston, 1968.

Fishbein, M., & Ajzen, I. *Belief, attitude, intention and behavior*. Reading, Mass.: Addison−Wesley, 1975.

Flader, D. *Strategien der Werbung*. Kronberg: Scriptor 1974.

Franck, D. Zur Analyse indirekter Spechakte. In V. Ehrich & P. Finke (Eds.). *Beiträge zur Grammatik und Pragmatik*. Kronberg: Scriptor, 1975.

Franck, D. *Grammatik und Konversation*. Unpublished doctoral dissertation, University of Amsterdam, 1979.

Frase, L. Learning from prose material: Length of passage, knowledge of results and position of questions. *Journal of Educational Psychology*, 58, 1967, 266~272.

Frase, L. Maintenance and control in the acquisition of knowledge from written material. In J. B. Carroll & R. O. Freedle (Eds.). *Language comprehension and the acquisition of knowledge*. Washington, D. C.: Winston, 1972.

Frase, L. Integration of written text. *Journal of Educational Psychology*, 65, 1973, 252~261.

Frederiksen, C. H. Effects of task induced cognitive operations on comprehension and memory processes. In J. B. Carroll & R. O. Freedle (Eds.). *Language comprehension and the acquisition of knowleage*. Washington, D. C.: Winston, 1972.

Frederiksen, C. H. Representing logical and semantic structures of knowledge acquired from discourse. *Cognitive Psychology*, 7, 1975, 371~458. (a)

Frederiksen, C. H. Effects of context induced processing operations on semantic information acquired from discourse. *Cognitive Psychology*, 7, 1975, 139~166. (b)

Frederiksen, C. H. Semantic processing units in understanding text. In R. O. Freedle (Ed.). *Discourse production and comprehension*. Norwood, N. J.: Ablex, 1977.

Frederiksen, C. H., et al. *Discourse inference: Adapting to the inferential demands of school texts*. Paper presented at the meeting of the Congress of the American Educational Research Association, Toronto, 1978.

Freedle, R. O. Language users as fallible information processors. In J. B. Carroll

& R. O. Freedle (Eds.). *Language comprehension and knowledge acquisition*. Washington, D.C. Winston, 1972.

Freedle, R. O., Naus, M., & Schwartz, L. Prose processing from a psychosocial perspective. In R. O. Freedle (Ed.). *Discourse production and comprehension*. Norwood, N. J.: Ablex, 1977.

Gangé, E., & Rothkopf, E. Text organization and learning. *Journal of Educational Psychology*, *70*, 1975, 445~450.

Garfinkel, H. *Studies in ethnomethodology*. Englewood Cliffs, N.J.: Prentice−Hall, 1967.

Geach, P. *Reason and argument*. Oxford: Blackwell, 1976.

Goffman, E. *Interaction ritual*. Harmondsworth: Penguin Books, 1967.

Goffman, E. *Strategic interaction*. Oxford: Blackwell, 1970.

Goffman, E. *Frame analysis*. New York: Harper & Row, 1974.

Gomulicki, B. Recall as an abstractive process. *Acta Psychologica*, *12*, 1956, 77~94.

Greimas, A. J. *Sémantique structurale*. Paris: Larousse, 1966.

Grice, H. P. *Logic and conversation*. Harvard University, The William James Lectures, 1967 (Mimeograph.)

Grimes, J. E. *The thread of discourse*. The Hauge: Mouton, 1975.

Groenendijk, J., & Stokhof, M. Modality and conversational information. *Theoretical Linguistics*, *2*, 1975, 61~112.

Groenendijk, J., & Stokhof, M. *Epistemic pragmatics*. Unpublished doctoral dissertation, University of Amsterdam, 1979, in preparation.

Gülich, E., & Raible, W. *Linguistische textmodelle*. Munich: Fink, 1977.

Halliday, M. A. K. *Explorations in the functions of language*. London: Arnold, 1967.

Halliday, M. A. K., & Hasan, R. *Cohesion in English*. London: Longman, 1976.

Heger, K., & Petöfi, J. S. (Eds.). *Kasustheorie, Klassifikation, semantische Interpretation*. Hamburg: Buske, 1977.

Himmelfarb, S., & Eagly, A. H. (Eds.). *Readings in attitude change*. New York:
    Wiley, 1974.

Hintikka, K. J. J. *Knowledge and belief*. Ithaca, N.Y.: Cornell University Press,
    1962.

Hintikka, K. J. J., Suppes, P., & Moravcsik, J. (Eds.). *Approaches to natural language*.
    Dordrecht: Reidel, 1973.

Hovland, C. I. (Ed.). *The order of presentation in persuasion*. New Haven, Conn.:
    Yale University Press, 1957.

Hughes, G. E., & Cresswell, M. J. *An introduction to modal logic*. London: Methuen,
    1968.

Katz, J. J. *Propositional structure and illocutionary force*. Hassocks, Sussex: Harvester,
    1977.

Kay Jones, L. *Theme in english expository discourse*. Lake Bluff, III.: Jupiter Press,
    1977.

Keenan,E. (Ed.). *Formal semantics of natural language*. London: Cambridge
    University Press, 1975. (a)

Keenan, J. *The role of episodic information in the assessment of semantic memory
    representations for sentences*. Unpublished doctoral dissertation, University
    of Colorado, 1975. (b)

Kintsch, W. *The representation of meaning in memory*. Hillsdale, N.J.: Lawrence
    Erlbaum Associates, 1974.

Kintsch, W. Memory for prose. In C. N. Cofer (Ed.). *The structure of human
    memory*. San Francisco: Freeman, 1976.

Kintsch, W. Understanding stories. In M. Just & P. Carpenter (Eds.). *Cognitive
    processes in comprehension*. Hillsdale, N. J.: Lawrence Erlbaum Associates,
    1977. (a)

Kintsch, W. *Memory and cognition*. New York: Wiley, 1977. (b)

Kintsch, W., & van Dijk, T. A. Towards a model of discourse comprehension and production. *Psychological Review*, *85*, 1978, 363~394.

Kintsch, W., Mandel, T. S., & Kozminsky, E. Summarizing scrambled stories. *Memory and Cognition*, *5*, 1977, 548~552.

Klatzky, R., & Stoy, A. M. Semantic information and visual information processing. In J. W. Cotton & R. Klatzky (Eds.). *Semantic factors in cognition*. Hillsdale, N.J.: Lawrence Erlbaum Associates, 1978.

Koffka, K. *Principles of Gestalt psychology*. New York: Harcourt, Brace, 1935.

Köhler, W. *Gestalt psychology*. New York: Liveright, 1940.

Kozminsky, E. Altering comprehension. The effect of biasing titles on text comprehension. *Memory and Cognition*, *5*, 1977, 482~490.

Kummer, W. *Grundlagen der Texttheorie*. Reinbek/Hamburg: Rowohlt, 1975.

Labov, W., & Waletzky, J. Narrative analysis. Oral versions of personal experience. In J. Helm (Ed.). *Essays on the verbal and visual arts*. Seattle: University of Washington Press, 1967.

Lachman, R., & Dooling, D. Connected discourse and random strings. *Journal of Experimental Psychology*, *77*, 1968, 517~522.

Leblanc, H. (Ed.). *Truth, syntax and modality*. Amsterdam: North–Holland, 1973.

Lee, W. Supra–paragraph prose structures. *Psychological Reports*, *17*, 1965, 135~144.

Leont'ev, A. A. *Sprache-Sprechen-Sprechtätigkeit*. Stuttgart: Kohlhammer, 1972. (Originally published in Russian, 1969.)

Levelt, W. J. M. A survey of studies in sentence perception. In W. J. M. Levelt & G. B. Flores D'Arcais (Eds.). *Studies in the perception of language*. Chichester: Wiley, 1978.

Lewis, D. *Convention*. Cambridge, Mass.: MIT Press, 1968.

Li, C. N. (Ed.). *Subject and topic*. New York: Academic Press, 1976.

Loftus, E. F., & Palmer, J. C. Reconstruction of automobile accident: An example of the interaction between language and memory. *Journal of Verbal Learning and Verbal Behavior*, *13*, 1974, 585~589.

Luria, A. R. *The working brain*. Harmondsworth: Penguin Books, 1973.

Lyons, J. *Semantics* (2 vols.). London: Cambridge University Press, 1977.

Mandler, J. M. A code in the node. The use of a story schema in retrieval. *Discourse Processes*, *1*, 1978, 14~35.

Mandler, J. M., & Johnson, N. Remembrance of things parsed. Story structure and recall. *Cognitive Psychology*, *9*, 1977, 111~151.

McHugh, P. *Defining the situation*. Indianapolis: Bobbs-Merrill, 1968.

Mehan, H., & Wood, H. *The reality of ethnomethodology*. New York: Wiley, 1975.

Metzing, D. Makro-strukturen als Element von Teun A. van Dijks Textgrammatik Programm. In J. Wirrer (Ed.). *Texigrammatische Konzepte und Empirie*. Hamburg: Buske, 1977.

Meyer, B.F. *The organization of prose and its effects on memory*. Amsterdam: North-Holland, 1975.

Miller, G. A. The magical number seven, plus or minus two. *Psychological Review*, *63*, 1956, 81~97.

Miller, G.A., Galanter, E., & Pribram, K. *Plans and the structure of behavior*. New York: Holt, Rinehart & Winston, 1960.

Miller, G. A., & Johnson-Laird, P. N. *Language and perception*. Cambridge, Mass.: Harvard University Press, 1976.

Minsky, M. A. A framework for representing knowledge. In P. Winston (Ed.). *The psychology of computer vision*. New York: McGraw-Hill, 1975.

Montague, R. *Formal philosophy* (R. H. Thomason, Ed.). New Haven, Conn.: Yale University Press, 1974.

Newell, A., & Simon, H. A. *Human problem solving*. Englewood Cliffs, N.J.: Prentice-Hall, 1972.

Norman, D. A. (Ed.). *Models of human memory*. New York: Academic Press, 1970.

Norman, D. A., & Rumelhart, D. E. (Eds.). *Explorations in cognition*. San Francisco: Freeman, 1975.

Nowakowska, M. *Language of motivations and language of actions*. The Hague: Mouton, 1973.

Nusser, P. (Ed.). *Anzeigenwerbung*. Munich: Fink, 1975.

Paivio, A. *Imagery and verbal processes*. New York: Holt, Rinehart & Winston, 1971.

Palek, B. *Cross-reference. A study from hyper-syntax*. Prague: Universita Karlova, 1968.

Paul, I. Studies in remembering. The reproduction of connected and extended verbal material. *Psychological Issues*, Monograph Series, 2, 1959.

Perelman, C., & Olbrechts-Tyteca, L. *The new rhetoric. A treatise on argumentation*. Notre Dame: University of Notre Dame Press, 1969.

Perfetti, C., & Lesgold, A. Discourse comprehension and sources of individual differences. In M. Just & P. Carpenter (Eds.). *Cognitive processes in comprehension*. Hillsdale, N.J.: Lawrence Erlbaum Associates, 1977.

Petöfi, J. S. *Transformations grammatiken und eine ko-textuelle Texttheorie*. Stuttgart: Athenäum, 1971.

Petöfi, J. S. Lexicology, encyclopedic knowledge and theory of text. *Cahiers de lexicologie*, 29, 1976, 25~41.

Petöfi, J. S., & Bredemeier, J. (Eds.). *Das Lexikon in der Grammatik. Die Grammatik im Lexikon*. Hamburg. Buske, 1978.

Petöfi, J. S., & Rieser, H. (Eds.). *Studies in text grammar*. Dordrecht: Reidel, 1973.

Phillips, D. L. *Knowledge from what?* Chicago: Rand McNally, 1971.

Phillips Griffith, A. (Ed.). *Knowleage and Belief*. London: Oxford University Press, 1967.

Pompi, K. & Lachman, R. Surrogate processes in the short-term retention of connected discourse. *Journal of Experimental Psychology*, 75, 1967, 143~150.

Prince, G. *A grammar of stories*. The Hague: Mouton, 1973.

Prior, A. N. *Objects of thought*. London: Oxford University Press, 1971.

Projektgruppe Textlinguistik. In Koustanz (Ed.) *Problem und Perspectiven der neueren textgrammatischen Forschung*, I. Hamburg: Buske, 1974.

Propp, V. *Morphology o the folk-tale* (2nd ed.). Bloomington: Indiana University Press, 1958. (From the Russian original, 1929.)

Pylyshyn, G. M. What the mind's eye tells the mind's brain: A critique of mental imagery. *Psychological Bulletin*, 80, 1973, 1~24.

Rehbein, J. *Komplexes Handeln*. Stuttgart: Metzler, 1977.

Rescher, N. (Ed.). The logic of decision and aelion. Pittsburgb: Pittsburgb University Press, Rescher, N. *Topics in philosophical logic*. Dordrecht: Reidel, 1968.

Rescher, N. *A theory of possibility*. Pittsburgh: Pittsburgh University Press, 1976. (a)

Rescher, N. *Plausible reasoning*. Assen, The Netherlands: van Gorcum, 1976. (b)

Rosenberg, S. (Ed.). *Sentence production*. Hillsdale, N.J.: Lawrence Eribaum Associates, 1977.

Rothkopf, E. Structural text features and the control of processes in learning from writtenmaterials. In J. B. Carroll & R. 0. Freedie (Eds.). *Language comprehension and the acquisition of knowledge*. Washington, D. C.: Winston, 1972.

Rothkopf, E., & Billington, M. A two-factor model of the effect of goal-descriptive directions on learning from text. *Journal of Educational Psychology*, 67, 1975, 692~704.

Rumelhart, D. E. Note on a schema for stories. In D. Bobrow & A. Collins (Eds.). *Representation and understanding*. New York: Academic Press, 1975.

Rumelhart, D. E. Understanding and summarizing brief stories. In D. Laberge

& S. J. Samuels (Eds.). *Basic processes in reading.* H illsdale, N.J.: Lawrence Erlbaum Associates, 1977.

Sacks, H., Schegloff, E., & Jefferson, G. A simplest systematic for the organization of turntaking for conversation. *Language, 50,* 1974, 696~735.

Sadock, J. M. *Toward a linguistic theory of speech acts.* New York: Academic Press, 1974.

Schank, R. C. Conceptual dependency: A theory of natural language understanding. *Cognitive Psychology, 3,* 1972, 552~631.

Schank, R. C. *Coneeptual information processing.* Amsterdam: North–Holland, 1975.

Schank, R. C., & Abelson, R. P. *Scripts, plans, goals and understanding.* Hillsdale, N. J.: Lawrence Erlbaum Associates, 1977.

Schegloff, E., & Sacks, H. Opening up closings. *Semiotica, 8,* 1973, 289~327.

Schenkein, J. (Ed.). *Studies in the organization of conversational interaction.* New York: Academic Press, 1977.

Schmidt, C. F. Understanding human action: Recognizing the plans and motives of other persons. In J. S. Carroll & J. W. Payne (Eds.). *Cognition and social behavior.* Hillsdale, N. J.: Lawrence Erlbaum Associates, 1976.

Searle, J. R. *Speech acts.* London: Cambridge University Press, 1969.

Searle, J.R. Indirect speech acts. In P. Cole & J. M. Morgan (Eds.) *Syntax and Semantics* (Vol. 3) *Speech acts.* New York: Academic Press, 1975.

Sgall, P., Hajicová, E., & Benesová, E. *Topic, focus, and generative semantics.* Kronberg: Scriptor, 1973.

Simon, H. A. *Administrative behavior.* New York: Macmillan, 1947.

Stotland, E., & Canon, L. K. *Social psychology. A cognitive approach.* Philadelphia: Saunders, 1972.

Sudnow, D. (Ed.). *Studies in social interaction.* New York: Free Press, 1972.

Thomson, R. *The Pelican history of psychology.* Harmondsworth: Penguin Books, 1968.

Thorndyke, P. W. *Cognitive structures in human story comprehension and memory*. Unpublished doctoral dissertation, Stanford University 1975.

Thorndyke, P. W. Cognitive structures in comprehension and memory of narrative discourse. *Cognitive Psychology*, 9, 1977, 77~110. (a)

Thorndyke, P, W. *Knowledge acquisition from newspaper stories*. Santa Monica: Rand, 1977. (b)

Thorndyke, P. W. *Research on connected discourse: Structure, comprehension and memory. A general bibliography: 1900~1977*. Santa Monica: Rand, 1978.

Todorov, T. *Grammaire du Décaméron*. The Hague: Mouton, 1969.

Toulmin, S. *The uses of argument*. London: Cambridge University Press, 1958.

Tulving, E., & Donaldson, W. (Eds.). *Organization of memory*. New York: Academic Press, 1972.

Turner, R. (Ed.). *Ethnomethodology*. Harmondsworth: Penguin Books, 1974.

Ueding, G. *Einführung in die Rhetorik*. Stuttgart: Metzler, 1976.

Vygotsky, L. S. *Thought and language*. London: Cambridge University Press, 1962.

Werlich, E. *A text grammar of English*. Heidelberg: Quelle & Meyer (UTB), 1976.

White, A. R. (Ed.). *The philosophy of action*. London: Oxford University Press, 1968.

Wimmer, H., & Grässle, L. *Story-structure in the reconstruction of a narrative discourse. A developmental study*. Unpublished manuscript, University of Salzburg, Psychological Institute, 1978.

Winograd, T. *Understanding natural language*. New York: Academic Press, 1972.

Wittgenstein, L. *Tractatus logico-philosophicus*. London: 1921.

Woods, W. A. What"s in a link: Foundations for semantic networks. In D. Bobrow & A. Collins (Eds.). *Representation and understanding*. New York: Academic Press, 1975.

von Wright, G. H. *Norm and action*. London: RKP, 1963. (W. E. Montague

(Eds.). Schooling and the acquisition of knowledge–Hillsdale, N. j.)

von Wright, G. H. The logic of action: A sketch. In N. Rescher (Ed.). *The logic of decision and action.* Pittsburgh: Pittsburgh University Press, 1967.

Wunderlich, D. (Ed.). *Linguistische Pragmatik.* Stuttgart: Athenäum, 1972.

Wunderlich, D. *Studien zur Sprechakttheorie.* Frankfurt: Suhrkamp, 1976.

Wurtz, W. *Het begrijpen van menselijk handelen* [*Understanding human action*]. University of Amsterdam: Psychological Laboratory, 1978.

Wyer, Jr., R. S. *Cognitive organization and change.* Hillsdale, N.J.: Lawrence Erlbaum Associates, 1974.

Wyer, Jr., R. S. Attitudes, beliefs, and information acquisition. In R. C. Anderson, R. J. Spiro, & W. E. Montague (Eds.). *Schooling and the acquisition of knowledge.* Hillsdale, N. J.: Lawrence. Erlbaum Associates, 1977.

찾아보기

(내적) 행위 연속체   203

n-자리 술어   43

가치   354

각본   30, 234, 242, 248, 298, 308, 341, 342, 344

강한 삭제   84, 92, 121, 131

개념적   36, 221, 303, 334

개념적 구조   301, 334, 337

개연성   65

거시가설   157

거시구조   27, 32~34, 36~40, 55, 56, 58, 83, 89, 90, 108, 119, 136, 140, 155, 159, 163, 167, 170, 179, 186, 195, 196, 220, 230, 244, 246, 274, 299, 325, 343, 359

거시규칙   83, 89, 94, 98, 102, 108, 121, 129, 167, 187, 230, 274, 286, 343, 363

거시규칙 순서화   165

거시명제   78, 80, 82, 85, 97, 102, 121, 125, 141, 312, 314, 359, 376, 408

거시분석   89, 90, 222

거시사실   95, 98, 121, 140, 141, 167, 319, 331

거시작용   144

거시적 목적   233

거시적 욕구   233

거시층위   96, 363

게슈탈트   375

게슈탈트 이론   298

격식 대화   264

결론   27, 170, 181

계층적   42

계획   399

과도한 완벽성   145

과학 논문   111

관계   249

관련성   25, 136, 214, 241, 361

관습적   23, 36, 79, 179

관습적 도식   169

관점   222

관점·층위·초점   222

광고 텍스트   114

구성   85, 116, 121, 128, 132, 230, 233, 315, 348

구성 규칙   132

구성적   83

구조적   36, 294

구체성   147

규범   354

기능적 관계   140

기본 행위   223

기억   302, 328

기획   394

내포적   61, 62

논증   170, 181, 398

논증 범주　183
논증구조　115
단기기억　303, 307, 309~311, 319, 320,
　　322, 323, 327, 331, 360, 409
담화　26, 32, 60, 328
담화 표상　144, 368
담화 화제　75
대응물　125
대조·확신·기술·비교　140
대체　378
도식　199, 298, 339, 342, 344
도식 구조　222
도식적　27, 36
도식적 상위구조　28, 34, 245, 290
도식·각본·틀·시나리오　72
도입부　286
동기　394
동작　206
동작주　208, 227
마무리　286
말차례 주고받기　291
매체-내용　67
맥락　247, 263, 312, 328, 361, 388
명제　42, 62, 96, 144, 304
목표 지향적　270
문단 들여쓰기　162
문장　144
문장 연속체　144
문장 의미론　61
문장 화제　76
문제　176, 179
문제 해결하기　417
문체　357
미시구조　37, 59, 83, 89, 125, 129, 155
미시명제　85, 102
미시층위　96
바꿔쓰기　157, 159
반대 행위　218

발화　28
발화 분석　390
발화 수반 행위　261
발화 행위　265
발화 효과 행위　268
배경　175
범주　140
범주 표지　326
병렬 가설　323
병렬 처리　419
병렬적　323, 382
병렬주의　263
복잡한 정보 처리 과정　412
복합 층위　419
비격식 대화　264, 278
비협력　218
사건　206
사고구술　328, 375
사고하기　417
사실(FACT)　42, 48~52, 62, 137, 138,
　　141, 144, 304~306, 325, 329, 346,
　　363
사실 도식　307
사실 범주　138
사실 연속체　49
사회심리학　247, 352
사회언어학　263
사회적 맥락　245, 246
사회적 상호작용 이론　34
사회적 상황　248
사회적 일상　248
사회적 지식　391
사회적 환경　248
삭제　39, 83, 125, 131, 231, 233, 315,
　　348, 378
삭제 규칙　131
산출　405, 408, 420
산출 계획　381

상세화 140

상위구조 36, 119, 167, 169, 170, 174, 179, 186, 194~196, 199, 324, 325, 381, 411

상정/전제 140

상호작용 26, 29, 201, 203, 204, 208, 217, 244

상호작용 연속체 217

상황 247

서사 170, 174, 175

서사 구조 179, 199

서사 범주 178

선조적 214, 323, 382

선택 84

설명 140

설명적 담화 110

설명적 텍스트 100

세계 312

세계 지식 308

세부 사항 80, 84, 120

세상 지식 350

수사학 199

순서화 98

순차적 329

쉼 162

시나리오 30, 298

신문 기사 185

실제 행위 396

실행 394

쌍방향 상호작용 217

약한 삭제 84, 92, 121, 131

양립 가능성 65

양상 논리학 336

어휘부 337

언어 사용 26, 32, 263

언어 지식 391

언어사회학 263

여백 162

역할 249

영 규칙 86, 138

완벽성 145, 241

외연적 61, 62

요약 108, 135, 157, 380

요점 27

원형적 338

원형적 지식 338

위계 214

위계적 관계 273

위치 249

유표화 326

윤리부 188

의미 기억 199, 303

의미 연결 33, 63, 134, 269

의미론 261

의미론적 329, 334

의미론적 거시구조 28, 34, 57, 58, 75, 222, 287, 288

의미론적 관계 143

의미론적 구조 42

의미론적 층위 154

의미론적 표상 244

의미론적 변형 411

의미론적 변환 125

의미론적 총체 구조 27

의미하기 265

의사소통 263

의사소통 맥락 345

의사소통 상황 70

이야기 170

이야기의 도식 구조 174

이해 405

인지 모형 34

인지 집합 296, 323, 358

인지과학 333

인지사회학 247

인지적 31, 57, 202

인지적 관련성   364
인지적 기반   246, 295
인지적 모형   70, 295, 296
인지적 집합   96, 332, 353
인출 능력   367
인출 단서   381
일련의 행위   241
일반화   83, 85, 92, 121, 127, 132, 230,
       315, 348, 366
일반화 규칙   132
일반-특수   67
일방향 상호작용   217
일화기억   303, 310, 311, 319, 321, 324,
       327, 329, 331, 360, 368, 376, 409
일화적   303
임시저장고   309, 320, 322
입말 단서   326
작업 기억   303
장기기억   303, 309, 322, 366, 367, 371
재결합   378
재구성적   375
재산출   378
적절성   262, 263
적합성   65
전도된 거시규칙   400
전제   170, 181
전체   298
전체-부분   67
전형적   79
정보 줄이기   125
정보 처리   36
정서적 요인   355
제목   313
조건 관계   65, 66
조직   75
조직적   83
조직하기   125
조직화   39, 72, 334

주기적   309
주제   27, 139
주제 문장, 제목 및 하위 제목, 결론, 그리
       고 핵심어   34
주제적   155, 163
준비   140
중요성   25, 136, 214
즉각적 회상   381
지시   141
지시하기   265
지식   70, 333, 345
지식 조직   342
지식 체계   377
지식 표상   334
지식구조   234
지엽적   84
지엽적 구조   23, 28
지엽적 대 총체적   32
지엽적 명제   86
지엽적 목적   211
지엽적 의미 연결   287, 312
지엽적 층위   34, 210, 358, 361, 385
참조   141
체계적   338
초점   223
총체적   35, 74
총체적 거시구조   108
총체적 결과   221
총체적 관련성   363
총체적 구조   23, 28, 31, 32, 36, 203
총체적 기술   244
총체적 담화   386
총체적 도식 (메타) 범주   172
총체적 명제   86
총체적 목적   211, 221
총체적 목표   221, 239
총체적 속성   199
총체적 수용   285

총체적 요구   285
총체적 의도   221
총체적 의미   56, 135, 141, 155
총체적 의미 연결   402
총체적 이해   312
총체적 조직   205, 244
총체적 층위   34, 194
총체적 표상   228
총체적 해석   220, 228
총체적 행위   205, 259, 384, 386
총체적 행위 기술   227
총체적 화행   29, 35, 57, 274, 286
추가   378, 379
추론   122, 181
추론 구조   199
추론 규칙   122
추상적   303
추상화   366
충실한 협력   218
층위   25, 38, 75, 222
층위 이동   378
치환   378
태도   354
텍스트   60, 67, 74, 361
텍스트 기반   63, 70, 312
텍스트 문법   59
텍스트 의미론   63
텍스트적 표현   159
통사론   261
통제   394
통합화   366
틀   199, 234, 242, 248, 298, 308, 340, 342, 344
평가   121, 132, 177
표면 층위   302
표면적 구조   56
표상   328, 350

표상의 층위   146
필연성   65
학술 논문   183
학술 담화   184
함의   122, 125, 128, 129
해결   177, 179
해석   121, 132
해석 층위   223
핵심   27, 75
핵심어(keyword)   163
행위   26, 29, 32, 201, 204~206, 208, 244, 263, 399
행위 기반   242
행위 기술   201, 231
행위 맥락   207, 232
행위 산출   395
행위 연속체   201, 208, 222, 228, 399
행위 이론   202
현저성   136, 214
현저한 세부 요소   365
협력적   217
화용론   262
화용적 거시구조   35, 57, 264, 273, 287, 288
화용적 관련성   364
화용적 맥락   266
화용적 상위구조   273, 290
화용적 이해   266
화용적 지식   391
화용적 해석   265
화제   27, 82, 139, 290
화제 문장   313
화제 표제어   160
화제적   155, 163, 288
화행   28, 201, 261, 263, 387
화행 연속체   264, 270

반 데이크의 저서 『거시구조』의 학문사적 의의

이성만(배제대학교)

국내에 반 데이크의 텍스트 이론이 소개된 것은 텍스트언어학의 도입 및 확산과 일치한다. 본격적인 논의와 적용은 1990년대 중반부터 국어교육에의 적용 가능성들을 진단하는 연구 성과물들이 나오면서 부터라고 생각된다.

반 데이크의 저서를 국내 독자들이 처음 만난 것은 1978년에 네덜란드어로 출간된 그의 저서 『텍스트학』(정시호 옮김) 한국어 번역본이다. 이 저서는 기존의 개론적인 소개를 넘어 오늘날까지도 유용한 텍스트의 융합적(그의 용어를 빌리면 '학제적') 연구의 필요성과 가능성을 이론적으로 제시한 최초의 업적이라고 할 수 있다. 그럼에도 반 데이크의 이론은 이후 일부 학자들의 관심을 제외하면 독일어권 텍스트언어학의 부상과 함께 이면으로 사라졌다.

그러나 반 데이크의 텍스트 이론은 그의 다른 저서 『거시구조』(서종훈 옮김)를 통해 텍스트언어학의 패러다임 전환을 가져 왔다고 할 수 있다. 당시의 텍스트언어학적 저서들이 시대적인 조류에 편승하여 그의 범위와 대상을 설정하는 작업에 주력하였다면, 『거시구조』는 텍스트를 읽고 쓰는, 텍스트를 이해하고 생산하는 인지적 절차를 총체적으로 제시한 최초의 업적이라고 할 수 있다.

그 동안 『거시구조』 개념은 다양하게 사용되었다. 하나는 '상위구조'와 유사 개념으로, 다른 하나는 추상적 텍스트 형태(상위구조)라고 할 수 있는 의미 단위(텍스트 내용) 명칭이다. 후자가 반 데이크의 개념이다.

전자는 (상위구조의 의미에서) 텍스트의 거시구조와 텍스트 구성소 간에 긴밀한 관계망이 성립하는 경우이다. 표층 현상으로서의 텍스트 구성소는 한편으로 수용과 분석 과정에서 거시구조를 찾아내는 핵심 수단이며, 다른 한편으로 거시구조가 실현되거나 생산 과정에서 텍스트성 원칙들이 적용되어 나타나는 필연적인 결과물이다.

그러나 후자의 입장에 선 반 데이크는 상위구조와 거시구조 개념을 엄격히 구분한다. 상위구조는 일종의 텍스트 형태로서, 그 대상은 주제, 즉 텍스트 내용으로서의 거시구조이다. 거시구조는 그에 의하면 의미범주이다. 텍스트의 전역적 의미구조는 거시구조에서는 추상적으로 표상된다. 시퀀스가 선형적 관계망의 조건들을 따라야 하는 것이라면, 텍스트는 이 조건들 외에도 전역적 관계망의 조건들도 충족시켜야 한다. 중요한 것은 거시구조는 언제나 특정 텍스트와 관련이 있고, 그 텍스트의 의미적 핵심내용으로 구성되어 있다는 점이다. 이러한 거시구조의 타당한 가정은 화자가 텍스트를 전체로서 요약하거나 논평하거나 평가할 수 있다는 생각(관찰)에서 찾을 수 있다. 그러니까 반 데이크가 궁리한 것은 텍스트 생성이 단계적으로 세부적인 의미들로 전개되는 하나의 핵심 아이디어에 근거해야 하는 이유가 무엇이며 마지막으로 어떤 의미들이 문장 단위로부터 개별 텍스트 단위로 바뀌게 되느냐 하는 점이다. 텍스트가 다시 제시되려면 인지적 작업이 있어야 하는데, 이 작업에 기대어 핵심 진술들과 궁극적으로 핵심 아이디어도 추출될 수 있다. 이러한 거시구조화 작업을 위해 그가 도입한 것이 거시규칙(삭제, 일반화, 구성)이다. 그 동안 이 거시규칙은 당시에는 텍스트의 이해와 생산 문제가 인지적 관점에서 본격화되지 않은 터라 텍스트언어학적 논의에서 논란의 중심에 있었다. 인지이론이 정교해진 오늘날의 관점에서 보면 『거시구조』에서 구체적으로 거시규칙에 의한 읽기와 쓰기의 인지적 접근법은 텍스트를 총체적으로 읽고 이해하는 방법론을 제시하였다는 점에서 그 의의는 매우 고무적이며, 응용 가능성도 적지 않을 것으로 평가된다. 이러한 인지적 텍스트언어학의 접근법이 구체적으로 집약된 업적이 반 데이크의 『거시구조』이다. 늦었지만 이제라도 그의 저서가 반 데이크 전문가인 서종훈 교수에 의해 스마트하게 번역된 것은 환영받아 마땅한, 텍스트언어학의 새로운 부활을 예고하는 '사건'이다.

지은이 및 옮긴이 소개

지은이 **테넌 반 데이크**(Teun A. van Dijk)

테넌 반 데이크(Teun A. van Dijk)는 네덜란드에서 태어나(1943~) 네덜란드 암스테르담 대학의 교수로 재직하다가 현재는 스페인 바르셀로나에 있는 폼페우 파브라(Pompeu Fabra) 대학에 재직하고 있다. 연구 초기에는 주로 생성 시학, 텍스트 구조나 문법, 텍스트 처리의 심리적 과정에 초점을 둔 연구를 하였고, 1980년대 이후에는 텍스트 사용과 관련한 이데올로기, 지식과 맥락, 비판적 담화 분석(CDA)에 관심을 두고 집중적으로 연구하고 있다. 저자의 누리집(http://www.discourses.org)에 가면 다양한 연구 성과를 내려 받을 수 있다.

옮긴이 **서종훈**(徐從熏, Suh Jong Hoon)

현재 대구가톨릭대학교 사범대학 국어교육과 교수로 재직 중이며, 단락과 쉼(pause) 등 언어 수행 전반에 대해 관심을 가지고 연구해 오고 있다. 국어 단락에 대한 연구서로 『국어교육과 단락』(도서출판경진), 국어교육 전반에 대한 연구서로 『국어교과 교육론』(도서출판 경진) 등이 있으며, 말하기 교육에 대한 번역서로 『모국어 말하기 교육』(글로벌콘텐츠)과 『영어 말하기 교육』(글로벌콘텐츠)이 있다.

거시언어학 8: 담화·텍스트·화용 연구

거시구조: 담화, 상호작용, 인지에서의 총체적 구조에 관한 상호 학제적 연구
Macrostructures: An Interdisciplinary Study of Global Structures in Discourse, Interaction, and Cognition

© 글로벌콘텐츠, 2017

1판 1쇄 인쇄__2017년 12월 20일
1판 1쇄 발행__2017년 12월 30일

지은이__테넌 반 데이크(Teun A. van Dijk)
옮긴이__서종훈
펴낸이__양정섭

펴낸곳__도서출판 경진
　　　　등록__제2010-000004호
　　　　블로그__http://kyungjinmunhwa.tistory.com
　　　　이메일__edit@gcbook.co.kr

공급처__(주)글로벌콘텐츠출판그룹
　　　　대표__홍정표 편집디자인__김미미 기획·마케팅__노경민
　　　　주소__서울특별시 강동구 천중로 196 정일빌딩 401호
　　　　전화__02) 488-3280 팩스__02) 488-3281
　　　　홈페이지__http://www.gcbook.co.kr

값 27,000원
ISBN 978-89-5996-558-8 93370